现代职业教育汽车类专业精品教材

汽车服务企业管理

U0656305

主　编　崔　宁　宋宛泽

副主编　梁　强　常兴华

参　编　王丽霞　吕　兵　孙丽敏

　　　　修丽娜　杨　娜　梁　峰

机械工业出版社

本书紧扣汽车服务企业管理岗位能力标准，并结合职业院校教学实际，以真实汽车服务企业各职能部门主要工作流程及内容为主线，设计了汽车服务企业管理概述、汽车服务企业销售管理、汽车服务企业售后服务管理、汽车服务企业配件管理、汽车服务企业客户关系管理、汽车服务企业 5S 管理与全面质量管理、汽车服务企业人力资源管理、汽车服务企业财务与成本管理、汽车服务企业文化建设、汽车服务企业经营决策与战略管理十章。将汽车服务企业管理过程中所涉及的日常运营、资源管理、质量监控、客户关系建立与维护、企业文化建设、企业长远发展的战略决策等知识进行了有效的组织与介绍，同时将理论知识的讲授和学生实践技能的练习紧密结合起来，以培养学生的职业技能、职业素养和学习能力。

　　本书可作为职业院校汽车类专业的教学用书，也可以作为广大汽车服务企业从业人员的参考用书。

　　为方便教学，本书配有电子课件，凡选用本书作为授课教材的教师均可登录 www.cmpedu.com 以教师身份注册下载。编辑咨询电话：010-88379201。

图书在版编目（CIP）数据

　　汽车服务企业管理/崔宁，宋宛泽主编 . —北京：机械工业出版社，2017.9（2024.7 重印）
　　现代职业教育汽车类专业精品教材
　　ISBN 978-7-111-57221-3

　　Ⅰ.①汽…　Ⅱ.①崔…　②宋…　Ⅲ.①汽车企业－工业企业管理－职业教育－教材　Ⅳ.①F407.471.6

　　中国版本图书馆 CIP 数据核字（2017）第 175059 号

机械工业出版社（北京市百万庄大街22 号　邮政编码100037）
策划编辑：于志伟　责任编辑：于志伟
责任校对：黄兴伟　封面设计：路恩中
责任印制：单爱军
北京虎彩文化传播有限公司印刷
2024 年 7 月第 1 版第 7 次印刷
184mm×260mm · 18 印张 · 437 千字
标准书号：ISBN 978-7-111-57221-3
定价：45.00 元

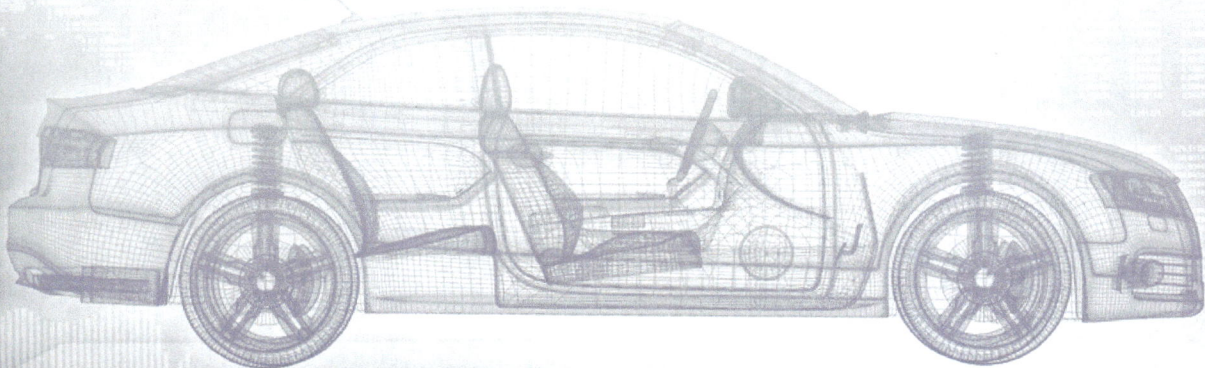

前　言

管理是企业永恒的主题，汽车服务企业也不例外。汽车服务企业管理水平的高低，直接决定着一个汽车服务企业发展的快慢、好坏以及可持续性。汽车服务企业只有不断加强内部管理以及注重管理创新，才能在激烈的市场竞争中求得生存和发展。目前，从事汽车服务企业管理的人员普遍缺乏理论与相关的经验，同时，与此相对应的职业院校教学体系不够系统与全面，并缺少整体的规划与设计，从而导致企业管理人才的需求与职业院校人才的培养不对接，本书就是为了解决这个问题而组织编写的。

本书是由从事多年职业教学工作的一线骨干教师和学科带头人通过企业调研，对汽车服务企业管理岗位的职业需求进行分析，总结提炼各管理岗位的知识与技能，并在企业、行业专家的参与和指导下编写而成的。

本书以真实汽车服务企业各职能部门主要工作流程及内容为主线，结构层次清晰、理论系统性强、知识覆盖面全，便于教师教学与学生学习。每章的实施均由名人名言与企业典型案例导入，由此激起和引发学生的兴趣与思考；知识与技能的学习围绕着案例展开，使学生的学习更有针对性，便于教师的教学与学生的自学；每章后的能力训练是对学生学习效果的综合检验，真正做到了"引、教、学、做、用"的有机结合，突出了本书的实用性。

本书由崔宁、宋宛泽担任主编，梁强、常兴华担任副主编，参与编写的还有王丽霞、吕兵、孙丽敏、修丽娜、杨娜、梁峰。另外，长春通立冠宝汽车销售服务有限公司梁蕊、吉林通化华阳丰田销售服务有限公司陈丽颖为本书的编写提供了信息支持，在此表示衷心的感谢！

由于编者水平有限，书中难免有疏漏之处，敬请读者批评指正。

编　者

目　录

第一章

汽车服务企业管理概述

目标名称	目标内容
知识目标	1. 了解企业、管理及企业管理的相关概念
	2. 了解汽车服务企业的特征、构成及类型
	3. 掌握企业组织结构的基本类型及其特点
	4. 掌握进行汽车服务企业组织结构设计的原则
技能目标	1. 能够进行企业组织结构设计分析
	2. 通过对汽车服务企业类型及构架的了解，能深刻理解汽车服务企业各职能部门的功能与作用
情感目标	激发学生学习汽车服务企业管理相关知识的兴趣

建议学时：4 学时。

名人名言

组织架构排名第二的公司，最后在市场上也只能居于老二的位置。

——韦恩·戈拉威（百事可乐公司前总经理兼执行长）

第一节　企业与汽车服务企业

【案例导入】

奇瑞的创新发展之路

奇瑞汽车股份有限公司（以下简称奇瑞）成立于 1997 年 1 月 8 日，注册资本 38.8 亿元。公司以打造"国际名牌"为战略目标，经过多年的创新发展，现已成为国内最大的集汽车整车、动力总成和关键零部件的研发、试制、生产和销售为一体的自主品牌汽车制造企业，以及中国最大的乘用车出口企业。奇瑞汽车的技术创新大致经历了从模仿创新到自主创新再到合作创新和技术输出的过程。

第一、自主创新

"自主创新"是奇瑞发展战略的核心，也是奇瑞实现超常规发展的动力之源。从创立之初，奇瑞就坚持自主创新，努力成为一个技术型企业。目前，奇瑞已建成了以芜湖的汽车工程研究和研发总院为核心，以北京、上海以及海外的意大利、日本和澳大利亚的研究分院为支撑，形成了从整车、动力总成、关键零部件开发到试制、试验较为完整的产品研发体系。

第二、联合研发

奇瑞已与欧美12家世界一流的轿车研发机构建立了合作关系，200多名奇瑞的科技人员常年在国际著名的汽车研发部门工作，参与全过程的研发，使奇瑞的技术研发迅速跃上世界先进水平的平台。

虽然我国近些年在整车制造方面发展很快，但是关键零部件和核心技术还是受制于国外主要零部件供应厂商，为了打破这种受制于人的局面，建立自己完善的供应体系，奇瑞谋求零部件突围，已与德国博世、美国伟世通旗下汉拿空调株式会社和法国法雷奥集团分别签署合作协议，成立零部件合资企业，这样奇瑞不仅保障了自身供应体系的完整，提高了产品品质，而且还延伸到了整个汽车产业链。

第三、体系创新

奇瑞董事长尹同跃曾说：自主创新不仅是技术创新，更是体系创新，只有技术加体系才能创造出品牌！

奇瑞目前在全公司开展体系创新，以技术体系为例，如果说拥有自主创新的核心技术是奇瑞的立身之本，那么如何将先进的技术转化成核心的竞争力和品牌效应，则是奇瑞赶超世界汽车先进水平面临的新课题。

目前，奇瑞在瑞麒G5、G6等高端乘用车上集成了最先进的单个技术，这些技术曾挑战世界著名的德国纽伯格林赛道并取得了不俗的成绩，奇瑞因此也成为在国际上展示自主先进技术的首个自主品牌汽车企业。为了使这些单个的先进技术集成发挥最佳效应，奇瑞花费了两年的时间进行磨合协调，使得整车总体系统的性能更加优越。

一、企业

企业是以营利为目的，为满足社会需要，依法从事商品生产、流通和服务等经济活动，实行自主经营、自负盈亏、自我发展的法人实体和市场竞争主体。

作为一个企业，必须具备以下基本条件：
1）拥有一定数量、技术水平的生产设备和资金。
2）具有开展一定生产规模和经营活动的场所。
3）具有一定技能、一定数量的生产者和经营者。
4）从事社会商品的生产、流通、服务等经济活动。
5）具有法人地位，进行自主经营、独立核算。
6）生产经营活动的目的是获取利润。

二、企业的特征

1. 经济性

企业是从事经济活动的组织，通过商品生产和流通，为消费者提供商品、服务等使用价值，实现自身价值。

2. 独立性

企业包括法人企业和非法人企业。就法人企业而言，它具有完全独立的法律人格，有独立的财产，独立进行经济活动，以自己的财产独立承担责任。就非法人企业而言，虽然它们的财产与投资者的个人财产不完全分离，也不能独立承担责任，但在存续期间，非法人企业也可以自己的名义开展经济活动，即企业的形态、设立、运行都必须符合法律规定。

3. 营利性

企业是营利性机构，以追求经济利益为最终目标。营利性是企业的基本特征，企业利用人、财、物、信息等要素从事活动的目的就是营利，这使得企业区别于其他社会组织。虽然其他社会组织为了自身运转，也必须参与一定的经济活动，但由于它们不是以营利为目的，所以不是企业，例如一些社会公益组织等。

4. 竞争性

企业是市场中的经营主体，同时也是竞争主体。竞争是市场经济的基本规律，企业要生存与发展，就必须参与市场竞争。企业通过自己有竞争力的产品或服务在市场经济中求得生存与发展。

5. 系统性

企业是以人为核心的各种资源组成的有机系统，有明确的目标、有系统化的组织体系、有自我生存发展的能力，是一个生态有机体。企业不可能独立于社会而存在，企业是一个向社会开放的系统，必须履行自身的社会义务，还要承担相应的社会责任。企业的系统性要求企业的管理者在自我发展实现经济利益的同时，还要兼顾社会利益。

三、现代企业制度的特征

现代企业制度是区别于传统企业制度而言的，并从传统企业制度发展而来，是商品经济或市场经济及社会化大生产发展到一定阶段的产物。简单地说，现代企业制度是指以完善的法人财产权为基础，以有限责任为基本特征，以专家为中心的法人治理结构为保证，以公司制企业为主体的企业制度。

现代企业制度的建立，就是要理顺企业模糊的产权关系，建立健全企业法人制度，按照市场经济的要求，解决和规范企业与投资者、企业与政府、企业与市场、企业与社会公众、企业与企业、企业与职工等一系列基本关系。做到产权清晰、权责明确、政企分开、管理科学，使企业真正成为独立的市场主体，增强企业活力和实力，从而提升企业的市场竞争力。

四、汽车服务企业

本书所指的汽车服务企业，主要针对为潜在和现实汽车使用者或消费者提供服务的企业，是指从事汽车销售的企业和为汽车使用者或消费者提供备件、维修服务、保养服务及其他服务的企业，属于服务业企业。

五、现代汽车服务企业的构成

现代汽车服务企业具有整体性、相关性、目的性和动态环境适应性等明显的系统特征。因此，也可以把现代汽车服务企业看成一个"输入→转换→输出"的开放式循环体，而整个过程的前提是企业从事生产经营活动所必需的一切要素资源，只有拥有了这些资源，汽车服务企业才能合理地配置，按照预定的目标向消费者提供新的产品和服务，满足社会需要，获得经济利益。汽车服务企业各要素的具体内容见表1-1。

表1-1　汽车服务企业各要素构成及说明

要素名称	要素内容
人	包括企业的生产操作人员、技术人员、销售人员和经营管理人员，也包括由这些人员组成的组织单位与机构。企业人员是推动企业运营的主体，企业人员的数量、素质及各类人员的比例，反映了企业运行所需要的知识和技能，也反映了企业的执行力
财	包括支撑企业建立与运营的各类资金。资金是企业拥有或控制的各种经济资源的货币表现。现代企业的生产经营活动过程从价值形态上看，实际上是资金运动和价值增值的过程。资金运动速度的快慢，是衡量企业经济收益和经营管理水平的重要标志

（续）

要素名称	要素内容
物	包括企业系统中的各种劳动资料和劳动对象，是企业从事生产经营活动所必不可少的物质条件，包括企业的土地资源、厂房、设备、物资、仪表工具、天然资源、外购原料等。这些物质条件的水平反映出企业系统的技术能力，也是企业正常运营的条件、手段与保证
信息	信息对于企业的运营具有重要的作用。企业一切经营活动与外部环境的反馈，都是靠信息完成的，企业一切决策与经营活动的实施也是依靠信息实现的

上述内容构成企业的四个要素，相互作用、相互影响，共同形成一个有机整体，缺一不可。

第二节　管理与汽车服务企业管理

【案例导入】

丰田式生产管理原则

杜绝浪费一点材料、人力、时间、空间、能量和运输等资源，是丰田生产方式最基本的概念。那么，丰田生产管理的关键原则是什么呢？可以归纳如下。

1. 提高整体竞争力

一些汽车制造商越来越依赖于折扣来维持销售，而对于丰田而言，这是短视而无利润的做法。他们提出了 UMR（United Manufacturing Reformplan）计划，用来强化汽车基本零件的设计开发能力，以此提高生产率。由于丰田追求高效率的汽车开发与制造能力，其零件成本只占汽车总成本的 1/20，无形中大大提升了企业的利润。

2. 建立看板体系

"建立看板体系"就是重新改造流程，改变由经营者主导生产数量的传统，转而重视顾客的需求，由后面的工程人员借"看板"告诉前一工序工程人员的需求（比如需要多少零件、何时补货等），亦即逆向控制生产数量的供应链模式。这种方式不仅能节省库存成本（趋近零库存），更重要的是能提高流程的效率。比如，丰田曾投入百亿日元预算开发发动机设计软件，目的是使生产发动机设备小型化、作业工程简单化，并且贯彻生产一体化，在工厂透过中心"看板"就可以掌握所有汽车的制造进度。

3. 强调实时存货

依据顾客的需求，生产必需的东西，在必要的时候，生产必要的量，这种丰田独创的生产管理概念，在 20 世纪 80 年代就已为美国企业所用，并有很多成功的案例。

4. 标准作业彻底化

丰田对生产的内容、顺序、时间控制和结果等所有工作细节都制定了严格的规范，比如装轮胎和发动机需要几分几秒等。但这并不是说标准就一成不变，只要工作人员发现了更好、更有效率的方法，就可以更改作业标准。

5. 杜绝浪费和模糊

杜绝浪费一点材料、人力、时间、空间、能量和运输等资源，是丰田生产方式最基本的概念。三田要求每个员工在每一项作业环节里，都要重复问为什么（why），然后想如何做（how），并确认自己以严谨的态度打造完美的制造任务。

6. 生产平准化

生产平准化指的是取量均值性，假如后一个工程生产作业的取量变化大，则前一个作业工程必须准备最高量，由此造成了库存浪费。丰田要求各生产工程的取量尽可能达到平均值，也就是前后一致，为的是使需求与供应达成平准，降低库存与生产浪费。

7. 活人、活空间

在对流程进行不断完善的过程中，丰田发现，在生产量不变的情况下，生产空间却可精简许多，而这些剩余的空间可以灵活地运用。人员也是一样，假如一个生产线上有 6 个人，在组装时抽掉 1 个人，则那个人的工作空间自动缩小，空间空出来而工作由 6 个人变成 5 个人完成，原来那个人的工作被其他 5 人取代。这样灵活的工作体系，丰田称之为活人、活空间，即鼓励员工都成为多能工，以创造最高价值。

8. 养成自动化习惯

这里的自动化不仅仅包括机器，还包括人的自动化，也就是养成良好的工作习惯，不断学习创新，这也是企业的责任。借生产现场教育训练的不断改进和激励，成立丰田学院，让人员的素质越来越高，操作越来越快，动作越来越精确。

案例思考：

什么是企业管理？

纵观历史，一切社会现象都与管理活动密切相关。近百年来世界的发展变化更是表明，有效的管理是一个组织、一个企业、甚至一个国家走向成功的基础之一。正如彼得·德鲁克所说："在人类历史上，几乎没有一种制度规范能像管理那样迅速兴起并产生巨大影响。在不到 150 年的时间里，管理已改变了世界上所有发达国家的社会与经济结构。"

一、管理的概念

虽然管理实践几乎伴随人类的产生就已经存在了，但是人们对管理的科学认识的时间还很短暂，管理的理论还很不完善。对于什么是管理，众多学者从各个不同的角度提出了自己的看法，概括如下：

1）管理就是经由他人完成任务。这种说法强调了管理发挥下属人员作用的重要性。

2）管理是由计划、组织、指挥、协调和控制等职能要素组成的活动过程。这一观点是由法国管理过程理论学派创始人法约尔提出的，他强调管理是由若干职能所组成的活动过程。

3）管理是一种以绩效责任为基础的专业职能。该观点来自德鲁克，他强调管理是一种专业性工作，有自己专有的技能、方法和技术，突出管理的自然属性。

4）管理就是决策。这是由著名经济学家、诺贝尔奖获得者西蒙提出的，他认为任何管理活动都是一个包括调查研究、制订方案、选择方案及执行方案的过程。因此，管理活动就是管理各个阶层制订和执行决策的过程。

以上这些观点从不同的角度表述了人们对管理的认识和理解。这些定义既反映了人们的研究立场、方法、角度的不同，也反映了管理科学的不成熟性。综合上述研究，本书对管理作如下定义：

管理是指在社会组织中，管理者为了达成组织的既定目标，通过计划、组织、领导、协调和控制等职能来协调人力、物力、财力和信息等资源的过程。这个定义有四层含义。

1）说明了管理者采用的措施和手段是计划、组织、领导、控制和协调五项基本活动，这五项活动又被称为管理的五项基本职能。

2）指出了管理的对象，即组织中可供支配的各种人力、物力、财力和信息等方面的资源。

3）指出了管理的目的。协调人力、物力、财力和信息等资源，是为了使整个组织活动更加富有成效，这也是管理活动的根本目的。

4）说明了管理是由管理者开展的，有效的管理必须与所处的环境相适应，并根据环境的特点进行活动。

二、管理的职能

1. 基本属性

管理具有双重性：一方面，它具有与生产力、社会化大生产相联系的自然属性；另一方面，它又具有与生产关系、社会制度相联系的社会属性。

2. 基本职能

企业管理的两种基本属性结合在一起发挥作用，当它们结合作用于生产过程中时，又表现为管理的基本职能。管理基本职能的内容及作用见表1-2。

表1-2 管理基本职能的内容及作用

职 能 名 称	职能内容及作用
计划	计划职能包括预测企业未来、设定组织目标、拟订行动方案、制订企业规划、制订企业整体计划和员工个人计划等各项工作。汽车服务企业的计划职能是研究和预测未来汽车服务市场的变化，以及据此做出正确的决策，决定企业的经营目标和经营方针，并编制为实现此目标服务的综合经营计划和各项专业活动的具体执行计划，以及对计划执行情况进行的检查、分析、评价、修正等。计划职能在于确定企业的计划目标和制订计划，以便于有计划地进行生产经营活动，保证企业经营目标的实现
组织	包括划分组织要完成的各项工作，然后安排人员负责；设立职能部门，并将职权分配给下属；建立命令传达和沟通交流的渠道，协调下属的工作。从生产的分工协作上、左右关系上、时间和空间的联结上合理地组织起来，组成一个协调一致的整体，使企业的人、财、物、信息得到最合理的利用
领导	为了保证企业的生产经营计划按计划、有组织地运转，企业的一切活动都必须服从统一的指挥，这是现代社会化大生产的客观要求。领导包括指挥、教育、鼓励、正确处理各种关系等 领导的基本原则是目标协调和指挥统一化。目标协调原则即指挥应使每个职工的工作都与企业的整体目标、计划要求相协调，为完成企业的任务而有效地工作；指挥统一化原则则是指领导要统一、命令要统一，避免多头领导 领导的方式有：强调运用管理权力，以命令、指挥等进行指挥和领导的强制性方式；强调人际关系，反对强制性指挥，强调以民主方式进行领导、教育和激励，使被领导者产生自觉的工作热情、责任心，以及积极性的思想政治工作和行政命令相结合的方式
协调	管理的协调职能是指为完成企业计划任务，而对企业内外各部门、各环节的活动加以统一调节，使之配合适当的管理活动。它的目的就是使各种活动不发生矛盾或相互重复，保证相互间建立良好的配合关系，以实现共同的目标
控制	控制指的是设定指标，例如销售指标或质量标准，并将实际结果与这些标准进行比较，然后进行必要的校正工作

以上各种管理职能并不是独立存在的，而是相互间密切联系的，是在同一管理过程中实施的，这就是管理的总体性。管理的整个过程，就是以计划为出发点，按各项基本职能的顺序依次进行而达到企业目标的活动过程。

三、管理的作用

任何集体活动都需要管理，在没有管理、没有协调时，集体中每个成员的行动方向并不一定相同，因此可能导致相互抵触。即使目标一致，由于没有整体的配合，也可能达不到总体的目标。具体地讲，管理的作用有如下几点：

1）管理是社会化大生产的客观要求，是人类社会活动和生产的必要条件。从理论上讲，人类的活动不但具有目的性，而且具有相互依存性，这一特征说明，只有有效的管理才能协调人们共同的劳动，最大限度地发挥人力资源的作用，促进人类社会和文明的发展。

2）管理水平和社会生产的效益水平直接相关。管理在社会生产过程中，实质上是起放大和增效作用：放大组织系统中人、财、物、信息、技术等要素的作用；增强人与人、人与物、物与物之间的组合效应。

3）管理是实现企业目标的前提条件。管理和技术是企业发展的"两个车轮"。美国前国防部部长麦克纳马拉说过，美国经济的领先地位三分靠技术，七分靠管理。美国经济上的强大竞争力在于美国在管理方面做了大量的工作。多年来，他们对破产企业进行了大量的调查，结果表明，在破产企业里，几乎有90%是由于管理不善所致。我国有许多企业陷入了困境，调查显示，80%以上的亏损企业也是由于管理不善所致。

4）管理是实现个人目标的前提条件。人们之所以要加入组织，是因为组织能帮助他们实现自己的目标。但是，一旦人们加入了组织，他们个人目标的实现情况往往取决于组织的管理状况。管理不好，可能使组织成为一个一大群孤立个人的简单集合体，组织无法发挥群体优势，也无法实现组织成员实现个人目标的愿望。

四、汽车服务企业的类型

（1）汽车品牌专营店　汽车经销商与某一品牌汽车生产商签订特许专营合同，受许可合同制约，接受生产商指导、监督、考核，只经销该品牌汽车，并为该品牌汽车的消费者提供技术服务。这种形式是国外汽车，特别是轿车服务企业的主流，已被大规模引进到国内，并成为目前我国轿车产品销售最普遍的一种形式。汽车品牌专营店一般采用前店后厂的方式，采用统一的店面外观设计。一般具有整车销售（Sale）、备件供应（Spare-part）、维修服务（Service）和信息反馈（Survey）四项主要功能，所以俗称"4S"店。

（2）多品牌经销店　汽车经销商在同一卖场同时经销多个品牌汽车（汽车超市）。适合于经营社会保有量较少的汽车品牌或生产厂商技术服务网络建设较为规范和完善的汽车品牌。

（3）旧车交易企业　从事为旧车车主和旧车需求者提供交易方便，促进旧汽车交易的企业。旧车交易的业务内容主要有旧车收购、旧车售卖、旧车寄售、撮合交易、车辆评估、拟定合同、代办车辆过户手续，乃至车况检测和必要的维修服务。

（4）汽车配件（含精品）连锁经营企业　连锁经营是经营汽车配件的若干企业在核心企业或总部的领导下，通过规范化经营实现规模效益的经营形式和组织形态。如美国通用汽车配件公司的NAPA创始于1928年，其1998年进入中国，在北京成立蓝霸汽车超市连锁公司。

（5）汽车配件销售企业　这类企业又可大致分为两种类型：一种是批发商或代理商，主要从事汽车配件及精品的批发业务，其服务对象是汽车配件零售商中各类汽车维修、美容、装饰企业；另一种是汽车配件零售商，主要从事汽车配件及精品的零售业务，其服务对象主要是私家车主。

（6）汽车特约维修站　汽车特约维修站与汽车生产厂商签署特约维修合同，负责某地区某品牌汽车的故障和质量保修工作。

（7）汽车快修店　这类企业主要从事汽车生产厂商质量保修范围以外的故障维修工作，一般是汽车保养、换件修理等无需专业诊断与作业设备的小修业务。汽车快修店俗称"路边店"，是汽车生产厂商售后服务网络的重要补充。

（8）汽车美容与装饰店　这类企业从事的主要业务是在不改变汽车基本使用性能的前提下，根据客户要求对汽车进行内部装饰（更换座椅面料、地板胶、内饰等）、外部装饰（粘贴太阳膜、表面光洁养护、婚庆车辆外部装饰等）和局部改装（中控门锁、电动门窗、电动后视镜、加装防盗装置、卡式录音机换 CD 机等）等。

（9）**汽车租赁企业**　这类企业主要为短期或临时性的汽车使用者提供各类使用车辆，按使用时间或行驶里程收取相应的费用。

（10）**汽车金融服务企业**　这类企业的主要业务是为汽车消费者提供资金融通服务。汽车金融服务企业以资本经营和资本保值增值为目标，主要提供客户资信调查与评估、提供贷款担保方式和方案、拟订贷款合同和还款计划、发放消费信贷、承担合理的金融风险等服务。

（11）**汽车保险服务企业**　机动车保险是第一大财产保险，在我国财产保险保费收入中，超过 60% 是机动车保险保费收入。汽车保险服务企业主要从事合理设计并向汽车使用者或消费者提供汽车保险产品，提供定责、定损、理赔服务等业务。

（12）**汽车俱乐部**　汽车俱乐部是以会员制形式，向加盟会员提供能够满足会员要求的与汽车相关的各类服务的企业。汽车俱乐部主要从事代办汽车年检年审，代理汽车保险理赔，汽车救援、维修，汽车主题文化活动等业务。汽车俱乐部一般又可分为三种类型：经营型俱乐部，它为会员有偿提供所需的与汽车相关的服务；文化娱乐型俱乐部，它为会员提供一个文化娱乐环境；综合型俱乐部，它集前两类俱乐部功能于一体。

现实中，汽车服务企业往往是以上述两种或数种类型的综合状态存在的。

五、汽车服务企业管理的内容

根据企业生产经营的内容和特点，汽车服务企业管理包含以下几个方面的内容。

1. 经营管理

汽车服务企业的经营管理是针对汽车服务企业的经营活动进行的管理活动，是为实现企业经营目标对外部环境和内部条件的分析和研究，从企业全局发展出发而做出的总体性规划。

2. 服务管理

服务管理是指对服务的全过程进行管理，它包括以下几个方面：

（1）**服务质量管理**　通过建立质量保障体系，设计与推行标准服务流程，完善服务补救程序等来提高服务质量，从而提高客户满意度，使客户由满意而生感动，直至成为企业的忠诚客户。

（2）**设备管理**　合理设计企业的服务能力，如销售能力、维修能力等，对服务设施定期计量检定、维护保养，适时更新和报废。

（3）**定额管理**　制订、执行、修改和管理各类技术经济定额，如工时定额、物资消耗定额、费用定额等。

（4）**配件管理**　保障配件供应率是提高服务质量的重要内容，要提高配件供应率必须确定适当的配件经营机制，做好配件的计划、采购和库存管理工作。

3. 财务管理

财务管理是汽车企业再生产过程中对资金运作的管理，是对企业再生产过程以价值形态表现的全部活动，包括物质基础配置、产销经营过程、经营活动成果以及最后处理的全过程在账面上的正确反映和分析。所以，现代汽车服务企业财务管理的主要内容包括资金的筹集、运用，资产的管理，收入，成本，利润的分配与管理等。

4. 人力资源管理

人力资源管理是现代企业管理的重要方面，因为寻找到优秀的雇员，并创造有利条件，充分调动和发挥雇员的工作积极性及其自身优势，对企业的市场竞争力有巨大的影响。人力资源管理包括人员的选择与招聘、岗位设计和职能划分、人员薪酬和考核评估设计、人员的培训等。

5. 信息管理

现代企业的竞争，在占有信息以及充分控制信息价值方面显得非常激烈。因此，信息管理是汽车服务企业管理的重要内容之一。信息管理的主要内容包括产品质量与保修信息管理、客户信息管理（其理论上的发展是客户关系管理）和外部环境信息管理（包括国家政策、法规、行业发展动态、市场竞争信息等）。

第三节　企业组织结构及汽车服务企业组织结构设计

【案例导入】

通用汽车公司的组织结构创新

1916 年，联合汽车公司并入通用汽车公司，阿尔弗雷德·斯隆出任通用汽车公司副总裁。作为通用汽车公司副总裁的斯隆，发觉了通用在管理上存在的问题，他先后写了 3 份分析通用汽车公司内部管理弱点的报告。但是，总裁杜兰特只是赞赏，却不予采纳。到了 1920～1921 年的经济危机期间，"通用"在经营管理上的问题彻底暴露了出来。公司危机四伏，摇摇欲坠。这时杜兰特引咎辞职，皮埃尔·S. 杜邦兼任总经理，斯隆在他的支持下，开始了改革的进程。

斯隆分析了通用公司的弊病，指出公司过去将领导权完全集中在少数高级领导人身上，他们事无巨细，大包大揽，反而事与愿违，造成了公司各部门失去控制的局面。他认为，大公司较为完善的组织管理体制，应以集中管理与分散经营二者之间的协调为基础。只有在这两种既相关又冲突的原则之间取得平衡，把两者有机地结合起来，才能获得最好的效果。由此他认为，通用公司应采取"分散经营、协调控制"的组织体制。根据这一思想，斯隆提出了改组通用公司组织结构的计划，并第一次提出了事业部制的概念。

1920 年 12 月 30 日，斯隆的计划得到公司董事会的一致同意，次年 1 月 3 日这个计划开始在通用公司推行。

斯隆在以后 10 年的工作中，改组了通用汽车公司。他将管理部门分成参谋部和前线工作部（前者是在总部进行工作，后者负责各个方面的经营活动）。斯隆在通用汽车公司创造了一个多部门的结构。他废除了杜兰特的许多附属机构，将力量最强的汽车制造单位集中成几个部门。这种战略现在人们已经很熟悉，但在当时是非常先进的理念并且得到了出色的执行。多年后斯隆这样说明："我们的产品品种是有缺陷的。通用汽车公司生产一系列不同的汽车，聪明的办法是造出价格不同的汽车，就好像一个将军指挥战役，希望在可能进攻的每一个地方都有一支军队。我们的车在一些地方太多，而在另一些地方却没有。首先要做的事情之一是开发系列产品，在出现竞争的各个阵地上应对挑战！"

每个不同牌子的汽车都有自己专门的管理人员，每个单位的总经理之间不得不进行合作和竞争。这意味着生产别克牌的部门与生产奥尔兹莫比尔牌的部门都要生产零件，但价格和样式有重叠之处。这样，许多买别克牌的主顾也可能对奥尔兹莫比尔牌感兴趣，反之亦然。斯隆希望在保证竞争的有利之处的同时，也享有规模经济的成果。零件、货车、金融和通用汽车公司的其他单位差不多有较大程度的自主权，其领导人成功获奖赏，失败则让位。通用汽车公司后来成为一架巨大的机器，但斯隆力图使它保有较小公司所具有的激情和活力。

斯隆的战略产生了很好的效果。1921 年，通用汽车公司生产了 21.5 万辆汽车，占国内销售的 7%；到 1926 年底，斯隆将小汽车和货车的产量增加到 120 万辆，此时通用汽车公司已经拥有 40% 以上的汽车市场。1940 年，该公司生产车 180 万辆，已达到全国总销量的一半。相反，福特公司的市场份额 1921 年是 56%，1940 年是 19%，不仅远远落后于通用汽车公司，而且次于克莱斯勒公司居第三位。

案例思考：

什么是企业组织结构？

一、企业组织结构的含义及内容

1. 企业组织结构的含义

组织的本质就是研究如何合理、有效地进行分工。计划工作，确定组织的具体目标，并对实现目标的途径进行合理的安排，为了使人们更加有效地工作，还必须设计和维持一种组织结构，包括组织机构、职位系统和相互关系。也就是说，组织工作要把未达到组织目标而必须从事的各项工作进行分类组合，划分为若干部门，根据管理幅度的要求，划分出若干层次，把每类工作所必需的职权授予各层次、各部门的主管人员，并规定与上下左右的协调关系。此外，还需要根据组织内外诸要素的变化，不断地对组织的结构进行调整和变革。

组织结构是组织内的全体成员为实现组织目标，在管理工作中进行分工协作，通过职务、职责、职权及相互关系构成的结构体系。组织结构的本质是组织内成员间的分工与协作关系，其内涵是职、权、责的关系。

2. 组织结构的内容

（1）职能结构　企业管理作为一个有机的系统，所具备的各种职能不是彼此孤立、简单并列的关系，而是相关联系、在不同环节和层次上发挥着不同的作用，构成了具有内在联系的整体。因此，将企业管理的各种有机联系而形成的体系称为职能结构。

描述或设计一个企业的组织结构时，必须做到两点：一是要搞清企业管理系统的各种各样的职能，也就是职能结构的要素；二是要阐明这些组织职能之间的相互关系，即这些职能在企业中是如何配置的、是依照怎样的关系建立起来的。

（2）部门结构　企业根据分工的原理，要按工作和业务的需要划分为不同的部门。一般而言，企业应根据自身的实际需要，设置尽可能少的部门。在构建未来企业内部组织结构时，可根据企业经营方向、自身发展阶段来选择最适合企业发展的部门结构。

（3）职权结构　职权结构是指各职能部门、层次在权力和责任方面的分工，各职能层次、部门之间的协作关系、监督与被监督的关系。如公司制企业中，股东大会是全体股东组成的最高权力机构，董事会是股东大会选举产生的、行使公司经营管理权的执行机关，经理是公司的辅助业务执行机关和日常管理工作的负责人，监事会是对公司经营管理活动进行监督和检查的常设机构。

组织结构设计就是把为实现组织目标而需完成的各项工作划分为若干性质不同的业务工作，然后把这些工作组合成若干部门，并确定各部门的职责与职权。

（4）层次结构　企业的层次结构构成企业的基本框架，这一框架在相当程度上决定了企业内部的运行机制和交易协调方式。随着全球社会经济环境发生的巨大变化，特别是以计算机技术和现代通信技术为代表的信息科技，促使"远程职工""虚拟组织"的出现，它们正改变着企业组织管理职能的方方面面。组织赖以生存的外部环境和组织的竞争方式也正发生着悄无声息但却深入持久的变革，目前全球经济生产能力过剩，消费需求变化加快，而企业层次结构所产生的协调效率问题更加突出。面对激烈竞争的市场和复杂多变的外部环境，这就要求组织必须对经营过程、组织结构及决策效率等进行重新审视和反思，不断提高决策效率和改变自身以应对正在改变着的世界。

二、组织结构设计

1. 组织结构设计的原则

现代企业组织与传统计划经济体制下的企业组织有所不同，企业的组织结构是动态的，随着市场形势、企业任务的变化而变化。企业规范化管理体系在制订了发展战略后，首先要确定企业的价值链，就是企业如何使自己的产品逐步增值。为了加强价值链的管理，企业应不断地进行组织变革，对组织结构进行变动和调整。因此，组织结构的完善应遵循以下几点原则。

（1）**服从战略原则**　服从战略原则也叫任务目标原则。组织从诞生开始，就是为实现目标服务的，而组织的目标又受企业所处环境的影响，企业往往采用针对性的战略适应和影响环境。因此，在进行组织结构的设计或变革时应坚持"组织结构服从战略"的原则。正如组织理论的权变学派所指出的那样，组织是有机的，而且对任一特定的企业来说，组织都是独特的。组织结构是一种手段，通过它来达到一个组织的目标，如果要使组织结构有效和健全，就必须服从组织的目标，在战略开始时设计的组织结构。所要设计的组织实际上是一种"目标导向"型的组织。

（2）**统一指挥原则**　统一指挥原则是指命令的统一、指挥的统一和垂直性系统。贯彻统一指挥原则，必须遵循以下几点要求：

1）从最上层到最基层，这个等级链不能中断。

2）任何下级只能有一个上级领导，不允许多头领导。

3）不允许越级指挥。

4）职能机构是参谋，只有提出建议之权，无权过问该直线指挥系统下属的工作。

（3）**集权与分权相协调原则**　统一指挥原则规定不能越级指挥，这意味着必须实行分级管理。分级之后，就要正确处理上下级之间的关系，即集权与分权的关系。

集权就是把权力相对集中于组织最高层领导，使其统管所属单位和人员的活动。分权与集权恰好相反，它是使领导的直接控制面扩大，减少了从最高层到最底层的管理层次，使最高层与基层之间的信息沟通较为直接。集权与分权的关系是辩证统一的，一般是通过统一领导、分级管理表现出来的。集权到什么程度，应以不妨碍基层人员积极性的发挥为限；分权到什么程度，应以上级不失去对下级的有效控制为限。集权与分权是相对的，不是一成不变的，应根据不同情况和需要加以调整。从当今国内外组织管理的实际情况来看，侧重于分权管理是组织发展的主要趋势。

影响集权与分权程度的主要因素如下：

1）**企业规模**。规模越大，则分权应较大；反之，集权应多些。

2）**生产经营特点**。企业各生产环节之间协作和联系比较紧密，则集权应多些；反之，则分权应多些。

3）**市场状况**。市场面小，且稳定少变，宜集权多些；市场面大，且复杂多变，则宜分权多些。

4）**管理人员素质**。管理人员素质高，宜分权多些；反之，应集权多些。

5）**控制手段的完善程度**。控制手段强的，宜于分权；相反，则应集权。

（4）**分工协作原则**　分工与协作是社会化大生产的客观要求。因此，在组织设计中要坚持分工与协作的原则，应做到分工要合理、协作要明确。

1）在分工中要强调：

① 必须尽可能按专业化的要求来设置组织结构。

② 工作上要有严格分工，每个员工在从事专业工作时，应力争达到较熟悉的要求。

③ 要注意分工的经济效益。

2）在协调中要强调：

① 要明确各部门之间的相互关系，寻找出容易发生矛盾之处，加以协调。若协调做不好，即使分工再合理，也不会获得整体的最佳效益。

② 对于协调中的各项关系，应逐步走上规范化、程序化，应有具体可行的协调配合方法及违反规范后的惩罚措施。

（5）**权责对等原则**　权责对等原则也就是权责一致原则。权力总是与职位相联系的，因此，习惯上也称职权。职权就是人们在一定职位上拥有的权力，主要是指决策或执行任务时的决定权。

责任就是在接受职位、职务时所应尽的义务，也同职位、职务联系在一起的，所以也称职责。职责就是在一定职位上完成任务的责任。有多大的权力，就必须承担多大的责任，职权与职责相对应，这是理所应当的。权责对等，虽然很难从数量上明确，但从逻辑上来说，这是必然的结果。

（6）才职相称原则　才职相称原则也称因职设人原则。即什么样的职务应安排什么样的人去担任，做到人职相称，人尽其才，才得其用，用得其所，各尽所能。才职相称原则，既是组织设计原则之一，也属领导者用人原则之列。

（7）人本主义原则　现代组织设计是在人本时代背景下设计的，这种设计要求在组织结构和运营体系中充分尊重和发挥人性，倡导人本管理。

人本管理是以人的全面自在发展为核心，创造相应的环境、条件和工作任务，以个人的自我管理为基础，以企业的共同愿景为引导的一套管理模式。企业从以物为本的管理模式转向为以人为本的管理，这不仅是因为以物为本的管理不适合时代发展和企业管理实践发展的需要，也是因为以人为本的管理对企业的生存和发展起着决定作用。

因此，企业组织设计必须重视人，要以人为本，充分考虑管理者和员工的个性特点等，以最大限度地调动员工的积极性和创造性。要创造和谐的气氛，让员工将个人利益同组织利益结合起来，培养员工的主人翁精神。

（8）周期阶段原则　企业组织设计遵循时间原则，主要是基于以下两点考虑：

1）企业有一个自身的发展过程，像生命体一样，有自己的生命周期。同时，企业产品从使用价值来看，也有自身的周期阶段。当企业和企业产品处于不同的生命周期阶段时，组织的规模、战略、目标、结构和集权程度等都不一样。因此，组织设计应该随周期阶段的变化而变化。

2）企业组织从一种状态过渡到另一种状态，需要一个时间过程，这种过程甚至会呈现出阶段性。组织设计的实现不是一步到位的，而是一个不断反复调整的过程，从某种意义上来说，企业组织设计的实现也是周期性的。

2. 企业组织结构的类型

组织结构是组织的框架，而框架是否合理完善，也在很大程度上决定了组织的目标能否顺利实现。但客观地说，设计一种理想组织结构形式来适应各种组织几乎是不可能的，因为每个组织所依托的行业环境、经营战略和管理体制等都有各自的特点。同一组织结构不能解决所有组织的所有问题。

组织结构是企业资源和权力分配的载体，在人的能动行为下，通过信息传递，承载着企业的业务流动，推动或阻碍企业使命的进程。由于组织结构在企业中的基础地位和关键作用，企业所有战略意义上的变革，都必须首先在组织结构上开始。

组织结构研究在和管理实践的结合中，出现过各种形式的组织结构。

（1）直线制　直线制又称为单线制结构，这是早期的企业组织形式，也是最简单的企业组织形式。其特点是组织中各种职位按垂直系统直线排列，其各级主管人员对所属下级拥有直接的指挥和管理职权，包括人事、财务、奖惩等，组织中的每个下属只有一个可以对其发号施令的上级，也只向这一位上级报告自己的工作并受其监督。直线制组织结构如图 1-1 所示。

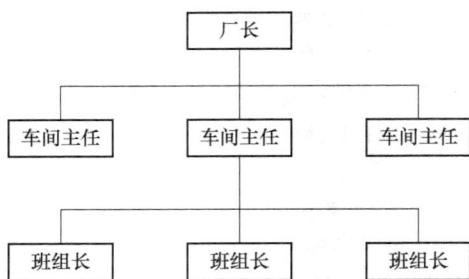

图 1-1　直线制组织结构

1）直线制组织结构的优点：

① 结构设置简单，节省人力、财力。这种结构中没有太多的、关系复杂的其他部门，只是简单地以生产为主线来设置的机构，有效减少了管理费用和人员数量，结构分工细密。

② 结构权责分明。各部门的职责具有明显的界限，各部门对自己应做的工作负有责任，可以专心从事这方面的工作，进而产生较高的效率。

③ 便于统一指挥。由于这种组织结构的"指挥链"等级分明，命令的发出、接收、执行几乎不受其他因素的影响。

2）直线制组织结构的缺点：

① 没有智能机构做领导的助手，而权力又高度集中，势必会造成管理者事必躬亲。

② 由于决策权力的高度集中，缺乏必要的咨询与监督，一旦决策失误，将会给组织带来很大的损失。

③ 在直线制组织结构中，由于各部门彼此独立，缺乏信息交流和沟通，会因此产生缺乏全局观念的现象。

④ 由于在该结构中，下级要严格执行来自上级的命令，员工间缺乏必要的沟通与交流，人的能动性较低，将对员工的工作和满意度产生不利的影响。

（2）职能制　职能制是在 19 世纪 80 年代初期由泰勒提出的一种组织结构，其特点是在各级主管负责人之下，按专业分工设置相应的职能机构，实行专业分工管理，代替直线制的全能管理者。这些职能机构在各自的业务范围内有权向下级下达命令和指示。因此，区别于直线制的组织结构，下级的直线主管除了接受上级直线主管的领导外，还要接受上级各职能结构的领导和指示。职能制组织结构如图 1-2 所示。

1）职能制组织结构的优点。职能制组织结构可以适应现代生产技术比较复杂和管理分工较细的企业，使不同的专业人员能够在不同的领域进行专业化的管理，避免了由于"外行领导内行"所造成的效率低下的状况。同时，由于更多专业人员的参与，减轻了各层主管人员的工作负担，在某种程度上避免了由于领导专业能力有限而带来的管理乏力。

2）职能制组织结构的缺点。每个职能人员和直线人员都有指挥和发布命令的权力，常常会使下属感到无所适从，这种多头领导妨碍了组织必要的集中领导和统一指挥，违背了组织结构设计的基本原则，极易造成管理上的混乱。

3）由于违背了统一指挥原则，目前已经没有企业采用职能制组织结构形式。

（3）直线-职能制　直线-职能制是直线制和职能制的结合，特点是以直线为基础，在各级主要负责人之下设置相应的职能部门，担负人事、财务、计划、生产、销售等方面的管理工作，各级领导有相应的职能机构作为助手，从而可发挥职能机构的专业管理作用。直线-职能制组织结构如图 1-3 所示。

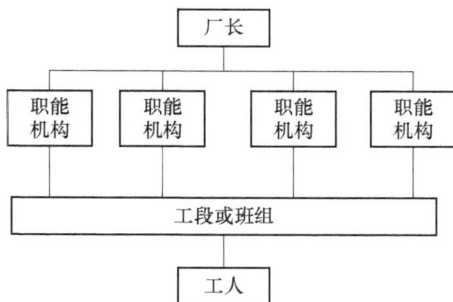

图 1-2　职能制组织结构

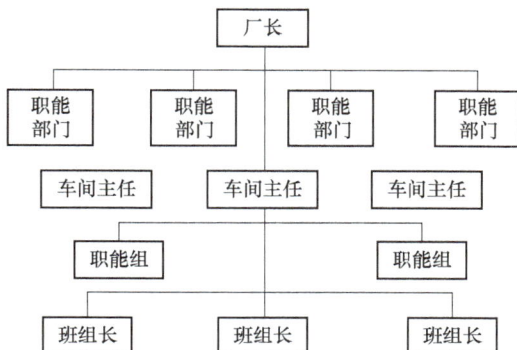

图 1-3　直线-职能制组织结构

1）直线-职能制组织结构的优点：

① 该结构有较为明确的"命令链"系统，这样就保证了命令的统一性，便于整个组织的统

一指挥。

② 由于有各职能部门的参谋作用，使得组织的专业管理工作做得更为细致，减轻了领导的工作负担，同时也在某种程度上降低了管理决策失误的可能性。

可见，它既保持了直线制集中统一指挥的优点，又吸收了职能制进行专业化管理的长处。职能集中、职责明确，使整个组织具有较高的稳定性。

2）直线-职能制组织结构的缺点：

① 其权力高度集中于最高管理层，下级部门和员工的主动性和积极性的发挥受到很大的限制。

② 整个组织各部门之间缺乏信息交流，自上而下的信息传递路线也较长，反馈较慢。

③ 组织系统刚性较大，使得组织对内、外部环境的变化反应较慢，不易迅速适应新的形势。

（4）事业部制　事业部制最早起源于美国的通用汽车公司。20 世纪 20 年代初期，通用汽车公司合并收购了许多小公司，企业规模急剧扩大，产品种类和经营项目增多，而企业内部的高层领导们由于陷入了日常生产经营活动，缺乏精力考虑长远的战略发展，且行政机构越来越庞大，各部门协调越来越难，造成信息和管理成本上升。当时担任通用汽车公司常务副总经理的斯隆参考杜邦化学公司的经验，以事业部制的形式于 1924 年完成了对原有组织的改组，使通用汽车公司的整顿和发展获得了很大的成功，成为实行事业部制的典型，因而事业部制也叫"斯隆模型"。

事业部制组织结构又称"M"型结构，是按照企业所经营的事业，包括按产品、按地区、按顾客（市场）等来划分部门，设立若干事业部。按"集中决策、分散经营"的原则，事业部是在企业宏观领导下，拥有完全的经营自主权，实行独立经营、独立核算的部门，既是受公司控制的利润中心，具有利润生产和经营管理的职能，同时也是产品责任单位或市场责任单位，对产品设计、生产制造及销售活动负有统一领导的职能。事业部制组织结构如图 1-4 所示。

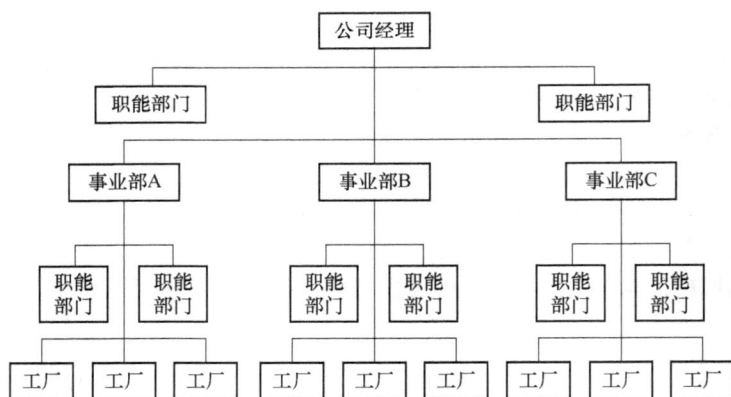

图 1-4　事业部制组织结构

1）事业部制的特点：

① 在纵向关系上，按照"集中政策、分散经营"的原则，处理企业高层领导与事业部之间的关系。实行事业部制，企业最高领导层要摆脱日常的行政事务，集中力量研究和制订企业发展的各种经营战略和经营方针，把最大限度的管理权限下放到各个事业部，使他们能够依据企业的经营目标、政策和制度，完全自主经营，充分发挥各自的积极性和主动性。例如，通用汽车公司当初按照斯隆模型改组后，要求各事业部出售的汽车在公司规定的价格幅度内，除此之外，事业部是完全自治的。

② 在横向关系上，各事业部均为利润中心，实行独立核算。这就是说，实行事业部制，则意味着把市场机制引入到企业内部，各事业部间的经济往来将遵循等价交换原则，结成商品货币关系。

③ 企业高层和事业部内部，仍然按照职能制结构进行组织设计。从企业高层组织来说，为了实现集中控制下的分权，提高整个企业管理工作的经济性，要根据具体情况设置一些职能部门，如资金供应和管理、科研、法律咨询、公共关系、物资采购等部门。从事业部来说，为了经营自己的事业，也要建立管理机构。

2）事业部制的主要优点：

① 提高了管理的灵活性和适应性，每个事业部都有自己的产品和市场，独立核算、自成体系。

② 在生产经营上具有较大的自主性，并且能够规划其未来发展，灵活自主地适应市场出现的新情况，并迅速做出反应。

③ 有利于最高领导层摆脱日常行政事务和具体经营工作的烦杂事务，而成为坚强有力的决策机构，同时又能使各事业部发挥经营管理的积极性和创造性，从而提高企业的整体效益。

④ 事业部作为利润中心，既便于建立衡量事业部及其经理工作效率的标准，进行严格的考核，又易于评价每种产品对公司总利润的贡献大小，用以指导企业发展的战略决策。

⑤ 各事业部门之间可以有比较、有竞争，由此可增强企业活力，促进企业的全面发展。

3）事业部制的主要缺点：

① 事业部制容易产生部门的本位主义，影响各部门之间的协作与联合。

② 由于各事业部之间存在竞争，容易造成各事业部之间信息、人员、技术等方面的交流困难。

③ 事业部的设置会使管理机构和管理人员大为增加，从而造成管理成本的提高。

（5）矩阵式组织结构　在组织结构上，把既有按职能划分的垂直领导系统，又有按产品（项目）划分的横向领导关系的结构称为矩阵式组织结构，其组织结构如图1-5所示。

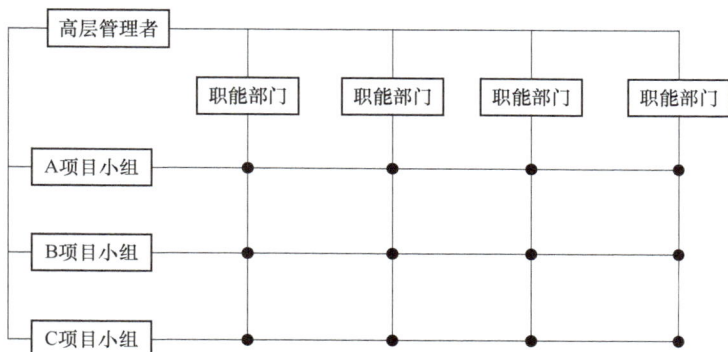

图1-5　矩阵式组织结构

即"在一个机构的机能式组织形态下，为某种特别任务，另外成立专案小组负责，此专案小组与原组织配合，在形态上有行列交叉，即为矩阵式组织。"在组织结构上，矩阵式组织可以将企业中各个办事处更有效地结合为一体，可以解除各个职能部门经理间的限制，以达到职能部门经理间更好地就资源进行全面的沟通。矩阵式组织可以帮助企业暂时降低员工招聘成本，特别是对一些刚刚建立的部门。各个部门中关键的人可以同时被企业中各个项目所使用，比如每个部门的经理。除此之外，当知识在一个平等的基础上时，所有项目也是可以利用的。因此，矩阵式组织可以在项目管理过程中，帮助企业在时间、成本和绩效上达到平衡。矩阵式组织结构非常适用于横向协作和攻关项目，企业可用来完成涉及面广的、临时性的、复杂的重大工程项目或管理改革任务，特别适用于以开发与试验为主的单位，例如科学研究单位，尤其是应用型研究单位等。

1）矩阵式组织结构的优点：

① 同时具备事业部式与职能式组织结构的优点。

② 兼有职能式和产品式（项目式）职能划分的优点，因为职能式职能划分与产品式职能划分的优缺点正好为互补型。

③ 加强了横向联系，专业设备和人员得到了充分利用，实现了人力资源的弹性共享。

④ 具有较大的机动性，促进各种专业人员互相帮助、互相激发、相得益彰。

2）矩阵式组织结构的缺点：

① 成员位置不固定，有临时观念，有时责任心不够强。

② 人员受双重领导，有时不易分清责任，需要花费很多时间用于协调，从而降低了人员的积极性。

三、汽车服务企业组织结构的设置与职能规划

不同的企业规模采用不同的组织结构形式。对小型汽车服务企业，如汽车快修店、汽车配件经营店等，多采用直线制组织结构；对中小型汽车服务企业，如汽车品牌专营店、汽车特约维修站等，多采用直线职能制组织结构；对大型汽车服务企业，如汽车服务集团、汽车配件连锁经营企业等，多采用事业部制组织结构。

1. 汽车特许销售店的组织结构

我国汽车特许销售店一般采用董事会领导下的总经理负责制，具体的组织结构形式如图1-6所示。有的企业将市场部从销售部分离出来成为一个独立的部门，有的将备件部从汽车服务部分离出来，有的拓展新的服务业务如旧车置换、会员服务等，从而成立以旧车置换中心，由车友俱乐部等部门组成的特殊事业部。每个部门的具体职责任务安排如下：

1）销售部：主要负责与整车销售活动有关的业务，如开发潜在客户、接受客户咨询、市场营销策划、制订购车计划、实现整车销售等。

2）售后服务部：主要负责与整车维修、保养活动有关的业务，如服务接待、建立客户档案、汽车质量保修、备件供应、服务促销、二手车交易等。

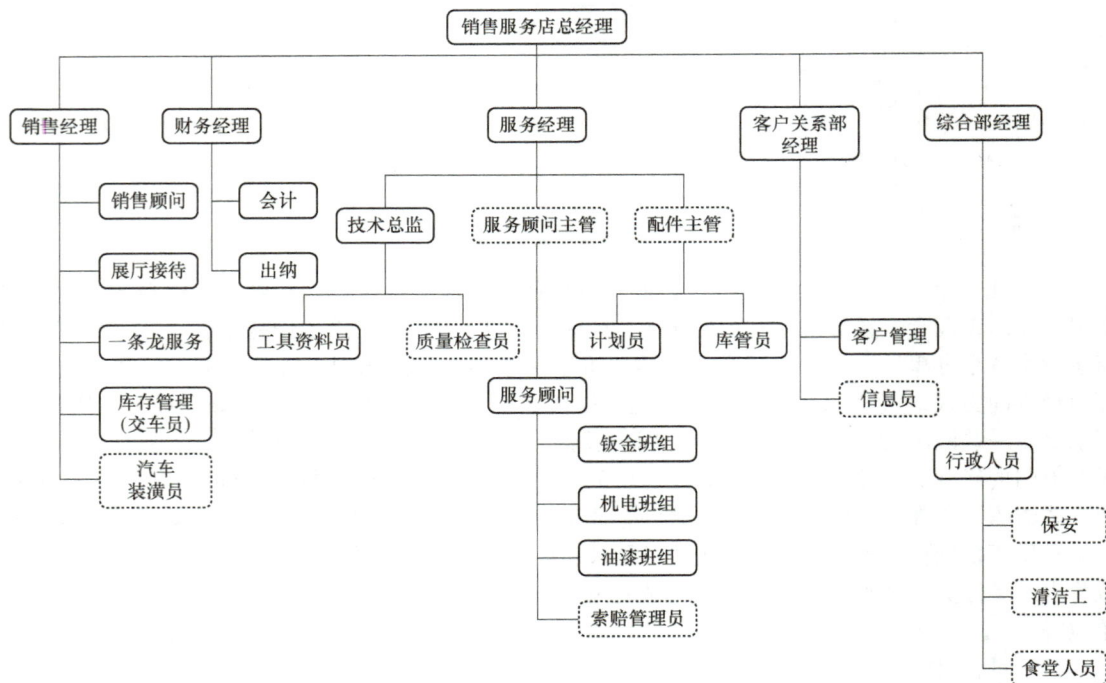

图1-6　某汽车特许销售服务店组织架构图

3）**财务部**：主要负责与企业对资金运作的管理活动有关的工作，如资金筹集、结算、成本核算、资金管理等。

4）**行政部**：主要负责企业人力资源管理、日常事务和劳动保险与福利等工作。

2. 汽车特许经销商主要职位的职责说明

经销商应明确各岗位人员的职责和权限，保证工作有效、有序地进行。对专职管理岗位的人员配置，应考虑到所选人员能够长期在本单位服务，所以建议专职管理岗位的人员应与经销商签有正式的劳动合同，以免突然离开本岗位而给经销商的品牌服务工作造成损失。所选人员要求思想端正、事业心强、服务热情周到，能够严格按照有关规定及要求实施经销商各项业务。具体岗位任职条件及职责见表1-3。

表1-3　汽车特许经销商各主要职位任职条件及职责

岗位名称	任职条件	岗位职责
总经理	1）具有五年以上从事汽车销售或汽车维修的经验和3年以上的企业管理经验 2）具有汽车、市场营销或相关专业大学本科及以上文化程度（正规学历） 3）与外部客户高水平接触的经验 4）与内部客户接触的经验 5）高水平的文书作业经验（付款文件、审核付款金额的准确性等） 6）能够注意行政细节 7）成功的零售商运作的经验；财务及分析工作经验 8）在巨大的压力下仍能保持正面的态度	1）促成各部门经理的紧密工作和协调部门间的团队合作，以领导团队成员走向成功 2）监控公司全部的工作流程，开发备用团队的能力，使工作因生病、假日等而受到的影响减到最小 3）分析现行的流程和活动是否满足不断变化的客户需求，并使之不断获得改善 4）和金融机构及其他行业建立和谐的关系 5）评估延后、中断或未达目标的原因及影响，并制订正确的改善行动 6）通过会面和顾客建立良好的关系，并超越期望值，安抚不满意的客户并解决其抱怨 7）指导并发展团队成员与工作相关的技巧，以改善他们的工作表现 8）指导团队处理日常工作的问题，使他们有效率地运作以达到客户的需求 9）沟通工作的优先与急缓，以确保最紧急的事情被优先处理 10）参加或进行例行的安全会议以检视工作安全守则 11）确认并执行销售服务标准，以创造及维持客户
销售经理	1）有很强的责任心和进取心 2）有较强的组织和沟通能力、团队建设和领导管理能力 3）应变能力强，能适应较大的工作压力 4）具有极强的服务意识和创新意识 5）应熟悉汽车销售工作流程和销售技能 6）了解汽车市场动态，具备丰富的汽车产品知识 7）具备一定的培训技能	1）管理销售顾问，分解销售任务，保证企业任务目标的实现 2）分析市场潜力并确保其潜力得到挖掘，实施新车销售的标准和指南 3）监督新车销售和二手车销售标准、指南的执行 4）监督销售量和销售额（每天/每月报告） 5）监督销售领域的经销商业绩对比数据，并实施经常性的反馈/检查讨论 6）负责汽车展厅与展示车的管理 7）创建和更新销售队伍的组织结构和岗位描述 8）制订销售人员的需求计划，参与人员的甄选 9）建立保质保量的销售调查、销售和客户关怀目标 10）负责处理客户投诉，提高客户的满意度和忠诚度 11）销售人员的培训、激励

（续）

岗位名称	任职条件	岗位职责
服务经理	1）具有汽车专业大专以上文化程度 2）具有先进的管理理念 3）有丰富的汽车维修经验和理论基础 4）有较强的组织能力和表达能力 5）有驾驶执照 6）能熟练操作计算机	1）开展提高用户满意度的活动 2）进行市场分析 3）制订服务工作计划 4）制订服务设施管理方法 5）负责日常业务管理 6）负责车间日常工作管理
服务顾问主管	1）掌握汽车常识，大学本科以上学历，从事轿车服务工作3年以上，并具有一定的管理经验 2）坚持原则，能严格遵守并带头执行企业相关规章制度 3）工作具有开拓性，善于总结，并具有强烈的创新意识 4）有驾驶执照	1）组织开展服务活动 2）协调服务顾问工作
服务顾问	1）具有一定的语言表达能力、组织能力 2）从事轿车维修工作3年以上，大专以上学历，对轿车故障有一定的分析判断能力 3）有驾驶执照	1）用户接待 2）监督作业过程 3）指导用户结算 4）车辆交接 5）参与信息反馈
索赔管理员	1）熟练操作计算机 2）了解汽车常识 3）掌握轿车索赔条例	1）索赔数据报送（无索赔鉴定权） 2）索赔旧件管理 3）相关文件的收发
配件主管	1）具有相当于大专以上的学历 2）有3年以上的汽配供销管理经验 3）有较强的组织协调能力 4）能熟练应用计算机 5）参加并通过轿车配件部管理部门组织的培训	1）负责组织配件人员做好企业配件管理工作 2）根据企业要求及市场需求合理调整库存，加快资金周转 3）负责对店内有关人员进行配件业务培训 4）负责协调配件供应部门与其他部门的关系，保证一线服务工作需要 5）负责向配件部管理部门传递配件市场信息及本店的业务信息 6）审核、签发配件订单 7）参加供应商配件管理部门组织的业务培训
配件计划员	1）大专以上学历，有3年以上汽配工作经验 2）熟悉汽车配件常识 3）能熟练操作计算机 4）对汽车配件市场信息敏感，工作踏实，责任心强	1）根据本店维修保养业务需要，合理安排库存，确保一线服务工作的正常开展 2）根据供应商配件管理部门有关配件计划、订购的规定，开展配件计划、订购工作，正确、及时填写和传递配件订单 3）对配件供应的及时性、正确性负责，并保证订购供应商的原厂纯正配件
配件库管员	1）大专以上学历，3年以上汽配工作经验 2）能熟练操作计算机 3）工作踏实、责任心强	1）负责配件的仓储收发管理及库存盘点 2）及时向配件计划员通报配件库存情况

（续）

岗位名称	任职条件	岗位职责
客户经理	1）具备一定的公关能力，语言表达能力 2）了解保险公司关于车辆投保及理赔方面的知识 3）了解交通管理部门关于车辆管理、驾驶人管理、交通管理等方面的有关法规或政策	1）帮助用户处理交通事故或交通违章 2）代办车辆年审 3）代缴养路费等国家规定的费用 4）代理补办车辆证件遗失、车辆过户 5）提供汽车代用及租赁服务 6）结盟当地商家，扩大会员优惠服务范围 7）代办驾驶执照年审 8）代办车辆保险 9）代办变更车辆注册（更换车身、改变颜色、换发动机）手续 10）协助理赔服务 11）组织汽车俱乐部相关活动 12）会费收缴
信息员	1）熟练操作计算机 2）了解汽车常识 3）了解用户心理，掌握营销常识 4）了解保险公司关于车辆投保及理赔方面的知识 5）了解交通管理部门关于车辆管理、驾驶人管理、交通管理等方面的有关法规或政策	1）接听会员求援电话，将相关内容录入计算机，同时负责处理或向业务主办转达 2）咨询服务 3）提供车务提醒服务 4）会员接待 5）保管会员档案 6）会员联络、沟通 7）用户跟踪服务，车辆交接后 3 日内 100% 跟踪

【重要知识点回顾】

1. 管理及管理职能
2. 汽车服务企业构成
3. 企业组织结构的设计原则
4. 企业组织结构的类型及各自特点

【能力训练】

任务一　管理各项基本职能的理解及应用

一、训练目的

1）熟悉、掌握管理各项基本职能的含义。

2）了解各项基本职能的相互关系。

二、训练步骤

1）教师指导学生进行分组，每组 5～6 人。

2）各组拟订一份春游的计划安排及实施说明报告。

3）各组代表阐述说明报告中各个环节所对应的管理各项基本职能。

4）以小组为单位展示说明任务成果，各组互相补充完善。

三、训练要求

1）能够将春游计划分解成各个阶段环节。

2）能够准确说明各个阶段环节所对应的管理基本职能。

3）能够准确对应管理各个基本职能的相互关系在春游计划报告中的体现。

四、实训涉及内容

1. 管理的各项基本职能及其具体含义。

2. 管理各项基本职能间的关系。

任务二　企业组织结构形式的理解及应用

一、训练目的

1）熟悉、掌握企业组织结构的各种类型及其特点和适用范围。

2）了解不同类型汽车服务企业所采用的组织结构形式。

二、训练步骤

1）以组为单位，分别查找和收集不同类型的汽车服务企业所采用的组织结构形式。

2）各组根据所了解的汽车服务企业的组织结构设置情况，分析其选择这种组织结构形式的原因。

3）各组进一步解释说明采用这种组织结构形式的汽车服务企业内部设定的各个职能部门所起到的功能作用。

三、训练要求

1）能够准确说明不同汽车服务企业内部设置的组织结构类型及其特点。

2）能够对汽车服务企业内部各职能部门的功能作用展开分析讨论。

四、实训涉及内容

1. 企业组织结构类型及其特点和适用范围。

2. 列举三种不同类型汽车服务企业采用的组织结构形式。

第二章

汽车服务企业销售管理

目标名称	目标内容
知识目标	1. 掌握汽车服务企业整车销售模式
	2. 掌握汽车服务企业销售核心流程的步骤及注意事项
	3. 理解销售核心流程规范化的意义
技能目标	1. 能够进行汽车服务企业销售管理
	2. 能够运用正确的方法和步骤完成汽车服务企业销售核心流程
情感目标	1. 培养学生的团队合作意识与能力
	2. 培养学生的优质服务意识

建议学时：8 学时。

名人名言

营销学不仅适用于产品与服务，也适用于组织与人，所有的组织不管是否进行货币交易，事实上都需要搞营销。

——菲利普·科特勒（世界营销大师）

第一节　汽车销售体系概述

【案例导入】

上海大众汽车有限公司

上海大众汽车有限公司（以下简称上海大众）成立于 1985 年 3 月，是我国最早的轿车合资企业之一。上海大众位于上海西北郊安亭国际汽车城，占地面积 333 万 m²，建筑面积 90 万 m²，是国内生产规模最大的现代化轿车生产基地之一，年生产能力 50 万辆。基于大众、斯柯达两大品牌，上海大众目前拥有桑塔纳、桑塔纳 3000 型、帕萨特（B7）、波罗（5 代）、新途安、朗逸、途观和 Octavia 明锐系列产品。

上海大众汽车有限公司首先从汽车产销合一转变为产销分离，即除了像某些特殊的购买者

（如国家调拨）直接提供少部分汽车产品外，大部分的汽车产品由大众的另一家合资公司（原上汽大众汽车销售有限公司）全权总经销。现在上汽大众又与上海大众合并，从而使分销体制由产销分离向产销结合过渡，这种变化必将为大众公司注入新的活力。

案例思考：
1. 什么是汽车分销体制？
2. 汽车分销体制有哪些？

一、汽车分销体制

汽车企业生产出来的产品，只有通过一定的市场营销渠道，才能在适当的时间、适当的地点，以适当的价格供应给用户，从而克服生产者与消费者之间的差异和矛盾，满足市场需要，实现企业的市场营销目标。汽车分销体制对于一个国家汽车流通业的发展至关重要，是汽车流通企业实现与市场连接的基本条件。在当今世界汽车市场激烈竞争的格局下，各大汽车公司都建立了自己的营销体系和销售模式，主要的汽车分销体制有以下三种形式。

1. 产销合一体制

产销合一体制是汽车生产商全权控制的直销系统，直接控制本国及他国市场的销售组织工作。这种分销体制在我国发展较早，而且目前仍是我国最主要的汽车分销体制。

2. 产销分离体制

产销分离体制是汽车生产商只负责生产，厂商委托汽车经销商负责汽车分销及销售服务的产销分工体制。在这种分销体制下，汽车生产商与汽车经销商是两家企业。这种分销体制在我国已有了一定的发展，一些汽车企业已从原有的产销合一模式过渡到产销分离模式。

3. 产销结合体制

产销结合体制的特征是汽车公司的营销部门和各地的销售办事处只是汽车分销管理部门，而不直接从事汽车产品销售，其主要职能是为汽车公司制订生产计划提供市场依据，制订公司的销售计划，管理和指导经销商的销售活动、广告促销、商务培训、市场调研、市场预测和市场开发等直接从事汽车销售的大量的经销商。产销结合体制是产销合一与产销分离体制的结合，其汽车生产商与经销商是两家企业，生产商组织与控制汽车销售系统。

目前，国际上较通行的汽车分销体制是产销结合体制，它是西方汽车公司发展的主流。我国最主要的汽车分销体制是汽车生产商与经销商为一家企业的汽车产销合一体制。现在我国的部分汽车企业已由产销合一向产销分离或产销结合体制转变，并取得了良好的效果。大众公司汽车分销体制的转变和发展过程，充分说明了这三种汽车分销体制各有优劣，汽车企业应该结合自身实际情况以及所处的不同阶段加以选择，以充分发挥汽车企业各自的优势。

二、分销渠道的模式与结构

分销渠道（图2-1）按其有无中间环节和中间环节的多少，即按渠道长度不同，可分为以下四种基本类型。

1. 直接渠道（Ⅰ型：生产者→消费者）

汽车生产企业直接与用户签约。直接渠道的具体形式有推销员上门推销、设立自销机构、通过订货会或展销会与用户直接签约供货等形式。日本汽车企业在早期采取这种分销策略，取得了很大的成功。

2. 一级渠道（Ⅱ型：生产者→零售商→消费者）

汽车生产企业和用户之间只通过一层中间环节，即汽车生产企业把产品销售给直接面对用户的零售商或代理商。我国许多汽车生产企业都采用这种分销形式，比如专用汽车生产企业、重

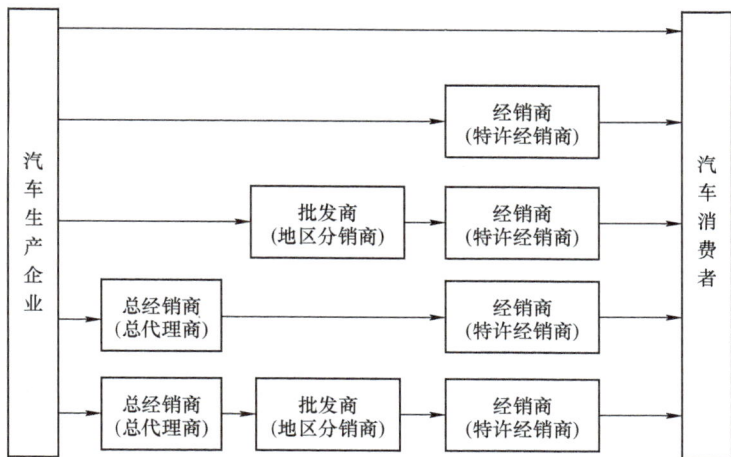

图 2-1　汽车销售渠道模式

型车生产企业等。

3. 二级渠道（Ⅲ型：生产者→批发商→零售商→消费者）

汽车生产企业把产品批发给批发商或交给代理商，由他们再销售给零售商，零售商最后销售给用户。生产企业与用户之间经过两层中间环节。这种分销渠道在我国的大、中型汽车生产企业的市场营销中心比较常见，如上海大众汽车公司、东风汽车公司等基本上都采用这种形式。

4. 三级渠道（Ⅳ型：生产者→代理商→批发商→零售商→消费者）

三级渠道是指含两个或三个以上中介机构的分销渠道，这种分销渠道在汽车产品销售中运用不多。

以上四种渠道也可以概括为直接渠道（Ⅰ型）和间接渠道（后三种）两种类型。直接和间接两种渠道各有优势。直接渠道既然是供销见面，显然具有信息沟通准确、分销成本低廉、交易容易达成等优点。但是，由于受到时间和空间的限制，供需见面的概率较低，产品分销的效率也因此受到限制。一般来说，直接渠道更适合用户数量相对较少的生产资料产品的分销。间接渠道要经过或多或少的中间环节，为利所驱，这些环节无疑都是产品分销的有生力量。显然，这对于扩大产品销量，扩充产品市场都非常有利。但是，由于产品价格层层加码，又会降低产品的市场竞争力。一般来说，间接渠道更加适合顾客数量相对较多的汽车产品的分销。

三、中间商的类型

中间商是指在商品从生产者转移到消费者的过程中，参与商品流通，促进买卖行为发生和实现的个人和经济组织。汽车中间商是将汽车产品销售给最终消费者和用户的中间环节，具有平衡市场需求、扩散商品和集中商品的功能，在商品流通中发挥着重要的作用。下面介绍一下常见汽车中间商的类型。

1. 汽车产品批发商

汽车产品批发商是以批发后再销售为目的，实现汽车产品在空间和时间上转移的中间商。根据其是否拥有汽车商品的所有权分为三种类型：独立批发商、销售代理商、制造商的分销机构和销售办事处。

（1）**独立批发商**　独立批发商是指批量购进并批量销售的中间商。它拥有汽车商品的所有权并以获取批发利润为目的，其购进对象通常是生产者或其他批发商，售出对象则多数为零售商。例如，我国汽车分销中的汽车贸易公司、机电公司中的汽车批发部门等都属于此类。

（2）**汽车销售代理商**　汽车销售代理商是指接受委托人的委托，替委托人推销汽车商品的中间商。他们不拥有汽车商品的所有权，以取得佣金为目的，促使买卖的实现。在汽车分销中销售代理商主要有两类：

1）销售代理商，即委托人的独家全权销售代理商。它们是汽车生产企业的全权代理，负责推销企业的全部产品，不受地区限制，并且有一定的定价权；同时，生产企业有了销售代理商之后，不得再委托他人代销产品或自销产品。

2）厂家代理商，即制造商的代理商。他们按照汽车生产企业规定的销售价格或价格幅度和其他销售条件推销产品，安排储运，并向生产企业提供市场信息、产品设计及定价建议等。这类代理商一般都与企业签订长期代理合同，并受代理商销售地区的限制。目前，厂家代理商这类中间商在汽车销售中是比较常见的。

（3）制造商的分销机构和销售办事处　制造商的分销机构和销售办事处隶属于制造商，是制造商专门经营其产品，进行批发销售业务的独立商业机构，如我国汽车制造企业自建的销售公司和各地的分销中心，以及国外制造商在我国设立的销售办事处等。

2. 零售商

零售商是将产品和服务销售给最终消费者的中间商。它一般拥有产品的所有权，具有形式多样、数量庞大、分布广泛的特征。汽车产品的零售商按其经营范围不同，可分为专营零售商、兼营零售商和零售代理商。

（1）专业零售商　即只经营单一品牌汽车产品的零售商。我国各地的汽车专卖店也是一种专营零售商。

（2）兼营零售商　即经营多家品牌汽车产品的零售商。

（3）零售代理商　即不拥有汽车产品的产权，仅从销售代理商处取得代理权，或者是销售代理商设立的零售机构，比如各地的汽车销售代理处、代理店等。

第二节　汽车整车销售管理

【案例导入】

长安汽车集团整车分销管理

长安汽车集团非常重视企业的信息化建设，并且已经取得了显著的成效。自2001年长安集团开始进行企业计划资源系统（ERP）的建设，2003年6月ERP系统全面上线以来，给公司管理方式带来了一系列变化，经国际第三方权威评测机构评测，信息系统给长安集团带来了可观的经济效益。2003年7月，长安集团的领导层再次将目光转向了自己的供应链，希望能够整合上下游渠道，以取得和供应商、经销商、服务商、消费者的共赢，构建起长安的价值链。

从一个省的试点到全国庞大的营销网络的系统全面推广，近千家机构于2004年底开始在整车分销管理平台上开展日常业务，在管理平台全面上线后，长安集团通过本平台进一步提升了自己的市场业绩，发挥出了更高的管理效益。

在成功应用整车分销管理平台之后，长安集团充分利用企业管理信息提高企业的管理效率，使企业在多方面的管理水平得到了提升。

1）所有数据高度共享：通过管理平台，实现异地实时查询与统计分析。利用平台强大的查询功能，可在总部直接了解到各地分支机构的财务、业务情况，加快了信息的传递速度，省略原先各地分支机构向集团总部手工报送报表的环节，保证信息的准确性与及时性。

2）一体化的管理系统：基础数据保持实时一致性，做到统一的标准化管理；财务业务数据高度共享，减少了原先大量的业务数据向财务数据转换的工作，企业大大减少了财务人员的核算工作量，同时减少了出错的可能。

3）**库存管理透明化**：通过平台，实时了解各地库存及市场情况，合理安排各地之间的调货，使库存分布更加合理，优化库存结构，减少库存对资金的占用，提高资金利用率，降低库存占用资金与销售额的比率。

4）**提高备品备件的市场占有率**：通过对备品备件的采购、销售、库存、运输过程等进行管理，将全国各地的配件中心、服务商零配件采购库存等统一管理起来，降低备品备件的流转成本；降低配件的价格，提高物流速度，吸引渠道内的各经营单位多采用原厂配件。同时，对维修站的三包结算量与采购量进行对比，监督维修站采用长安零配件，提高原厂零配件的市场占有率，保证长安车的服务质量，提升品牌价值。

5）**规范售后维修服务**：通过平台，规范和优化了从维修站到总部结算流程，零件回收管理流程，避免维修站的不规范行为，降低产品三包成本，加快结算速度，提升客户满意度。

6）**提高客户的满意度**：通过产品售后服务和客户关怀，可增加销售机会及提升客户对公司的满意度，改善客户关系，增强挽留客户的能力。

7）**统一管理集中控制**：分支机构集中管理，并通过系统强大的集团管理控制过程，充分强化了集团的监控指导职能，保证了集团制订的各项政策能够得到准确、高质的执行。

8）**实时高效的管理**：数据实时，可随时查询所需的报表、相关财务业务信息，真正做到事前、事中和事后控制，便于公司决策层针对市场最新的变化和动向，做出准确、及时的决策。

9）**实现协同商务**：通过建立统一的销售信息平台，为企业的物流、产品销售以及合作伙伴企业之间的信息交换与共享提供了良好的基础，有助于促进企业间的联合，资源共享，优势互补，增强企业或企业联盟在国际市场中的核心竞争力。

案例思考：
1. 如何理解汽车销售管理对汽车服务企业发展的重要性？
2. 如何构建企业价值链，增强企业竞争力？

一、汽车整车销售概述

1. 汽车整车销售的概念

汽车整车销售是汽车企业为了满足消费者现实和潜在的购车需要及实现企业目标，通过市场达成汽车整车交易所开展的商务活动过程，包括以下几个方面的含义：

1）**汽车整车销售的目的是满足消费者现实和潜在的购车需要及实现企业目标**。满足消费者现实和潜在的购车需要是开展汽车整车销售活动的最高准则，实现企业目标的重要方面是获取尽可能多的利润。

2）**汽车整车销售的核心是达成交易**。汽车整车销售的核心是通过市场达到汽车交易，引导汽车和劳务转移到消费者手里，把消费者手中的货币转移到生产者和中间商手中，从而完成商品的交换过程。交换是市场营销的重要内容，交易是交换的基本单元，是双方间的价值交换所构成的行为。

3）**汽车整车销售的手段是开展综合性的商务活动**，也称现代市场营销活动，既包括企业在汽车流通领域内进行的商务交换活动，又包括在汽车生产过程前的市场调研活动和汽车流通过程结束后的售后服务。汽车整车销售不仅以消费者为全过程的重点，更重要的是以消费者为全过程的起点。

2. 汽车整车销售的特点

汽车作为社会经济生活中的一件重要工业品，因为体积大、价值高、使用寿命长等特点，其销售不同于一般商品。

（1）**非现货交易** 由于汽车商品体积较大和价值高的特点，汽车整车销售店面不可能摆放数量较多的现车，一般只摆放几辆样车供顾客挑选。因此，汽车销售一般都不采取现货交易的方式，而是采取预付货款而后交车的方式。

（2）**配套手续繁多** 因为国家对汽车销售、使用回收等都有一系列相应的规定，其中仅新车销售环节就有许多强制规定，如购买新车必须相应地购买车辆保险，新车上路还需要拍照等。因此，在买车时，相应服务是否便捷也是消费者选择新车的一个重要衡量指标。

（3）**售后服务要求高** 汽车不同于一般的商品，其具有使用寿命相对较长，而且遭到意外损害的可能性大的特点，使汽车维修、保养等售后服务成为消费者购车时关心的主要内容。

（4）**汽车市场波动频繁** 汽车作为社会经济生活的一种重要工业品，其市场行情随经济运行的波动而波动。这种波动呈现出明显的周期性特点，即每一波动周期在理论上均包括"衰退、萧条、复苏、高涨"四个阶段。

3. 汽车整车销售模式

汽车整车销售模式对于汽车销售企业开拓汽车市场，建立有效运营具有举足轻重的作用。随着汽车市场的不断发展，汽车整车销售模式发生了深刻变化，新的与国际接轨的现代模式被引入国内，使我国汽车整车销售模式呈现出多元化的特征。

（1）**代理制** 代理制是销售领域中的虚拟经营模式，通过代理制，借助中间商的分销系统来销售产品，已被证明是一种非常有效的分销网络模式。从整车销售方面看，代理制的优点包括：

1）可实现工商分工，调动生产厂家和代理商两方面的积极性。

2）销售网点可以更多、更贴近用户，使销售活动更灵活主动。

3）有利于减少汽车销售渠道的环节，降低企业的销售经营成本。

4）销售专业化，有利于提高销售效率，更符合市场经济体制的要求。

5）企业可以加强对代理商的管理和控制，有利于为企业分担经营风险。

（2）**特许经营制** 汽车特许经销商是指由汽车总经销商（或汽车生产企业）作为特许授予人（简称特许人）按照汽车特许经营合同要求以及约束条件授予其经营销售某种特定品牌汽车的汽车经销商（作为特许被授予人，简称受许人）。汽车特许经营制的优势有：

1）可以享受特许人的汽车品牌及该品牌所带来的商誉，使其在汽车营销活动过程中拥有良好的企业形象，给顾客以亲切感和信任感。

2）可以借助特许人的商号、技术和服务等，提高竞争实力，避免单枪匹马进入激烈的市场所面临的高风险。

3）可以加入特许经营的统一运营体系，即统一的企业识别系统、统一的服务设施、统一的服务标准，使其分享由采购分销规模化、广告宣传规模化、技术发展规模化等方面所带来的规模效益。

4）可以从特许人处得到业务指导、人员培训，获得信息、融通资金等方面的支持和服务。

（3）**品牌专营** 品牌专营是由汽车制造商或销售商授权，只经营销售专一汽车品牌，为消费者提供全方位购车服务的汽车交易场所。以轿车为例，上海通用、广州本田等厂商构建了自己的品牌营销模式，各厂商在理论上基本一致，但在功能组合与称谓上各有不同。在功能组合上，集合汽车销售（Sale）、售后服务（Service）、配件供应（Spare-part）、信息反馈（Survey）的四位一体品牌专营服务店是主要代表形式，还有些是售车功能与服务功能两者分离式；在称谓上，有的称"特许（授权）销售服务中心"，有的称"特许代理"，有的则称"特许专卖店"。品牌专营有利于引导顾客上门购车，促进销售，有利于提高品牌知名度、树立良好的企业形象。统一价格，便于市场管理；直接销售，又可以减少中间环节，避免增加任何附加费用。宝马汽车品牌专营店如图2-2所示。

（4）**汽车超市** 汽车超市又称汽车商店，它与专卖店最大的不同之处在于：汽车超市可以

图 2-2 宝马汽车品牌专营店

代理多家品牌，也就是一家商店可以提供多种品牌的选择和服务。有些汽车超市还可以为顾客提供休息和娱乐服务。汽车超市的特点是以汽车服务贸易为主体，并拓展服务的外延，促使服务效益最大化。

（5）汽车城 汽车城是大型的汽车交易市场，集纳众多的汽车经销商和汽车品牌于同一场地，形成了集中的多样化交易场所。其品种丰富多样，不仅便于购车者比较选择，而且具有服务快捷、管理规范的优势，是集咨询、选车、贷款、保险、上牌、售后服务于一体的汽车营销新业态。此外，汽车城内热烈的交易气氛和规模经营所营造的良好购车氛围，以及由此产生的示范效应，再加上与之毗邻的相关汽车服务市场的繁荣，都是汽车城有别于其他汽车营销模式的独特优势。

（6）汽车大道 汽车大道模式，即在方便顾客进入的快速路两侧，建立若干品牌的三位一体或四位一体的专卖店，在独立经营、自主经营的基础上形成专卖店集群。汽车大道模式集汽车交易、服务、信息、文化等多种功能于一体，具有规模大、环境美、交易额大、影响大等特点。

（7）网络营销 近年来，随着信息科技的发展，尤其是网络的普及，大大拓宽了人们获取信息的渠道，而网络几乎成为消费者了解汽车产品和品牌的主要渠道，消费者通过网络来了解车市行情，选择车型和商家等。网络营销能充分发挥企业与客户的互相交流优势，而且企业可以为客户提供个性化的服务，是一种新型的、互动的、更加人性化的营销模式。

二、汽车特许经销商销售管理

1. 汽车特许经销商的准入条件
1）独立的企业法人，能自负盈亏地进行汽车营销活动。
2）有一定的汽车营销经验和良好的汽车营销业绩。
3）能拿出足够的资金来开设统一标志的特许经营店面，具备汽车营销所需的周转资金。
4）达到特许人所要求的特许经销商硬件与软件标准。

2. 汽车特许经销商的权利和义务
（1）汽车特许经销商的权利
1）特许经销权。
2）地区专营权。
3）取得特许人帮助的权利。
（2）汽车特许经销商的义务
1）必须维护特许人的商标形象。

2）在参加特许经营系统统一运营时，只能销售特许人的合同产品；只能将合同产品销售给直接用户，不得批发；必须按特许人要求的价格出售；必须从特许人处取得货源；不得跨越特许区域销售；不得自行转让特许经营权。

3）应当履行与特许经营业务相关的事项，如随时和特许人保持联系，接受特许人的指导和监督；按特许人的要求，购入特许人的商品；积极配合特许人的统一促销工作；负责店面装潢的保持和定期维修。

4）应当承担相关的费用，如加盟金、年金、加盟店包装费。

3. 标准的特许经销商特点

1）标准、系列化的建筑风格。

2）统一、标准化的标志系统。

3）全新的管理模式。

4）现代化的企业计算机管理及网络通信。

5）汽车上牌、保险、售前、售中、售后一条龙服务。

6）规范化的接待服务。

7）先进、实用的专用工具、仪器和设备。

8）专业化的修理。

9）全国统一的原厂备件价格。

10）合理的工时收费。

4. 经销商的服务范围

1）授权产品的质量担保。

2）授权产品规定里程内的免费保养。

3）业务和技术方面的咨询。

4）授权产品的维修。

5）原厂备件销售。

5. 生产厂对经销商的支持

1）提供统一的建筑标准。

2）提供统一的形象建设标准及标志标准。

3）贯彻先进的管理模式。

4）免费提供技术培训、管理培训、索赔培训、备件培训及计算机业务培训。

5）疑难维修技术支持。

6）提供技术资料、管理资料。

7）统一订购专用工具、仪器设备，指导订购通用工具。

8）提供售后服务联网软件及服务站内部管理软件。

9）提供原厂备件。

10）免费提供产品宣传及服务宣传资料。

11）授权开展售前整备、首保及索赔业务。

12）指导经销商开展服务营销。

三、整车销售流程管理

汽车销售流程就是顾客在选购汽车产品时，销售人员帮助顾客购买到汽车所应用的销售步骤和方法。在整个销售过程中，销售人员应遵循一定的服务规范为顾客提供全方位、全过程的服务，在销售工作中满足顾客要求，确保顾客有较高的满意度，提高顾客对所选产品的品牌忠诚度。

1. 销售流程的作用

（1）销售流程能提高销售成交率　合理有效的销售流程可以引导销售人员快速顺利、专业规范地完成销售服务，让销售人员知道自己下一步要干什么，从而提高销售成交率。

（2）指引和规范作用　规范的销售流程可以使整个销售展厅看起来更加规范有序，销售人员也显得更加专业，从而可提升公司形象。这个作用对于新人尤其重要，根据流程进行销售，避免想当然地做一些不应该做的事情而造成不应有的损失。

2. 销售流程的具体内容

任何工作的流程都是一个从输入到输出的过程，但是销售流程又和一般的工作流程不一样，一般的产品流程注重的是产品的成形，客观因素比较突出。但是销售流程不是这样，对于汽车销售流程来说，可以概括的因素有"汽车、人、客户"。销售的工作对象是千变万化的"人"，销售流程对销售结果的影响是相对的。好的销售人员应该将销售流程视为灯塔，灯塔的作用是指引船只一步步顺利到达唯一的目的地——成交，然而船舵依旧把持在船员手里。销售员可以在销售流程的运用过程中充分发挥个人的销售艺术，不要把自己变成流程的奴隶而失去了销售的灵感，一旦在销售流程中发生一些"小插曲"，就失去了解决问题能力，丧失本来有可能成交的顾客。汽车销售核心业务流程如图2-3所示。

（1）售前准备　售前准备是正式接触前的所有活动，销售人员应对自己的行业、公司产品或劳务、竞争对手和顾客等都非常熟悉，尤其是潜在顾客的个人和商业信息活动。

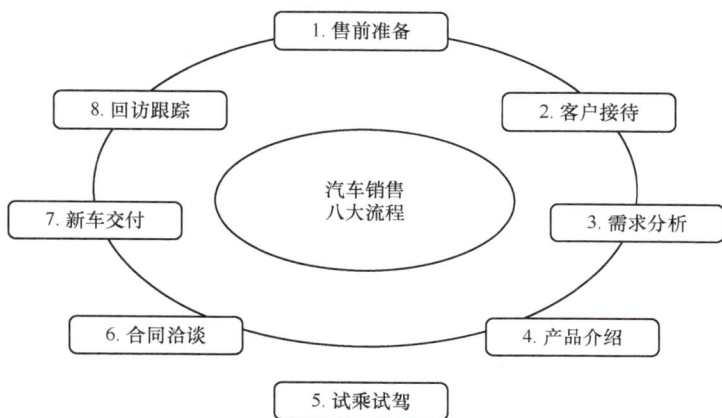

图2-3　汽车销售核心业务流程

销售人员准备得越充分，成功的可能性就越大。售前准备工作包括自我态度、产品知识、销售工具（衣着、文件夹、有关话题、Q&A、销售技巧、消费行为）等方面的准备。留给客户第一印象的机会只有一次，第一印象一旦形成就很难改变，良好的第一印象等于成功了一半。售前准备如图2-4所示。

（2）客户接待　客户接待主要有来电接待和展厅接待。

1）来电接待。与顾客的初次接触主要通过来电和来店两种渠道实现，为了在初次接触阶段树立起良好的品牌形象，从来电和来店两个方面的接待规范上要求经销商的销售顾问为顾客提供标准化的服务。来电接待流程如图2-5所示。

图2-4　售前准备

2）展厅接待。汽车销售顾问应通过自己热情、真诚的接待工作消除顾客的疑虑和戒备，并与顾客建立信任关系，让顾客在展厅逗留足够的时间，以充分了解汽车产品、体验汽车服务，使顾客对经销商和汽车品牌产生正面的印象，愿意再次联系或来展厅做进一步的洽谈。在进行展厅接待时，应该注意以下几点：

① 仪容仪表。在展厅接待客户时，要注意自我仪容仪表的得体与规范，具体规范见表2-1。

```
┌─────────────────────┐
│        问候          │
└─────────────────────┘
          ↓
┌─────────────────────┐
│     了解顾客需求      │
└─────────────────────┘
          ↓
┌─────────────────────┐
│     解答顾客疑问      │
└─────────────────────┘
          ↓
┌─────────────────────┐
│     留下顾客联系方式   │
└─────────────────────┘
          ↓
        ◇─────────◇         否    ┌─────────────────┐
        邀请顾客来店   ─────────→  │  进入来店接待流程  │
        ◇─────────◇              └─────────────────┘
          ↓ 是
┌─────────────────────┐
│     告诉本人联系方式   │
└─────────────────────┘
          ↓
┌─────────────────────┐
│        道别          │
└─────────────────────┘
          ↓
┌─────────────────────┐
│ 填写展厅来电(店)顾客信息登记表 │
└─────────────────────┘
          ↓
┌─────────────────────┐
│   收集汇总潜在顾客信息  │
└─────────────────────┘
```

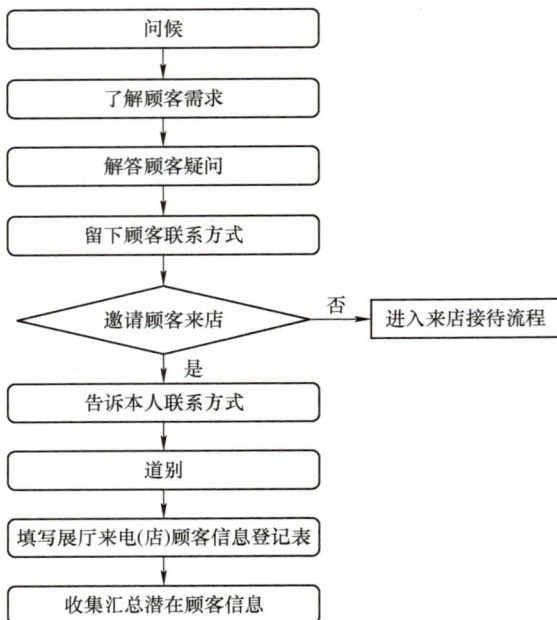

图 2-5　来电接待流程图

表 2-1　仪容仪表规范

项　目	规　范
着装	销售顾问上班时间必须着统一标准制服，要求如下： 1）男士着西服，浅色衬衣，需配领带，穿深色袜子和深色皮鞋；西装口袋不放任何物品，领口袖口无污染；西裤平整有裤线；皮鞋光亮无灰尘；胸前佩戴统一铭牌 2）女士需着深色套裙，配肤色长筒袜，袜子无洞；可着平底鞋，鞋面光亮、清洁；胸前佩戴统一铭牌
仪表	1）头发应当定期修剪，不可过长，无头屑，女士长发梳起，以整齐、大方为标准，男女都不可漂染奇特的颜色 2）保持手指甲清洁，指甲长度不宜过长，且修剪整齐、不染色 3）女士应当化淡妆，自然、淡雅，饰物应小巧精致，且不超过3件 4）身体、口腔无异味，工作期间不嚼口香糖，不吸烟
微笑	给顾客一张热情、真诚的笑脸，以拉近彼此的心理距离，消除顾客戒备的心理，赢得顾客的尊重和信任，时刻以微笑服务顾客
目光	与顾客交谈，两眼视线落在对方鼻尖，偶尔可直视顾客双眼；恳请对方时，注视对方双眼；目光大方、自然、放松
站姿	1）男士站姿：当顾客、领导和同级女职员走来时应起立，抬头、挺胸、立腰、收腹、直颈、下颚微收，两肩放平，两手自然下垂放于两侧，两腿分开与肩同宽，面带自信，忌腿乱抖和东张西望 2）女士站姿：抬头、挺胸、立腰、收腹、直颈、下颚微收，两肩放平，两手置于身体两旁或在身前交叠，两腿并拢，两脚跟相靠或成丁字步，面带微笑
坐姿	1）男士挺直上身、头正肩平、面带自信、两腿两膝平行分开比肩略宽，双手自然放于膝上；人体重心垂直向下，腰部挺直，上身正直，双膝并拢或微分开 2）女士入座前应先将裙角向前收拢，坐于椅子的2/3处，上身挺直，两膝并拢，脚放于中间或一边，两手自然放于身前

　　② 名片规范。在展厅接待时，接待人员向客户递交名片是必不可少的环节，关于名片的规范有以下几点需要特别注意。

a. 名片准备：销售顾问销售工具包中的名片数量充足，且保持名片清洁平整。

b. 初次相识：可在刚结识时递上自己的名片，并自信而清晰地将自己的姓名说出来。

c. 递交名片：双手食指弯曲与大拇指夹住名片左右两端恭敬地送到对方胸前。名片上的名字反向对自己，使对方接过就可以正读。

d. 接受名片：用双手去接，接过名片要专心地看一遍，然后自然地阅读一遍，以示尊重或请教不认识的字，如对方名片上未留电话，应礼貌地询问；不可漫不经心地往口袋里面一塞了事，尤其是不能往裤子口袋塞名片；若同时与几个人交换名片，又是初次见面，要暂时按对方席座顺序把名片放在桌上，等记住对方后，再将名片收好。

③ 交流规范。在与顾客的交流过程中，要注意在以下几方面做到规范得体，以给顾客留下良好的印象。

a. 手势：适当地利用手势，可以起到加强、强调交谈内容的作用。注意手势不要过分夸张，否则会给顾客一种华而不实的感觉。

b. 握手：手要洁净、干燥和温暖，先问候再握手。伸出右手，手掌呈垂直状态，五指并拢，握手3s左右，同时目光注视对方并面带微笑，握手的顺序是上级在先、主人在先、长者在先、女性在先。

c. 面桌而坐时，前臂可放与桌面上，而肘部要离开桌面。

d. 位置：无论是站、坐、走都不宜在顾客身边，也不宜直接面对面，而应站或坐在顾客的一侧，即可以看到双方的面部表情，有利于双方的沟通。

e. 距离：与顾客初次见面时，距离要适中，一般维持在70～200cm，可根据与顾客的熟悉情况适当缩短彼此间的空间距离，但一般至少要保持在伸出手臂不能碰到对方的距离。

④ 展厅接待流程。展厅接待流程如图2-6所示。

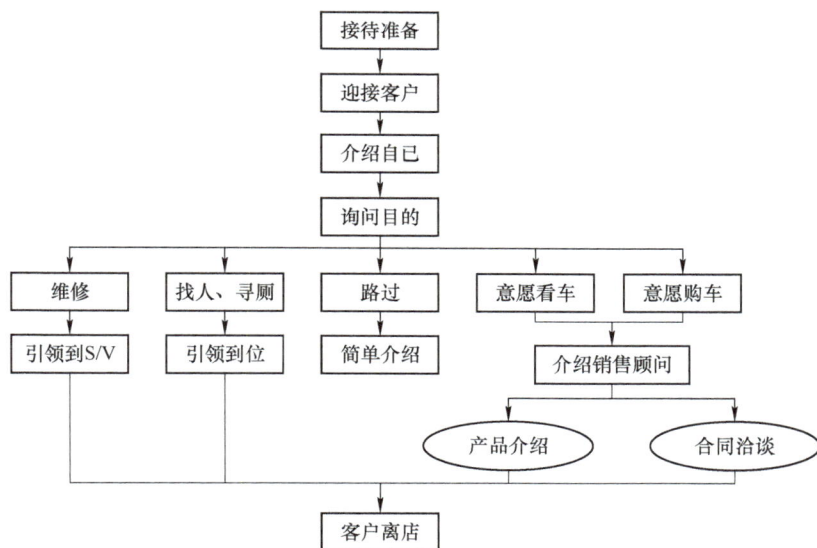

图2-6　展厅接待流程图

接待流程中的执行要点见表2-2。

表2-2　接待流程中的执行要点

流 程 步 骤	执 行 要 点
接待准备	洽谈区：参见展厅设施管理相关标准 展车：参见展车管理标准 销售顾问工具包：准备专用的销售工具包

（续）

流程步骤	执行要点
顾客进入展厅	1）及时迎接顾客，做好接待工作 2）尽可能迎到店外 3）顾客进店说标准欢迎语，第一次尝试留下顾客姓名和联系方式 4）面带微笑，目光柔和地注视对方，以愉快的声调致欢迎词"欢迎光临，我是销售顾问×××，请问有什么可以帮助您的吗？……先生您贵姓？"主动和对方交换名片 5）如顾客不需要销售顾问，可给顾客 1~2min 的自由看车时间 6）必须主动和每个来访者打招呼 7）礼貌、热情，所有员工与顾客目光相遇时皆应友好地点头示意，并打招呼说"您好" 8）如顾客是再次来展厅的，销售顾问应该用热情的言语表达已认出对方，最好能够直接称呼对方姓名 9）顾客到店立刻送上饮用水，增加顾客坐下的可能性，让顾客坐下等于销售成功了一半
顾客要求自行看车或随便看看时	1）回应"请随意，我愿意随时为您服务" 2）撤离在顾客目光所及范围内，随时关注顾客是否有需求 3）在顾客自行环视车辆或某处 10min 左右，仍没有对销售顾问表示需求时，销售顾问应再次主动走上前"您看的这款车是×××，是近期最畅销的一款，……""请问，……" 4）未等销售顾问再次走上前，顾客就要离开展厅的，应再主动问候，并询问有无需要车型资料，然后把顾客再次带回接待区
顾客需要帮助时	亲切、友好地与顾客交流，回答问题要准确、自信、充满感染力
顾客在洽谈区	1）主动提供饮用水，以示尊重、礼貌 2）交谈时，除了谈产品以外，寻找恰当时机多谈谈对方的工作、家庭或其他感兴趣的话题，建立良好的关系 3）使用销售工具包，如公司宣传资料、产品资料、媒体报道剪辑、售后服务政策以及糖果、香烟或小礼物等
顾客离开时	1）放下手中其他事务，陪同顾客走向展厅门口 2）提醒顾客清点随身携带的物品以及销售与服务的相关单据 3）预约下次来访时间，表示期待再一次见面，并提供服务。在展厅门外，挥手致意，目送顾客离去 4）送出门外，目送离去
顾客离去以后	1）进行车辆复位和展厅清洁工作 2）整理顾客信息卡，建立顾客档案，填写"来店（电）客户登记表"

（3）需求分析　客户需求分析的目的是分析出客户真正的潜在或显在的需求；引导客户说出需求，为推荐产品打下基础；增加客户的信任度。客户需求分析流程如图 2-7 所示。

客户需求分析执行要点见表 2-3。

表 2-3　客户需求分析执行要点

流程步骤	执行要点
寒暄破冰	通过观察客户，找出与客户建立关系的突破点： 顾客衣着：一定程度上反映经济实力、选购品位、职业、喜好 顾客姿态：一定程度上反映职务、职业、个性 顾客眼神：可传达购车意向、兴趣点 顾客表情：可反映出顾客的情绪和选购的迫切程度 随行人员：其关系决定对购买需求的影响力

（续）

流程步骤	执行要点
收集信息	顾客基本特征：首先明确顾客是谁，这是进行需求分析的前提；其次了解顾客身处的环境，例如顾客的家庭情况、职业、兴趣爱好和朋友等，因为正是这些环境中的某些因素使顾客产生了这种需求 顾客使用特征：顾客需求的产生是由于自身有需要解决的问题或者需要弥补的差距。在获得了顾客的相关基本信息以后，就应该知道顾客的现状和他/她的期望值之间的差距，即顾客为什么要买车？买车的主要用途是什么？此时，需求分析的核心已经从传统的表面上顾客需要一辆车（WHAT）转向顾客内心深处的为什么需要这辆车（WHY），即需要洞察顾客内心深处的心理需求 产品特征：了解顾客内心真正的需求后，应该有的放矢地分析产品特征，即顾客所需要的车型应该具有的功能、装备或特性 顾客购买特征：顾客希望在哪里购买？是在本店购买，还是在同品牌竞争对手的店里购买？顾客又希望以何种方式购买？是选择一次性付款还是分期付款？
推荐车型	1）在适当的时机总结顾客谈话的主要内容，并寻求顾客的确认 2）根据顾客的反馈，发掘其更深层次的需求；将已确认的需求记录在案 3）根据顾客的需求，主动推荐合适的商品 4）适时引导顾客进入产品说明和推介阶段，例如：您看，那就是样车，我可以耽误您几分钟给您简要介绍一下吗
询问所需配置	提问技巧通常有两种：封闭式提问和开放式提问。在提问的过程中，通常都是两者交互使用，贯穿提问过程始终 开放式询问（5W1H）：适用于希望获得大信息量的情况。了解顾客的信息越多，越有利于把握顾客需求 谁（WHO）：谁购买这辆车 何时（WHEN）：何时需要新车 什么（WHAT）：购车的主要用途是什么？对什么细节感兴趣 为什么（WHY）：为什么要选购这个品牌的汽车 哪里（WHERE）：从哪里获得产品信息的？从哪里来 怎么样（HOW）：认为本品牌的汽车产品怎么样 封闭式询问（肯定或否定）：适合获得结论性的问题。例如，我们今天下午是否可以签订购买协议
引领洽谈	1）创造良好的洽谈环境，无干扰，空气清新、光线充足 2）目光接触，精力集中，身体略微前倾，认真记录 3）用肢体语言积极回应，如点头、眼神交流等 4）忘掉自己的立场和见解，站在对方角度去理解对方、了解对方 5）适度地提问，明确含混不清的地方 6）让顾客把话讲完，不要急于下结论或打断他
总结、确认信息	将顾客的见解进行复述或总结，确认理解正确与否

（4）产品介绍　产品介绍的目的是让客户了解你介绍的商品是最符合他的需求的。产品介绍是基于把握客户需求前提下的有针对性的沟通和说服，让客户自我意识并认同该车型是最能满足其主要需求的理想选择。产品介绍如图2-8所示。

产品介绍流程如图2-9所示。

产品介绍流程中的执行要点见表2-4。

```
寒暄破冰
   ↓
收集信息
   ↓
客户分类
   ↓
```

否 ← 是否特定车型 → 是

```
车型不定        询价        确定某车型
   ↓            ↓            ↓
询问需要的配置\排   引领洽谈   →   询问所需配置
量\用途\预算
              ↓
          总结,确认信息
```

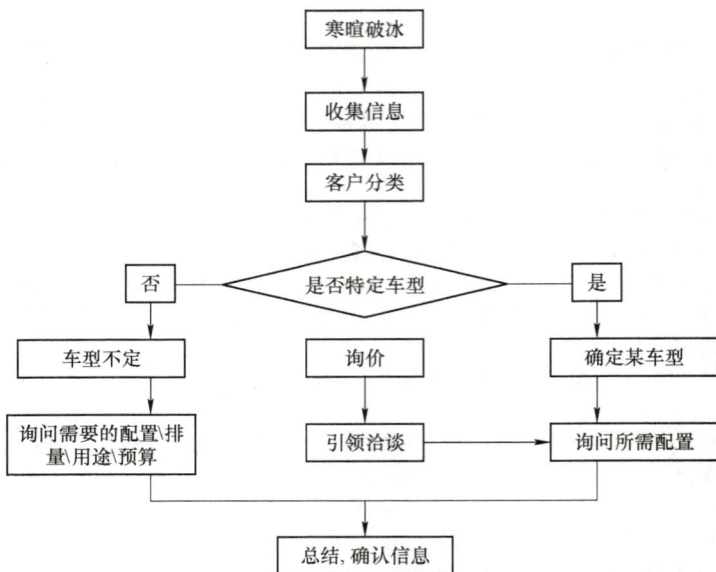

图2-7 客户需求分析流程

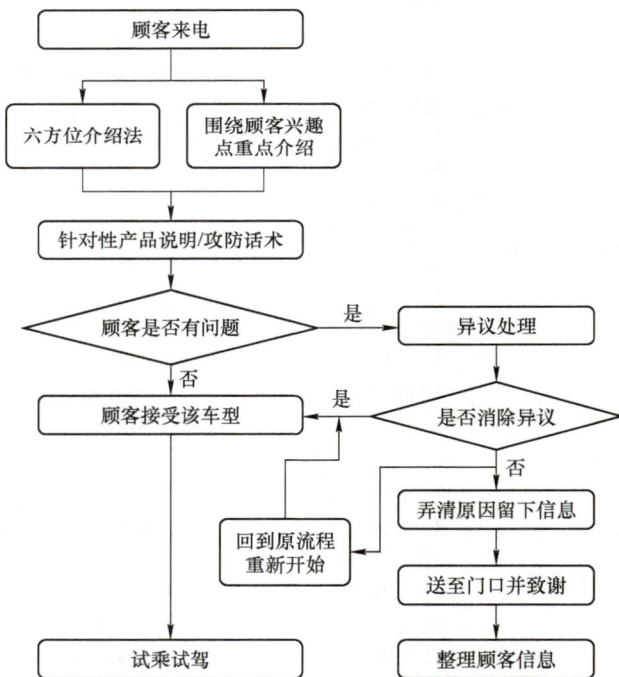

```
顾客来电
   ↓
六方位介绍法   围绕顾客兴趣
              点重点介绍
        ↓
针对性产品说明/攻防话术
        ↓
```

顾客是否有问题 —是→ 异议处理
        ↓否   ↓
顾客接受该车型 ←是   是否消除异议
                              ↓否
        回到原流程   弄清原因留下信息
        重新开始   ↓
                          送至门口并致谢
                              ↓
    试乘试驾   整理顾客信息

图2-8 产品介绍

图2-9 产品介绍流程图

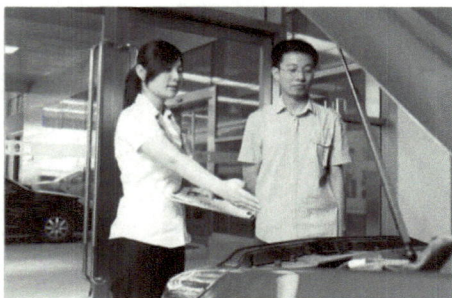

表2-4 产品介绍中的执行要点

流程步骤	执行要点
商品说明的准备	1）提前做好准备工作,包括车辆清洁和销售工具的准备 2）保持微笑,主动热情地为客户提供服务 3）在介绍过程中使用规范的站姿、坐姿、蹲姿和走姿

（续）

流程步骤	执行要点
商品说明的准备	4）不忘使用"您看""您请""请问"等敬语 5）在为客户提引、介绍的时候，手臂伸出，五指并拢，手心向上 6）开关车门时要注意举止文明，轻开轻关 7）客户进入展车时，销售顾问应手掌挡在车门框下（手掌向下）保护客户 8）爱护展车，尤其要预防车漆被客户不慎划伤等类似现象 9）保持车内外的清洁及车内饰物的整齐，如果客户手持香烟、饮料、食品等进入车内，销售顾问应善言制止
六方位绕车介绍	采用 FAB 介绍法 F——Feature，指产品的特性，比如独特的技术、配置和先进的设计理念 A——Advantage，相对于竞品的优势 B——Benefit，指这些独特的技术、配置和设计理念所体现的利益和好处
针对性产品说明/攻防话术	1）销售顾问应该对所售车辆充满信心 2）避免在洽谈桌上讲解车辆，要多用实车展示，调动顾客的所有感官——听、看、摸和操作 3）介绍时语速不宜过快，话题不宜转移太快，要时刻注意顾客的反应，并适当地以手势引导 4）专业化介绍和通俗化力求统一 5）鼓励顾客提问，并耐心回答其关注的问题。当顾客提问比较专业时，应适当给予赞美 6）请顾客至驾驶舱后，销售顾问征询顾客意见进入副驾座，介绍车辆的座椅和转向盘，并指导顾客自己动手操作车辆仪表盘和门护板上的各项功能 7）如顾客有随行人员，应当尽量让随行人员参与到车辆的展示和介绍中来，并要适时给予他们必要的尊重和适度的赞美，以引导他们影响购买者做出决定 8）在介绍过程中，要将产品优势和顾客利益点有机结合起来 9）车辆介绍，除了了解自身产品特点之外，还需要对竞争对手的产品特征和优势有足够了解
异议处理	1）把异议当成一种积极的信号，抓住这个销售的机会 2）保持积极的心态，认真听取并理解顾客的异议 3）站在顾客的立场上，体贴、耐心地化解顾客的异议 4）处理异议的步骤： ① 明确异议所在 ② 同意并中立化 ③ 提供解决方案 ④ 寻求顾客认同

　　目前，常用的汽车介绍方法是六方位绕车介绍法（图2-10），并且在绕车介绍的同时，需要结合 FAB 法等一系列的技巧来提升汽车销售人员语言的吸引力和有效力。六方位绕车介绍的详细内容如图2-11所示。

图 2-10　六方位绕车介绍

同客户一起围绕汽车走动, 按照本图所示的顺序介绍汽车的特征。在每一个介绍点上, 讲解相应的特征, 并说明这些特征给客户带来的利益。不要忘记向客户介绍可以得到的装备和附加产品。下面的内容包含了可以使用的特征说明

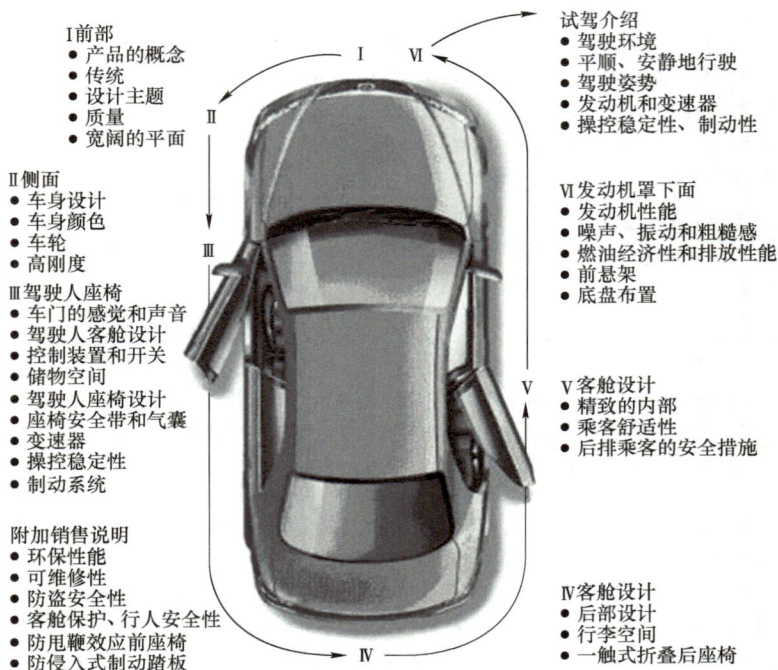

I 前部
- 产品的概念
- 传统
- 设计主题
- 质量
- 宽阔的平面

II 侧面
- 车身设计
- 车身颜色
- 车轮
- 高刚度

III 驾驶人座椅
- 车门的感觉和声音
- 驾驶人客舱设计
- 控制装置和开关
- 储物空间
- 驾驶人座椅设计
- 座椅安全带和气囊
- 变速器
- 操控稳定性
- 制动系统

附加销售说明
- 环保性能
- 可维修性
- 防盗安全性
- 客舱保护、行人安全性
- 防甩鞭效应前座椅
- 防侵入式制动踏板

试驾介绍
- 驾驶环境
- 平顺、安静地行驶
- 驾驶姿势
- 发动机和变速器
- 操控稳定性、制动性

VI 发动机罩下面
- 发动机性能
- 噪声、振动和粗糙感
- 燃油经济性和排放性能
- 前悬架
- 底盘布置

V 客舱设计
- 精致的内部
- 乘客舒适性
- 后排乘客的安全措施

IV 客舱设计
- 后部设计
- 行李空间
- 一触式折叠后座椅

图 2-11　六方位绕车介绍的详细内容

（5）试乘试驾

1）试乘试驾的目的。试乘试驾服务对于顾客而言，是理性地了解车辆特征的最好机会，能够切身感受车辆的性能和驾驶的乐趣，顾客可以通过切身的感受加深对销售顾问口头说明的认同，强化其购买信心。通过试乘试驾（图 2-12），让顾客体验"拥有"的感觉，可以激发其购买欲望，促使做出购买决定。

图 2-12　试乘试驾

2）试乘试驾的流程。试乘试驾的流程如图 2-13 所示。

```
                              ┌──────────┐
                              │ 挖掘需求 │
                              └────┬─────┘
   ┌────────────────────┐         │
   │    试乘试驾准备      │         │
   └─────────┬──────────┘         │
   ┌─────────┴──────────┐         │
   │   主动邀请试乘试驾   ├─────────┤
   └─────────┬──────────┘         │
   ┌─────────┴──────────┐
   │   填写试乘试驾协议    │
   └─────────┬──────────┘
   ┌─────────┴──────────┐
   │   静态实操路线讲解    │
   └─────────┬──────────┘
   ┌─────────┴──────────┐
   │    销售顾问驾车      │
   └─────────┬──────────┘
   ┌─────────┴──────────┐
   │     客户驾车        │
   └─────────┬──────────┘
   ┌─────────┴──────────┐      否
   │   试乘试驾情况确认    ├──────────
   └─────────┬──────────┘
             │ 是
   ┌─────────┴──────────┐
   │     洽谈成交        │
   └────────────────────┘
```

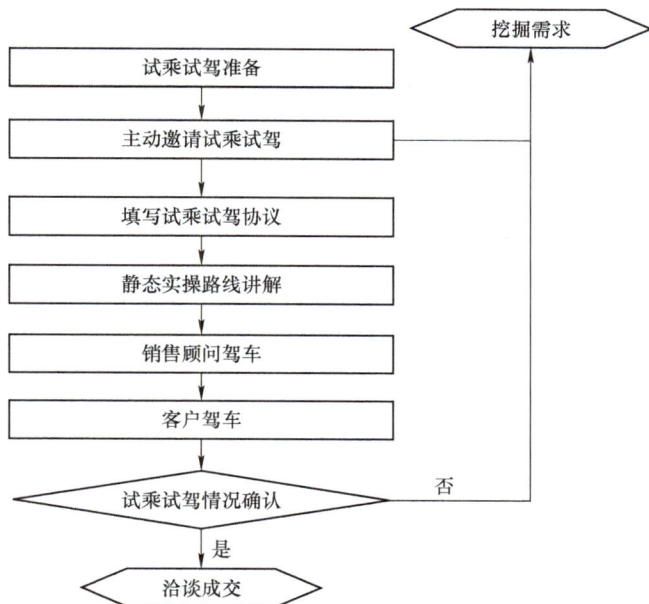

图 2-13　试乘试驾流程

试乘试驾流程的执行要点见表 2-5。

表 2-5　试乘试驾的执行要点

流程步骤	执行要点
试乘试驾 准备	资料准备：车辆行驶证、保险单 **车辆准备** 1）经销商应该准备试乘试驾专用车 2）由专人负责保证车况良好，没有任何异常问题 3）车辆整洁、清新、无异味；车里不能放有私人物品，座椅装好座套，车内驾驶和副驾驶位置放置脚垫；试乘试驾车应该经过美容，保持整洁，有足够的燃油，各设备调至最佳状态；车辆座椅、转向盘调整到规定位置 **人员准备** 1）试驾顾客及陪同的销售顾问需准备好驾驶执照 2）需要确认销售顾问和试驾顾客是否拥有熟练的驾驶技术 3）销售顾问需要熟悉产品性能和优势话术 4）销售顾问需要熟悉竞争对手的技术参数和性能对比 **路线和场地准备** 1）销售部经理需在活动策划阶段选好试乘试驾的路线或场地，尽可能避开拥挤路段和时间段，且针对不同的车型，选择可表现该车特点的路线 2）实地查看确认路况和场地正常，如是否修路或者改道等状况 3）试驾路线或场地应制成说明图，活动前销售顾问需要准确了解试驾路线和场地
试乘试驾前	1）欢迎顾客试乘试驾，填写"试乘试驾使用申请表"，完成"试乘试驾登记表" 2）查看顾客驾驶执照，登记驾驶执照相关信息，并将驾驶执照复印件存档 3）向顾客讲解试驾流程和相关规定，辅导顾客签署附件"试乘试驾同意书" 4）介绍行驶路线或场地 5）如果由其他工作人员陪同试驾，销售顾问应向顾客介绍，以便在试驾过程中进行沟通和交流 6）试驾前为顾客介绍产品的基本功能和特点 7）主动打开副驾驶车门，邀请顾客上车，并提示顾客系好安全带

（续）

流程步骤	执行要点
试乘试驾中	销售顾问驾驶阶段 1）辅导顾客调整座椅，确认顾客乘坐舒适 2）把握时机向顾客介绍产品性能和配置 3）为顾客示范安全驾驶 驾驶换位 1）在安全路段或场地位置停车换位，将车熄火，取下钥匙，拉起驻车制动手柄，下车与顾客换位 2）提示顾客重新调整座椅位置和后视镜等，使其感觉舒适 3）提醒顾客系好安全带，提示顾客安全驾驶的注意事项 4）顾客驾驶前，简要提醒顾客所要体验的重要内容，以强化顾客感受 顾客驾驶 1）适时提示顾客前方路况和其他事项（如"前边右拐弯，请注意减速"等） 2）当顾客有危险和违章行为时，果断采取措施，并请顾客在安全地点停车，及时向顾客讲解 3）强调安全重要性，取得顾客理解，与顾客换位 4）行驶出顾客驾驶路段或区域，销售顾问应及时提示顾客安全停车，结束顾客试驾，由销售顾问驾驶返回 5）在返回途中，积极与顾客交流，进行试驾感受的沟通和订单的继续推动
试乘试驾后	1）称赞顾客的驾驶技巧，提醒顾客携带好自己的物品，以免遗忘在车内 2）引领顾客至洽谈区，提供免费饮用水 3）了解顾客感受并填写"试乘试驾意见反馈表" 4）对于顾客在试驾过程中的个性化问题进行重点解释，以推动进入报价阶段

（6）合同洽谈（图2-14）　成交高于一切，所有的努力均是为了达成销售，如果没有实现成交，那么销售就是失败的。

图2-14　合同洽谈

合同洽谈流程的执行要点见表2-6。

表2-6　合同洽谈流程的执行要点

流程步骤	执行要点
根据顾客要求制作报价单	准备好"报价单/销售结算单"
进行价格解释和谈判	1）销售顾问应在不做任何有损顾客利益事情的前提下获得顾客订单 2）强调给顾客提供的优质服务能给顾客带来的价值回报，避免过多地在价格上与顾客周旋 3）面对顾客对报价的异议，销售顾问不应首先同意价格折让，否则将使销售顾问在谈判中失去主动，同时也为顾客进一步的讨价还价提供了条件

（续）

流程步骤	执行要点
进行价格解释和谈判	4）如果销售顾问通过对局面的观察，确认做出让步就能达成交易，则可以通过赠送礼品、免费加入俱乐部、优惠的车辆保险等价格以外的其他途径做出让步，同时也提出顾客提前缴款提车或介绍顾客作为条件 5）如果局面僵持不下，则表示只能提供一次现金折让，并说明需要请示公司经理
购车合同	1）购车交易完成，应请顾客签订《购车合同》 2）在洽谈区专心处理客户签约事宜，谢绝外界干扰，以表示对客户的尊重 3）准备销售文件夹，内应包含商谈记录表、保险说明文件、《购车合同》等。详细说明车辆购置程序和费用，提示客户注意事项
办理付款及各种手续	带领客户去财务处办理相关手续

（7）**新车交付**　在交车过程中，能让顾客体验到优质的服务和经销商无微不至的关怀，就能赢得顾客的信任。为与顾客保持长期良好的关系奠定基础，规范的交车流程有助于经销商形象的提高，尤其是在顾客已交款后，经销商还能以顾客至上的态度完成整个交车流程，对顾客满意度的提高是有极大帮助的。大部分顾客都是第一次接触汽车，通过交车过程的解释车辆和提醒驾驶时需要注意的问题，让顾客全面了解车辆的使用方法，能够避免因为产品使用不当造成双方不必要的损失。交车流程见表2-7。

表2-7　交车流程

流程步骤	销售顾问	销售经理
交车前的准备	新车PDI检查；与客户确认交车日期；确认车辆（装备/运转）；交车区安排；交车人员预约；待交车辆的准备	车辆安排
客户接待	出门迎接客户，恭喜道贺	—
费用说明文件交付	费用清算和说明；服务人员介绍；保修和服务事项等说明；引导客户参观服务站	—
车辆验收操作说明	实车检验；实车说明	交车检查表
交车仪式	交车仪式	按约定时间参与交车
与客户告别	送别客户；填写客户信息卡/客户管理卡	完成客户信息卡/客户管理卡信息登录

交车流程中的执行要点见表2-8。

表2-8　交车流程中的执行要点

流程步骤	执行要点
交车前的准备	1）销售顾问委托售后服务部门进行新车交车前检查（PDI），并清洁车辆 2）销售顾问应确认客户的付款时间和付款情况，以及合同中承诺客户的相关事项 3）销售顾问应在交车前3日内电话联系客户，确认交车时间、告知交车流程和所需时间，并征得客户认可 4）销售顾问应在交车前1日再次与客户确认交车事宜与时间，提醒客户携带相关文件 5）经销商展厅门口设置交车恭喜牌，交车区场地打扫干净

（续）

流 程 步 骤	执 行 要 点
交车前的准备	6）销售顾问应按"新车交接单"确认待交车辆内外整洁，重点检查车窗、后视镜、烟灰缸、备用轮胎和工具 7）待交车辆车内地板铺上保护垫纸、调校适中和收音机频道 8）待交车辆燃油箱内加注适量燃油 9）通知相关人员交车仪式的时间和客户信息，确认出席人员，准备个人小礼物 10）在预定的洽谈桌上设置预定交车牌 11）客户标志物可以根据区域情况确定，要能凸显客户的尊贵感和交车的喜庆气氛，以不同的标志物代表不同车型，便于员工辨认并恭喜客户
客户接待	1）出门迎接客户 2）恭喜道贺
费用说明 文件交付	1）销售顾问利用《购车合同》说明各项购车费用 2）若为客户代办上牌服务，销售顾问应利用"上牌费用结算单"说明上牌费用 3）服务顾问利用《产品说明书》向客户解释车辆保养的日程 4）服务顾问利用《产品质量保证手册》向客户说明车辆保修内容和范围
车辆验收 操作说明	1）销售顾问引导客户至交车区，对车辆内外进行检查，并与客户逐项确认"新车交接单"的内容 2）销售顾问应利用《产品说明书》介绍新车使用方法，说明安全驾驶规范，必要时为客户示范驾驶 3）销售顾问协助客户确认所定购的精品、附属件 4）销售顾问清点并移交车辆文件以及车辆钥匙 5）确认所有事项后，销售顾问应与客户核对交车事项与"新车交接单"，并请客户签名确认 6）合理安排，减少客户等待时间，例如可在售后服务人员介绍时进行精品安装等 7）所有的交车文件和资料应放入统一规范的交车资料袋中，并附有清单，待客户确认后正式转交
售后服务介绍	1）销售和售后服务人员共同参与交车，使客户感受到全面细致的销售服务，并明确品牌服务的延续性，可有效提升客户的信赖感 2）销售顾问向客户介绍售后服务人员 3）交车时售后服务人员必须积极参与，服务顾问介绍至少15min 4）服务顾问利用相关书面资料向客户介绍品牌的售后服务网络以及本服务站的营业时间、服务热线和预约流程等 5）强调定期保养的定义和预约的概念，可制作贴纸粘于车内，提醒车主保养时间/里程 6）强调非保修的项目和范围，避免客户误解 7）带领客户参观售后服务部门，加强客户信心。客户参观售后服务部门时，主要介绍专业工具设备、原厂备件、人性化的休息区等内容
新车交付， 交车仪式 及客户告别	1）销售顾问应向客户介绍销售经理、服务经理或其他人员，总经理参与交车，表示对客户的重视 2）销售经理和客户合影留念；销售顾问向客户赠送私人小礼物，小礼物应根据客户的喜好准备 3）销售顾问与客户确认理想的、可接受的售后跟踪和联系方式，并简要告知跟踪内容 4）客户离开时，参与交车仪式人员送客到展厅门外，目送客户驾车离开，挥手道别，直至客户车辆驶出视线范围 5）客户离去后，销售顾问应整理客户资料，填写"客户信息卡/客户管理卡（保有）" 6）客户购车24h内，销售顾问致电确认安全到达；跟踪告知时明确电话（公司/私人、手机、座机）、时间（早/中/晚）等事项，并在"客户信息卡/客户管理卡"中注明 7）交车纪念在客户回厂进行首保时交给客户，并配以精美相框

（8）回访跟踪（图2-15）　回访跟踪是再次提高客户满意度的机会，是抓住客户的良好契机，是弥补上次服务中漏洞的机会。

回访跟踪流程如图2-16所示。

回访跟踪流程的执行要点见表2-9。

图 2-15 回访跟踪服务

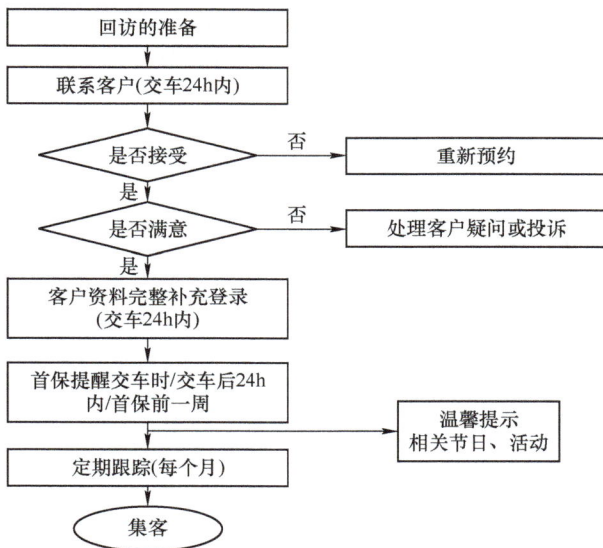
图 2-16 回访跟踪流程

表 2-9 回访跟踪流程的执行要点

流程步骤	执 行 要 点
回访客户的准备工作	纸、笔、电话回访的内容概要
联系客户	1）回访时，要考虑客户的实际情况，先询问客户是否方便，如不方便，应另行约定时间 2）热情运用礼貌用语进行对话，最后向客户诚心表示感谢，在客户挂断电话后才能挂掉电话
客户资料完整补充	1）回访时不能直接问客户车辆有什么问题，使客户对产品质量产生怀疑 2）销售顾问与客户联络前确认基本信息，包括姓名、电话、购买车型及投诉等 3）销售顾问与客户联络后，在"客户信息卡/客户管理卡"上登录信息、归档保存，将客户信息复印后交给客户关系部门和售后服务部门 4）销售顾问在交车后，根据约定时间与客户电话联系，询问车辆情况，收集购车信息（24h、1周、1个月、3个月），填写"客户信息跟踪卡"
首保提醒	提醒的时机，交车时/交车后24h/首保前一周
每月定期跟踪	客户生日、相关节日、经销商活动的温馨提示

【重要知识点回顾】

1. 汽车分销体制
2. 汽车分销渠道的模式与结构以及中间商的类型（批发商和零售商）
3. 汽车特许经销商销售管理
4. 整车销售流程管理

【能力训练】

任务一 汽车整车销售流程之需求分析及新车介绍演练

案例一：

李先生，中年，某私营企业业主，平时爱好钓鱼，偶尔与家人去城市周边休闲度假，目前座驾为丰田卡罗拉，因公司业务量扩大，需要经常与客户见面，现需增购一辆 60 万元左右新车。如果你是某奥迪 4S 店销售顾问，请根据案例情况，模拟演练完成客户需求分析及新车介绍。

一、训练目的

1）掌握客户需求分析工作要点、礼仪和话术。

2）掌握六方位绕车标准流程。

二、训练步骤

1）教师指导学生进行分组，每组 5 人左右。

2）每组根据案例内容进行角色扮演，完成案例中的问题要求。

3）各组同学表演完毕，结合标准的知识点，展开表演效果的评价总结。

三、训练要求

1）能够按照工作要点、标准的职业礼仪、有技巧的话术，准确完成客户需求分析。

2）能够按照标准的六方位绕车流程完成新车的介绍。

四、实训涉及内容

1. 客户需求分析工作要点。

2. 六方位绕车顺序及要点。

任务二　汽车整车销售流程之跟踪回访演练

案例二：

接上例，李先生最终在该 4S 店购买了一辆奥迪 A6L 豪华款，4 天前已提车完毕。作为销售顾问，请完成对李先生的跟踪回访。

一、训练目的

1）掌握新车交付后跟踪回访的工作要点。

2）掌握电话回访的礼仪。

二、训练步骤

1）教师指导学生进行分组，每组 5 人左右。

2）每组根据案例内容进行角色扮演，完成案例中的问题要求。

3）各组同学表演完毕，结合标准的知识点，展开表演效果的评价总结。

三、训练要求

能够按照工作要点、标准的职业礼仪、有技巧的话术，准确完成客户的跟踪回访。

四、实训涉及内容

1. 新车交付客户跟踪回访的工作要点。

2. 客户电话沟通的礼仪及要点。

第三章

汽车服务企业售后服务管理

目标名称	目标内容
知识目标	1. 了解我国汽车售后服务的内容及形式
	2. 掌握汽车服务售后服务业务流程和工作标准
	3. 掌握汽车保险的种类
技能目标	1. 能够按要求进行保修理赔服务
	2. 能够按要求做好客户预约服务和回访服务
	3. 正确按工作标准做好维修接待服务
情感目标	1. 培养学生的企业售后服务管理意识
	2. 培养学生的工作责任心和团队合作能力

建议学时：10 学时。

名人名言

销售前的奉承，不如售后服务，这是制造"永久顾客"的不二法则。

——松下幸之助（松下电气创始人）

第一节　汽车售后服务概述

【案例导入】

别克汽车的特色服务

别克汽车一直在努力打造颇具特色的客户服务，如推出"3 月赛欧免费检查""5 月清凉一夏空调免检"等一系列活动。上海通用汽车售后服务曾推出"别克心脏呵护活动"，全国 107 家别克授权售后服务中心将在盛夏到来之际为所有别克车主提供免费的发动机全面检测服务，具体包括清洗 PVC 阀、检测发动机功况等 15 项内容。上海通用汽车市场营销部售后服务经理认为："致力于为顾客创造价值的专业售后服务是别克品牌的一大优势。别克式的'汽车健康中心'配合不同季节推出相应的免费检测活动，今年已经第 3 次了，用户非常欢迎，所以我们还要继续这样做。"

同它的产品一样，别克第一个在国内建立了 3S 体系，使维修站与专卖店"并联"，保证售后服务及时跟进；开通 800 免费服务热线，并在 3 年内 7 次改版公司网站，实现与消费者零距离接触；在销售环节开展"MOT 真实一刻"服务比拼，让消费者在踏进展厅的那一刻起从细节处感受贴心服务。别克又首家提出"汽车健康中心"的理念，要把特约维修站打造成集定期检查、维修保养和专家咨询于一身的、更为人性化的售后服务中心，每季一至两次向全国车主提供的专项免费检查，就是"健康中心"的一项贴心服务。

案例思考：

别克汽车为何要推出以客为尊的售后服务？

一、汽车售后服务的概念及经营模式

汽车在出售到消费者手中后，厂家需要围绕消费开展一系列的售后服务活动。汽车售后服务是指在售出汽车后，为了进一步满足客户的需求，与客户继续进行接触并为其提供帮助的活动过程。

售后服务工作的参与者包括汽车的生产厂家、销售商、维修商、零配件供应商和客户。

维修环节通常是汽车售后服务最直接的提供者，销售商也常常配合当地的维修商联合提供售后服务，汽车生产厂家和汽车零配件商为其自有品牌的汽车或零部件的售后服务制定相关标准，为汽车售后服务工作提供汽车零配件的支持，客户是汽车售后服务的接受者。汽车售后服务参与者构成的价值链如图 3-1 所示。

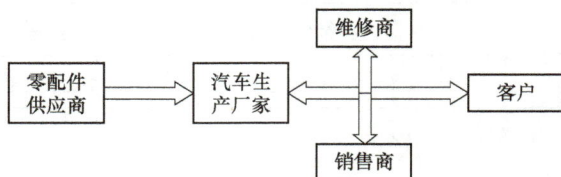

图 3-1　汽车售后服务的价值链

汽车售后服务在现代汽车营销体系中占有重要地位，在美国汽车售后服务业被誉为"黄金产业"。在欧洲，汽车售后服务业也是汽车产业获利的主要来源。有关统计显示，从销售利润看，国外成熟汽车市场中整车的销售利润约占整个汽车业利润的 20%，零部件供应的利润约占 20%，而 50% ~60% 的利润是在服务领域中产生的。以美国为例，美国汽车售后服务业年产值高达 1400 亿美元，汽车维修业的利润率可达到 27%。

良好的汽车售后服务可以通过为汽车消费者提供完善的用车保障，以最大限度地促进销售，使自身品牌汽车的整体发展呈良性态势。据美国一家咨询公司调查，客户从一家经销商转移到另一家经销商，70% 的人认为是服务质量的问题。随着科学技术的进步和市场竞争的加剧，汽车企业的产品和质量方面的差距，服务质量的高低已成为企业竞争系统的重要组成部分。面对消费个性化和快捷服务的需求，企业只有建立完善的客户服务系统，创建服务优势，让客户真正体验到"上帝"的感觉，才能留住客户，从而建立客户对企业的忠诚。

汽车售后服务的经营模式主要有"四位一体"模式、连锁经营模式、专业维修厂和路边快修店四种形式。本书主要介绍前两种形式。

1. "四位一体"模式

"四位一体"模式是将整车销售、售后服务、零件供应、信息反馈四大功能整合在一家售后服务提供商内部，由该服务提供商向客户提供系统的售后服务。

无论是在汽车的售前还是售后阶段，服务提供商能为客户提供方便的一站式服务。这种模式整合了汽车销售商和维修商的功能，缩短了汽车制造商和客户间的距离，大大降低了汽车生产厂家管理中间渠道的复杂度。"四位一体"的服务提供商能有效占领某种品牌汽车的服务市场，从而降低自身的经营风险，如图 3-2 所示。

"四位一体"服务提供商在汽车制造商与客户之间建立了一条快捷通道。

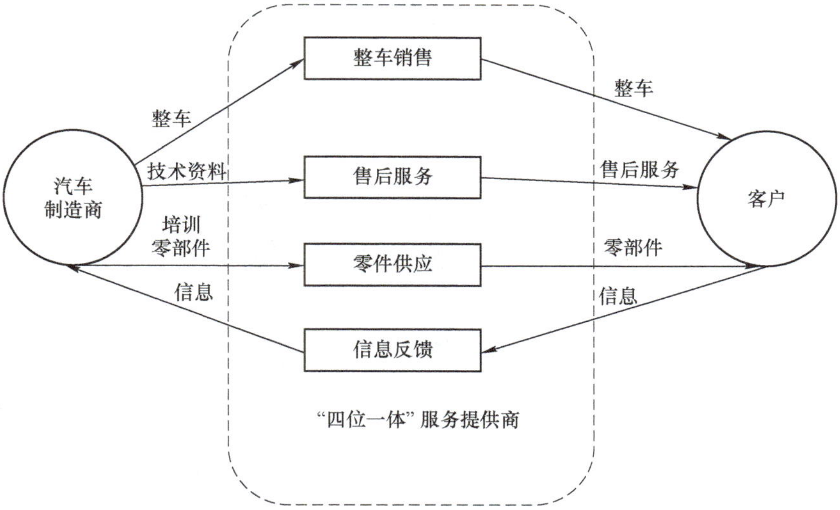

图 3-2　"四位一体"服务模式

2. 连锁经营模式

美国是汽车售后服务连锁经营模式的典范，此模式在最近 20 多年时间里得到了迅速的发展。连锁的发起者不是整车生产厂家，而是定位于汽车售后市场的集配件供应、汽车维修、快速养护为一体的综合性服务商。例如，丰田汽车公司在全球有 7300 多家销售服务点，将近 10 万名员工，是从事制造员工的 2 倍多。

连锁化经营的汽车售后服务自创服务及品牌，成为专业汽配维修商。连锁体系内的维修企业成员，可依托盟主的配件库存、进货渠道、配送力量和技术支持，在较少库存的经济模式下，实现即时、高质量的维修服务；连锁体系内的汽配店可依附盟主广泛、稳定的供货渠道，以小批量的订货获得规模订货的优势价格，以盟主总库的配件支持来降低自己的库存规模，在享受品牌效应的同时，以网络内其他维修企业的服务为依托，增加自己的竞争力。由于连锁体系成员是综合性配件供应商及维修商，不是专一车型的配件供应商及维修商，所以产品适用的车型广，维修业务覆盖的车型多，从而提高了售后服务的质量。

二、汽车售后服务的内容及形式

汽车售后服务的内容包括：汽车厂商的售后服务，汽车维修厂的维修与检测服务、汽车养护、汽车美容和装饰，汽车配件经营与精品销售，智能交通服务，废旧汽车的回收解体服务，汽车保险，汽车融资，汽车置换和旧车回收服务，汽车租赁，汽车故障救援服务，汽车改装服务，汽车俱乐部等。

（1）汽车厂商的售后服务　汽车厂商的售后服务是指汽车厂商为了让用户使用好自己的产品而提供的以产品质量保修为核心的服务。其服务的主要内容包括产品的质量保修、技术培训、技术咨询、产品养护、故障维修、备件（配件）供应、产品选装、客户关系管理、信息反馈与加工、服务网络或网点的建设与管理等。

此类服务的主体包括以汽车厂商的售后服务管理部门为龙头的服务体系、加入该体系的各类特约维修站或服务代理商等。国外售后服务发展的主流是 4S 形式，即整车销售、售后服务、零件供应、信息反馈"四位一体"，即前店后厂的方式。这是由汽车这种商品的特性所决定的，汽车是一种复杂的机器，用户的使用条件千差万别，汽车的售后服务是汽车正常使用的前提条件，所以国外往往把销售和服务结合起来，这种方式可以更贴近用户。

（2）**汽车的维修、检测、养护、美容与装饰服务**　汽车的维修、检测、养护、美容与装饰服务是指汽车厂商售后服务体系以外的社会上独立提供的汽车维修、检测、养护、美容与装饰装演等服务。

（3）**汽车配件经营与精品销售**　汽车配件经营与精品销售是指汽车厂商售后服务备件（配件）供应体系以外的汽车配件、汽车相关产品（如润滑油、脂及有关化工产品等）与汽车精品（如汽车养护用品、装饰装潢用品等）的销售服务。这类经营者大体包括两大类型，一类是批发商或代理商，二类是汽配零售商，俗称"路边店"。汽车配件经营与精品销售也是国内外汽车服务市场上普遍存在的一种服务形式，是汽车后市场的主要组成部分，蕴藏了很大的服务商机，某汽车精品店如图 3-3 所示。

图 3-3　某汽车精品店

（4）**智能交通服务**　智能交通服务是指向广大汽车驾驶者提供以交通导航为核心，旨在提高汽车用户（尤其城市用户）出行效率的服务，其服务主体是提供交通导航的服务机构。智能交通服务系统（ITS，Intelligence Transmitting System），包括车载系统和公共系统两大部分。

（5）**废旧汽车的回收解体服务**　废旧汽车的回收解体服务是指依据国家有关报废汽车管理的规定，从用户手中回收达到报废规定的废旧车辆，然后对其进行解体，并将拆卸下来的旧件进行分门别类处理的服务，属于绿色环保服务。其服务主体是从事上述环节工作的服务机构。目前我国为支持这项工作，报废的汽车都能得到一定的经济补偿。

（6）**汽车金融服务**　汽车金融服务是指向广大汽车购买者提供金融支持的服务，其服务主体是向汽车买主提供金融服务的机构，包括银行机构和非银行机构（如提供购车消费贷款的汽车财务公司），他们通常在遵循国家关于汽车金融服务有关管理规定的前提下，依据汽车买主的信用或在一定的担保条件下，向汽车买主提供一次性或分期支付的贷款。

（7）**汽车租赁服务**　汽车租赁服务是指向短期的或临时性的汽车用户提供使用车辆，并以计时或计程方式收取相应租金的服务，其服务主体是提供汽车租赁服务的各类机构。这些机构通常是专业的汽车租赁公司、具有汽车租赁业务的汽车经销商或汽车金融服务机构、具有租赁经济实体并为会员提供汽车租赁服务的汽车俱乐部等，它们具有租赁车辆的所有权（产权），办理并拥有齐全的车辆上路手续或证照，负责缴纳与车辆有关的各类规费，承担车辆正常的维修保养费用。

（8）**汽车保险服务**　汽车保险服务是指合理设计并向广大汽车用户销售汽车保险产品，为车主提供金融保险的服务，其服务主体是提供与汽车使用环节有关的各种保险的金融服务机构（保险公司）。汽车保险的服务类别，一是与车辆及其零部件有关的财产保险，如车辆盗窃险、风窗玻璃损坏险、车辆肇事险等；二是与车主、乘员和车外第三者人身相关的人身保险，如人身伤亡险等。

（9）**汽车置换和旧车交易服务**　汽车置换和旧车交易服务是指向汽车车主及二手汽车需求者提供交易方便，以二手汽车交易为服务内容的各种服务，其服务主体是提供旧车交易服务的各类机构或个人。这里所指的旧车，不一定是车况不好的车，而是针对二次交易而言的（汽车厂商及其经销商向用户售卖新车为一次交易），即按车辆管理规定，需要办理车主过户手续的所有交易车辆（无论其真实车况好坏与否，统称旧车）。

（10）**汽车故障救援服务** 汽车故障救援服务是指向汽车驾驶者提供因为突发的车辆故障而导致车辆不能正常行驶，从而需要紧急救助的服务。其服务主体是提供汽车救援服务的机构或个人，通常是汽车俱乐部或其他汽车服务商，救援服务只是其服务业务中的一个项目。

汽车故障救援服务的内容主要包括车辆因燃油耗尽而不能行驶的临时加油服务、因技术故障导致停车的现场故障诊断和抢修服务（针对易排故障和常见小故障）、拖车服务（针对不能现场排除的故障）、交通事故报案和协助公安交通管理机关处理交通事故（针对交通肇事）等服务。

（11）**汽车俱乐部服务** 汽车俱乐部服务是指以会员制形式，向加盟会员提供能够满足会员要求的与汽车相关的各类服务。其服务主体是提供会员服务的各类汽车俱乐部，他们通常是汽车厂商、汽车经营者、社会团体、汽车爱好者组织，一般属于社团型组织。汽车俱乐部的具体形式有多种，如品牌俱乐部、车迷俱乐部、越野俱乐部、维修俱乐部、救援俱乐部等。

（12）**汽车改装服务** 现代汽车消费者个性化的需求，刺激了汽车改装业的发展。从广义上说，只要是与原厂设定不同的改动就可以称为改装。根据消费者的不同需求，既有针对汽车性能的改装，也有针对汽车外观的改装。汽车改装可以带来汽车性能上的提升，或者赋予汽车个性化的外观。需要注意的是，任何改装都不可以以牺牲安全性为代价。因此，每一家汽车售后服务企业在为客户改装汽车时都必须按照汽车改装规范进行，并且注意汽车的安全性。

三、汽车售后服务的特点和现状

1. 汽车售后服务的特点

1）服务的区域化。每辆车在售出后，其使用情况与当地的气候、道路质量等因素密切相关。例如，北方气候干燥、沙尘大，汽车的防风沙过滤装置损坏的可能性要比在湿润的南方地区高；同样，南方地区温度较高，汽车空调装置使用频繁。这是汽车售后服务区域特性的一个表现。

2）服务的分工化。由于客户需求具有多样性，汽车售后服务已不仅仅局限于汽车维修，而是拥有汽车零配件供应、汽车维修与保养、汽车清洁与美容、汽车改装等多种服务功能的服务集合体。

3）服务的体系化。汽车售后服务体系中还包含着汽车生产厂家的零配件制造商。由于售后服务中汽车零配件供应、坏零件索赔、技术资料发放、贷款划拨、服务站管理和服务站的需要，汽车零配件制造商、汽车生产厂家、汽车售后服务提供商形成了一个汽车售后服务的服务链，如图3-4所示。

图3-4 汽车售后服务的服务链示意图

4）服务的标准化。汽车品牌和汽车型号种类繁多，造成了汽车售后服务方式方法千差万别，服务质量也难以保证。目前，世界上的汽车生产和消费大国通过制定强制性汽车售后服务标准，或者由该国行业协会出台汽车售后服务行业的行业规则，以规范汽车售后服务的业务活动。

5）服务的品牌化。品牌是维持售后服务市场竞争优势的有效手段。

2. 我国汽车售后服务现状

汽车 4S 店或汽车经销商的售后服务作为一个综合性产业，既有制造业的特点，又有服务业的特点；既有自己独立的利润，又有与销售部门共同的链式利润。虽然汽车售后服务市场发展迅速，但仍然存在许多问题，主要表现如下：

1）服务观念淡薄。服务观念淡薄是汽车 4S 店或汽车经销商普遍存在的问题。各种品牌的汽车 4S 店或汽车经销商大部分建立不久，为了迅速增加销售量和维修量，许多企业在用人尺度上放宽了要求，许多工作人员没有经受过系统的专业知识学习，队伍的建设尚未经过严格、系统的训练和教育，整体业务素质较差，缺乏全心全意为顾客服务的意识。各汽车 4S 店或汽车经销商也没有建立起规范的服务制度和管理体系，工作人员对工作没有做到尽心尽责，工作态度不是很积极，目标也不明确。对汽车的保养、维修质量不够重视，对汽车的故障排除也不近人意。

2）提供劣质配件。不少汽车 4S 店或汽车经销商都有以低价引进非原厂配件的情况，并且向车间和顾客以原厂件的名义高价卖出，这样就导致汽车的使用安全系数降低和顾客维修成本的增加。长此以往，就会失去大量的顾客，更不利于企业的长期发展。

3）维修理念落后。由于逐渐采用更换配件的维修模式，汽车 4S 店或汽车经销商在给顾客汽车进行保养和维修时，许多工作人员在私心的驱使下，一旦出现真正的技术问题时，并不是想办法去解决或者查阅相关资料，而是诱导客户更换配件或总成，存在"偷工减料"的现象。没有先进的维修理念，只会增加消费者的保养、维修成本，增加消费者的负担。使顾客产生一种"恐惧感"，不仅会失去大量潜在顾客，而且有损企业的形象。

4）忽视信息反馈。虽然现在的汽车 4S 店或汽车经销商也知道收集顾客的信息反馈，但顾客的反馈信息最终并未得到满意的回应或解决。客户回访只是表面的一种形式，没有真正做到回访及时、认真做回访记录，建立客户档案的工作并没有做到细致。顾客的信息得不到及时反馈，不能达到顾客的满意，也不能为公司的竞争及战略决策提供依据。此外，汽车保险和汽车信贷等方面也存在弊端。

3. 提高汽车售后服务质量的措施

1）规范服务标准，提高工作人员的整体素质。提高汽车 4S 店或汽车经销商售后服务工作人员的整体素质，就要对整个售后部门进行全面、系统的培训。

首先，要对服务客户的所有工作人员进行培训，主要是售后服务人员和销售人员，对他们的培训可以形成提升售后服务水平的突破口。

其次，对汽车 4S 店或汽车经销商的管理人员进行提升顾客满意度的培训，从提升售后服务理念和提高顾客服务管理能力入手，帮助其明确提升顾客满意度对提升盈利能力和竞争力具有深远的战略意义。

最后，是对汽车 4S 店或汽车经销商技术工程师和维修人员进行专业技能培训和提升顾客满意度的培训，主要是培训处理汽车故障的技术方法以及客户服务的处理原则、程序和技巧。力争做到目标明确，顺利实施。

例如，在这方面突出的沃尔沃公司旗下的各汽车 4S 店或汽车经销商，他们聘请行业专家，定期对员工进行维修技术和提升顾客满意度的培训和考核，每一位工作人员在经过严格的考核后方能上岗，他们专业化的服务获得了消费者的赞誉。

2）提供纯正配件，使服务质量和成本得到双重保证。再好的汽车也需要保养和维修，就像一个人难免会生病一样，车出了问题并不可怕，关键是这些问题的出现会危及人的生命和财产的安全。若向顾客提供非纯正配件，汽车的维修质量就得不到保障，从而会失去大量的顾客。汽车 4S 店或汽车经销商向消费者提供纯正的原厂配件，保证了产品的生产技术、产品质量，才能确保汽车的维修质量，稳定使用安全系数，保证生命和财产的安全。同时也可使服务质量和顾客的维修成本得到了双重的保证，增加客户对产品和服务的信赖度和满意度，提升企业品牌形象。

3）提供先进的服务设施，提升和完善维修服务质量。汽车4S店或汽车经销商的售后服务不仅仅是为顾客提供一些表面性的咨询服务和进行简单的故障处理，这其中也包含着高水平的技术服务。现在世界上各大汽车公司，比如美国福特公司、德国大众公司都随车生产相应的检测工具，提供技术支持，生产高科技的电子设备检测仪器和精密的维修工具、维修设备，使得维修技师能够独立排除技术上的故障，及时地完成维修作业。此外，给工作人员提供技术支持与技术指导，并且要保证维修作业工具和维修检测仪器的先进性，更好地使软件技术与硬件设施相结合，才能保证维修作业的质量和提供完善服务，提升顾客的满意度。

4）定期进行客户回访，建立客户档案。定期回访顾客，了解顾客的心理及需求，倾听顾客的意见，认真做好记录，建立客户档案，可以为汽车4S店或汽车经销商带来新的商机。同时，能够为企业服务理念的提升指明新的发展方向，也给企业的整体发展方向及制订长远的战略目标提供有力依据。

5）多设服务网点，并尽力做到精细。汽车4S店或汽车经销商不但要把精力投放到一些大城市的服务当中，也要考虑服务网点向中小城市发展。另外，汽车在高速公路上出现问题的情况也经常发生，应当考虑一下将一些服务站点建立在高速公路上，以方便顾客紧急救援服务需求。汽车4S店或汽车经销商售后服务方面存在的弊端并不是不可避免的，要把售后服务工作做到精细，站在顾客的角度去考虑问题，无论是在服务态度，或是服务质量方面都要做到细致入微，开通24h服务热线，以备顾客的不时之需。

6）加强行业沟通，提供完善的保险和信贷业务。汽车行业的快速发展，使得保险公司和银行的各项业务也逐步涉足这个领域。所谓"行有行规"，各行业都有自己的行业规则与制度，这就使保险公司的保险业务和银行的信贷业务与汽车行业的规定出现了某些方面的冲突，要尽力制定相应的措施去完善这些不足之处。例如，提供咨询服务、代办各种手续等，减少一些不必要的业务流程。这方面做得比较好的企业是解放一汽财务总公司，其直接向用户提供贷款业务，极大地方便了客户的要求，减少了一些不必要的手续。另外，保险公司在面对客户索赔时也要做到"公平"，不损害顾客的利益。总的来说，汽车4S店或汽车经销商要与保险公司和银行做好沟通，达到各合作行业的共赢，从而赢得顾客的忠诚度与满意度。

第二节 汽车消费信贷

【案例导入】

新凯美瑞启动无忧购车风暴行动

大政丰田联手中国银行、丰田金融、世纪证券等金融机构正式启动新凯美瑞"置换零首付，零月供，零利率，零担保"的"4零"无忧购车理财风暴活动。

方案一：拥有中行长城信用卡的贵宾客户（无卡可新办卡），参加"免息分期购车活动"，无需提交办理抵押、担保的各种证明材料，就可以零利率分期购买广汽丰田新凯美瑞全系列车型；有置换新车和理财需求的客户还可以以旧车的折旧费用换购新凯美瑞，根据车的使用年限以及车况定出折旧费用，作为置换新凯美瑞的首期，而剩下的费用无需支付现金，也无需支付利息，只需根据自身的需求选择12~36期信用卡分期付款，按月偿还本金即可。

方案二：丰田金融515方案，消费者只需缴纳车价的50%作为首付款，即可提前拥有时下中高级车中人气最旺的新凯美瑞，剩余尾款在一年后一次性付清即可，期间无需支付月供和利息，做到真正的"零利率、零月供"。更为灵活和人性化的是，在支付尾款时，消费者还可选择展期 24 个月分期（需付息）支付的优惠。

案例思考：

1. 汽车信贷服务对于汽车市场的发展有哪些作用？
2. 汽车消费信贷是否存在风险？

一、汽车消费信贷的概念

1. 汽车整车销售的概念

汽车消费信贷是用于购买汽车的消费信贷，指金融机构向申请购买汽车的用户发放的人民币担保贷款，由购车人分期向金融机构归还贷款本息的一种消费信贷业务。

汽车消费信贷属于消费信贷中的封闭式信贷，一般采用分期付款。在分期付款的具体业务中，汽车零售商一般与消费者签订汽车分期付款零售合同，汽车分期付款零售合同是指汽车零售商和消费者之间签订的零售商保留所售汽车的所有权，以作为买方担保的一种买卖合同。

2. 汽车消费信贷的特点

1）货款对象不集中，还贷风险率高。
2）对个人的资信调查和评估存在信用风险。
3）汽车消费信贷是一项全新的业务，银行缺乏经验，不能有效地防范风险。
4）汽车消费信贷服务方向的业务延伸不全面。

3. 我国个人汽车消费信贷的三种模式

1）银行为主体的直客式。直客式的信贷模式是指由银行、律师事务所、保险三方联合，银行为信用主体，委托律师事务所进行资信调查，保险公司提供保证保险的业务模式。

2）经销商为主体的间客式。经销商为主体的间客式汽车消费信贷是由银行、保险、经销商三方联合，经销商作为资信调查和信用管理的主体，保险公司提供保证保险，经销商附带保险责任的业务模式。

3）非银行金融机构为主体的间客式。非银行金融机构对购车者进行资信调查、担保、审批，向购买者提供分期付款。风险主要由汽车金融公司或汽车财务公司、经销商和保险公司共同承担。

二、汽车消费信贷实务

1. 汽车消费信贷工作的参与单位及其职责

1）经销商的职责：负责组织协调整个汽车消费信贷所关联的各个环节。
2）银行的职责：负责提供汽车消费信贷所需资金。
3）保险公司的职责：为客户所购车辆办理各类保险。
4）公证部门的职责：对客户提供的文件资料合法性及真伪进行鉴证。
5）汽车厂家的职责：不间断地提供汽车分期付款资源支持。
6）公安部门的职责：对有关客户提供有效证明文件。
7）咨询点的职责：发放宣传资料，扩大业务覆盖面。

2. 一般购车贷款的申请条件

1）具有完全民事行为能力的自然人。
2）具有合法有效的身份证明、户籍证明或有效居住证明、婚姻证明。
3）具有良好的信用记录和还款意愿。
4）具有稳定的合法收入来源和按时足额偿还贷款本息的能力。
5）持有与特约经销商签订的购车协议或购车合同。

6）根据实际情况所需的其他条件。

3. 贷款金额

最低首付为20%，贷款金额最高为实际成交价的80%（视不同客户的资质而定）。贷款期限最短12个月，最长60个月。

4. 汽车消费信贷的业务操作流程

1）客户咨询：客户咨询工作主要由咨询部门承担，工作内容主要是了解客户购车需求，帮助客户选择车型，介绍购车常识和如何办理汽车消费信贷购车，报价，办理购车手续等。

2）客户决定购买：应指导客户填写《消费信贷购车初、复审意见表》和《消费信贷购车申请表》。

3）复审：审查部应根据客户提供的个人资料、消费信贷购车申请、贷款担保等进行贷款资格审查。

4）与银行交换意见。

5）交首付款。

6）客户选定车型。

7）签订购车合同书。

8）公证、办理保险。

9）审查。

10）办理银行贷款：审查部受银行委托，与客户办理相关个人消费信贷借款手续。

11）车辆上牌。

12）给客户交车。

13）建立客户档案。

5. 银行审批程序

1）初审：在经销商向银行提供了客户材料后，银行要对所提供的资料进行初审。

2）终审：机动车辆分期付款售车信用险（或保证险）投保单、公证后的购车合同、购车发票、委托收款通知单。

3）银行信贷部主任审批签字。

4）银行行长审批签字。

5）银行将客户的首付款和贷款转入经销商在银行的账户中。

6. 汽车消费信贷的程序管理

1）贷款申请。

2）贷前调查及信用分析。

3）贷款的审批与发放。

4）贷后检查及贷款的收回。

7. 汽车消费信贷的管理要求

金融机构对消费信贷的管理要求，主要突出"三性"，即赢利性、安全性和流动性。

8. 办理购车合同公证

1）经销商与客户所签订的购车合同及事前与公证部门协商认定的统一文本。

2）合同公证时，必须有公证员、购车人（共同购车人）、担保人及销售代表。

3）所需材料包括购车人（共同购车人）户口簿、身份证复印件和关系证明。

9. 办理汽车消费信贷保险及机动车辆保险的程序

1）购车人身份证及复印件。

2）购车人户口簿及复印件。

3）购车人工资收入证明复印件。

4）公证后的购车合同书。

5）共同购车人的身份证、户口簿复印件。

6）保证人的身份证及复印件。

7）首期款缴费凭证复印件。

8）购车发票、汽车合格证、车辆购置附加费凭证复印件。

9）车辆交接单复印件。

三、汽车消费信贷风险管理

1. 汽车消费信贷风险的主要来源

汽车消费信贷涉及商业银行、保险公司、经销商、消费者四个基本主体。

风险的来源主要是消费者和经销商，保险公司和银行只是被动地接收消费者和经销商带来的风险。

1）消费者道德风险及收入波动带来的偿债能力风险。

2）银行自身管理薄弱致使潜在风险增大。

3）保险公司内部管理不善，导致高额的车贷险的赔付而造成的经营风险。

4）"间客模式"下经销商转嫁风险以及恶意骗贷风险。

5）政策、法规不健全造成的政策性风险。2004年10月1日，我国颁布了新的《汽车消费贷款管理办法》。

2. 汽车消费信贷风险管理

汽车消费信贷风险管理分为宏观层次和微观层次。

（1）宏观层次　宏观层次主要包括法律制度建设、所有权保证制度、产权证的制定和发放。目前，我国已有汽车产权证书（即中华人民共和国机动车登记证书），买车人凭买车发票、车辆购置税完税证明等证明文件到公安交通管理局车管部门登记、上牌领证。

（2）微观层次　微观层次包括经销商欺诈风险、购车消费者的违约风险等。

3. 汽车消费信贷风险控制与防范

1）完善"银行 + 保险 + 汽车经销商"的汽车信贷模式。

2）实行消费信贷证券化。

3）根据外部条件不同，灵活运用多种营销方式，并在简便贷款手续上下功夫。

4）在核准贷款前，对消费信贷购车者进行信用评估是保证债权回收的首要条件。

5）在发展汽车消费信贷过程中，银行应根据各地区内外部条件的不同，区别对待。

6）建立有效的跟踪及催收系统。

7）适时根据市场需求及价格变动调整按揭成数。

第三节　汽车保险、保修与理赔服务

【案例导入】

汽车保险的6种不理赔案例

1. 第三者责任险不保自家人

案例：张女士开车回家，快到自己家门口时，儿子听到妈妈的汽车声飞奔过来迎接，结果张女士不慎将自己儿子撞伤，花了几万元治疗费。张女士想，自己的车上了第三者责任险，应该能得到赔偿，于是，事发后她到保险公司要求索赔，结果遭到拒赔。

专家提醒：第三者责任险中的"第三者"，通俗地讲，排除4种人，即保险人、被保险人、本车发生事故时的驾驶人及其家庭成员、被保险人的家庭成员。第三者一般指事故发生时，造成伤害或损坏的对方的人或事物。

2. 超时报案无法索赔

案例：一辆皮卡车在杭州某医院门口掉头转弯时，一位行人走过来，在皮卡车的反光镜上撞了一下摔倒在地。由于当时觉得情况并不严重，双方都没有报案，驾驶人私自给了被撞人300元钱，就算了结。结果，当天晚上，被撞女子出现下身大出血——伤者不久前刚做了人流手术。因为病情严重，进行了子宫切除，造成巨额医药费。伤者家属找到车主索赔，车主才想到向保险公司报案，结果保险公司拒绝理赔。

专家提醒：按照车险合同，事故发生后，应及时向公安交管部门报案，并在48小时内向保险公司报案。因未及时报案，导致保险公司对事故的保险责任或损失无法认定的，保险公司有权拒绝赔偿事故损失。同时，车主要切记，车撞车时如果情况不是很严重可以选择私了，但是在车撞人的情况下，不管当时情况如何都要选择及时报案，绝对不能私了。

3. 及时采取措施以免扩大损害

案例：2007年8月初，陈女士开车在路上行驶，由于灯光比较暗，汽车底盘碰到路上的铁墩造成发动机底盘、变速器底盘发生损伤。当时，车主并没有及时发现情况而是继续行驶，导致油漏光，整个发动机报废。等发现问题后，车主向保险公司报了案。但保险公司最后认定在事故发生过程中，陈女士是以100km/h的速度行驶的，在撞到铁墩后，她并没有停下来及时采取措施而造成油漏光，扩大了汽车损害，所以保险公司拒赔。

专家提醒：车辆出险后，应采取相应的措施或及时修理，否则，由此造成的扩大损失部分，保险公司不予理赔。发现汽车有问题要及时修理，如果损失扩大，则只有自己承担。

4. 违法驾驶无法获得赔偿

案例：张先生年前买了一辆车，他的妹妹特别高兴，开着哥哥的车想试试新车，结果一个老人突然从岔路走出来，张女士情急之下踩错油门，把老人当场撞死。张女士马上打电话向交警和保险公司报案，但是后来保险公司不予理赔，原因是张女士无证驾驶。

专家提醒：除了上面所说的无证驾驶外，类似的如醉酒驾驶、驾驶证件无效和不符、车辆未做年检等都属于车辆触"红线"范畴。保险合同中有规定：保险只对合格、合法车辆生效。车主千万要记住持有效证件驾驶，不醉酒后驾驶，按时年检，切不可后延，免得索赔时麻烦。否则，即使到时损失再大，也是无法得到赔偿。

5. 泊车自动溜坡不予理赔

案例：郑先生出去办事，下车后将汽车停在坡道上，结果等他办完事出来发现汽车车身被刮擦，立刻向交警和保险公司报案。交警赶到后，认为事故属于汽车自动溜坡造成，车主自己负全责。郑先生只能将汽车开进修理厂，重新上漆等修理花了几百元。他向保险公司申请索赔修车费用，但保险公司给出的答复是拒绝赔偿。

专家提醒，对于这种自动溜坡现象，保险公司是不予理赔的。因此，车主停车时应注意选好安全的停车位置。

6. 别忘投保车上人员责任险

案例：周先生每年都要为爱车购买多种保险，但却未购买车上人员。2007年5月，刘先生自驾去西藏路上出了事故，受伤住院。由于没有投保意外险和车上人员责任险，被保险公司拒赔。

专家提醒：车险的两个主险——车损险和第三者责任险，都没有涵盖驾驶人在内，有车族应补充投保人身意外伤害保险或车上人员责任险，特别是对于经常出差或热衷于自驾游的人来说，这类保险更是对自身利益的一道保障。

案例思考：

1. 怎样选择适合的保险方案？
2. 保险理赔遵循哪些原则？

一、汽车保险概述

1. 汽车保险的概念

汽车保险是以保险汽车的损失，或者以保险汽车的所有人，或者驾驶人因驾驶保险汽车发生交通事故所负的责任为保险标的的保险。

汽车保险包括以下几层含义：

1）它是一种商业保险行为。

2）它是一种合同行为。

3）它是一种权利义务行为。

4）它是一种以合同约定的、以保险事故发生为条件的损失补偿或保险金给付的保险行为。

2. 汽车保险的特点

1）保险对象具有广泛性和差异性。

2）保险标的具有可流动性。

3）出险频率高。

4）条款和费率的管理具有刚性。

5）提供用户跟踪服务，车辆交接后 3 日内 100% 跟踪。

3. 汽车保险的种类

车险种类按性质可以分为强制保险与商业险，根据保障的责任范围还可以分为基本险和附加险。基本险包括第三者责任险、车辆损失险。投保人可以选择投保其中部分险种，也可以选择投保全部险种。汽车保险的种类如图 3-5 所示。

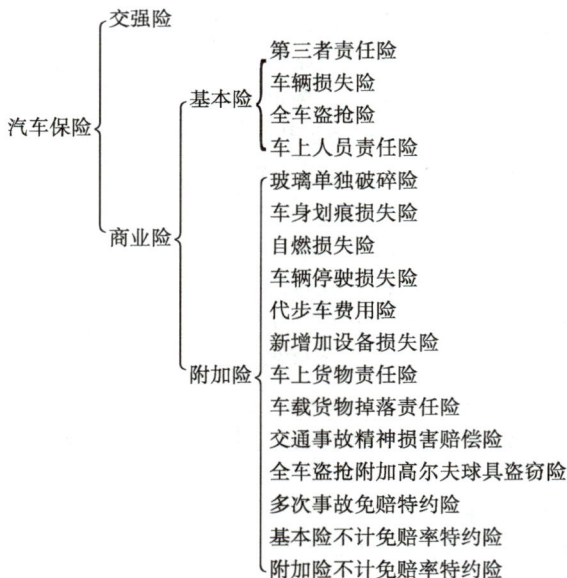

图 3-5　汽车保险的种类

（1）交强险　交强险是责任保险的一种。现行的商业机动车第三者责任保险（以下简称商业三责险）是按照自愿原则由投保人选择购买的。在现实中，商业三责险投保比率比较低

（2005年约为35%），致使发生道路交通事故后，有时因没有保险保障或致害人支付能力有限，受害人往往得不到及时的赔偿，也造成了大量经济赔偿纠纷。实行交强险制度就是通过国家法律强制机动车所有人或管理人购买相应的责任保险，以提高第三者责任险的投保面，在最大程度上为交通事故受害人提供及时和基本的保障。

（2）车辆损失险　车辆损失险是保险人对于被保险人承保的汽车，因保险责任范围内的事故所致的毁损灭失予以赔偿的保险。由于涉及保险汽车的意外事故很多，各国一般为被保险人提供综合保险的保障。针对一些损失频率很高的危险事故，有时会被列为独立险种。如美国和日本的车辆损失险，包括碰撞损失险和汽车综合损失险（非碰撞损失险），全车盗险包括在汽车综合损失险内。我国由于机动车盗抢现象较为严重，发生频率很高，所以将全车盗抢险作为车辆损失险的附加险单独列出。

（3）第三者责任险　第三者责任险是指被保险人或其允许的合格驾驶人，在使用保险汽车过程中，发生意外事故，致使第三者遭受人身伤亡或财产的直接损毁时，依法应当由被保险人支付的赔偿金额，保险人依法给予赔偿的一种保险。由于汽车的第三者损失对象既有人身伤亡又有财产损失，所以汽车责任保险又分为第三者伤害责任保险和第三者财产损失责任保险。汽车责任险有代替被保险人承担经济赔偿责任的特点，是为无辜的受害者提供经济保障的一种有效手段。对于以过失主义为基础的汽车保险制度，一般遵循"无过失就无责任，无损害就无赔偿"的原则，所以当被保险人负有过失责任，或者第三者有由过失直接造成的损害发生时，保险人才能依据保险合同予以赔偿。

（4）车上人员责任险　车上人员责任险是指发生意外事故，造成保险车辆上人员的人身伤亡，依法应由被保险人承担的经济赔偿责任，保险人负责赔偿。另外，保险车辆发生意外事故，导致车上的驾驶人或乘客人员伤亡造成的费用损失，以及为减少损失而支付的必要合理的施救、保护费用，由保险公司承担赔偿责任。

（5）附加险　为了满足被保险人对与汽车有关的其他风险的保障要求，保险人常提供附加险供被保险人选择。附加险不能单独承保，必须在购买了相应主险的基础上，根据被保险人的意愿选择性地投保。以A条款家庭自用车产品体系为例，人保财险提供了玻璃单独破碎险、盗抢险、自燃损失险、车身划痕损失险、不计免赔率特约险、可选免赔额特约险、机动车停驶损失险、新增加设备损失保险、发动机特别损失险、代步机动车服务特约险、更换轮胎服务特约险等附加险供被保险人选择。

4. 常用保险名词

（1）保险标的　保险标的是指保险合同中载明的投保对象，可以是人的生命、身体、财产、利益、责任。

（2）被保险人　被保险人是指受保险合同保障的汽车所有者，即《机动车行驶证》上登记的车主。

（3）保险人　保险人就是有权经营汽车保险的保险公司。

（4）投保人　投保人是指与保险公司订立合同，负有支付保险费义务的单位或个人，即办理保险并支付保险费的人。

（5）第三者　保险合同中，保险人（即保险公司）是第一方，也叫第一者；被保险人是第二方；第三者是指被保险人及其财产和保险车辆上所有人员及其财产以外的所有人员及财产。某车险理赔中心如图3-6所示。

（6）保险价值　保险价值是投保人与保险公司订立保险合同约定的保险标的的实际价值，即投保

图3-6　某车险理赔中心

人对保险标的所享有的保险利益的货币价值。

（7）实际价值　在投保或事故发生时，所投保车辆剔除折旧等因素以后的价格。

（8）保险金额　保险金额是保险公司赔偿的最高限额。可以按保险价值确定，也可以由保险双方协商确定，或者由实际价值确定。如果保险金额高于保险价值，则超出的部分无效；如果保险金额低于保险价值，发生部分损失时按以下比例赔偿：赔偿金额＝损失金额×保险金额/保险价值。

（9）保险费　交给保险公司的实际保险费用。通常保险费的收取按保险金额与保险费率的乘积来计算，保险费率是保险费与保险金额的百分比。有时保险费也按固定的金额来收取，如第三者责任险的保险费。

（10）免赔额　免赔额是指事先由双方约定，被保险人自行承担一定比例金额的损失。损失额在免赔额之内，保险人不负责赔偿。免赔额又分为相对免赔额和绝对免赔额。

（11）相对免赔额　相对免赔额是指损失额在一定免赔额内不赔，超出免赔额时，保险人按实际损失额不做折扣地赔偿。例如，规定相对免赔额为500元，如果发生损失，损失金额为490元，由于损失在相对免赔额内，故保险公司不赔。但如果发生损失的损失额为1000元，由于损失超过相对免赔额，则保险公司赔偿1000元的全部损失。

（12）绝对免赔额　绝对免赔额是指无论什么情况，保险公司都不赔的金额。例如，规定绝对免赔额为500，如果发生损失的金额为1000元，按照绝对免赔，保险公司只赔偿500元。如果损失为490元，则保险公司不赔。

（13）免赔率　免赔率是指保险公司赔偿金额中不赔部分占总金额的比例。

（14）不计免赔　不计免赔是一种附加险，可以附加在车损险上，也可以附加在第三者责任险上。其作用是对于保险条款中规定的，应该由被保险人根据事故责任自己承担的部分损失，由保险公司负责赔偿。

（15）保险责任　保险条款中列明的保险公司能够赔偿的内容，但要注意，有些造成保险事故的原因比较特殊，可能就在责任免除条款中免除了。

（16）责任免除　保险条款中规定的保险公司不负责赔偿的部分。

（17）勘查　勘查是车辆发生事故以后，保险公司的人员到事故现场进行查看、拍照、测量、分析，对事故车辆或受损财产进行初步鉴定的工作。

（18）保险赔款　保险赔款是出险后，保险公司经过赔款理算，最终付给被保险人的赔款。

二、汽车保险投保实务

所谓投保，就是投保人向保险人请求签订保险合同的意愿。因保险合同的要约一般要求为书面形式，所以汽车保险的投保需要填写投保单。

1. 投保单的性质

投保单也称要约保单，经投保人如实填写后交付保险人，成为订立保险合同的书面要约。投保单是保险合同订立过程中的一份重要单证，是投保人向保险人进行要约的证明，是确定保险合同内容的依据。投保单原则上应载明订立保险合同所涉及的主要条款，投保单经过保险人审核、接受，就成为保险合同的组成部分。

2. 投保单内容填写的基本要求

（1）告知　投保时，保险人需要履行告知义务。其告知内容主要包括：

1）依据《中华人民共和国保险法》和《机动车辆保险条款》以及保监会的有关要求，向投保人告知保险险种的保障范围，特别要明示责任免除及被保险人义务等条款内容。

2）对车辆基本险和附加险条款解释产生异议时，特别是对保险责任免除部分有异议时，应通过书面或其他方式给予明确说明。当保险条款发生变更时，应及时明确地说明。

3）应主动提醒投保人，履行如实告知义务，尤其对涉及保险人是否同意承保、承保时的特别约定、可能的费率变化等情况要如实告知，不能为了争取保险业务而故意误导投保人。

4）对于摩托车与拖拉机保险，应向投保人解释采用定额保单与采用普通保单承保的不同之处。

（2）车辆检验　各保险公司对此规定不一，有的将车辆检验过程与投保单填写工作同时进行，属于承保阶段的实务；有的则将其放在核保阶段与查验车辆一起进行。

1）车辆行驶证检验。投保时，应检验车辆行驶证或临时牌照是否与投保标的相符，车辆是否为已经办理有效年检的合格车辆，核实投保车辆的使用性质和车辆初次登记日期等。

2）车辆检验。投保时要重点检验下述车辆：首次投保的车辆；未按期续保的车辆；在投保第三者责任险后，又申请加保车辆损失险的车辆；申请增加投保附加险，如盗抢险、自燃损失险及玻璃单独破碎险的车辆；使用年限较长且接近报废年限的车辆；特种车辆；发生重大交通事故后修复的车辆。

3. 投保单的填写

投保单的内容包括被保险人、投保人的基本情况；保险车辆和驾驶人的基本情况；投保险种；保险金额；保险期限等内容。投保业务人员应指导投保人正确填写投保单，如果投保车辆较多，投保单容纳不下，则应填写《机动车辆保险投保单附表》。填写投保单时，应字迹清楚，如需更改，投保人或其代表人应在更正处签章。保险单的填写要求如下：

（1）投保人的基本情况　投保人是任何保险合同不可缺少的当事人。如果投保人为自己投保，保险合同签订后，投保人即成为被保险人。投保人除了应当具有相应的权利能力和行为能力之外，对保险标的必须具有保险利益。因此，投保人应当在投保单上填写自己的姓名，以便保险人核实其资格，避免出现保险纠纷。一方面，被保险人必须是保险事故发生时遭受损失的人，即受保障的人；另一方面，被保险人必须是有保险金请求权的人。因此，投保单上必须注明被保险人的姓名。

（2）被保险人的基本情况　投保单上需要填写被保险人的详细地址、邮编、电话及联系人，以便于联系和作为确定保险费率的参考因素。首先，保险人接到投保人填写的投保单后需要进行核保。保险合同生效后，保险人需要定期或不定期地向客户调研自身的服务质量或通知被保险人有关信息。为便于及时联系，需要填写被保险人的准确通讯地址、邮编、电话及联系人等信息。其次，不同地区的汽车保有量、道路状况都不尽相同，危险因素也不一样，这是确定保险费率的重要依据。

（3）驾驶人的基本情况　投保单需要提供驾驶人的基本情况，如驾驶人的住址、性别、年龄与婚姻状况、驾龄、违章情况等，这是确定保险费的重要依据。

（4）保险汽车的基本情况

1）保险汽车有关资料。投保单要求说明保险汽车的有关情况，一般包括号牌号码、厂牌号码、发动机号、车架号、座位/吨位、车辆特征（车门数、颜色）等内容。我国汽车保险的投保单要提供车辆的号牌号码、厂牌型号、发动机号、车架号、座位/吨位、车辆颜色、初次登记年月等信息。

车辆价值对保险费影响较大，所以较为详细的保险汽车有关资料，可以帮助保险人核实保险汽车的价值和确定保险金额的多少。如我国的《机动车辆保险条款》规定："保险金额不能超过同类型的新车购置价，超过部分无效"。显然，提供上述保险汽车的基本资料为保险人核保提供了依据。

2）汽车的所有与使用情况。

（5）投保险种与保险期限

1）车辆险中包括全车盗抢险、车上责任险（车上座位和车上货物）、车载货物掉落责任险、玻璃单独破碎险、车辆停驶损失险、自燃损失险、新增加设备损失险、不计免赔特约险等。

在投保单上，需要选择投保险种，填写保险金额或赔偿限额，这是保险人在核保时确定保险费的基本依据。

2）保险期限一般为半年或一年。在美国，一般情况下规定保险期限为半年，除了一次交清保险费外，也可以采用按月交付的方式。我国规定的保险期限一般为一年。

（6）投保人签章　投保单必须由投保人亲笔签名认可方能生效。其主要作用为：

1）提供保险凭证所需要的信息。投保人签章就视同其确认了投保单上所提供的信息，保险人在签发保险证和保险单时，可以依据这些信息填写。

2）便于保险人核保。保险人核保时，需要甄别承担风险和确定保险适合的条款。只有投保人签章后，才能确认投保单所提供的信息，便于投保人核保。

3）获得投保人对保险合同信息的确认。投保人在投保单上签字后，保险人受理同意，投保单就构成保险合同的要件。如果核保后所填信息没有变化，保险人据此认为投保人已经确认了保险合同的信息。

4. 投保人在进行投保时需注意的事项

1）合理选择一家保险公司。

2）合理选择保险代理人。

3）了解汽车保险的内容。

4）根据实际需要购买保险。

5）购买机动车辆保险的其他注意事项：

① 对保险重要单证的使用和保管。

② 如实告知义务。

③ 及时交纳保险费。

④ 合同纠纷的解决方式。

⑤ 投诉方法和渠道。

5. 汽车保险方案

除了交强险必须投保外，商业险中的基本险和附加险均可自愿投保，即交强险可与各种商业险自由组合，因此可构成上百种投保方案，在这众多投保方案中，私家车常用的投保方案主要有如下四种。

（1）全面型

险种组合：交强险 + 商业三责险（30 万元） + 车损险 + 车上人员责任险 + 盗抢险 + 玻璃单独破碎险 + 不计免赔特约险 + 车身划痕损失险。

特点：保全险，居安思危。能保的险种全部投保，从容上路，不必担心交通所带来的种种风险，几乎与车有关的全部事故损失均能得到赔偿。

适用对象：适用于新车、新手及需要全面保障的车主。据统计，约有20%的车主选择此类型的组合。

（2）常规型

险种组合：交强险 + 商业三责险（20 万元） + 车损险 + 车上人员责任险 + 盗抢险 + 不计免赔特约险。

特点：投保最有价值的险种，保险性价比最高。

适用对象：适用于有长期固定人员看守的停车场所停放的车辆，也适用于有一定驾龄、愿意自己承担部分风险的车主。据统计，约有60%的车主选择此类组合。

（3）经济型

险种组合：交强险 + 商业三责险（10 万元） + 车损险 + 不计免赔。

特点：费用适度，能够提供基本的保障。

适用对象：适用于车辆使用较长时间以及驾驶技术娴熟、愿意自己承担大部分风险的车主。据统计，约有15%的车主选择此类型的组合。

（4）风险型

险种组合：只购买交强险。

特点：交强险只赔付事故中的第三方（受伤害一方），人员伤亡最高赔付11万元，住院医疗1万元，财产损失2000元。重大车祸造成的人员伤亡赔付会超过11万元，但住院医疗费用也远远不够，2000元的车辆损失费用更是相差甚远。并且，自己的车损或被盗需自己承担。因此，此搭配风险极大。

适用对象：急于上牌照或急于通过年检或有经济压力或愿意自己承担巨大风险的车主。据统计，约有5%的车主选择此类型的组合。

三、汽车保险理赔服务

汽车保险理赔是指汽车保险合同所规定的事故，即车祸发生后，当保险人接到被保险人在规定的时间内提交的报案索赔报告时，按保险合同履行损失补偿义务的行为。理赔工作是保险政策和作用的重要体现，是保险人执行保险合同，履行保险义务，承担保险责任的具体体现。保险的优越性及保险给予被保险人的经济补偿作用，在很大程度上都是通过理赔工作来实现的。

1. 汽车保险理赔的意义

理赔是现实生活中使用得非常广泛的词语。从广义上而言，理赔是指当事人的一方按一定的依据（法律、政策、规章和习惯等）对另一方提出的赔偿要求进行处理的行为和过程。

汽车保险理赔除了具有一般经济补偿的特性外，还有其特定的内涵。汽车保险理赔是保险经营的最后一道环节，做好汽车保险理赔工作，对于维护投保人的利益，加强汽车保险经营与管理，提高保险企业的信誉和经营效益，具有重要意义。

1）通过汽车保险理赔，被保险人所享受的保险利益得到实现。

2）通过汽车保险理赔，使人民生活安定，社会再生产过程得到保障。

3）通过汽车保险理赔，汽车保险承保的质量得到了检验。

4）通过汽车保险理赔，汽车保险的经济效益得到了充分反映。

2. 汽车保险理赔遵循的原则

汽车保险理赔工作涉及面广，情况比较复杂。为更好地贯彻保险经营方针，提高汽车保险理赔工作质量，汽车保险理赔必须遵循以下原则：满意性原则、迅速性原则、准确性原则、公平性原则。

3. 理赔人员应具备的条件

理赔工作是一项比较复杂而又繁重的工作。理赔人员不仅要有较强的专业技术、相应的业务知识和政策水平，还要有高度的事业心、责任心，树立为生产服务，为群众服务的观点和深入实际、实事求是的工作作风。在处理理赔案中要按保险条款办事，贯彻"主动、迅速、准确、合理"的理赔原则，严格按照理赔程序认真办案。综合来看，理赔人员一般应具备以下条件：

1）廉洁奉公，秉公办事，认真负责。

2）熟悉机动车辆条款，准确理解，合理利用。

3）掌握有关的道路交通法规及各种相关的法律法规。

4）熟悉汽车的基本机构、工作原理和相关修理工艺等专业技术知识。

4. 汽车理赔业务流程

汽车理赔业务流程对于不同的保险公司有一些细微的差别，对于不同的实际业务类型也不是千篇一律的。总的来说，汽车理赔业务流程包括受理案件、现场查勘、确定保险责任并立案、定损核损、赔款理算、缮制赔款计算书、结案归档等过程。

（1）受理案件

1）报案记录。保险汽车出险后，被保险人一般是以口头或电话等方式向保险公司理赔部门报案。

2）填写出险通知书。理赔人员在受理报案的同时，应向被保险人提供保险车辆出险通知书，并指导被保险人尽快据实详细填写保险车辆的出险通知书。其中"出险地点"应填写详细，"驾驶人情况"按驾驶执照填写。"涉及第三者的情况"应按第三者的姓名、地址、联系方式、受伤情况、财产损失情况等具体填写。

3）单证查核。理赔人员根据出险通知书，应尽快查找出险车辆的保险单和批单，核对保险费是否交付，查验出险时间是否在保险期限之内，核对驾驶人是否为保单中约定的驾驶人，根据报案人所述事故原因依据保险条款审核是否应负赔偿责任；若有下列各项中的任何一项者，则保险公司无赔偿责任，可拒绝受理：

① 汽车出险日期不在保单承保有效期限内。

② 发生的危险事故不在保单承保范围或投保种类内。

③ 危险事故发生的地点不在保单约定的行驶区域内。

④ 危险事故发生的结果并不构成要求理赔的条件。

⑤ 被保险人无权提出赔偿损失。

4）报告案情。理赔内勤应根据报案通知和保险合同内容，及时向业务科（股）负责人报告。负责人应视案情分以下几种情况进行处理：

① 对案情较简单或损失较小的案件，安排分管外勤人员进行现场查勘或委托代理查勘。

② 对案情较复杂或损失较大的案件，负责人应向单位分管领导报告，领导视情况亲临现场参与查勘和定损。

③ 对重大的和超出核赔权限的损案，应电话向省、市公司报告出险情况，经初步查勘掌握基本情况后，再及时向省、市报告处理意见。

④ 对在外地出险的赔案，需委托当地保险公司代查勘的，应填制"代查勘委托书"一式两份，一份自留附案卷内，一份连同保险单底寄发委托公司，由理赔内勤登记"委托查勘登记簿"；同时应将注意事项、处理赔案的原则向被保险人交代清楚，以防事后发生纠纷。

受理案件结束后，由查勘定损人员进行现场查勘与定损。对于危险事故刚刚发生或危险尚未得到控制，出险地点又在本地的情况，为了及时掌握出险现场的实际情况和督促被保险人进行施救，受理案件、现场查勘工作可同步进行，但现场查勘后要及时进行查核，以防盲目处理。

（2）现场查勘　现场查勘是指用科学的方法和现代技术手段，对交通事故现场进行实地验证和查询，将所得结果完整而准确地记录下来的全部工作过程。现场查勘是查明交通事故真相的根本措施，是分析事故原因和认定事故责任的基本依据，也为事故损害赔偿提供证据，所以，现场查勘应公正、客观、严密地进行。

1）现场查勘的主要内容。查勘定损人员接案后，应迅速做好查勘准备，尽快赶赴事故现场，会同被保险人及有关部门进行现场查勘工作。现场查勘的主要内容包括：

① 查明出险的时间和出险的地点。

② 查明报案人身份，了解报案人姓名、住址、联系方式、发现险情时间和险情产生原因等。

③ 查明出险车辆情况，如出险车辆车型、牌照号码、发动机号码、车架号码、行驶证、车辆安全设备的配置情况，查实车辆的使用性质是否与保险单记载的一致，并与保险单或批单核对是否相符。如果与第三方车辆发生事故，应查明第三方车辆的基本情况。

④ 查清驾驶人情况。

⑤ 查明车辆的使用性质，查实保险车辆出险时的使用性质是否与保单相符，以及是否运载

危险品、车辆的结构有无改装或加装。

⑥ 查明出险的原因。这是现场查勘的重点，要深入调查，根据现场查勘技术进行现场查勘，索取证明，收集证据，全面分析。

⑦ 查明各方人员伤亡情况。

⑧ 施救整理受损财产。

⑨ 核实损失情况。

⑩ 检查人员应十分注重通过摄影记录损失情况，照片不仅是赔款案件的第一手资料，是调查报告的一个客观的具有形象性的旁证资料，也是对文字报告的一个重要补充。

⑪ 重大案件应绘制事故现场草图。

⑫ 在审定保险责任后，对于无异议的保险责任理赔案件，对事故损失金额进行估计，并填写在"机动车辆保险事故现场查勘记录"的相关项目内。

⑬ 现场查勘结束后，查勘人员应按照上述内容及要求认真填写现场查勘记录。如果可能，应力争让被保险人或驾驶人确认签字，查勘人员应立即将查勘情况反馈给接案中心。

2）代查勘。代查勘仅限于本保险公司各分支机构所承保的汽车在异地出险的情形，出险当地的保险分支机构均有代查勘并提供各种协助的义务。具体程序如下：

① 出险地保险公司业务人员接到外地保险车辆在本地出险的通知以后，应查验保险证或保险单，确认是本公司承保的车辆后，询问并记录报案日期、报案人、保险单号、保险类别、被保险人、承保公司、出险时间、地点、原因、牌照号码等，同时向报案人出示出险通知书并交代填写事项，督促其按期交回。

② 应立即安排现场勘查，并尽快通知承保公司。

③ 查勘人员到达事故现场以后，应视同本公司的赔案处理，认真开展现场查勘工作，按照要求填写查勘记录并由代查勘的公司领导签章。

④ 业务人员应将该案登录在代查勘登记簿中，并按照规定开具代查勘收据一式两联。

此外，如果承保公司同意并委托进行代定损，应按照规定的定损程序处理。处理完毕后，应将全部案件材料移交承保公司，并在代查勘登记簿上注明移交时间。

(3) 确立保险责任并立案　审定保险责任一定要以机动车辆保险条款及其解释为依据，领会条款精神，尊重客观事实，掌握案情的关键。依据保险条款，业务部门应对现场查勘记录及其相关材料进行初审，按照规定的核赔权限，召集相关人员参加会议，听取查勘定损人员的详细汇报及其分析意见，研究审定保险责任。对于符合保险合同的案件，即在承保范围内且属于保险责任的理赔案件，业务人员应进行立案登记，统一编号并进行程序化管理。

(4) 定损核损　出险车辆的定损核损包括车辆定损、人员伤亡费用的确定、施救费用的确定、其他财产损失的确定以及残值处理等内容。

1）人员伤亡费用的确定。涉及第三者责任险和车上人员责任险的人员伤亡费用，应根据保险合同的约定和有关法律法规的规定处理。

2）施救费用的确定。施救费用的确定要严格按照条款的规定，下面几种情况要尤为注意：

① 保险车辆发生火灾时，被保险人施救保险车辆使用他人非消防单位的消防设备所花费的合理费用应给予补偿。

② 为施救保险车辆而雇用的吊车及其他车辆进行抢救的费用，以及将出险车辆托运到修理厂的运输费用，保险人应按照当地的物价标准予以负责赔偿。

③ 在抢救的过程中，因不慎或不得已而损坏他人的财产，可以酌情予以赔偿；但在抢救室，抢救人员个人物品丢失的，不予赔偿。

④ 保险车辆出险后，被保险人或其允许的驾驶人，赶赴肇事现场处理所支出的费用，不予负责。

⑤ 保险人只对保险车辆的施救保护费用负责。

⑥ 经保险人同意的去外地修理的移送费，可予以适当负责，但护送车辆者的工资和差旅费不予负责。

⑦ 当施救、保护费用与修理费用相加，估计已达到或超过保险金额时，则可推定全损予以赔偿。

⑧ 第三者责任险的施救费用与第三者损失金额相加，不得超过第三者责任险的责任限额。

⑨ 保险车辆发生保险事故后，对其停车费、保管费、扣车费及各种罚款，保险人不予负责。

3）其他财产损失的确定。第三者责任险涉及的车辆损失以外的财产损失，还有车上货物责任险的财产损失，保险人应会同被保险人、第三者及相关人员逐项清理核对，确定损失数量、损失程度和损失金额，并填写财产损失清单。同时，要求被保险人提供有关货物、财产的原始发票。经审核后，定损人员在清单上签署审核意见，被保险人在"机动车辆保险财产损失确认书"上签字。

（5）赔款理算　被保险人提供的各种必要单证（如事故证明、裁决书、赔偿调解书等）经审核无误后，理赔人员根据保险条款的规定，对车辆损失险、第三者责任险、附加险及施救费用等分别计算赔款金额。

（6）核赔　核赔是在授权范围内独立负责理赔质量的人员，按照保险条款及保险公司内部有关规章制度对赔案进行审核的工作。

1）核赔的操作流程。核赔的主要工作包括审核单证、核定保险责任、审核赔款计算、核定车辆损失及赔款、核定人员伤亡及赔款、核定其他财产损失及赔偿、核定施救费用等。

2）核赔的主要内容。

① 审核单证：审核被保险人按规定提供的单证、经办人员填写赔案的有关单证是否齐全、准确、规范和全面。

② 核定保险责任：包括被保险人与索赔人是否相符；驾驶人是否为保险合同约定的驾驶人；出险车辆的厂牌型号、牌照号码、发动机号、车架号与保险单证是否相符；出险原因是否属保险责任；出险时间是否在保险期限内；事故责任划分是否准确合理；赔偿责任是否与承保险别相符等。

③ 核定车辆损失及赔款：包括车辆定损项目、损失程度是否准确、合理；更换零部件是否按规定进行了询报价，定损项目与报价项目是否一致；换件部分拟赔款金额是否与报价金额相符；残值确定是否合理等。

④ 核定人员伤亡及赔款：根据查勘记录、调查证明和被保险人提供的"事故责任认定书""事故调解书"和伤残证明，依照国家有关道路交通事故的法律、法规规定和其他有关规定进行审核；核定伤亡人员数、伤残程度是否与调查情况和证明相符；核定人员伤亡费用是否合理；被抚养人口、年龄是否真实，生活费计算是否合理、准确等。

⑤ 核定其他财产损失赔款：根据照片和被保险人提供的有关规定，核定施救费用有效单证和金额。

⑥ 核定施救费用：根据案情和施救费用的有关项目进行赔款。

⑦ 审核赔付计算：残值是否扣除；免赔率使用是否正确；赔款计算是否准确等。

（7）结案

1）结案登记。在经过一系列的审批程序后，业务人员填发《机动车辆保险赔款通知书》和赔款收据，并通知被保险人领取《机动车辆保险赔款通知书》，被保险人在赔款收据上签章，同时会计部门支付赔款。被保险人领取赔款后，业务人员按照赔案编号，输录《机动车辆保险赔案结案登记》，同时在《机动车辆保险报案、立案登记簿》备注栏中注明赔案编号、赔案日期，作为续保时是否给付赔款优待的依据。

2）理赔案卷管理。理赔案卷须按照一案一卷整理、装订、登记、保管。赔款案卷要单证齐全、编排有序、目录清楚、装订整齐、照片与原始材料粘贴整齐并附必要说明。一般的理赔案卷单证包括机动车辆保险审批表、赔款计算书、结案报告书、出险报案表、报案记录、索赔申请书、事故现场查勘记录、保险财产损失确认书、第三者机动车上人员伤亡费用清单、赔案照片、有关原始单据、保险权益转让书、领取赔款通知书、异地出险联系函及其他有关证明和材料。车险理赔服务如图3-7所示。

图3-7　车险理赔服务

四、汽车保修索赔服务

1. 汽车保修索赔的概念

汽车制造厂为汽车产品（包括整车和配件）提供的有条件的保修索赔政策，为具有质量缺陷的产品提供服务，以方便消费者和树立企业品牌形象的汽车服务环节称为汽车保修索赔。出色的保修索赔工作是为营销和售后服务赢得市场的重要手段。特约销售服务站是被汽车生产厂家授权对汽车产品进行保修索赔服务的企业。特约销售服务站严格按照汽车制造厂的保修索赔政策为每一位用户做好保修索赔服务。汽车制造厂为各特约销售服务站提供了便捷的保修索赔工作环境。

2. 保修索赔期和保修索赔范围

各汽车制造厂保修索赔的具体规定尽管有些不同，但原则上没有大的区别。整车、配件的保修索赔期和保修索赔范围一般包括以下内容。

（1）整车保修索赔期　整车保修索赔期内，特殊零部件依照特殊零部件保修索赔期的规定执行。特殊零部件包括控制臂球头销、防尘套、横拉杆、万向节、前后减振器、各类轴承、橡胶件、喷油器、喇叭、蓄电池、氧传感器、三元催化转换器等，都按12个月或者4万～10万km不等的保修期执行。

（2）配件保修索赔期

1）由特约销售服务站免费更换安装的配件，其保修索赔期随整车保修索赔期结束而结束。

2）由用户付费并由特约销售服务站更换和安装的配件，从车辆修竣后客户验收合格日和公里数算起，其保修索赔期为12个月或4万km（两个条件以先达到为准）。在此期间，因为保修而免费更换的同一配件的保修索赔期为其付费配件保修索赔期的剩余部分，即随着付费配件的保修索赔期结束而结束。

3. 保修索赔的前提条件

保修索赔的前提条件包括以下几方面：

1）必须在规定的保修索赔期内。

2）用户必须遵守《保修保养手册》的规定，正确驾驶、保养、存放车辆。

3）所有保修服务工作必须由汽车制造厂设在各地的特约销售服务站实施。

4）必须是由特约销售服务站售出并安装或原车装在车辆上的配件，方可申请保修。

4. 保修索赔范围

1）在保修索赔期内，车辆正常使用情况下整车或配件发生质量故障的，修复故障所花费的材料费、工时费属于保修索赔范围。

2）在保修索赔期内，车辆发生故障无法行驶，需要特约销售服务站外出抢修，特约销售服冬站在抢修中的交通、住宿等费用属于保修索赔范围。

3）汽车制造厂为每一辆车提供两次在汽车特约销售服务站进行的免费保养，两次免费保养的费用属于保修索赔范围。

4）不同行驶里程的免费保养项目见表3-1。

表3-1　不同行驶里程的免费保养项目

保养项目	保养内容
2000km 免费保养项目	1）更换机油及机油滤清器 2）检查传动带 3）检查空调暖风系统软管和接头 4）检查冷却液 5）检查冷却系软管及卡箍 6）检查通风软管和接头 7）清洗空气滤清器滤芯 8）检查油箱盖、油管、软管和接头 9）检查制动液和软管 10）检查、调整驻车制动器 11）检查轮胎和充气压力 12）检查灯、喇叭、刮水器和洗涤器
6000km 免费保养项目	1）更换机油及机油滤清器 2）检查冷却液 3）检查冷却系软管及卡箍 4）检查通风软管和接头 5）清洗空气滤清器滤芯 6）检查油箱盖、油管、软管和接头 7）检查排气管和安装支座 8）检查变速器、差速器油 9）检查制动液和软管，必要时添加制动液 10）检查、调整驻车制动器 11）检查、调整前后悬架 12）检查、调整底盘和车身的螺栓和螺母 13）检查动力转向液，必要时添加 14）检查轮胎和充气压力 15）检查灯、喇叭、刮水器和洗涤器 16）检查空调暖风 17）检查空调滤清器
易损件的质量担保期	灯泡：6个月或5000km 轮胎：6个月或5000km 火花塞：6个月或5000km 全车玻璃件：6个月或5000km 前制动摩擦衬片、后制动蹄片： 6个月或5000km 风窗刮水片：1个月或行驶里程超过1000km

5. 不属于保修索赔的范围

1）不具有保修保养手册，或保修保养手册上印章不全或发现擅自涂改保修保养手册情况的，汽车特约销售服务站有权拒绝客户的保修索赔申请。汽车制造厂特许经销商处购买的每一辆汽车都随车配有一本保修保养手册，该保修保养手册须盖有售出该车的特许经销商的印章，以及购车客户签名后方可生效。

2）车辆正常例行保养和车辆正常使用中的损耗件不属于保修索赔范围，如润滑油、机油和各类滤清器，火花塞，制动片，离合器片，清洁剂和上光剂，灯泡，轮胎，刮水片。

3）车辆因为缺少保养或未按《保修保养手册》上规定的保养项目进行保养而造成的车辆故障，不属于保修索赔范围。如未按规定更换变速器油，而造成变速器故障。用户每次作完保养后服务站会在《保修保养手册》规定位置记录下保养情况并盖章，并提醒用户下次保养的时间和内容。

4）车辆不是在汽车制造厂授权服务站维修，或者车辆安装了未经汽车制造厂售后服务部门许可的配件的，不属于保修索赔范围。

5）用户私自拆卸更换里程表，或更改里程表读数的车辆（不包括汽车特约销售服务站对车辆故障诊断维修的正常操作）不属于保修索赔范围。

6）因为环境、自然灾害、意外事件造成的车辆故障不属于保修索赔范围，如酸雨、树胶、沥青、地震、冰雹、水灾、火灾、车祸等。

7）因为用户使用不当，滥用车辆（如用作赛车）或未经汽车制造厂售后服务部门许可改装车辆而引起的车辆故障不属于保修索赔范围。

8）间接损失不属于保修索赔范围。因车辆故障引起的经济、时间损失（如租赁其他车辆或在外过夜等）不属于保修索赔范围。

9）由于特约销售服务站操作不当造成的损坏不在保修索赔范围。同时，特约销售服务站应当承担责任并进行修复。

10）在保修索赔期内，用户车辆出现故障后未经汽车制造厂（或汽车特约销售服务站）同意继续使用而造成进一步损坏，汽车制造厂只对原有故障损失（须证实属产品质量问题）负责，其余损失责任由用户承担。

11）车辆发生严重事故时，因用户未保护现场或因丢失损坏零件以致无法判明事故原因的，汽车制造厂不承担保修索赔费用。事故原因应经汽车制造厂和有关方面（如保险公司等）鉴定，如属产品质量问题，汽车制造厂将按规定支付全部保修及车辆拖运费用。

6. 索赔流程

索赔的基本流程如图 3-8 所示。

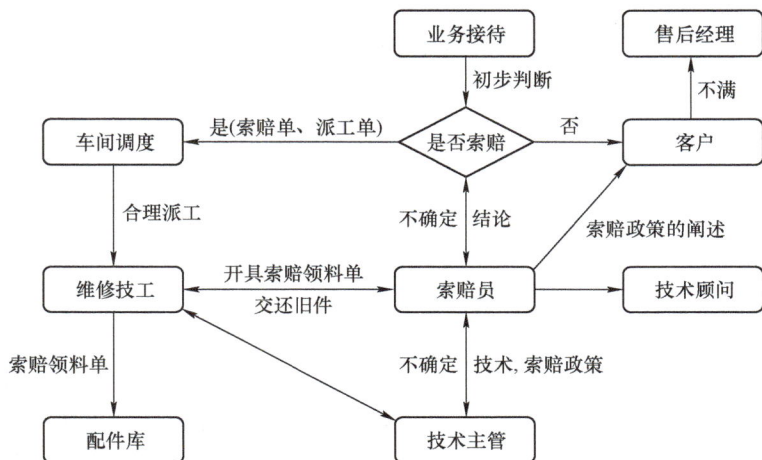

图 3-8　索赔的基本流程

1）用户至特约销售服务站报修。

2）业务员根据用户报修情况、车辆状况及车辆维护记录，预审用户的报修内容是否符合保修索赔条件（特别是要检查里程表的工作状态），如不符合请用户自行付费修理。

3）把初步符合保修索赔条件的车辆送至保修工位，索赔员协同维修技师确认故障点及引起故章的原因，并制订相应的维修方案和审核是否符合保修索赔条件。如不符合保修索赔条件通知业务员，请用户自行付费修理。

4）索赔员在确认用户车辆符合保修索赔条件后，根据情况登记车辆相关数据，为用户分类提交索赔申请。特殊索赔需事先得到汽车制造厂索赔管理部审批通过，然后及时给予用户车辆保修。

5）保修结束后，在索赔件挂上"索赔旧件悬挂标签"，送入索赔旧件仓库统一保管。

6）索赔员每天对当天的索赔申请进行统计，填写索赔申请表。

7）每月一次在规定时间内向汽车制造厂索赔管理部提交索赔申请表。

8）索赔员每月一次按规定时间，把索赔旧件按规定包装由第三方物流负责运回汽车制造厂索赔管理部。

9）经汽车制造厂索赔管理部初步审核不符合条件的索赔申请将予以返回，索赔员根据返回原因立即修改，下次提交索赔申请时一起提交，以待再次审核。

10）汽车制造厂索赔管理部对符合条件的索赔申请审核后，将索赔申请结算单返给各特约销售服务站，特约销售服务站根据结算单金额向汽车制造厂索赔管理部进行结算。

7. 索赔件的管理

（1）索赔件库的管理规定

1）汽车生产企业的特许经销商的索赔件库为独立库房（独立区间），不得与其他厂家产品混放。

2）索赔件应分区、分类存放，国产、进口件分开存放。

3）索赔件库存放的索赔件应为近一个月以内的索赔件。

4）索赔件必须粘贴或拴挂相应的条形码。

5）索赔件库货架上应粘贴相应的分类、分组标签。

（2）索赔件的操作规范

1）条形码。

① 先将索赔条形码放在索赔件挂签塑料卡中，再将挂签拴挂到索赔件上。

② 将索赔卡牢固地拴挂在索赔件上。

③ 拴挂部位包括小孔、闭环、凹凸不平柱形的凹处等。

④ 用胶带、绳、铁丝制成闭环来拴挂索赔件挂签等。

2）捆绑。

① 一张索赔申请单的申报索赔数量为两件以上，邮寄索赔件时，必须将索赔件捆绑在一起，并且保证能直观地看到厂家代码、厂标、生产日期等标记，如图3-9所示。

② 捆绑材料：对轻、软、钝的索赔件可用绳或胶带捆绑；对重、硬、锐的索赔件用铁丝拴捆。

3）清洗。

① 凡是存有机油、汽油、冷却液等液体的索赔件必须将其排放干净。

符合该要求的索赔件有发动机、变速器、汽油箱、汽油泵、散热器、冷却液罐、动力转向机、转向助力泵、转向助力油罐、制动分泵等。

② 凡是索赔件粘有油污、泥土等污物的，必须清洗

图3-9 索赔件捆绑示意图

干净。

适合该要求的索赔件有发动机总成及散件、变速器总成及散件、汽油箱、减振器，内、外等速万向节及其护套、转向机、消声器等。

4）发运。

① 服务站将贴好条形码或拴挂好条形码挂签的索赔件，分类装箱（如奥迪、宝来件单独装箱并贴好标签）并附有服务站索赔件返回装箱清单（A4 纸打印），装箱单一式两份，一份给中转库，一份存档；要求用中铁快运的方式，如距离较近的也可用其他方式运送，但必须有专人负责。

② 关于蓄电池、玻璃的特殊说明：非铁路运输必须送到；如通过铁路运输可不返回，销毁处理须征得售后服务科有关人员同意。

第四节　汽车美容与装饰服务

【案例导入】

汽车美容

"汽车美容"从字面上解释就是使汽车的容貌更美丽的行为。它起源于西方发达国家，英文名称为"Car Beauty"或"Car Care"。由于西方发达国家汽车工业的发展，社会消费时尚的流行，以及人们对事物猎奇、追求新异的心理，促使汽车的款式不断更新换代，"追新族们"在满足心理需求的同时，又不愿使自己的二手车贬值，这样就需要对二手车进行一番特殊处理，处理后能够使二手车焕然一新，并长久保持艳丽的光彩。随着二手车翻新技术的不断提高，以及人们对车辆保养意识的增强，以汽车保养护理和翻新为主要内容的汽车美容行业也就应运而生。

汽车美容的功能界定分为三层。最基本的一层是自理性保养；第二层是浅性服务，诸如太阳膜、犀牛皮等的张贴，大包围、防盗装置等的安装，内饰品（包括真皮座椅、桃木内饰等）的改装、使用和漆面划痕处理、抛光翻新保养等，它不涉及发动机等车辆中心结构的护理工作；第三层是专业服务，这是技术含量较高的服务种类，属于美容施工深度处理，也是整个汽车美容业最深入的层次。

专业汽车美容实质是汽车的保养护理，它不仅停留在表面，而且深入到内部。其优越之处在于自身的系统性、规范性和专业性。即根据汽车自身的特点，由表及里地进行全面细致的养护，每一道工序都有标准而规范的技术要求，并采用专业工具、专业产品和专业手段进行操作。

专业汽车美容使用的是专门的养护产品，针对汽车各部位材质进行有针对性的养护、美容和翻新，使经过专业美容后的汽车不仅外部焕然一新，内部机械运转也更加顺畅，使汽车的使用寿命得到有效延长。

案例思考：

1. 汽车美容的作用有哪些？
2. 汽车美容的分类。

一、汽车美容

汽车美容是指对汽车的美化与维护。人们将其称为"汽车保姆"（Car Care），并视其为汽车产业的"第四行业"（相对汽车生产、销售、维修三个行业而言）。

1. 汽车美容的作用

（1）保持车体表面的清洁、靓丽　汽车美容是集清洗、打蜡、除尘、翻新、漆面处理于一身的养护过程，它不仅可以清除车身表面的尘土、酸雨、鸟粪、沥青等污染物，防止漆面受到腐蚀损害，还可以通过漆面研磨去除表面氧化层，抛光后使车体表面清洁、靓丽。同时，通过打蜡更能使车身光彩亮丽的视觉效果保持长久。和外表肮脏、漆色暗淡的车辆相比，其价值优势不言而喻。

（2）使车表病害得以及时修复　汽车因焦油、飞漆、刮擦、碰撞等原因，致使车体表面出现斑点、划痕，特别是局部出现破损或严重老化时，如不进行修复处理，不仅影响车体表面的美观，也必将造成车表病害的扩大与深化。通过漆面斑点、划痕处理及汽车涂层的局部修补、整体翻新，会有效防止车表病害的扩大与深化，并可使车辆整旧如新。

（3）给汽车以全面的养护　汽车美容除了可使车体表面清洁、靓丽，车表病害得以及时修复以外，还可以通过对汽车室内各部位及主要配置、行李箱、汽车空调等的清洁护理，消除异味，大大提高内饰件在使用周期内的使用舒适性。特别是对底盘及发动机的内、外部护理，可极大地改善其散热效果，减少各运动副之间的磨损，使汽车内部机械运转更加顺畅，从而有效延长汽车的使用寿命。

2. 汽车美容的分类

（1）根据汽车的服务部位分类　汽车美容根据汽车的服务部位分类，可分为车身美容、内饰美容、漆面美容。

1）车身美容。即对汽车外表进行去污翻新处理。主要的服务项目有高压洗车；去除沥青、焦油等污物；上蜡增艳与镜面处理；新车开蜡；钢圈、轮胎、保险杠翻新与底盘防腐涂胶处理等。

2）内饰美容。内饰美容服务是针对车室、发动机及行李箱等进行的清洁及美化。比如，车室美容中的仪表台、顶棚、地毯、脚垫、座椅、座套、车门内饰的吸尘清洁保护；以及蒸气杀菌；冷暖风口除臭；室内空气净化等项目。

3）漆面美容。漆面美容服务即对车身外表的漆面进行的养护及美化处理。目前，主要开发的服务项目有氧化膜、飞漆、酸雨处理；漆面深、浅划痕处理；漆面部分板面破损处理及整车喷漆等。

（2）根据汽车美容的性质分类　汽车美容根据其性质分类，可分为护理性美容和修复性美容。

1）护理性美容。护理性美容是对汽车漆面和内饰的老化、损坏进行预防性清洁美化及养护。护理性美容的作业项目有新车开蜡、汽车清洗、漆面研磨、漆面抛光、漆面还原、打蜡及内室护理等。

① 新车开蜡。汽车生产厂家为防止汽车在储运过程中漆膜受损，确保汽车到用户手中时漆膜完好如新，汽车总装的最后一道工序是在检查合格后，对整车进行喷蜡处理，在车身外表面喷涂封漆蜡。封漆蜡没有光泽，严重影响汽车美观，且易黏附灰尘。国外发达国家的汽车销售商在汽车出售前就对汽车进行除蜡处理，目前我国还很少有汽车销售商实施这项工作。为此，用户购车后必须除掉封漆蜡，俗称开蜡。

② 汽车清洗。为使汽车保持干净、整洁的外观，应定期或不定期地对汽车进行清洗。按汽车部位不同，清洗作业可分为车身外表面清洗、内室清洗和行走部分清洗。对车身漆面的清洗可分为不脱蜡清洗和脱蜡清洗两种。不脱蜡清洗是指车身表面有蜡，但是不想把它去掉，只是洗掉灰尘、污迹。清洗方法主要是使用清水和普通清洗剂，采用人工或机械清洗。脱蜡清洗是一种除掉车漆表面原有车蜡的清洗作业。

③ 漆面研磨。漆面研磨是去除漆膜表面氧化层、轻微划痕等缺陷所进行的作业。该作业虽

具有修复美容的性质，但由于所修复的缺陷非常轻微，只要配合其他护理作业，便可消除缺陷，所以把它列为护理性美容的范围。

④ 漆面抛光。漆面抛光是紧接着研磨的第二道工序。车漆表面经研磨后会留下细微的磨痕，漆面抛光就是去除这些痕迹所进行的护理作业。

⑤ 漆面还原。漆面还原是研磨、抛光之后的第三道工序，它是通过还原剂将车漆表面还原到"新车"般的状况。还原剂也称"密封剂"，对车漆起密封作用，以避免空气中的污染物直接侵蚀车漆。

⑥ 打蜡。打蜡是在车漆表面涂上一层蜡质保护层，并将蜡抛出光泽的护理作业。打蜡的目的：改善车身表面的光亮程度，增添靓丽的光彩；防止腐蚀性物质的侵蚀，对车漆进行保护；消除或减小静电影响，使车身保持整洁；降低紫外线和高温对车漆的侵害，防止和减缓漆膜老化。汽车打蜡可通过人工或打蜡机进行作业。

⑦ 内室护理。汽车内室护理是对汽车控制台、操纵件、座椅、座套、顶棚、地毯、脚垫等部件进行的清洁、上光等美容作业，还包括定期对汽车内室进行杀菌、除臭等净化空气作业。汽车内室部件种类很多，外层面料也各不相同，在护理中应分别使用不同的专用护理用品，确保护理质量。

2）**修复性美容**。修复性美容是车身漆面或内饰件表面出现某种缺陷后所进行的恢复性美容作业，主要包括针对漆膜病态、漆面划痕、斑点及内饰件表面损坏等缺陷所进行的表面处理、局部修补、整车翻新及内饰件修补更换等。

修复性美容的养护作业项目有：

① 漆膜病态治理。漆膜病态是指漆膜质量与规定的技术指标相比所存在的缺陷。漆膜病态有上百种，按病态产生的时机不同，可分为涂装中出现的病态和使用中出现的病态两大类。对于各种不同的漆膜病态，应分析原因，采取有效措施积极防治。

② 漆面划痕处理。漆面划痕是因刮擦、碰撞等原因造成的漆膜损伤。当漆面出现划痕时，应根据划痕的深浅程度，采取不同的工艺进行修复处理。

③ 漆面斑点处理。漆面斑点是指漆面接触了柏油、飞漆、焦油、鸟粪等污物，在漆面上留下的污迹。对斑点的处理，应根据斑点在漆膜中渗透的深度不同，采取不同的工艺。

④ 汽车涂层局部修补。汽车涂层局部修补是当汽车漆面出现局部失光、变色、粉化、起泡、龟裂、脱落等严重老化现象或因交通事故导致涂层局部破损时，所进行的局部修补涂装作业。汽车涂层局部修补虽作业面积较小，但要使修补漆面与原漆面的漆膜外观、光泽、颜色达到基本一致，需要操作人员具有丰富的经验和高超的技术水平。

⑤ 汽车涂层整体翻修。汽车涂层整体翻修是当全车漆膜出现严重老化时所进行的全车翻新涂装作业。其作业内容主要有清除旧漆膜、金属表面除锈、底漆和原子灰施工、面漆喷涂、补漆修饰及抛光上蜡等。

汽车修复美容一般先进行漆膜修复，然后再进行美容。这种美容的工艺过程为：砂子划痕→涂快干原子灰→研磨→涂快干底漆→涂底色漆→涂罩光漆→清除接口。汽车修复美容，应在正规的汽车美容中心进行，它需要必要的设备和工具，必须有一定的修复美容工艺，才能满足汽车美容的基本要求。但是，这种美容并非很完善，对整车而言，只是对车身的漆膜部分进行了保养护理。

(3) 根据汽车的实际美容程度分类　根据汽车的实际美容程度分类可分为一般美容和专业美容。

1）**一般美容**。一般美容主要是通过洗车、打蜡的方法，去掉汽车表面的尘土、污物，并使其表面光亮艳丽。一般美容可对汽车表面起到粗浅美容的作用，它作为自理性美容，不需要专门的工作场地，一般车主可自行做到。

2）专业美容。专业美容是使用专业的设备和用品，经过几十道工序，从车身、内室、发动机、钢圈、轮胎、底盘、保险杠、油路、电路、空调系统、冷却系统、进排气系统等各部位进行彻底的清洗和维护，使二手车变新并保持长久，使整车焕然一新。这样的汽车美容才是真正的专业美容。

专业美容包含的主要项目和内容：①整车细部全面彻底清洗；②油污、飞漆、污物的清洗处理；③尘粒、橘皮等漆膜缺陷的砂平处理；④漆膜粗研磨处理；⑤漆膜细磨抛光处理；⑥漆膜增艳处理；⑦漆膜抗氧化保护处理；⑧持久保护层处理；⑨漆膜镜面处理；⑩钢圈、轮胎、保险杠、底盘等保养护理；⑪室内各部位及主要配置的保养护理；⑫发动机系统的美容护理等。

专业美容后的效果：①车身漆膜应达到艳丽的新车效果，并能长久保持，应具有防静电、防酸雨、防紫外线"三防"功能；②发动机的清洗翻新，可使发动机表面形成光亮的保护膜并能长久保持。发动机系统经过免拆卸清洗后，可提高整个系统的性能，并延长使用寿命；③风窗玻璃的修复抛光，使开裂发乌的玻璃变得清晰明亮，完好如初；④轮毂、轮胎经美容护理后，具有艳丽光泽并能延长使用寿命；⑤室内、行李箱内经美容处理后，应更显洁净华贵；⑥金属裸露部分经除锈、防锈处理后，应具有金属光泽，不再生锈，延长其使用寿命。

专业美容的基本条件：①应有最基本的美容操作工作室，工作室应与外界隔离，设有漆膜维修处理工作室、干燥室、清洗室、美容护理室，且最好相互不干扰，但又有一定的联系，露天操作是不能进行汽车美容的；②各工作室应有相应的设备、工具及能源，可供施工所用；③所有的施工人员必须经过专业技术培训，取得上岗证书者，才可进行施工操作；④汽车美容用品及有关材料必须是正规厂家生产的合格品；⑤有完善的售后服务，售后服务是对专业美容的补充，当出现一些质量问题时可进行补救处理，既可保证汽车美容企业的良好服务形象，也是对消费者权益的保障。

3. 汽车美容的常见服务项目

（1）整车细部全面清洗　即采用专用设备和清洗剂，对车身及其附属部件进行全面彻底的清洗。按部位不同，清洗作业可分为车身表面清洗、内室清洗和行走部分清洗。

（2）漆面美容处理　汽车日常运行中饱受风吹、日晒及酸雨等具有氧化性物质的侵蚀，使漆面逐渐粗糙失光，形成各种病害。同时，人为因素也常使汽车漆面遭受各种伤害。漆面美容处理就是通过一些特殊工艺，如油污、飞漆、污物的清洗处理；漆膜缺陷的砂平处理；漆膜的研磨抛光处理；漆膜的抗氧化保护处理；漆膜的增艳与镜面细膜还原处理等，使汽车漆面再现昔日亮丽风采，并能得到持久的保护。

（3）轮胎翻新处理　轮胎黏附各种污物后将失去原有纯正黑色，而呈现灰黑色，不但影响视觉效果，而且受侵蚀的橡胶极易老化、变硬，失去原有的弹性及耐磨性。轮胎翻新就是在轮胎彻底清洁的基础上，使用特殊用品（如轮胎清洁增黑剂），将其迅速渗透于橡胶内，分解浸入的有害物质，使延缓轮胎橡胶衰老，增黑增亮，还原如新。

（4）镀铬件的翻新处理　镀铬件能提高汽车的装饰效果，空气中的盐分及硫化气体长期附着在镀铬件的表面时，会使其失去光泽，影响美观。当镀铬件表面出现深度划痕时，腐蚀会迅速扩展到镀铬层下面，从而影响到汽车的外在价值。通过除锈翻新、上光保护处理，可使镀铬件表面重现光泽。

（5）发动机系统的维护护理　使用专业用品及工艺，通过对发动机外部的清洁美容，可除斑、防锈、预防老化，且对汽车有一定的保值作用；而对其内部进行清洁，则可消除胶质、积炭、油泥、水垢等沉积物，使发动机供油正常，运转顺畅，从而延长其使用寿命。

二、汽车装饰服务

1. 汽车装饰的概念与作用

汽车装饰就是通过增加一些附属的物品，使原车变得更加豪华、靓丽、温馨、舒适、方便、安全，这种行为称为汽车装饰，所增加的附属物品称为汽车装饰品。

汽车装饰的作用如下：

（1）改进车辆外观 根据车主的个性化追求改变外观，比如车主选择加装全车大包围和升级轮圈轮胎。加装大包围从性能上来说，可以减少汽车行驶中的空气阻力，提高高速平衡性，车的外观也更加整体协调、与众不同。而把轮圈升级，可以更好地保持行驶中的平稳性和安全性，更主要的是车辆外观看上去更有跑车风范。

（2）使室内更加舒适、方便 现代人在享受汽车的高效、快捷的同时，也注重对车辆舒适性和方便性的追求。车辆加装太阳膜，可有效抵御紫外线的直接侵害；而室内真皮座椅的装饰，更能够让汽车在视觉、触觉上，甚至在嗅觉上都有一个好的心理感受，且能最大限度地提升轿车的档次。特别是汽车音响及车载电话、电视的选装，更能使人尽享驾乘的快乐。

（3）对车辆的性能进行合理的提升 通过对车辆性能的合理提升，以提高车辆的使用价值，如车身刚性不佳及底盘结构不良的车辆，车主有时会加装平衡杆（也称拉杆），以补强车身刚性的不足。有时会改装防倾杆与更换减振器，用以加强底盘结构。而给汽车加装尾翼，不仅可改变视觉效果，而且可使空气对汽车产生第四种作用力，即对地面的附着力。它能抵消一部分升力，控制汽车上浮，减小风阻影响，使汽车能紧贴着道路行驶，从而提高行驶的稳定性。另外，加装电子整流器可以省油、提升扭力和操控反应，使车的电气负荷减少，延长电池寿命。特别是女性驾车新手，在车后加装可以显示车距的倒车雷达，对日常的倒车入库能起到很重要的帮助作用。除此以外，加装大视野后视镜，能让驾驶者在驾驶时减小盲区，增加安全性。这些汽车装饰内容都会对车辆的性能有一定的提升作用。

2. 汽车装饰的分类

（1）按汽车装饰的部位分类 按部位不同，汽车装饰可分为汽车外部装饰、汽车内室装饰及电子设施装饰。

1）汽车外部装饰。汽车外部装饰简称汽车外饰，是指对汽车外表面进行的加工处理，如对汽车顶盖、车窗、车身周围及车轮等部位进行的装饰。

2）汽车内部装饰。汽车内部装饰简称汽车内饰，是指对汽车驾驶室和乘客室进行的加工处理，如对汽车顶棚内衬、侧围内护板和门内护板、仪表板、座椅、地板等部位进行的装饰。

3）电子设施装饰。是指为使汽车更加安全、便利而加装的各种附属产品，如安全带语音提示器、各种车载电子电气设备、防盗防护设备等。

（2）按汽车装饰的作用分类 按作用不同，汽车装饰可分为美观类、舒适类、防护类、便利类、安全类等。

1）美观类装饰：通过装饰使外表更加豪华、靓丽，如加装车身大包围、各种贴饰、扰流板等。

2）舒适类装饰：通过装饰使内部更加温馨、舒适，如加装多碟CD和低音炮、天窗、真皮座椅等。

3）防护类装饰：通过装饰给汽车以防护作用，如加装防盗装置、保险杠、防撞胶等。

4）便利类装饰：通过装饰使车辆更加方便、实用，如加装电动门窗、车载电话、电子导航装置、车载冰箱等。

5）安全类装饰：通过装饰使车辆更加安全可靠，如加装大视野后视镜、安全气囊、安全带等。

3. 汽车装饰服务的常见项目

（1）汽车外部装饰服务

汽车外部装饰服务见表3-2。

表 3-2　汽车外部装饰服务

项　目	用　途	类　型
太阳膜装饰	改变色调，使车窗玻璃丰富多彩；隔热降温，减小光线的照射强度；防止车窗玻璃爆裂，减轻事故中玻璃碎片的伤害；阻挡太阳的紫外线，保护车内乘员的肌肤；单向透视，增强车内的隐蔽性	太阳膜的颜色：自然色、茶色、黑色、天蓝色、金墨色、浅绿色和变色等品种 太阳膜的分类：普通膜、防晒太阳膜和防爆太阳膜（进口膜、国产膜）
车身贴饰	车身贴饰是在车身外表贴上各种图案的装饰。这种装饰不仅能突出车身轮廓线，还能协调车身色彩，给人以丰富的联想和舒适的心理感受，使车身更加多彩艳丽	车身贴饰主要有彩条装饰、彩带装饰、车身文字涂装和图案涂装等多种形式
加装天窗	利于车厢内通风换气。没有天窗的汽车主要是靠侧窗进行通风换气，而打开侧窗后车外的尘土、噪声便会灌进车内。若是冬夏两季，享受车内暖风和冷气时，让窗外的寒气或热浪扑面吹来，会使人感到很不舒服，同时还破坏了空调的效果。加装天窗后能较好地克服上述问题，实现有序换气。另外，有了天窗还为驾车摄影、摄像提供了便利条件	
加装车身大包围	汽车大包围是车身下部宽大的裙边装饰。汽车加装大包围可使车身加长、重心降低，给人以雍容气派、奔放热情之感。另外，大包围还可改善车身周围气流的运动特性，提高汽车行驶的稳定性。制作大包围的材料主要有塑料和玻璃钢两种。以玻璃钢材料为例，其大包围制作工艺为：做试模→喷涂胶衣→铺纤维→打磨喷头	汽车大包围由前包围、后包围和侧包围组成。前、后包围有全包围式和半包围式两种形式：全包围式是将原来的保险杠拆除，然后装上大包围，或是将大包围套在原保险杠表面，覆盖原保险杠；半包围是在原来保险杠的下部附加一装饰件，这样可不用拆除原保险杠。侧包围又称侧杠包围或侧杠裙边
加装导流板	导流板加装在汽车前保险杠的下部，它是一块坚固的、裙幅式的板。安装导流板后，导流板对前端气流起到导流作用，减少前端气流从发动机下部和底盘下部通过，从而减小其阻力、压力和前端提升力。使前端气流比较通顺地从前端上部和两侧通过	
加装扰流板	人们针对汽车后端的阻力和提升力问题，研制出后翼板（又叫扰流板）。后翼板有不同的形状尺寸，它们的共同特点是狭长、表面平滑，安装在车上且翘出车体，用以去除和扰乱气流，改变后端气流的流动状态，从而减小后端气流对车的阻力和提升力	

（续）

项　　目		用　　途	类　　型
底盘封塑		汽车底盘的工作环境是异常恶劣的，行车途中的泥水、沙石等会对底盘造成强烈冲击，细小的沙石像锋利的小刀切削底盘，形成划伤和斑点，严重时还会使底盘变形、漏油、尾气泄漏、转向受损、制动失灵等。另外，水分、酸雨、腐蚀物时刻都在侵蚀着底盘。而底盘封塑可以使底盘免受以上损害。底盘封塑是将底盘彻底清洗、烘干后喷上双层的柔性橡胶树脂，完全包裹住车盘底部和轮毂上方噪声较集中的部位。喷塑层有很强的韧性、弹性、防腐性和防锈性，并有良好的隔热、隔音效果，大大降低了沙石的撞击力度，实现了防腐、防锈、防撞，同时还可以隔除一部分来自底部的杂音	
其他装饰服务	加装金属饰条	金属饰条将是继仿桃木后的又一流行改装材料。它主要用于灯眉、灯尾、后门装饰条等部分，可增强车的金属感。由于金属反光效果强烈，一般不用于仪表盘改装，以避免分散驾驶人注意力	目前的金属饰条主要分为镀铬、金属铝片、钢片冲压等材料
	加装车轮饰条	车辆轮胎饰盖一般是用塑料粒子经注射机注射，再在表面用油漆涂装形成，车轮饰盖能烘托整车的造型美，更能让用户加深对轿车品牌概念的理解。车轮饰盖表面油漆，关系到产品的外观、色彩、光泽度及牢度	
	加装汽车护杠	护杠一方面能够在事故当中缓冲撞击力，保护车身，另一方面还可使车辆具备鲜明的个性	
	加装尾梯	尾梯同样可以缓解来自后方的冲击，其款式大多以实用为主	
其他装饰服务	加装晴雨窗罩	加装晴雨窗罩后，雨天行车，即使车窗开下大半，雨水仍不会直灌车里；高速行驶时不会有狂风吹头；热天停车，可开窗保持空气对流，降低车内温度；晴天遮阳，可防止侧面强光刺眼	
	加装挡泥板	雨天行驶或在泥泞地面行车时，可防止污泥、污水溅到车身下部	
	加装行李架	考虑到长途跋涉的需要，可以在车顶安装行李架	行李架分为安装在车顶的行李架杆和其上的行李架盘两部分

（续）

项 目		用 途	类 型
其他装饰服务	加装静电带	静电带可以充分释放行车途中产生的静电，完全消除因静电积聚引起的不适感	
	加装防撞胶	防撞胶是涂于车身表面的一层特殊涂层，可进一步加强其防擦抗振功能。使用前将车身擦净，贴上后轻压一次，3h 后再压一次，24h 内避免与水、油类物质接触	

（2）汽车内部装饰服务　汽车内部装饰服务见表 3-3。

表 3-3　汽车内部装饰服务

项 目	作 用	类 型
真皮座椅装饰	真皮座椅能提高汽车配备档次，让汽车在视觉、触觉，甚至嗅觉上都给人以一个好的心理感觉，使汽车增色不少，人进入车内后，有一种坐到高级沙发上的感觉。真皮座椅美观耐用，容易清理；与人体表皮功能接近，触感舒适；其毛孔细且有良好的透气性，表面平滑，有良好的散热性能。另外真皮坐垫不易燃烧，不怕烟蒂烧破，还可增加制冷效果，是许多座椅装饰的首选	座椅的质料有两种：一种是真皮，另一种是合成皮。经过精细加工制作而成的汽车真皮座椅的透气性、坚韧性、保暖性、散热性及耐久性和柔软性都绝非任何人造材料可以代替。包汽车座椅必须用牛皮，羊皮强度不够，猪皮也不适合（除特殊的优质猪皮外）
布艺椅套	布艺座椅的透气性能、吸水性能、隔温性能更优。布艺椅套有相当大的选择空间，各种材质、各种花色琳琅满目	椅套按材料可分为化纤、棉混纺、纯棉、丝绒、裘毛等
桃木装饰	桃木内饰主要镶嵌在仪表板、中控板（副仪表板）、排挡、门扶手、转向盘等地方	木内饰有木质材料和仿木质材料之分木质材料一般是指胡桃木和花梨木仿木质材料早在 20 世纪 70 年代已经出现，它是一种塑料制品，例如用 ABS、PVC（聚氯乙烯）、PC（聚苯乙烯）等材料制造，现代的贴膜技术可将仿制品做得惟妙惟肖，纹路、光泽与真的木质材料极为相似
铺装汽车地板	使车身地板更严实，更耐磨。使汽车地板更容易清洗，不容易生锈，从而可以更长时间地保护地板质量	按照使用材料不同，可分为塑胶地板和纯毛地板：塑胶地板便于清理，耐磨性及隔音效果好；纯毛地板可提高驾驶室内部档次，显得温馨豪华，其缺点是耐磨性及隔音效果差

三、汽车改装服务

1. 汽车改装的概念与起源

汽车改装是在不影响车辆安全性能的前提下，经申请并征得车辆管理部门同意后，由经过资质认证的汽车改装企业实施；是在汽车制造厂大批量生产的原型车的基础上，结合造型设计理念、运用先进的工艺及成熟的配件与技术，对汽车的实用性、功能性、欣赏性进行改进、提升和美化，并使之符合汽车全面技术标准，最终满足人们对汽车这种特殊商品的多元化、多用途、多角度的需求。

目前，汽车及零部件的生产还没有根据各个地区的使用条件进行设计，因此，为汽车的改装留有一定的空间。汽车改装的目的就是根据车辆及零部件的承受能力，最大限度地挖掘车辆潜力，以提高车辆的使用性能，同时展现车主的个性。

2. 汽车改装的类型

目前我国汽车改装一般有两种情况。

第一种是传统的汽车改装，即生产专用汽车。也就是用国家鉴定合格的发动机、底盘或总成，重新设计、改装、生产与原车型不同的具有专门用途的汽车，即专用汽车。

第二种是指为了某种使用目的，在汽车制造厂生产出的原型汽车的基础上，做一些技术改造，即"改变"了汽车出厂时的原型"装备"。或者说这种汽车改装是在汽车制造厂大批量生产的原型车的基础上，结合造型设计理念、运用先进的工艺及成熟的配件与技术，对汽车的实用性、功能性、欣赏性进行改进、提升与美化，并使之符合汽车全面技术标准，最终满足人们对汽车这种特殊商品的多元化、多用途、多角度的需求。此种汽车改装主要包括加装、换装、选装、强化、升级、装饰美容等。

汽车改装的主要内容包括以下几项：

（1）**发动机改装**　汽车改装中，发动机的改装是在动力性方面对车辆的性能进行优化。各种工况下发动机的性能是有条件约束的，对约束条件进行改变，即使发动机的某些参数在一定的合理范围内变化，就会发挥出发动机的动力潜能。提高发动机动力性的主要方法有对进气系统、排气系统、供油系统、润滑系统、配气机构和曲柄连杆机构等进行技术改装与技术改造。

（2）**底盘改装**　底盘部分的改装主要包括对传动系统、行驶系统、转向系统和制动系统的技术改装。底盘部分的改装对于汽车通过性、操纵稳定性、使用方便性、行驶安全性都会有较大的提高。

（3）**车身改装**　车身改装有的是为了改善装饰性，在不影响车身强度的条件下，对车的一部分结构和车身外部装饰件及内部饰件等进行改装设计。汽车车身改装如图3-10所示。

图3-10　汽车车身改装

第五节　汽车维修保养服务

【案例导入】

上海大众 No.1 全球服务技能世界锦标赛获得佳绩

2009年度德国大众集团"No.1全球服务技能世界锦标赛"于2010年5月6日至9日在德国沃尔夫斯堡举行，本次大赛吸引了来自日本、韩国、巴西、瑞士、中国、奥地利、德国本土以及中国台湾等数十个国家和地区的服务顾问和技术总监参加。代表中国区域参赛的是获得"2009

年上海大众售后服务 No.1 技能大赛"金奖选手，他们是来自山西上海大众汽车销售服务有限公司的服务顾问孙亮和来自上海大众汽车徐汇销售服务有限公司的技术总监陈富德。面对来自全球精英的同场竞技，孙亮和陈富德以扎实的专业基本功、良好的精神风貌获得了全球同行的一致好评，技术总监陈富德更在大赛中以亚太区第二名的优异成绩为中国、为上海大众赢得了荣誉。

"No.1 全球服务技能世界锦标赛"是德国大众针对全球范围内所有大众品牌售后服务领域开展的综合性竞赛。整个比赛分为服务类和技术类两部分，分别面向各个国家和地区获得当年 No.1 选拔赛金奖的服务顾问和技术总监。大赛的举办旨在促进大众全球网络之间的技能交流，增进全球网络售后服务水平的整体提升，加强大众品牌的全球影响力。

案例思考：
1. 服务顾问的职责有哪些？
2. 如何成为一名优秀的服务顾问？

一、汽车维修服务

1. 汽车维修业的概念

汽车维修业是由汽车维护和修理厂点组成的、为汽车运输服务的、相对独立的行业。它通过维护和修理来维持和恢复汽车技术状况，延长汽车使用寿命，是汽车流通领域中的重要组成部分。

汽车维修是汽车维护和修理的泛称。汽车维护是为了维持汽车完好技术状况或工作能力而进行的作业。其目的是保持车容整洁，随时发现和消除故障隐患，防止车辆早期损坏，降低车辆的故障率和小修频率。汽车修理是为了恢复汽车完好技术状况或工作能力和延长其寿命而进行的作业。其目的在于及时排除故障，恢复车辆的技术性能，节约运行消耗，延长其使用寿命。

2. 汽车维修企业的分类

一类汽车维修企业：从事汽车大修和总成修理。也可从事汽车维护、汽车小修和汽车专项修理生产。

二类汽车维修企业：从事汽车一级维护、二级维护和汽车小修作业的企业。

三类汽车维修企业：专门从事汽车专项修理（或维护）的企业和个体户。摩托车修理归入三类汽车维修企业。

汽车修理类别及其作用见表3-4。

表3-4　汽车修理类别及其作用

修理类别	作　用
汽车大修	采用修理或更换汽车任何零部件（包括基础件）的方法，恢复汽车的完好技术状况或完全（或接近完全）恢复汽车寿命的恢复性修理
总成修理	是为了恢复汽车某一总成的完好技术状况、工作能力和寿命而进行的作业
汽车小修	是用修理和更换个别零件的方法，保证或恢复车辆工作能力的运行性修理
零件修理	是对因磨损、变形、损伤等不能继续作用的零件进行修复，以恢复其性能和寿命而进行的修理
视情修理	是指按技术文件规定对汽车技术状况进行诊断或检测后，决定修理的内容和实施时间的修理

3. 汽车的维修与保养作业

根据汽车不同时期的使用特点，汽车维护可以分为常规维护、季节性维护和走合期维护。常规性维护又分为日常维护、一级维护、二级维护三种级别，具体内容见表3-5。

表3-5　汽车维护的类别和维护内容

维护类别		维护内容
例行维护（日常维护）		日常性作业，每日由驾驶人出车前或收车后进行，中心内容是清洁、补给和安全检查等。包括出车前、行驶途中、收车后三个环节。其要求是车容整洁；确保四清（机油、空气、燃油、蓄电池）；确保四不漏（油、水、电、气）；附件齐全；螺栓、螺母不松动、不缺少；保持轮胎气压正常；制动可靠，转向灵活；润滑良好；灯光、喇叭正常
一级维护		由专业维修工在维修车间或维修厂内进行。间隔里程周期一般1000～2000km。其作业内容除日常维护作业内容外，以检查、润滑、紧固为主，并检查有关制动、转向等安全系统的部件。一级维护的主要内容包括各总成和连接件的紧固，主要总成和部件的润滑以及在外部检查时发现的一些必要的调整作业
二级维护		由专业维修工在维修车间或专业维修厂内进行。间隔里程一般为10000～15000km。其作业中心内容除一级维护作业内容外，以检查和调整为主，并拆检轮胎，进行轮胎换位。其目的是使车辆在以后的较长运行时间内保持良好的运行性能。二级维护的作业内容较多，除了完成一级维护的全部作业外，还必须消除维护作业中发现的故障和隐患。二级维护需要有一定的作业时间，所以需占用车辆一定的运行时间
季节性维护（为了保证车辆在冬、夏季的合理使用，在转换季节之际，应结合各种维护作业，附加一些相应的项目以适应气候变化的运行条件）	夏季维护	1）拆下发动机附加的保温装置，检查百叶窗 2）清洗发动机水套，清除散热器内的水垢，检查节温器性能 3）清洗发动机润滑系和油底壳，并按规定加注夏季用润滑油 4）清洗变速器、分动器、转向器、主减速器和差速器，按规定换入夏季用润滑油 5）缩短化油器加速泵活塞行程，调拨进、排气管歧管上的预热阀到"夏"字位置 6）调整蓄电池电解液比重；调整发电机调节器充电电流和电压 7）采取防暑、降温措施

（续）

维护级别		维护内容
季节性维护（为了保证车辆在冬、夏季的合理使用，在转换季节之际，应结合各种维护作业，附加一些相应的项目以适应气候变化的运行条件）	冬季维护	1）加装发动机附加保温装置，检查百叶窗 2）清洗发动机润滑系及底盘各总成、部件，按规定换用冬季用润滑油 3）加大化油器加速泵活塞行程，将进、排气管歧管上的预热调拨到"冬"字位置 4）调整蓄电池电解液比重；调整发电机调节器充电电流和电压 5）采取防寒、防冻等保温措施
走合期维护（也称汽车磨合期，是指新车或大修后车初始运行阶段，一般为1000～1500km，这是保证机件充分接触、摩擦、适应、定型的基本里程。汽车的磨合期如同运动员在参赛前做热身运动，目的是使各部机件适应环境的能力得到调整和提升。磨合效果的优劣会对汽车寿命、安全性和经济性产生重要影响。新车、大修车及装用大修发动机的汽车在初期使用阶段都要经过磨合，以便相互配合机件的摩擦表面进行吻合加工，从而顺利过渡到正常使用状态）		（1）新车磨合期维护内容 100km内：检查维护方面，应紧固外露的螺栓、螺母，添加燃油、机油，补充冷却液，检查变速器、前后驱动桥、传动轴、轮毂和轮胎的气压，检查灯光仪表、蓄电池以及制动系统的制动能力。此时，摩擦制动片尚未达到100%制动效果，轮胎摩擦力也不够，因此，制动时要比正常情况多用力 100～500km：检查维护方面，需要更换发动机机油，并用煤油清洗油底壳，更换机油滤芯，对前、后轮毂螺母进行紧固。此时，轮胎附着力尚未达到最佳效果，车主应尽量避免快速过弯时紧急制动 500～2500km：应温和驾驶，时速不超过100km，转速不超过2500r/min 2500～3500km：在冷却液温度达到工作温度（冷却液温度指针在刻度中间处）时，车主可将车速提高到最高车速或发动机最大转速。对于国产车，应更换变速器、主减速器和发动机内的齿轮油，并检查调整离合器踏板 磨合前期：清洁全车；紧固外露的螺栓、螺母；添加燃油、机油；补充冷却液；检查变速器、轮胎的气压；检查灯光仪表；检查蓄电池；检查制动 （2）磨合期阶段性能检查维护内容 30～50km时：检查变速器、前后驱动桥、轮毂、传动轴等是否有杂音或有发热现象；检查制动系统的制动能力及紧固性、密封效果 150km：检查全车外露螺栓、螺母的紧固情况 500km：更换发动机机油，并用煤油清洗油底壳；更换机油滤芯；对前、后轮毂螺母进行紧固 1500km：国产车需更换变速器、主减速器和方向机内的齿轮油；检查和调整离合器踏板自由行程。 磨合结束：到指定维护站进行全车磨合保养；换机油、换机滤、清洗、测气缸压力，清除燃烧室积炭，拆除限速装置，调整发动机怠速，检查制动系统，调整离合器踏板自由行程，紧固前悬架及转向机构

各级维护的间隔里程或使用时间间隔以汽车生产厂家的规定为准。引进车型维护规定的内容有所不同，为保证汽车的合理使用，在实际维护工作中应以生产厂家规定的内容为准。

二、汽车保养服务

汽车保养是指根据车辆各部位不同材料所需的保养条件，采用不同性质的专用护理材料和产品，对汽车进行全新的保养护理的工艺过程。

1. 首保目的

主机厂为了保证使用厂家系列产品的用户车辆处于良好的技术状态，决定对售出的车辆进行强制性首次保养。此项工作由经销商承担，对用户免费。

2. 首保规定（以一汽—大众公司为例）

1）凡用户购置一汽—大众公司生产的产品行驶到规定里程的，应该接受新车首次免费保养。

保养里程：捷达、高尔夫、宝来等为7500km；奥迪A6、A4为15000km。超过里程车辆将不提供免费保养服务。免费保养凭证为随车技术文件中的7500km（15000km）免费保养凭证。

2）保养项目按照保养手册进行。

3）保养后，经用户认可，由经销商和用户在保养手册上盖章签字，以便日后办理索赔业务，未经首次保养的车辆无索赔权。

4）用户委托的公路运车单位，必须严格执行新车保养规定，违反规定的，厂家不再提供免费保养服务和质量担保。

3. 首保程序

1）用户提供行车证、产品合格证、保养手册、免费保养凭证。

2）经销商审核、车证相符，对未超出保养里程的车辆给予免费保养服务。

4. 结算办法

1）保养的工时费及材料费由一汽—大众公司承担，每辆车的保养费用按规定标准执行。

2）保养检查时，如发现质量问题，可以采用索赔方式处理。

3）在保养中发现因使用不当造成零部件损坏的情况，其维修可由经销商提供有偿服务。

4）经销商在车辆保养结束后，填写结算单、盖索赔专用章，开具发票、盖企业章，按规定时间将结算单、发票及7500km免费保养凭证（盖服务站章）寄往一汽—大众售后服务科，经审核后结算。

5）由于保养不当造成的质量问题，由保养单位负责。

6）经销商个别人员如不按首保项目认真工作，造成不良后果的，将追究经销商责任。

三、汽车维修接待流程

1. 售后服务核心流程的价值理念

售后服务核心流程是指在汽车售后服务中，为满足客户需求，树立品牌形象，提高服务效率，售后人员按照规范要求，所执行的最为重要的工作流程。

售后服务核心流程体现以"客户为中心"的服务理念，展现品牌服务特色与战略，使客户充分体验和了解有形化服务的特色，以提升客户的忠诚度；以标准化、统一化的作业标准，规范所有面对客户的服务行动；通过核心流程的优化作业，提升客户满意度，提升服务效益。销售服务店的服务业务操作总体上包含预约、接车、维修、交车和回访共五个关键过程，这些关键过程首尾相接，形成以顾客为中心的闭环服务过程。在每个环节上，服务人员均以顾客和车辆为关注核心，按照给定的服务操作标准，辅以灵活的技巧进行非技术或技术的服务操作，以保证整个过程的服务质量，进而让顾客获得全过程的良好服务体验。

2. 汽车4S店服务顾问（维修接待顾问、维修前台、前台接待）

服务顾问是指4S店售后服务部门中专门负责接待维修客户，从事为客户提供问题答疑、技术咨询、保险理赔、协调维修业务等工作的售后服务人员。

3. 服务顾问的具体工作职责

1）以服务客户为根本，对工作尽职尽责。

2）热情接待客户，必须使用文明用语，了解客户的需求及期望，为客户提供满意的服务。

3）着装专业，待客热情、诚恳，谈吐自然大方，保持接待区整齐清洁。

4）熟练掌握汽车知识，评估维修要求，及时准确地对维修车辆进行报价，估计维修费用或征求有关人员（上级）意见，并得到客户确认后，开出维修工单，耐心地向客户说明收费项目及其依据。

5）认真接待客户车辆，仔细检查车辆外观、内饰并认真登记，同时提醒客户将车内的重要物品保管好。

6）掌握车间的维修进度，确保完成客户交修项目，按时将状况完好的车辆交付给客户，对未能及时交付的车辆应提前与客户沟通，讲清楚原因。

7）严格执行交、接车规范。

8）根据维修需要，在征求客户同意的前提下调整维修项目。

9）协助用户做好车辆维护的结算工作，热情服务，提高客户的满意度。

10）善于与客户沟通，全方位地引导客户提高对车辆维修保养的认识。

11）定期向客户进行回访，征求客户的意见，考察客户的满意度，并根据相应项目做好记录。

12）处理好客户的投诉，根据实际情况认真耐心地做好解释工作，最大限度地减少客户的投诉。

13）认真检查核对车辆及送修人的相关信息，及时准确地完成系统录入。

14）认真听取和记录客户提出的建议、意见和投诉，并及时向上级主管汇报。

15）宣传本企业，推销新技术、新产品，解答客户提出的相关问题。

4. 售后服务业务流程和操作指南

汽车售后服务接待流程包括预约及准备、接车及制单、分配工作、维修、质检、交车前准备、交车、跟踪回访8个步骤，如图3-11所示。

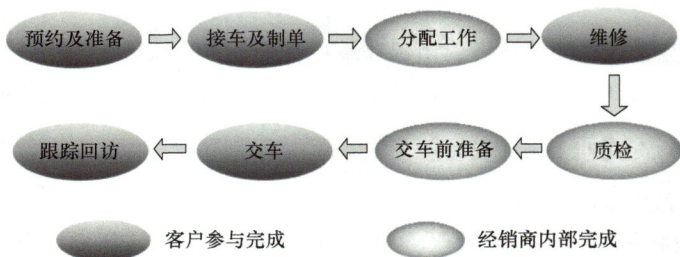

图3-11 汽车售后服务核心流程

每个步骤都有各自具体的操作流程与要求，见表3-6。

表3-6 售后服务业务流程和操作指南

汽车售后服务核心流程	操作指南
预约	客服专员（服务）拨打客户电话时应避开国家法定节假日 对已经有档案的客户，应按照客户期望的方式做预约提醒，如邮件、短信等 与客户通话结束时，必须等客户先挂断电话 客服专员（服务）应在预约专线呼入电话三声铃响内接听；应在10min以内回复客户的预约短信；应在30min内回复客户的预约邮件 客服专员在推荐预约服务时，必须向客户讲明预约服务的优势；对于不愿接受预约的客户，客服专员需问明原因，并做有针对性的引导 在选择两个时间推荐给客户时，优先选择经销商服务低谷时间

（续）

汽车售后服务核心流程	操作指南
预约	应对客户有关费用以及维修时间的问题，客服专员（服务）在做出了估时估价以后，必须向客户提示：最终的费用以及维修时间以车辆到店以后服务顾问或维修技师的诊断结果为准 预约优先保留 10min 时间。经销商可根据自身情况和与客户的沟通情况另行妥善安排
准备工作	对于只提前一天预约的客户，客服专员（服务）只需在预约电话结束后发送提醒短信即可 客户晚到（超过 10min）的，按照常规接待标准进行
接车/制单	如客户排号等待时间较长，接待员应做好安抚客户的工作 接待员应及时、热情地答复客户的咨询问题 经销商应确保接待台随时有员工从事接待员工作 对不愿参加环车检查的客户，服务顾问可以自行环车检查，但环车检查后必须告知客户环车检查的结果，并要求客户在《接/交车单》上签字 服务顾问在检查过程中，应注意手势、蹲姿、语音、语速等行为举止的表现 如服务顾问确定客户车辆需进行预检或路试，则无论客户是否陪同，服务顾问都要提前明确告知客户，并做好解释工作 在客户不陪同时，服务顾问应引领客户至客户休息区 服务顾问无法确认维修项目的时间时，应与车间调度员沟通以便告知客户 服务顾问将《接/交车单》上客户确认的信息录入系统，并打印《任务委托书》的过程中，可适时查询与此车辆相关的 TPI 文件；对满足车辆信息反馈条件要求的，要填写信息反馈 服务顾问必须准备好《常用备件价目表》《常用工时价目表》，以便客户随时查阅 如客户对备件价格、工时费用有疑问，服务顾问应主动引导客户查阅《常用备件价目表》《常用工时价目表》并作解释，以消除客户疑虑 对不留店的客户，服务顾问要向客户说明将随时与客户保持沟通，告知客户维修进度，并请客户留下方便的联系方式及时间 对于第一次来店接受服务的客户，服务顾问需亲自陪同客户前往客户休息区，介绍休息区的设施、饮料等，并为客户端上第一杯饮料
分配工作/维修	当维修技师与服务顾问沟通后仍有疑问时，应协同服务顾问一起与客户沟通 车辆维修过程中，维修技师必须时刻注意车辆的保护，避免损伤和弄脏车辆；同时，如果出现增修项目，维修技师要及时告知车间主管，并及时联系服务顾问，告知客户
质检/交车准备	对于保养项目，质量检查员每台车至少抽检五个作业项目 质量检查员每天至少完成一台保养车辆的全部项目检验，并做好记录 对于车辆的维修项目，质量检查员必须 100% 进行终检 在路试前，维修技师需取下车身保护罩，并妥善保存 预约车辆优先洗车 服务顾问在检查车辆时，要认真核对维修项目，尤其要注意客户特别交代的事项是否已得到处理
交车/结算	非客户本人取车时，须凭客户本人的身份证原件、《接/交车单》和《任务委托书》的客户联，并由服务顾问与客户本人 进行电话确认后方可取车，而且电话必须录音 服务顾问陪同客户验车时，交代要详尽，对客户提出的所有问题必须逐一回复，清楚解释 服务顾问在解释项目时，注意解释材料费、工时费及合计金额三项 遇到维修项目及时间的变更，服务顾问必须按照《维修项目变更申请表》，向客户逐一进行解释

（续）

汽车售后服务核心流程	操作指南
交车/结算	在支付过程中，如遇到问题（如信用卡、收银机器、发票等存在问题），服务顾问应全力协助客户解决问题 预约客户优先办理结算 当客户使用现金支付时，收银员需提醒客户注意点钞机显示金额 当客户使用信用卡支付时，客户输入密码时，收银员和服务顾问需主动回避 若客户信用卡刷卡不成功，收银员需安抚客户
跟踪服务	客服专员（服务）拨打客户电话时应避开国家法定节假日 在了解客户的满意度时，客服专员（服务）需重点了解客户不满意的方面以及背后的原因 若客户不接受客服专员（服务）的解释和安抚，仍继续提出投诉，客服专员（服务）需将此事件按照"客户投诉处理流程"来处理并及时报告相关部门 在处理投诉电话时，客服专员（服务）首先要耐心倾听，让客户感觉到我们很关注他的投诉意见。客户讲话时，切忌插话或打断客户，但需表示回应。结束回访前，要将客户投诉信息与客户进行一一核对。寻找机会让客户接受下次答复投诉结果的机会，切记不要随意承诺客户任何结果。结束后，立即向上级汇报投诉情况，寻求帮助 所有电话回访内容必须录音，并告知客户录音举动 客服专员（服务）录入时，信息要保持完整、不得缺项 对于客户的重大投诉，客服专员（服务）需立即录入《客户投诉抱怨登记表》，并向客户管理经理汇报，由客户管理经理上报给总经理，寻求解决方案

作为售后服务工作的基础，销售服务店应建立完备的"车辆维修档案"，并设立24h服务热线。售后服务部根据销售部已售车辆的资料和首次来店维修车辆的资料建立"车辆维修档案"，并不断地维护、更新。

24h服务热线尽量采用整齐、便于记忆的固定电话号码；24h服务电话作为销售服务店售后服务部门向顾客公布的唯一联系电话，接受顾客的预约、咨询、求援、抱怨和投诉等业务。若因业务需要，销售服务店可另设顾客投诉专线电话。

1. 车辆维修档案的建立

1）对于本销售服务店售出的新车，顾客管理员每天将销售部门转来的新销售车辆顾客资料录入管理软件或EXCEL版"车辆维修档案"。

2）对于其他销售服务店售出、首次来店售后服务的车辆，根据《维修工单》，由服务顾问或专人录入管理软件，或由顾客管理员录入EXCEL版"车辆维修档案"。

2. 售后服务环节的顾客回访工作

（1）首次售后回访 "首次售后回访"针对本销售服务店售出新车的顾客，以"车辆维修档案"为管理工具；首次售后回访必须在档案建立后的3天内进行，回访内容包括关怀新车使用情况和建立售后服务关系。

（2）车辆保养提醒和维修跟踪回访 "车辆保养提醒"针对所有在档顾客，以"车辆维修档案"为管理工具；车辆保养提醒按照预计该车辆的下一次保养时间提前一周进行；"维修跟踪回访"针对每次来店维修的顾客，以《维修工单》和维修服务跟踪回访表为管理工具。

（3）均由服务顾问进行回访 每次完成首次售后回访或车辆保养提醒后，将"车辆维修档案"的"回访日期"和"回访内容"栏更新为下一次回访的时间和内容。

3. 汽车售后服务项目工作流程和工作标准

（1）顾客预约工作流程和工作标准 顾客预约工作流程如图3-12所示。

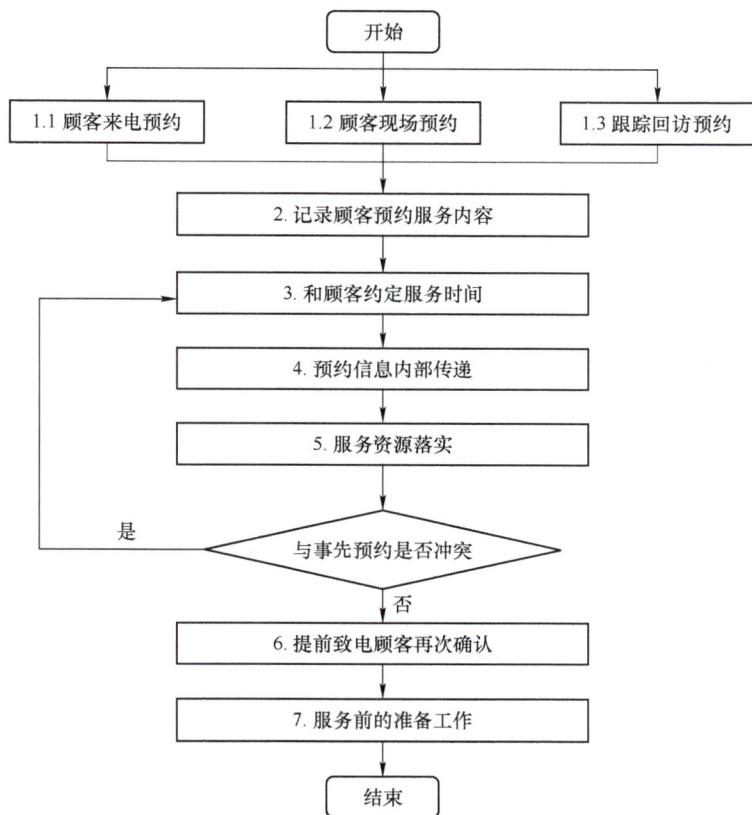

图 3-12　顾客预约工作流程

顾客预约工作标准见表 3-7。

表 3-7　顾客预约工作标准

工 作 步 骤	执 行 人	管 理 工 具	工 作 标 准
开始	—	—	顾客预约工作流程开始
1.1 顾客来电预约	服务顾问	—	电话铃响 3 声内接听，先报"×××店"；礼貌问候顾客，进入步骤 2
1.2 顾客现场预约	服务顾问	—	礼貌接待顾客，进入步骤 2
1.3 跟踪回访预约	顾客管理员 服务主管 服务顾问	预约信息传递表 维修工单	如果在跟踪回访时顾客提出预约服务，则顾客管理员应在"预约信息传递表"中详细记录"预约内容"并参照维修工单（服务顾问联），完整地填写"预约信息传递表"，填写完毕，在"记录人"栏签字后递交给服务主管
2. 记录顾客预约服务内容	服务顾问	服务预约登记表 预约信息传递表	初步达成的来店日期，只提供时间段为第 2～第 4 天的预约服务，按照日期使用每日唯一一份"服务预约登记表" 根据来电预约和现场预约的内容，详细填写"服务预约登记表"

（续）

工作步骤	执行人	管理工具	工作标准
2. 记录顾客预约服务内容	服务顾问	服务预约登记表 预约信息传递表	跟踪回访预约的，则根据服务主管或顾客管理员转来的"预约信息传递表"的内容详细填写"服务预约登记表"
3. 和顾客约定服务时间	服务顾问	预约管理看板 服务预约登记表	查看预约管理看板上显示的维修资源情况 和顾客初步确认当天具体来店时间，并填写在"服务预约登记表"的"预约时间"栏中 提供2个时间，让顾客选择最方便的时间；若可以确定，则告诉顾客费用预算和预计交车时间
4. 预约信息内部传递	服务顾问 服务主管	预约管理看板 看板管理标签 服务预约登记表	服务顾问及时在对应的预约管理看板上标识预约占用维修资源情况 服务顾问及时填写预约看板管理标签上的"牌照号码""约定取车时间"和"服务顾问"栏，并将看板管理标签标示在对应的预约管理看板上 每天将"服务预约登记表"汇总至服务主管处
5. 服务资源落实	服务顾问	服务预约登记表	服务顾问落实维修需要的各种资源，如配件等。若由于配件等原因与事先预约产生冲突，应尽快联系顾客说明情况，取得顾客谅解并取消或重新进行预约，进入步骤3 若与事先预约无冲突，进入步骤6
6. 提前致电顾客再次确认	服务顾问	预约管理看板 服务预约登记表	提前半天致电顾客，确认顾客是否能按约定时间前来；若不能，则询问原因，调整预约管理看板和"服务预约登记表"的预约时间，或取消预约；若能按照约定时间来店，则进入步骤7
7. 服务前的准备工作	服务主管 车间主管 车间调度 服务顾问	服务预约登记表 看板管理标签 预约管理看板 维修作业看板 车辆维修档案 维修工单	服务主管按照"谁记录谁接待"的原则安排一对一接待的服务顾问，必要时进行调整，并在"服务预约登记表"和看板管理标签的"服务顾问"栏中进行更改 每个服务顾问分配约15min接待一个预约顾客，尽可能预留一个服务顾问接待非预约顾客 服务主管和车间主管、车间调度在每天结束营业后，依据次日预约管理看板的内容确定维修班组，并将看板管理标签转移到接待前台的维修作业看板上；同时提前更新其他两块预约管理看板的日期 服务顾问根据对应的预约信息和车辆维修档案准备维修工单及接待车辆防护用品等
结束	—	—	顾客预约工作流程结束，进入服务顾问接车服务流程

（2）服务顾问接车服务流程和工作标准　服务顾问接车服务流程如图3-13所示。服务顾问接车工作标准见表3-8。

```
                    ┌──────────┐
                    │   开始   │
                    └────┬─────┘
                         │
          ┌──────────────────────────────┐
          │   1. 车辆进店, 迎接顾客        │
          └──────────────┬───────────────┘
                         │
          ┌──────────────────────────────┐
          │   2. 倾听顾客描述故障          │
          └──────────────┬───────────────┘
                         │
          ┌──────────────────────────────┐
          │   3. 车辆防护措施              │
          └──────────────┬───────────────┘
                         │
          ┌──────────────────────────────┐
          │ 4. 进行互动预检或确认故障,记录维修项目 │
          └──────────────┬───────────────┘
                         │
          ┌──────────────────────────────┐
          │   5. 费用估算,预计交车时间     │
          └──────────────┬───────────────┘
                         │
               ◇────────────────◇        否
               │  顾客是否同意维修 │────────────┐
               ◇────────┬───────◇            │
                      是 │                     │
          ┌──────────────────────────────┐    │
          │   7. 记录交修前的车辆状况      │    │
          └──────────────┬───────────────┘    │
                         │             ┌──────────────┐
          ┌──────────────────────────────┐  │ 6. 恢复车辆, │
          │ 8. 顾客签字授权、委托维修,钥匙交接 │ │ 相关结算,    │
          └──────────────┬───────────────┘  │ 送走顾客     │
                         │             └──────┬───────┘
          ┌──────────────────────────────┐    │
          │ 9. 提醒顾客取走车上贵重物品     │    │
          └──────────────┬───────────────┘    │
                         │                     │
          ┌──────────────────────────────┐    │
          │ 10. 引导顾客至休息区或送走顾客  │    │
          └──────────────┬───────────────┘    │
                         │                     │
                    ┌──────────┐               │
                    │   结束   │←──────────────┘
                    └──────────┘
```

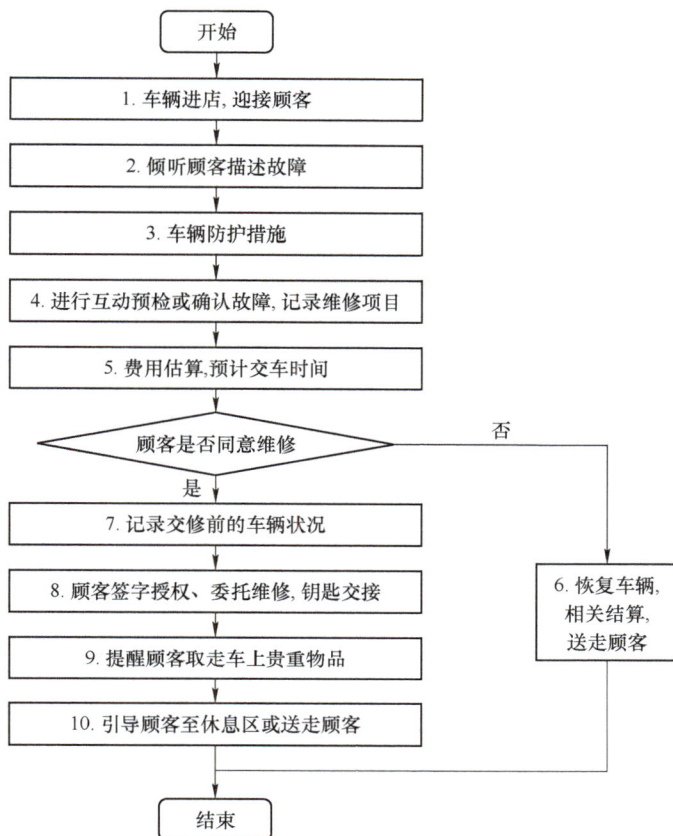

图 3-13　服务顾问接车服务流程

表 3-8　服务顾问接车工作标准

流 程 步 骤	执 行 人	管 理 工 具	工 作 标 准
开始	—	—	服务顾问接车服务流程开始
1. 车辆进店,迎接顾客	服务顾问		车辆进店,服务顾问起身迎接顾客,将车辆引导到指定停车区停放 面带微笑、热情地为顾客打开车门 引导顾客前往维修接待前台,并注意照顾顾客
2. 倾听顾客描述故障	服务顾问	维修工单 车辆维修档案	获取维修工单的同时填写下一份维修工单单号 首先关注顾客的抱怨和需求,倾听顾客对故障的描述,将顾客的语言记录在维修工单的"维修内容"栏 必要时快速查找"车辆维修档案",获取车辆历史维修记录 填写维修工单的"服务顾问"和"开单时间"栏
3. 车辆防护措施	服务顾问		服务顾问拿取车辆转向盘套、座椅套、变速杆套、脚垫等防护用品 当面对顾客的车辆进行防护

（续）

流程步骤	执行人	管理工具	工作标准
4. 进行互动预检或确认故障，记录维修项目	服务顾问 技术顾问	维修工单	根据车辆维修档案，如果车辆超过半年或10000km没有进行过任何保养，则建议顾客进行全面的互动性预检 服务顾问亲自确认顾客所描述的故障，进一步明确故障现象，在维修工单对应的"维修内容"栏填写必要的补充内容；必要时请技术顾问协助确定维修项目 将顾客不同意维修的项目备注于"其他"栏
5. 费用估算，预计交车时间	服务顾问	维修工单 工时定额标准	确定各个维修项目所需的时间并填写在维修工单"工时"栏，在对应的"工时费用"栏填写金额（区分保修和顾客付费） 确定各个维修项目所需的配件并在维修工单"配件（A类）和辅料（B类）名称或代码""类别""材料费用"栏填写相应内容 在顾客离开前确认所需主要配件的库存 假如发生拖车和/或可能的外委维修，则在维修工单"其他"栏进行填写并向顾客说明 基于以上3个方面进行费用估算 预计交车时间并填写在维修工单"约定取车时间"栏 向顾客解释费用估算和预计的取车时间，由顾客决定是否维修：如果顾客同意维修，进入步骤7；如果顾客不同意维修，则进入步骤6
6. 恢复车辆，相关结算，送走顾客	服务顾问	维修工单	取下车辆防护用品，恢复车辆 陪同顾客结算可能产生的费用，如检测费 礼貌送走顾客，并欢迎下次光临 服务顾问接车服务流程结束
7. 记录交修前的车辆状况	服务顾问	维修工单	当面检查车辆的钣金、油漆、行驶里程、燃油剩余量、随车附件等情况，若有异常情况及时和顾客现场确认 在维修工单的"交修前车辆状况"栏记录上述相关信息
8. 顾客签字授权、委托维修，钥匙交接	服务顾问	维修工单 车辆维修档案	快速查找"车辆维修档案"，获取车辆和用户信息 只在维修工单上填写主要信息，包括顾客姓名、联系电话、牌照号码、车型、VIN码等 同时和顾客进行信息确认（包括电子邮箱和联系地址等），若有变更，则填写新的信息并使用下划线标识 若是新用户，利用《产品质量保证书》或《保养和保修手册》和行驶证填写维修工单上的所需信息，并获取"车辆维修档案"所需的以下信息：变速器、颜色、购车日期、购车里程、用途、销售商等 顾客在"顾客签字"栏的"维修授权"位置签字，对维修工单所列项目进行授权委托维修 维修工单（顾客联）交由顾客保管 接受顾客车辆的钥匙并妥善保管
9. 提醒顾客取走车上贵重物品	服务顾问		提醒顾客取走车上的现金和贵重物品 将车上其他剩余物品放置于杂物箱或行李箱中妥善保管

（续）

流程步骤	执行人	管理工具	工作标准
10.引导顾客至休息区或送走顾客	服务顾问		如果顾客现场等待，则引导顾客至休息区 如果顾客不需现场等待，则礼貌地送别顾客 服务顾问或指定专人将车辆移至待修区
结束	—	—	服务顾问接车服务流程结束，进入维修作业和质量检验流程

（3）维修作业、质量检验流程和工作标准　维修作业和质量检验流程如图3-14所示。

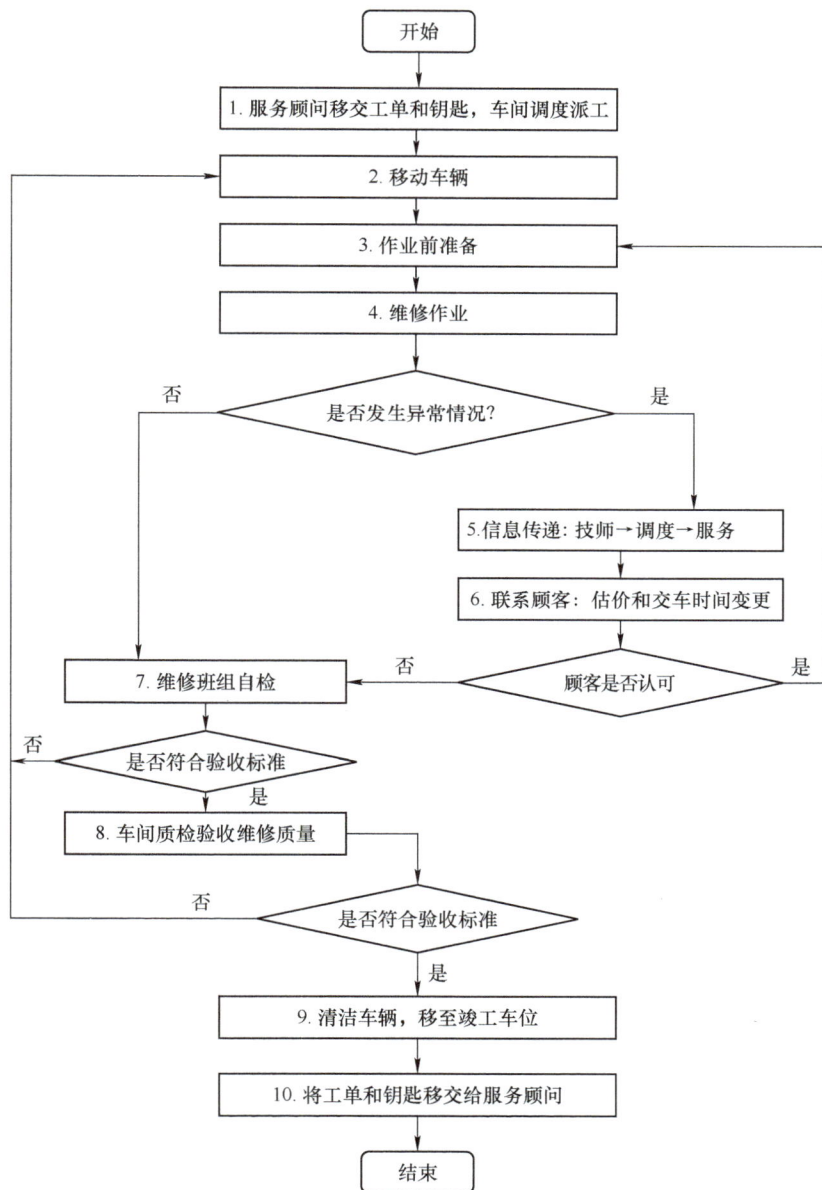

开始

1.服务顾问移交工单和钥匙，车间调度派工

2.移动车辆

3.作业前准备

4.维修作业

是否发生异常情况？　否　是

5.信息传递：技师→调度→服务

6.联系顾客：估价和交车时间变更

顾客是否认可　否　是

7.维修班组自检

是否符合验收标准　否　是

8.车间质检验收维修质量

是否符合验收标准　否　是

9.清洁车辆，移至竣工车位

10.将工单和钥匙移交给服务顾问

结束

图3-14　维修作业和质量检验流程

维修作业和质量检验工作标准见表3-9。

表3-9　维修作业和质量检验工作标准

流程步骤	执行人	管理工具	工作标准
开始	—	—	维修作业和质量检验流程开始
1. 服务顾问移交工单和钥匙，车间调度派工	服务顾问车间调度	看板管理标签维修作业看板维修工单	服务顾问填写两块（前台和车间各一块）相同内容的看板管理标签（预约顾客只需再填写一块），并置于接待前台的维修作业看板"等待派工"栏；服务顾问将维修工单（财务联和维修车间联）和车辆钥匙一并移交给车间调度，进行必要的工单解释；然后依据维修工单（服务顾问联），由服务顾问或专人将信息录入自行配备的"4S店售后服务管理系统" 车间调度根据车间维修资源利用状况进行派工，在维修工单（财务联和维修车间联）的"维修技师"栏小框内填写负责对应项目作业的维修班组代码 车间调度优先安排预约车辆的维修派工 车间调度完成派工后，标识、更新接待前台和维修车间的维修作业看板，将该车辆的看板管理标签从维修作业看板的"等待派工"栏移动至在修状态区，进行目视管理
2. 移动车辆	维修技师/车间调度	维修工单	车间调度将维修工单（财务联和维修车间联）置于对应车辆的仪表台上方 维修技师/车间调度从待修区移车至维修工位
3. 作业前准备	维修技师	维修工单	维修技师使用翼子板护罩对车辆进行防护 维修技师以维修工单（财务联和维修车间联）为领料授权凭证到配件仓库领取所需要的零配件和相关辅助材料
4. 维修作业	维修技师	维修手册维修工单	维修技师按照《维修手册》的作业标准和维修工单（财务联和维修车间联）上的项目进度要求开始维修作业 将拆换下来的废旧零配件妥善包装好，在包装壳上标记维修工单号或车辆牌照号码，并置于规定的存放区 若发生异常情况，如发现新的维修项目、配件短缺、完工延误等，则进入步骤5；若没有发生异常情况，则完成维修后，进入步骤7
5. 信息传递：技师→调度→服务顾问	维修技师车间调度服务顾问	看板管理标签维修作业看板	维修技师尽快将情况向车间调度反馈 车间调度第一时间将信息反馈给服务顾问，并将该车辆的看板管理标签移至维修作业看板的"等待顾客答复"或"等待配件"栏

（续）

流程步骤	执 行 人	管理工具	工 作 标 准
6. 联系顾客：估价 & 交车时间变更	服务顾问	维修工单	服务顾问获取该车辆的维修工单（财务联和维修车间联），重新进行费用估算和交车时间预计 　服务顾问联系顾客，将维修过程中发现的新项目和/或零配件出现短缺等情况向顾客反馈，详细解释由此引起的费用和交车时间变更，争取顾客的理解 　服务顾问将维修过程中发现的追加项目填写在维修工单（服务顾问联、财务联和维修车间联）的"维修内容"栏 　必须征求顾客同意后方可继续维修作业：若顾客认可维修情况的变化，则将维修工单（财务联和维修车间联）经由车间调度传递给维修技师，进入步骤3；若顾客不认可维修情况的变化，在维修工单（服务顾问联、财务联和维修车间联）"其他"栏备注情况，维修工单（财务联和维修车间联）经由车间调度传递给维修技师，进入步骤7
7. 维修班组自检	维修技师 车间调度	《维修手册》 维修作业看板 《维修手册》	维修技师根据《维修手册》对所属班组负责的维修项目的作业质量进行自我检验 　若没有通过自我检验，则进行返修，进入步骤2；若通过自我检验，但需要变换工种继续作业的，在维修工单（财务联和维修车间联）对应维修项目的"维修技师"栏签字确认完成自检，移交维修工单（财务联和维修车间联）给车间调度；车间调度继续派工给其他班组后更新维修作业看板；进入步骤2 　若通过自我检验，且已经完成所有维修项目的，在维修工单（财务联和维修车间联）对应维修项目的"维修技师"栏签字确认完成自检，移交维修工单（财务联和维修车间联）给车间调度；车间调度通知质检员后，将看板管理标签移至维修作业看板的"等待质检"栏；进入步骤8
8. 车间质检验收维修质量	质检员	维修工单	质检员根据维修工单（财务联和维修车间联）的维修内容，按照验收标准对维修质量进行验收，并将验收情况记录于维修工单（维修车间联）的背面 　没有通过验收的，质检员将情况反馈给车间调度，车间调度继续派工返修，更新维修作业看板，进入步骤2；通过验收的，质检员在维修工单正反面的"质检"栏签字确认，进入步骤9
9. 清洁车辆，移至竣工车位	质检员 洗车员 车间调度	维修工单	质检员或其他指定人员移车至车辆清洗区 　洗车员清洗车辆 　车辆清洗完毕，洗车员通知质检员 　质检员或其他指定人员移车至竣工车位，将维修工单（财务联）和钥匙传递给车间调度 　质检员将维修工单（维修车间联）交给技术顾问进行分析并存档

（续）

流 程 步 骤	执 行 人	管 理 工 具	工 作 标 准
10. 将工单和钥匙移交给服务顾问	车间调度 服务顾问	维修工单 维修作业看板 看板管理标签	车间调度将维修工单（财务联）和钥匙移交给服务顾问 车间调度将对应的看板管理标签移至维修作业看板的"等待交车"栏
结束	—	—	维修作业和质量检验流程结束，进入服务顾问交车服务流程

（4）服务顾问交车服务流程和工作标准　服务顾问交车服务流程如图 3-15 所示。

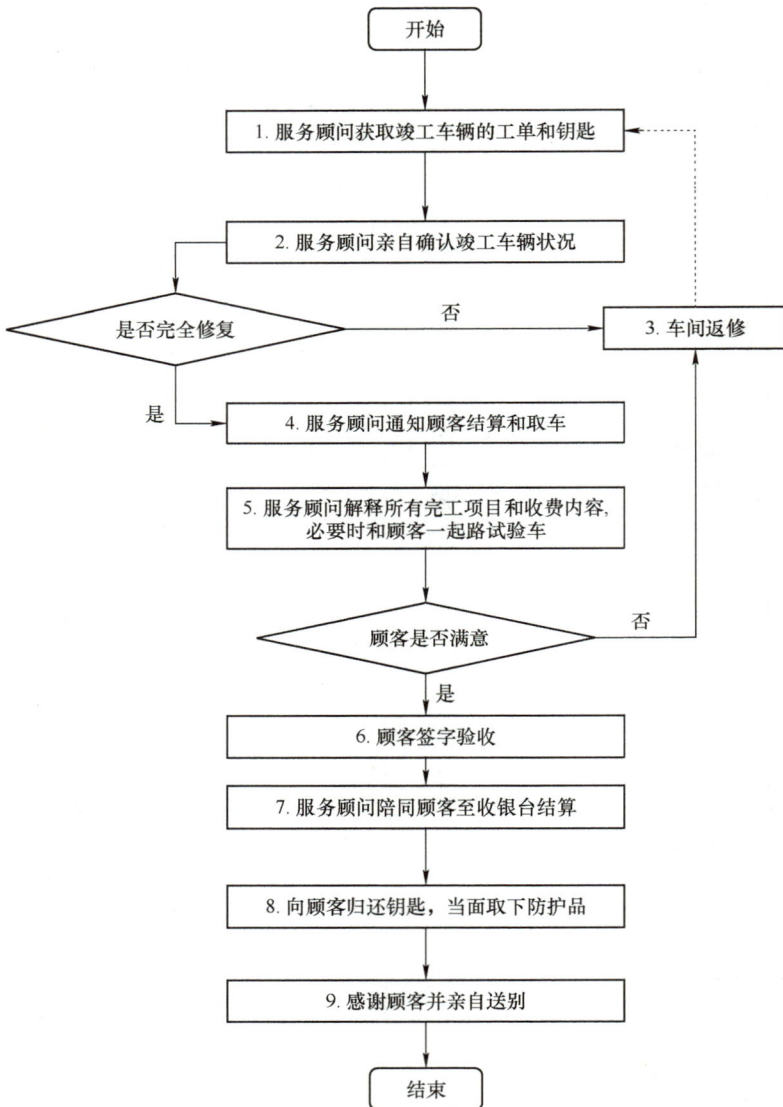

图 3-15　服务顾问交车服务流程

服务顾问交车工作标准见表 3-10。

表 3-10 服务顾问交车工作标准

流程步骤	执行人	管理工具	工作标准
开始	—	—	服务顾问交车服务流程开始
1. 服务顾问获取竣工车辆的工单和钥匙	服务顾问	维修工单	服务顾问从车间调度处获取竣工车辆的维修工单（财务8联）和钥匙
2. 服务顾问亲自确认竣工车辆状况	服务顾问	维修工单	亲自确认维修工单（服务顾问联和财务联）上的项目已经完成 亲自确认车辆已经清洗干净 若车辆完全修复，符合交车标准，则进入步骤4；若车辆未完全修复，不符合交车标准，则进入步骤3
3. 车间返修	服务顾问 车间调度	维修工单	服务顾问通知车间调度安排返修 执行"维修作业和质量检验流程" 进入步骤1
4. 服务顾问通知顾客结算和取车	服务顾问	维修工单 （或结算单）	服务顾问准确完成维修工单（服务顾问联和财务联）计价（区分保修和顾客付费），并将维修信息输入维修管理系统（针对软件辅助管理的4S店），然后打印结算单 备妥该车辆拆换下来的废旧零配件 通知顾客结算和取车
5. 服务顾问解释所有完工项目和收费内容，必要时和顾客一起路试验车	服务顾问	维修作业看板 看板管理标签 维修工单 （或结算单）	从维修作业看板的"等待交车"栏取下该车辆的看板管理标签 根据维修工单（服务顾问联和财务联）和/结算单详细地向顾客解释所完成的维修项目、更换的零配件信息和相应的费用明细 向顾客出示该车辆拆换下来的废旧零配件，由顾客决定是否带走 陪同顾客验收车辆，必要时一起进行路试验车 询问顾客对维修质量是否还有疑问：若顾客未完全满意，进入步骤3；若顾客满意，则进入下一步骤
6. 顾客签字验收	服务顾问	维修工单	请顾客在维修工单（服务顾问联和财务联）的"顾客签字"栏的"结算取车"位置或结算单上签字验收 若维修工单（服务顾问联和财务联）存在配件短缺或顾客方面原因的未维修项目，且顾客愿意现场预约的，执行"顾客预约工作流程"的现场预约程序 向顾客说明销售服务店的售后服务跟踪回访制度，询问顾客是否愿意接受回访，以及顾客方便接受回访的时间段，在维修工单（服务顾问联和财务联）的"其他"栏标识顾客的意愿
7. 服务顾问陪同顾客至收银台结算	服务顾问 收银员	维修工单 （或结算单）	服务顾问陪同顾客前往结算台 收银员根据维修工单（财务联）和/或结算单进行结算 收银员开具发票、备齐找零，礼貌地双手递给顾客，并表示感谢

（续）

流程步骤	执 行 人	管理工具	工 作 标 准
8. 向顾客归还钥匙，当面取下防护品	服务顾问	车辆防护用品	服务顾问为顾客打开车门，当面取下转向盘套、座椅套、变速杆套、脚垫等车辆防护用品 向顾客归还车辆钥匙； 提醒顾客下次车辆保养的时间
9. 感谢顾客并亲自送别	服务顾问		感谢顾客的光临 热情送别顾客 将维修工单（服务顾问联）移交给顾客管理员进行跟踪回访并存档
结束	—	—	服务顾问交车服务流程结束，进入维修服务跟踪流程

（5）维修服务跟踪工作流程和工作标准　维修服务跟踪工作流程如图3-16所示。

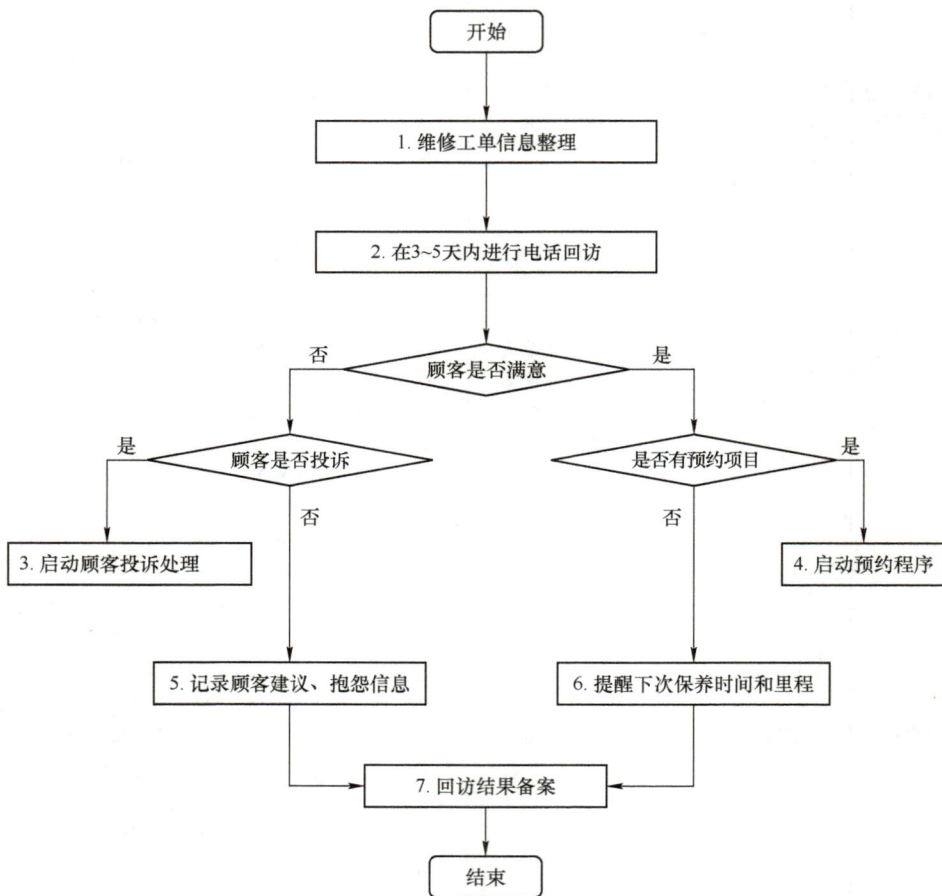

图 3-16　维修服务跟踪工作流程

维修服务跟踪工作标准见表3-11。

表 3-11　维修服务跟踪工作标准

流程步骤	执行人	管理工具	工作标准
开始	—	—	维修服务跟踪工作流程开始
1. 维修工单信息整理	顾客管理员	"车辆维修档案"维修工单	根据销售部门新的销售用户资料建立"车辆维修档案"，填写"车辆信息"和"用户信息"栏 每天整理前一天完成结算的维修工单（服务顾问联）信息 维修工单（服务顾问联）中使用下划线标识的新的车辆/顾客信息，要在"车辆维修档案"的"车辆信息"和"用户信息"栏予以更新 根据维修工单（服务顾问联）的内容填写"车辆维修档案"的"来店维修日期""维修内容""行驶里程""服务顾问"和"维修工单号"栏，其中"维修内容"栏填写实际维修项目和未维修的建议项目（如"未修：……"）
2. 在 3~5 天内进行电话回访	顾客管理员	维修工单"维修服务跟踪回访表"	选择 3~5 天前的维修工单（服务顾问联），在"维修服务跟踪回访表"上按照单号顺序填写"维修工单号"栏 在顾客方便的时间电话联系顾客进行跟踪回访；至少在不同时间做 3 次联系尝试，争取联系上顾客，否则采用跟踪卡等方式进行跟踪回访 电话连通之后，先礼貌地自我介绍："您好！我是××××店的顾客管理员"；确认对方身份，感谢顾客选择销售服务店的服务，说明本次电话回访的主要内容和大概所需时间，如果顾客不方便，向顾客表达抱歉打搅之意，并询问顾客方便的时间，用铅笔记录在维修服务跟踪回访表的"顾客意见"栏，结束此次回访 若顾客接受回访，则询问顾客是否满意：如满意则询问是否有预约，预约则进入步骤 4，不预约则进入步骤 6；如不满意则判断是否为投诉，如为投诉则进入步骤 3，如不是投诉则进入步骤 5 根据维修工单（服务顾问联）向顾客了解维修质量和接待质量的感受，结果记录在维修服务跟踪回访表的"顾客感受"栏（使用"√"在相应栏目进行标记） 针对维修工单（服务顾问联）上的"其他"栏建议项目内容，询问顾客是否预约，或者顾客是否有主动预约内容
3. 启动投诉处理程序	顾客管理员投诉处理责任人	维修服务跟踪回访表"投诉跟踪处理表"维修工单	使用"√"在"维修服务跟踪回访表"的"是否投诉"栏进行标记 将投诉内容记录于"投诉跟踪处理表"中 安抚顾客的情绪，并向顾客表明销售服务店将尽快处理 结束通话后，根据维修工单（服务顾问联）填写完整"投诉跟踪处理表"的顾客信息和车辆信息及相应的"维修工单号" 启动投诉处理程序

（续）

流程步骤	执行人	管理工具	工作标准
4. 启动预约程序	顾客管理员	维修服务跟踪回访表 "预约信息传递表"	在维修服务跟踪回访表的"是否预约"栏使用"√"进行标记 进入"顾客预约工作流程"的"步骤1.3跟踪回访预约"，在"预约信息传递表"上记录预约内容和初步确定的预约时间等信息，并递交服务主管安排给服务顾问
5. 记录顾客建议、抱怨信息	顾客管理员 服务经理 服务主管	"维修服务跟踪回访表"	将顾客的建议、抱怨事项记录在"维修服务跟踪回访表"的"顾客意见"栏中 安抚顾客的情绪 顾客管理员、每天向服务主管反馈顾客抱怨信息 服务主管汇总顾客抱怨信息，每周向服务经理汇报一次 服务经理根据需要召集主要管理人员共同研究改进措施，进入步骤7
6. 提醒下次保养时间 & 里程	顾客管理员	"维修服务跟踪回访表"	若有顾客咨询信息，则记录在"顾客意见"栏 向顾客提醒下次保养车辆的时间和里程、销售服务店举行的服务活动信息 使用"√"在"服务提醒"栏进行标记 在"回访员"栏填写回访人员的姓名，进入步骤7
7. 回访结果备案	顾客管理员		将跟踪回访的记录资料和出现问题的处理结果进行备案
结束	—	—	维修服务跟踪工作流程结束，进入顾客预约工作流程

【重要知识点回顾】

1. 汽车售后服务的内容及形式
2. 汽车消费信贷风险管理
3. 汽车保险理赔服务
4. 汽车维修保养服务和汽车维修接待流程
5. 汽车美容、汽车改装服务

【能力训练】

任务一　预约及接车流程演练

案例一：

A先生是一家小型超市的老板，生意十分繁忙。这两天他觉得他的车加速时有些发抖，于是把车开到他经常光顾的一家汽车维修站。刚一进门就看见服务人员桌前围了很多人，他等了半天才排上队，服务人员给他开好了派工单。A先生将车开到维修间，看到车间车辆满满的，车间负责人告诉他来得不是时候，至少得再过半个小时才能给他检修，至于什么时候能修好，因为故障不明确，车间负责人也不能准确地答复。这期间不停地有人打电话找他有事，A先生有点不耐烦了，决定不修了，就这样，他又开着病车回了超市。

一连几天，他都开着这辆病车办各种事，虽然有点不舒服，但也没办法。忽然有一天，他接到一个电话，原来是他以前曾经去过的另外一家修理厂的服务顾问给他打电话，问他车辆状况怎么样？他把最近这次没修上车的委屈和抱怨全部向该服务顾问倾诉，服务顾问问他什么时候方便，可以在他们店预约服务，他们可以提前给他留出工位，准备好可能用到的配件和技术好的维修技师。A 先生想了想，说第二天上午 9 点钟可以去。

第二天上午 8 点钟，该修理厂服务顾问就给 A 先生打电话，说一切已经准备就绪，问 A 先生什么时候赴约，A 先生说能够准时到达。当 A 先生 9 点钟到达修理厂时，相关服务人员热情地接待了他，服务顾问也拿出早已经准备好的维修委托书，请 A 先生过目签字，领他来到车间，并告知车间业务虽然很忙，但因为事先有预约，所以早已为他准备、安排好了工位和维修技师。

一、训练目的
熟练掌握预约、接车流程，以及这两个环节的工作要点。

二、训练步骤
1）教师指导学生进行分组，每组 5~6 人。
2）每组根据案例内容，进行角色扮演及对话脚本的编写。
3）各组同学根据角色及剧本设计，完成案例内容的表演。
4）各组进行自我总结及相互评价，教师做最后的总结。

三、训练要求
1）能够按照标准的预约及接车流程，完成客户接待。
2）能够按照标准的客户接待礼仪，完成各个流程的演练。

四、实训涉及内容
1. 预约的内容。

2. 预约的要点。

3. 接车及制单的要点。

4. 预约的流程。

5. 接车及制单的流程。

任务二　售后服务核心流程演练

案例二：

接上例，接待 A 先生的维修技师是一位很精明的小伙子，他熟练地操作仪器进行车辆的故障检查，最后更换了 4 个火花塞，故障就排除了，前后不到 1 个小时的时间。A 先生很高兴，从此他成了这家修理厂的老客户。

一、训练目的

熟练掌握汽车售后服务核心流程及各个环节的工作要点。

二、训练步骤

1）教师指导学生进行分组，每组 5~6 人。

2）每组根据案例内容，进行角色扮演及对话脚本的编写。

3）各组同学根据角色及剧本设计，完成案例内容的表演。

4）各组进行自我总结及相互评价，教师做最后的总结。

三、训练要求

1）能够按照标准的汽车售后服务核心流程，完成客户接待。

2）能够按照标准的客户接待礼仪，完成流程的演练。

四、实训涉及内容

1. 汽车售后服务核心流程。

2. 跟踪回访的注意事项。

第四章

汽车服务企业配件管理

目标名称	目标内容
知识目标	1. 掌握汽车配件订购的指导思想、基本工作和需要考虑的因素
	2. 掌握汽车配件订购的渠道和方式
	3. 熟悉汽车配件入库的步骤和工作要点
	4. 掌握汽车配件库存管理的内容与要求
	5. 了解汽车配件出库的步骤和工作要求
	6. 掌握汽车服务企业设备管理的方法和工作要点
技能目标	1. 能够对汽车配件进行订购和库房管理
	2. 能够为维修车间提供生产所必需的配件和设备
	3. 能够草拟不同设备日常使用及保养制度
	4. 熟悉对外配件的调剂和销售方式
情感目标	1. 培养学生的配件仓储管理意识
	2. 培养学生的工作责任心

建议学时：10 学时。

名人名言

狭隘地去分段考核、管理企业库存物资都是"只见树木，不见森林"，是没有意义的。

——程晓华（TIM 全面库存管理首席咨询师）

第一节　汽车配件管理

【案例分析】

多快好省：一汽丰田打造高品质零部件服务体系

为支撑 2020 年 100 万辆的销售目标，一汽丰田将持续开展"多、快、好、省"的零部件战略，打造高品质零部件服务体系，加速实现将一汽丰田经销店售后服务打造成中国最佳服务品牌的目标。

1. 多——纯牌零部件优势多，出行安全更无忧

一汽丰田旗下经销店均使用丰田纯牌零部件。而纯牌零部件、专车专用也带来了诸多优势：首先，一汽丰田纯牌零部件是专门针对丰田车进行量身设计的，从设计开发到生产都经过了严格的检验；其次，一汽丰田纯牌零部件品质保真，经久耐用；第三，专车专用使得每个零部件都能和原有车型完美匹配，确保车辆安全并发挥最佳性能。

同时，为保证车主使用到品质可靠的纯牌零部件，一汽丰田还导入了具备防伪识别功能的二维码标签，以防范假冒劣质零部件进入，保证车主使用到品质可靠的纯牌零部件。

2. 快——零部件供应快，修车不用排长队

除了品质保真，零部件的供给响应速度也是车主最为关心的。为确保每个经销店纯正零部件的供应，一汽丰田建立了可覆盖全国的完善零部件供给制度。从零部件的仓储到物流，严格按照丰田国际标准运作，及时满足车主需求。

目前一汽丰田已在全国设立了 6 个大型零部件仓库，拥有 16 万 m^2 的仓储面积，并通过对供应链各环节和各级仓库库存的优化管理，确保零部件的稳定、及时供应，使维修所需的零部件在 24h 之内得到迅速响应。

同时，在零部件物流方面，一汽丰田对每条配送路线的经销店数量、时间、物流量都有精确管理，一旦物流量达到一定规模，还可以拆分线路，尽力实现更高效、更短途的专车运输。而对于等待时间较长的进口车型，一汽丰田也进一步优化物流链，缩短配件通关周期，减少车主等待时间，以保证每一辆丰田车能都及时享受高品质原厂配件的呵护。

3. 好——专业化服务好，维修质量有保障

一汽丰田以高标准打造每一家经销店，每一位服务人员和维修技师都经过了专业、系统的零部件培训和考核，以确保为车主带来高标准的服务。同时，一汽丰田每年还举办各种技能大赛，提升店内业务人员的专业技能和服务品质，为车主带来更加专业、贴心、标准的售后维修保养服务。

除此以外，一汽丰田经销店的维修过程也是全程公开透明的，例如哪些零部件需要更换，哪些零部件维护后可以继续使用，车主都可以尽收眼底。而且在维修后，工作人员还会进行后续的跟踪服务，了解车辆维修后的使用情况，为车主带来安心与放心的维修体验。

4. 省——一劳永逸，"省"得不只是价钱

"与经销商同思考，共行动"，还表现在为客户带来实实在在的利益上。对于大多数车主较为关心的维修保养成本问题，一汽丰田同样拥有积极有效的应对措施，让车主不仅省钱，还更省心。

为了让车主节省更多的维修保养成本，一汽丰田从零部件价格、修复率等方面下足了功夫。在零部件价格方面，一汽丰田通过不断强化零部件中心的运营管理水平，优化供应链和物流管理等多重手段来改善成本，使定价更加市场化。"一次性修复率"也是一汽丰田对经销店的重要考核标准。专业的设备和雄厚的人才储备，确保了一汽丰田的一次修复率。

案例思考：
什么是汽车服务企业的配件管理？

一、汽车配件及管理工作概述

1. 汽车配件的含义

汽车配件是指能直接用于汽车装配或维修的零部件物品，是进行生产和维修服务的重要物质条件。汽车配件管理是汽车维修企业对维持生产、经营和服务的全过程所需各种维修备件、材料、辅助材料以及工具的采购、保管、出库等各环节进行管理和控制的总称。

2. 汽车配件管理

汽车配件管理是汽车服务企业的一项重要业务内容，车辆维修所使用的配件质量的好坏，直接影响车辆维修后的质量和安全；汽车配件的采购、仓储等方面的管理，对配件及时供应、成本控制有着重要影响，直接关系到维修作业的技术性，进而影响维修的交付时间，影响企业的信誉和客户的满意度。因此，汽车服务企业必须重视配件的管理，建立健全包括采购、保管、使用等过程的质量管理体系，有效压缩库存量，降低成本，不断改进管理方法，提高企业信誉和经济效益。

汽车配件的管理由配件部门完成，配件部门的职能主要包括配件的库房管理、为生产或维修车间提供生产中所必需的零部件和辅料、对外零部件的调剂和销售。

3. 汽车配件管理的实际意义

1）解决订货时间问题。既不造成过多配件库存，占压资金，又不会因配件库存不足造成销售损失，降低客户满意度。

2）保证库存管理的实施。正确订购配件，保持一个平衡、灵活的库存系统。

3）保证客户满意度。良好的库存状态可以保证配件供货率，灵活的订单形式可以快速补充库存范围，紧密的订单跟踪可以保证兑现客户的承诺。

4）扩大市场占有率。先进的订货管理可以增加客户忠诚度，扩大市场影响力，挖掘维修深度，提高单车产值。

5）提高利润。据统计，40%的利润被消耗在不正确的运输方式上，因此订货管理可以从降低采购成本入手，提高利润率。正确的订货时机和订货数量可以实现库存成本和订货成本的最优化，库存订单往往会得到更多的采购折扣。同时，时间与人力的节约也可以降低运作成本。

6）降低库房管理成本。节省库存空间，节省人力支出，提高进出库效率。

7）提高资金利用效率及计划性。进行订货管理可以在理论上实现零库存经营，规范订货行为，有计划地进行工作，合理安排资金，提高库房周转率，避免因资金储备不足造成对正常业务的不良影响。

8）避免不必要的库存损失。合理的订货频率可以保证库存配件的有效使用周期，科学的订货数量可以避免过量库存，紧密的特殊订单可以减少死库存的产生。

9）提高到货速度。合理计划订货可以提高汽车配件仓库的供货率，紧密的订单跟踪可以及时调整供货方式。

10）降低仓库工作强度。规律订单可以合理安排工作强度，最小包装订货可以避免重新包装，合理安排运输车辆，可以降低运输成本。

二、汽车配件的分类

1. 按实用性分类

（1）易耗件　在对汽车进行二级维护、总成大修和整车大修时，易损坏且消耗量大的零部件被称为易耗件，如汽车车灯（图4-1）、汽车熔丝（图4-2）、各种卡扣等。

（2）标准件　按国家标准设计与制造的，并且具有通用互换性的零部件被称为标准件。汽车上属于标准件的有气缸盖紧固螺栓及螺母、发动机悬架装置中的螺栓及螺母、主销锁销及螺母、轮胎螺栓及螺母（图4-3）等。

（3）车身覆盖件　为使乘员及部分重要总成不受外界环境的干扰，并具有一定的空气动力学特性、构成汽车表面的板件，如发动机舱盖、翼子板、散热器罩、车顶板、门板、行李箱盖等。

（4）保安件　汽车上不易损坏的零部件属于保安件，如曲轴、起动爪、正时齿轮、扭转减振器、凸轮轴、汽油箱、汽油滤清器总成、汽油钢管、喷油泵、调速器、机油滤清器总成、机油硬

图 4-1　汽车车灯

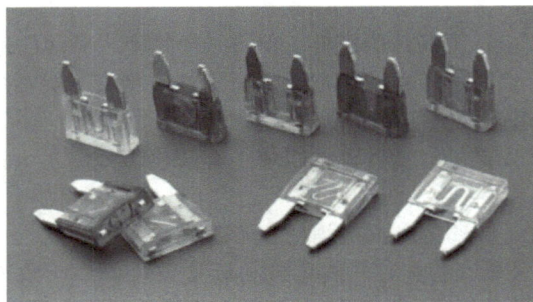

图 4-2　汽车熔丝

管、发电机（图 4-4）、起动电机、离合器压盘及盖总成、变速器壳体、变速杆、前桥、转向节等。

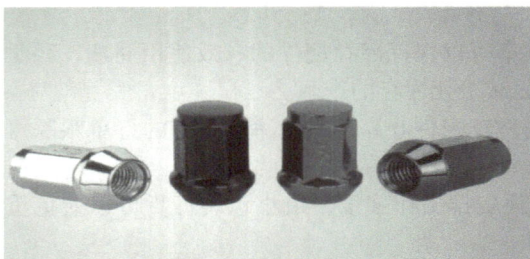

图 4-3　汽车上的螺母

图 4-4　发电机

2. 按用途分类

（1）**维修零部件**　维修零部件用在汽车的各个部位，是经常遇见的零部件，如刮水器（图 4-5）。如果已经到了使用寿命或发生故障造成零部件损坏，则必须用新的零部件将它更换，从而使汽车能继续正常工作。

（2）**精品**　精品是指增加客户驾驶愉快感和舒适性的那些设备。这些设备包括音响设备、座椅罩、倒车影像（图 4-6）和其他装置。

（3）**油类及化学品**　油类及化学品包括机油（图 4-7）、变速器油、防冻液（图 4-8）、助力油和制动液等。

3. 按标准化分类

汽车零部件总共分为发动机零部件、底盘零部件、车身及饰品零部件、电气设备等。各总成主要零部件见表 4-1。

图 4-5　刮水器

图 4-6　倒车影像

图 4-7　机油

图 4-8　防冻液

表 4-1　各总成主要零部件

零部件分类	主要零部件
发动机	活塞、活塞杆、气缸垫、气门、燃料泵、电控燃料喷射泵等
底盘	离合器、变速器、传动轴、万向节、轮毂、转向器、钢板弹簧、液压制动缸、制动软管、滚动轴承、轮胎等
车身及饰品	车架、燃料箱、窗框、车门手柄及锁、座椅、座椅弹簧等
电气设备	起动机、交流发电机、火花塞、发动机及制动系统控制装置、仪表、传感器、各类继电器、开关等

第二节　汽车配件采购管理

【案例导入】

江淮汽车：配件采购供应链管理实施过程

项目起源：e 化采购紧密集成企业与供应商。

国内汽车行业的竞争非常激烈，企业要持续高速发展，离不开信息化的支撑。江淮汽车在信息化建设方面布局比较早，从 1994 年开始进行信息化建设，先后实施过 CAD、MRPII、ERP 等信息化项目，全面实现了从产品开发到经营管理的信息化。

2001 年底，商务车公司启动了 ERP 项目，也取得了非常好的应用效果，但是随着时间的推移，逐渐发现上下游企业间的协同是目前企业信息化的薄弱环节。随着公司业务的不断发展，采购部门面临越来越大的压力，如何将采购、质量、生产、财务等与供应商有关的信息快速传递，减少供应链上的信息延迟，获得更快的反应速度，成了不得不面对的问题。仅仅依靠原有的 ERP 系统已经无法适应公司快速发展的需要，为此江淮汽车开始将目光转向供应链管理，希望以 e 化采购的方式实现供应商与企业的紧密集成，实现从采购协同，到供应体系的优化，打造高效的供应链体系，共同应对未来的挑战。

项目实施：四足鼎立，构筑集成采购平台。

项目实施采用了整体规划，先易后难、分步实施的方式，包括交流平台、协同采购、电子询报价、供应商绩效评估四个子系统。

第一阶段的交流平台相对比较简单，目的是让供应商养成通过系统交互信息的习惯。交流平台的启用，给内部和供应商之间建立了一个平等沟通的平台，在交流平台上，企业可以对内对外发布最新的生产、质量等信息，供应商能够向相关部门反馈各种状况，各种文件信息也都是在交流平台上进行传递的。交流平台简单易用，大大减少了电话、传真的使用。

第二阶段是协同采购，协同采购主要是完成与供应商间的诸如采购订单的确认、送货的管理、库存查询以及财务对账处理等跟业务密切相关的部分，相对来说也是实施难度比较大的一部分，因为需要供应商配合，在系统中做相关操作。

通过协同采购系统，直接在网上与供应商确认采购订单，网上发布采购订单，供应商上网查看并反馈确认信息；支持 VMI 的运作模式，供应商网上查询寄售仓库库存信息，根据订单和库存自行补货；供应商送货前要在网上创建送货单，送货同时发布送货通知，借此规范了供应商送货，可以提早发现订单的缺失，同时让采购和仓库相关人员第一时间了解供应商的送货状况，有效地降低了库存；财务对账信息，让供应商自己上网查询并核对送货记录，及时开票，减轻了采购的负担，同时缩短了财务付款的处理周期。协同采购的上线，系统自动从 ERP 同步数据，不再需要使用传真、电话，供应商可以第一时间获得相关数据，并及时反馈，节省了沟通成本，提高了作业效率。

第三阶段是询报价和供应商评估系统，它是在第二阶段基础上的进一步延伸和拓展。经过前面两个阶段，到第三个阶段的时候，无论是内部用户还是外部用户，都已经比较容易理解和接受系统，根据参考手册就基本可以掌握系统操作，不再需要花太多时间和精力在用户培训上。通过询报价系统，采购部门在网上对相关供应商发布询价信息，各供应商在网上回复报价资料；采购员监控询报价进度，对于供方的报价根据实际状况选择接受或者拒绝供应商报价，被采购回绝的报价供应商可以重新报价。网上询报价作业，节省时间、人力，为进一步的价格谈判提供了依据。

供应商绩效评估系统，建立完整的供应商管理评估体系，从质量、交货、服务、合作等多维度综合分析供应商绩效，纵向、横向深入分析评估结果，比较查询供应商的优劣，达到逐步完善整个供应体系的目的。评估结果发布后，供应商可以直接查询自己的得分状况，及时分析原因，进行整改。

案例思考：

1. 如何理解汽车配件采购管理的意义？
2. 如何进行汽车配件采购？

一、汽车配件采购管理的重要意义

特约经销商的配件采购主要有合同采购和市场紧急采购两种。特约经销商进货的渠道以与主机厂配件销售部门签订配件采购合同为主，也可与同类4S店配件部门进行相互拆借；而一般汽车服务企业的配件来源除主机厂外，也可向规模较大的配件生产企业购买。

对于特约经销商，汽车配件的采购监管非常必要，意义非常重大，主要是因为：

1）采购配件成本占生产总成本的比例很大。若无法以合理的价格获得配件，则会直接影响到企业的经营。若采购价格过高，则维修成本也高，将影响到企业的利润；若采购成本过低，则很可能采购的配件品质很差，将影响到维修质量和客户的满意度，使企业丧失市场竞争力。

2）采购周转率高，可以提高资金的使用效率。合理的采购数量与适当的采购时机，既能避免停工待料，又能降低配件库存，减少资金积压。

3）配件采购快慢、准确与否以及品质优劣直接关系到车辆的维修工期和顾客满意度。

4）采购部门可在搜集市场情报时，提供新的配件代替旧配件，以达到提高品质、降低成本的目的。

5）采购部门经常与市场打交道，可以了解市场变化趋势，及时将市场信息反馈给企业决策层，促进企业经营业绩的增长。

二、汽车配件采购原则

1. 采购管理的原则

（1）以销定进原则　以销定进原则是指按照销售状况决定采购情况。订货量是一个动态的数据，根据销售状态的变化（季节性变化、促销活动变化、供货厂商生产状况变化、客观环境变化等）决定订货量的多少，才能使商品适销对路，供应及时，库存合理。

（2）以进促销原则　以进促销原则是与以销定进相联系的，单纯地讲以销定进，"进"总是处于被动地位。因此扩大采购来源，积极组织适销商品，能主动地促进企业扩大销售，通过少量采购、试销刺激消费，促进销售。

（3）勤进快销原则　勤进管理是加速资金周转，避免商品积压，提高经济效益的重要条件。勤进快销就是采购次数要适当，批量要少一些，采购间隔期则要适当缩短。要在采购适销对路的前提下，选择能使采购费用、保管费用最省的采购批量和采购时间。以降低成本、降低商品价格，使顾客能买到价廉物美的商品。勤进快销还要随时掌握市场行情，密切注意销售去向，勤进、少进、进全、进对，以勤进出快销，以快销促勤进，不断适应消费需要，调整更新商品结构，力求加速商品周转。在销售上，供应要及时，方式要多样，方法要灵活，服务要周到，坚持薄利多销。

（4）储存保销原则　储存保销原则是指销售企业要保持一定的合理库存，以保证商品流通的连续不断。

2. 配件购进原则

采购的原则除了要求购进的商品适销对路外，就是要保质保量。生产企业实行质量三包——包修、包退、包换，经营企业要设专门检验部门或人员，负责对购进的商品进行检验，把住质量关。汽车配件的购进还需要遵循以下原则：

1）坚持数量、质量、规格、型号、价格综合考虑的购进原则，合理组织货源，保证配件适合用户的需要。

2）坚持依质论价、优质优价、不抬价、不压价，合理确定配件采购价格的原则，既要保证配件的质量，也要兼顾经济性原则。

3）对于购进的配件，必须加强质量监督和检查，防止假冒伪劣配件进入企业，流入市场。在配件采购过程中，不能只重数量而忽视质量，只强调工厂"三包"而忽视产品质量的检查，对不符合质量标准的配件应拒绝购进。

4）购进的配件必须有产品合格证及商标。实行生产认证制的产品，购进时必须附有生产许可证、产品技术标准和使用说明。

5）购进的配件必须有完整的内、外包装，外包装上必须有厂名、厂址、产品名称、规格型号、数量、出厂日期等标志。

6）配件供应商的选择尽量就近选择，以保证供应的及时性和售后服务速度。

7）坚持"钱出去，货进来，钱货两清"的原则。

8）汽车配件的采购还要结合库存的数量、生产和销售的状态共同进行分析和决定，坚持以销定进、以进促销、勤进快销、储存保销。

三、汽车配件采购方式

1. 集中进货

企业设置专门机构或专门采购人员统一进货，然后分配给各销售部门（销售组、分公司）销售。集中进货可以避免人力、物力的分散，还可以加大进货量或使品种集中，受到供货方重视，并可根据批量差价降低进货价格，也可节省其他进货费用。

2. 分散进货

由企业内部的配件经营部门（销售组、分公司）自设进货人员，在核定的资金范围内自行进货。

3. 集中进货与分散进货相结合

一般是外埠采购以及非固定进货关系的采取一次性进货，办法是由各销售部门（销售组、分公司）提出采购计划，由业务部门汇总审核后集中采购；本地采购以及固定进货关系的则采取分散进货。

4. 联购合销

由几个配件零售企业联合派出人员，统一向生产企业或批发企业进货，然后由这些零售企业分销。此类型多适合小型零售企业之间，或中型零售企业与小型零售企业联合组织进货。这样能够相互协作，节省人力，化零为整，拆整分销，并有利于组织运输，降低进货费用。

四、汽车配件的采购渠道

汽车配件经营企业多从汽车配件生产厂家进货，应选择以优质名牌配件为主的进货渠道，但为适应不同层次消费者的需求，也可以进购一些非名牌厂家的产品。进货时可按A类厂、B类厂、C类厂的顺序选择进货渠道，具体区分见表4-2。

表4-2　汽车配件采购渠道

	方　式	知　名　度	质　　量	价　　格	订货方式
A类	主机配套厂	高	优+	高+	全年合同
B类	较有规模的配件厂	中	优	高	短期供需合同
C类	一般生产厂	低	一般	较低	电话、电报订货、短期合同

必须注意，绝对不能向那些没有进行工商注册，生产"三无"及假冒伪劣产品的厂家订货和采购。

五、汽车配件的采购流程

在充满竞争的 21 世纪，行政管理部门已经期望通过采购来降低成本，改进供应链质量，提出获取新技术的来源渠道，改善循环周期，使供应商进入产品和开发流程以及流水线作业中。配件的采购流程如下。

1. 采购需求的产生

汽车配件采购是由需求产生的。这样就会产生采购目标，一般认为采购是对内部需求做出的反应，从而获取商品或服务。

在需求产生后就要对其进行评估，评估订单需求是采购计划中非常重要的一个环节，只有准确地评估订单需求，才能为计算订单容量提供参考依据，以便制订出好的订单计划。

评估订单需求主要包括三个方面的内容：分析市场需求、分析生产需求、确定订单需求。

（1）**分析市场需求** 市场需求和生产需求是评估订单需求的两个重要方面。订单计划不仅仅来源于生产计划，一方面，订单计划首先要考虑的是企业的生产需求，生产需求的大小直接决定了订单需求的大小；另一方面，制订订单计划还得兼顾企业的市场战略及潜在的市场需求等。此外，制订订单计划还需要分析市场要货计划的可信度。必须仔细分析市场签订合同的数量与还没有签订合同的数量（包括没有及时交货的合同）的一系列数据，同时研究其变化趋势，全面考虑要货计划的规范性和严谨性，还要参照相关的历史要货数据，找出问题所在。只有这样，才能对市场需求有一个全面的了解，才能制订出满足企业远期发展与近期实际需求的订单计划。

（2）**分析生产需求** 分析生产需求是评估订单需求首先要做的工作。要分析生产需求，首先就需要研究生产需求的产生过程，然后再分析生产需求量和要货时间。

（3）**确定订单需求** 根据对市场需求和对生产需求的分析结果，就可以确定订单需求。通常来讲，订单需求的内容是通过订单操作手段，在未来指定的时间内，将指定数量的合格物料采购入库。当需求被确认，需求计划就会产生，这时就要制订采购计划表。一般采购计划表见表4-3。

表4-3 汽车配件采购计划表

编号：　　　　项目名称：　　　　　　项目负责人：　　　　时间

序　号	配件物资名称	规格型号	单　位	数　量	拟定交付时间	技术质量要求

2. 采购需求的确认

采购需求的确认是采购的第二个步骤，即有关负责人对需求进行核准，一般包括产品的规格、产品的数量、需求的时间地点等。其主要内容包括3个方面：分析开发批量需求、分析余量需求、确定认证需求。并根据采购计划表分析所要采购的物品是否都被正确地填写，采购管理人员必须核实所需的物品目前是不是一项已在采购的物品。如果物品目前正在被采购，则采购部门必须通知管理层。

（1）**分析开发批量需求** 要做好开发批量需求分析，不仅需要分析量上的需求，而且要掌握物料的技术特征等信息。开发批量需求的样式是各种各样的，按照需求的环节可以分为研发物料开发认证需求和生产批量物料认证需求；按照采购环境可以分为环境内物料需求和环境外物料需求；按照供应情况可以分为可直接供应物料和需要订做物料；按照国界可分为国内供应物料和国外供应物料等。对于如此复杂的情况，计划人员应该对开发物料需求做详细的分析，必要时还应该与开发人员、认证人员一起研究开发物料的技术特征，按照已有的采购环境及认证计划经验进行分类。从以上可以看出，认证计划人员需要兼备计划知识、开发知识、认证知识等，具有从战略高度分析问题的能力。

（2）**分析余量需求**　分析余量需求要求首先对余量需求进行分类，前面已经说明了余量认证的产生来源：一是市场销售需求的扩大，二是采购环境订单容量的萎缩。这两种情况都导致了目前采购环境的订单容量难以满足用户的需求，因此需要增加采购环境容量。对于因市场需求原因造成的，可以通过市场及生产需求计划得到各种物料的需求量及时间；对于因供应商萎缩造成的，可以分析现实采购环境的总体订单容量与原订容量之间的差别，这两种情况的余量相加即可得到总的需求容量。

（3）**确定认证需求**　可以根据开发批量需求及余量需求的分析结果来确定认证需求。认证需求是指通过认证手段，获得具有一定订单容量的采购环境。

3. 采购准备活动

在采购计划确定后，就要进行相应的采购准备活动，就是进行认证准备工作。采购准备是整个采购活动的起点，是在与供应商接触之前必须做好的工作。准备工作主要包括熟悉需要认证的物料、测算价格、研究项目需求标准、了解项目的需求量、制订认证说明书五个步骤。

（1）**熟悉需要认证的物料项目**　认证人员应先熟悉认证项目，包括相关专业知识、认证难度、目前国内外的供应状况等。

（2）**测算价格**　认证人员应对物料项目的成本价格非常了解，价格可以通过市场调查、专业比较等方法得到，也可以通过对物料项目进行价格核算加以推测。

（3）**确定物料采购的质量标准**　合格的物料质量是认证工作的基础。认证人员可以通过阅读物料项目资料来了解清楚所需物料所要达到的质量标准。

供应商的评价和选择步骤如下：

1）确定供应商的重要性。

2）确认关键的资源需求。

3）确定潜在的供应源。

4）限制供应商的范围。

5）确定供应商的评价和选择方法。

6）选择供应商。

供应商的选择会直接影响采购物料的质量，从而影响企业产品的质量和声誉，初选供应商一般包括以下步骤：

1）确定供应商群体范围，一般来说，每一个成熟的企业都有自己固定的供应商群体。

2）了解供应商，包括管理人员、员工素质、企业设备等。

3）与供应商初步谈判。选择供应商的时候，有必要与供应商进行接触，安排一次初步谈判，对供求意向和相关情况进行沟通。

4）向供应商发放认证说明书，确定参加选择的供应商后要向他们发放相关资料，包括技术规范、检验指导书等认证材料，以便他们准备相关资料。

5）分析供应报告确定初选供应商，候选供应商接到认证资料后，会根据自己的情况提供相关报告和物料来提供认证，认证人员就可以将此交由认证小组集体决策，来进行初步选择。

4. 确定供货商

采购部门的重要目标之一就是对供应商的选择、开发和保证。采购部门要寻求与外部供应商的更好联系，并发展可靠的、高质量的供应来源。

（1）供应商选择标准

1）技术水平。技术水平是指供应商提供的技术参数是否达到要求。

2）产品质量。供应商提供的产品质量是否可靠，是一个十分重要的评估指标。供应商的产品必须能够持续稳定地达到产品说明书的要求，供应商必须有一个良好的质量控制体系。

3）供应能力。供应能力即供应商的生产能力，企业需要核准供应商是否具有相当的生产规模与发展潜力，这意味着供应商的制造设备必须能够在数量上达到一定的规模，能够保证供应所需数量的产品。

4）价格。供应商应该能够提供有竞争力的价格，这并不意味着必须是最低价格。

除了以上标准之外，还有地理位置、可靠性、售后服务、供货提前期、交货准确率、快速响应能力。

（2）供应商选择所包括的环节　确定某次采购的供应商一般包括查询采购环境、计算供应商容量、与供应商沟通、确定意向供应商、谈判、确定物料供应商6个环节。

1）查询采购环境。在认证环节结束后会形成企业物料项目的采购环境，即企业可以初次确定的各家供应商（包括之前有过合作采购记录的供应商）。

2）计算供应商容量。如果向一个容量已经饱和的供应商下订单，则订单很难被正常执行。供应商已接受的订单会影响其再次接受订单的能力。

3）与供应商沟通。结合已有的资料对供应商进行调查确认。考虑供应商的组织结构、生产能力等变化对订单容量的影响，必要时需进行实地考察。

4）确认意向供应商。考虑已有订单分配情况结合现实供应量后，可以结合价格等一起考虑。

5）谈判。在确定意向供应商后可以与其进行谈判，包括价格、供应时间、数量等。

6）确定供应商。通过和供应商的谈判，采购部门的各种要求都可以满足，那么就可以确定供应商。

5. 签订采购合同

采购合同是采供双方在进行正式交易前为保证双方的利益，对采供双方均有法律效力的正式协议，有的企业也称之为采购协议。采购合同是采购关系的法律形式，对于确立规范有效的采购活动、明确采购方与出让方的权利义务关系、保护当事人的合法权益具有重大意义。

（1）采购合同的内容

1）合同明确规定要购买什么，价格是多少，或者是怎样确定的。

2）合同规定所购买物品的运输和送达方式。

3）合同包括所涉及物品如何安装（当物品需要安装时）。

4）合同包括一个接受条款，具体阐述买方如何和何时接受产品。

5）合同要有适当的担保。

6）合同要说明补救措施。

7）合同要体现通用性，包括标准术语和条件，可适用于所有的合同和购买协议。

（2）合同签订过程

1）制作合同。一般情况下，企业都有供应商认可的固定、标准的合同格式，供需双方只需在标准合同中填写物料名称代码、单位、数量、单价、总价、货期等参数及一些特殊说明即完成制作合同操作。

2）审批合同。合同审批一般由专人负责，他主要审查合同与采购环境物料描述是否相符；合同与订单计划是否相符；确保订单人员依照订单计划在采购环境中进行操作；所选供应商均为采购环境之内的合格供应商；价格在允许价格之内，到货期符合订单计划的到货要求。

3）签订并执行合同，将经过审批的合同转到供应商处进行盖章签字确认。在供应商确认后，即转入执行阶段。

4）供应商执行订单的过程中，为确保采购质量，采购人员应对工艺文件、原料加工过程、包装入库过程进行跟踪。

6. 收货、验货入库、划拨货款

当供应商交货时，采购方需要进行物料检验和接收工作。这项工作主要包括如下环节：

（1）物料检验　物料检验的内容包括协商检验事宜、进行物料检验和处理检验问题。

（2）物料接收　物料接收的内容包括与供应商协调送货事宜、与储存部门协调送货事宜、通知供应商送货、处理接收问题。

当物料完成检验并完成入库后，就可以向有关单位申请货款，使其在约定时间里到达供应商手里。

7. 对采购过程进行评价总结

最后一步的意义在于，通过本次采购，总结经验和不足，以便为以后的采购工作提供指导性的建议和意见，经验要能够得到保持和形成标准，不足要能够分析出原因，在以后的配件采购过程中要进行规避。

第三节　汽车配件库存管理

【案例导入】

上海通用汽车公司的库存管理

上海通用汽车公司（以下简称通用）的部分零部件是由本地供应商生产的，这些供应商会根据通用的生产要求，在指定的时间将零部件直接送到生产线上。这样，因为不进入原材料库，所以保持了很低或接近于"零"的库存，省去了大量的资金占用。但供应商并不愿意送那些用量很少的零部件。于是，以前的传统汽车制造商要么有自己的运输队，要么找运输公司把零部件送到公司，这种方式的缺点是：

1）有的零部件根据体积或数量的不同，并不一定正好能装满一卡车。为了节省物流成本，经常装满一卡车才送货——如果装不满，就要等待。这样不仅造成了库存高、占地面积大，而且影响了对客户的服务速度。

2）不同供应商的送货环节缺乏统一的标准化管理，在信息交流、运输安全等方面，都存在各种各样的问题，必须花费很多的时间和大量人力资源对其进行管理。

通用改变了这种做法，采用了"循环取货"的方法：他们聘请一家第三方物流供应商，由他们来设计配送路线，然后每天早晨依次到不同的供应商处取货，直到装上所有的材料，然后直接送到上海通用。这样，通过循环取货，通用的零部件运输成本可以下降30%以上。这种做法省去了所有供应商空车返回的浪费，充分节约了运输成本，而且体现了这样的基本理念：把所有增值空间不大的业务外包给第三方，他们会比通用更懂得怎样节省费用。

上海通用采用"柔性化生产"，即一条生产流水线可以生产不同平台多个型号的产品。这种生产方式对供应商的要求极高，即供应商必须时常处于"时刻供货"的状态，这样就会给供应商带来很高的存货成本。但是，供应商一般不愿意独自承担这些成本，就会把部分成本打在给通用供货的价格中。同时，他们还会把另一部分成本"赶"到其上游的供应商那里——于是上游就准备了更大的库存。

为了解决这个问题，上海通用与供应商时刻保持着信息沟通。通用有一年的生产预测，也有半年的生产预测，生产计划是滚动式的，基本上每个星期都有一次滚动，在滚动生产方式的前提下，通用的产量不断地进行调整。这个运行机制的核心是让供应商也看到通用的计划，让其能根据通用的生产计划安排自己的存货和生产计划，减少对存货资金的占用。

实际上零售商一样可以做到这一点。问题就是，零售商要把销售数据和促销计划提前通知供应商。供应商至少在以下三个降低库存的方面非常需要零售商的POS数据：①销售预测：这决定了供应商的日常库存；②补货运作：这里的终端数据决定了供应商的存货量和补货速度；③促销计划：这决定了供应商的促销库存，以及清理以往快过季的库存。

案例思考：
1. 什么是汽车企业的库存结构？
2. 如何进行汽车企业的库存管理？

一、库存概述

配件仓库是汽车4S店售后的"弹药库"，库存结构的控制直接影响到售后配件的周转率、供货率及资金的周转率。很多汽车4S店成立之初，主机厂都会强制性地给予相应基础库存，其中相当多的配件是实际维修生产中难以用到的呆滞件库存。而随着汽车4S店经营的发展，售后维修的进厂台次增高，配件仓库在运作一年乃至几年后，又会因为其他客观因素造成部分呆滞件库存。而呆滞件库存的增大，势必会降低配件及资金的周转率。如何合理地控制库存及库存结构，是每一个从事汽车4S店配件管理工作的人员所必须探讨和研究的话题。

美国生产与库存管理协会（APICS）将库存定义为："以支持生产、维护、操作和客户服务为目的而存储的各种物料，包括原材料和在制品、维修件和生产消耗品、成品和配件等。"

库存是指为了使生产正常而不间断地进行或为了及时满足客户的订货需求，必须在各个生产阶段或流通环节之间设置的必要的物品储备。对于生产企业而言，为了保证生产活动的顺利进行，必须在各个生产阶段之间储备一定量的原材料、燃料、备件、工具、在制品、半成品等。对于销售商、物流公司等流通企业和生产企业，为了能及时满足客户的订货需求，就必须经常保持一定数量的商品库存。

那么，配件的库存量要控制在多少呢？这就涉及库存结构的控制、基础库存的设计及控制。理想化的仓库应该是零库存运作，不过这只是理想化的情况，实际运作中不可能做到零库存管理，于是就有了基础库存的概念。

二、库存控制方法

库存控制是库存管理的核心问题。库存控制是指在保障供应的前提下，使库存物品的数量最合理时所采取的有效措施。

库存量不是越多越好，也不是越少越好。库存控制的内容包括确定产品的储存数量和储存结构、进货批量与进货周期等。

1. ABC分析方法

1879年，意大利人帕累托提出社会财富的80%掌握在20%的人手中，而余下80%的人只占有20%的财富。渐渐地，这种"重要的少数和次要的多数"的理论被广泛应用在社会学和经济学中，并被称为帕累托原则，即 80/20 原则。

"重要的少数和次要的多数"是普遍存在的，可以说比比皆是。在一个系统中，少数事物具有决定性的影响。相反，其余的绝大部分事物却不太有影响。很明显，将有限的力量主要用于解决具有决定性影响的少数事物上，或将有限的力量平均分摊在全部事物上，这两者比较，前者可以取得较好的成效，而后者成效较差。ABC 分析便是在这一思想的指导下，通过分析，将"重要的少数"找出来，并确定与之适应的管理方法，这便形成了要进行重点管理的 A 类事物。

（1）ABC 分类的基本原理　将库存物品按品种和占用资金的多少分为特别重要的库存（A 类）、一般重要的库存（B 类）和不重要的库存（C 类），然后针对不同等级分别进行管理与控制，其核心是"抓住重点，分清主次"。

（2）ABC 的分类方法　依据库存物资所占总库存资金的比例和所占总库存物资品种数目的比例，大致上按图 4-9 所示的标准进行分类。

（3）ABC 分类的具体步骤　ABC 分类的具体步骤如图 4-10 所示。

（4）ABC 类管理的原则

1）A 类货物的管理。A 类货物品种少，但占用库存资金多，是"重要的少数"，需要重点管理。应采取下列策略：

① 每件商品都作编号。

② 尽可能正确地预测需求量，A 类货品的采购需经高层主管审核。

品种	分类	资金额
10%	A	70%
20%		
	B	20%
70%		
	C	10%

图 4-9　ABC 分类法

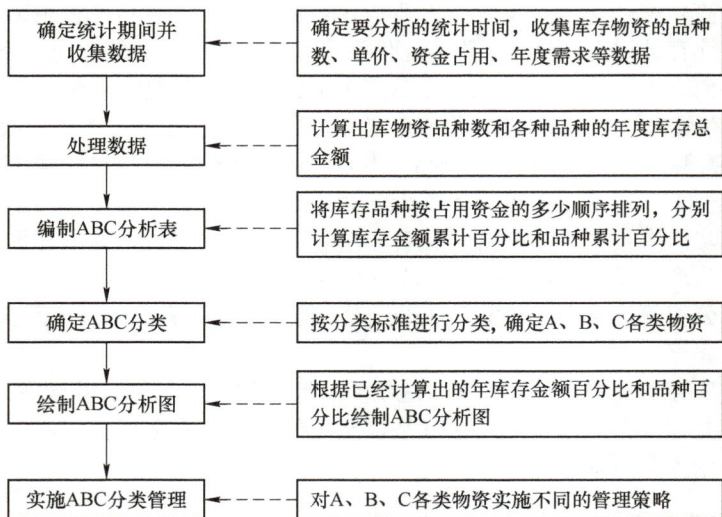

图 4-10　ABC 分类法执行步骤

③ 少量采购，尽可能在不影响需求的前提下减少库存量。

④ 要求供货单位配合，力求出货量平稳化，以降低需求变动，减少安全库存量。

⑤ 与供应商协调，尽可能缩短订货提前期。

⑥ 采用定量订货方式，对其存货必须做严格检查。

⑦ 必须严格执行盘点，每天或每周盘点一次，以提高库存精度。

⑧ 对交货期加强控制，在制品及发货也必须从严控制。

⑨ 将物品放置于易于出库的位置。

⑩ 实施货物包装外形标准化，增加出入库的库位。

2）B 类货物的管理。

① 正常控制，采用比 A 类货物相对简单的管理办法。

② B 类货物中销售额比较高的品种要采用定期订货方式或定期定量混合方式。

③ 每 2～3 周盘点 1 次。

④ 中量采购。

⑤ 采购需经中级主管审核。

3）C 类货物的管理。

C 类货品种类多，但占库存资金少，属于"次要的多数"，采取简单的管理策略。

① 将一些货物不列入日常管理的范围；如对螺钉、螺母之类的数量大而价值低的货物不作为日常盘点的货物，并可规定最少出库的批量，以减少处理次数。

② 为防止库存缺货，安全库存要多些，或减少订货次数以降低费用。

③ 减少这类物资的盘点次数。

④ 对于可以很快订货的货物，可以不设置库存。

⑤ 采购仅需经基层主管审核。

2. 经济订货批量法（EOQ）

经济订货批量法（EOQ）通过费用分析求得在库存总费用为最小时的订货批量，用以解决独立需求物品的库存控制问题。

EOQ 库存控制模型中的费用主要包括库存保管费用、订货费、缺货费。

EOQ 的控制原理在于控制订货批量，从而使年度总库存成本最小。其中

年度总库存成本 = 年度采购成本 + 库存保管费 + 订货费

假设商品需求量均衡、稳定，年需求量为固定常数，价格固定，年度采购成本（指所采购货物的价值，等于年需求量×价格）为固定常数，且与订购批量无关。则年度总库存成本与批量的关系如图 4-11 所示。

由图可见，库存保管费随订购量增大而增大，订货费用随订购量增大而减少，而当两者费用相等时，总费用曲线处于最低点，这时的订货量为 EOQ。

理想的经济订货批量是指不考虑缺货，也不考虑数量折扣以及其他问题的经济订货批量。理想的经济订货批量计算公式

$$TC = DP + \frac{DC}{Q} + \frac{QK}{2}$$

图 4-11 经济订货批量工作原理图

在不允许缺货，也没有数量折扣等因素的情况下

年度总库存成本 = 年度采购成本 + 库存保管费 + 订货费

要使 TC 最小，将上式对 Q 求导数，并令一阶导数为正值，得到经济订购批量 EOQ 的计算公式为

$$EOQ = \sqrt{\frac{2CD}{K}} = \sqrt{\frac{2CD}{FP}}$$

式中　TC——年度库存总费用；

　　　D——年需求量，单位为件/年；

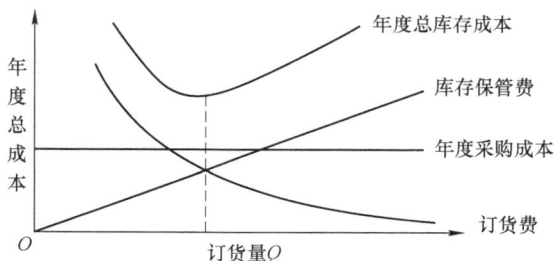

P——单位采购成本，单位为元/件；

Q——每次订货批量，单位为件；

C——单位订货费，单位为元/次；

K，PF——每次货物平均年库存保管费用，单位为元/件·年；

F——单件货物保管费用与单件货物单位采购成本之比，即年保管费率；

$Q/2$——年平均存储量；

EOQ——经济订货批量。

3. 定量订货法

（1）定量订货法原理　定量订货法是指当库存量下降到预定的最低库存量（订货点 R）时，按规定（数量一般以经济批量 EOQ 为标准）进行订货补充的一种库存控制方法。它主要靠控制订货点和订货批量两个参数来控制订货进货，达到既最好地满足库存需求，又能使总费用最低的目的。定量订货法工作原是如图 4-12 所示。

（2）定量订货法控制参数的确定　实施定量订货法需要确定两个控制参数：一个是订货点，即订货点库存量；另一个是订货数量，即经济批量 EOQ。

订货数量，即经济批量 EOQ 的确定，可以按上个小节的方法确定。以下重点介绍订货点的确定方法。

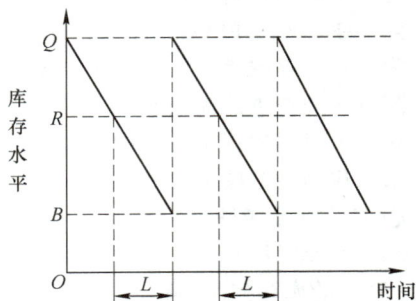

图 4-12　定量订货法工作原理图

L—提前期　R—订货点　Q—订货批量　B—安全库存量

影响订货点的因素有三个：订货提前期、平均需求量和安全库存。根据这三个因素，可以简单地确定订货点，计算公式为

$$订货点 = 平均每天的需要量 × 最大提前期 + 最低安全库存$$

$$最低安全库存 = （预计每天最大耗用量 - 每天正常耗用量）× 提前期$$

（3）定量订货法的优缺点

1）定量订货法的优点：

① 控制参数一经确定，则实际操作就变得非常简单了。

② 当订货量确定后，商品的验收、入库、保管和出库业务可以利用现有规格化器具和计算方式，有效地节约了搬运、包装等方面的作业量。

③ 充分发挥了经济批量的作用，可降低库存成本，节约费用，提高经济效益。

2）定量订货法的缺点：

① 要随时掌握库存动态，严格控制安全库存和订货点库存，占用了一定的人力和物力。

② 订货模式过于机械，不具有灵活性。

③ 订货时间不能预先确定，对于人员、资金、工作业务的计划安排不利。

④ 受单一订货的限制，对于实行多品种联合订货的，采用此方法时还需要灵活处理。

4. 定期订货法

（1）定期订货法的原理　定期订货法是按预先确定的订货时间间隔进行订货补充的库存管理方法。它是基于时间的订货控制方法，它设定订货周期和最高库存量，从而达到控制库存量的目的。只要订货间隔期和最高库存量控制合理，就可能实现既保障需求、合理存货，又节省库存费用的目标。

定期订货法的原理：预先确定一个订货周期和最高库存量，周期性地检查库存，根据最高库存量、实际库存、在途订货量和待出库商品数量，计算出每次订货批量并发出订货指令，组织订货。定期订货法的工作原理如图4-13所示。

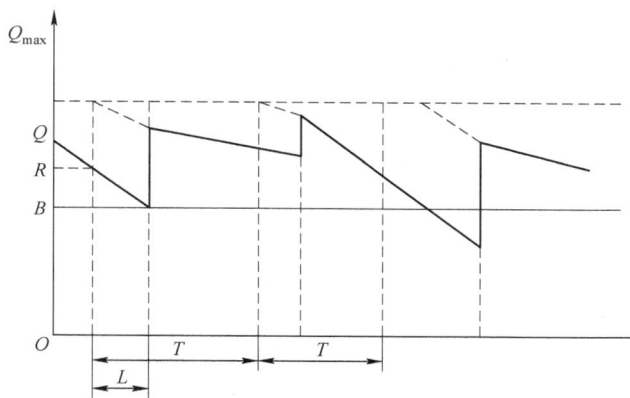

图4-13　定期订货法工作原理图
L—提前期　R—订货点　Q—订货批量　B—安全库存量　Q_max—最高库存量　T—订货周期

（2）定期订货法的控制参数

1）订货周期 T 的确定。订货周期实际上就是定期订货的订货点，其间隔时间总是相等的。订货间隔期的长短直接决定最高库存量的大小，即库存水平的高低，进而也决定了库存成本的多少。所以，订货周期不能太长，否则会使库存成本上升；订货周期也不能太短，这样会增加订货次数，使得订货费用增加，进而增加库存总成本。从费用角度出发，如果要使总费用达到最低，可以采用经济订货周期的方法来确定经济订货周期 T^*，其公式为

$$T^* = \sqrt{\frac{2C}{KM}}$$

式中　C——每次订货成本；

　　　K——单位货物的年保管费用；

　　　M——单位时间内库存商品需求量（销售量）；

　　　T^*——经济订货周期。

在实际操作中，经常结合供应商的生产周期来调整经济订货周期，从而确定合理可行的订货周期。当然也可以结合人们比较习惯的时间单位，如周、旬、月、季、年等来确定经济订货周期，从而与企业的生产计划、工作计划相吻合。

2）订货量的确定。定期订货法的订货数量是不固定的，订货批量的多少都是由当时实际库存量的大小决定的，考虑到订货点时的在途到货量和已发出出货指令而尚未出货的待出货数量（称为订货余额），每次订货量的计算公式为

订货量＝平均每天的需求量×（提前期＋订购间隔）＋安全库存－实际库存量

安全库存＝（预计每天最大耗用量－每天正常耗用量）×提前期

（3）定期订货法的优缺点

1）定期订货法的优点：

① 可以合并出货，减少订货费。

② 周期盘点比较彻底、精确，避免了定量订货法每天盘存的做法，减少了工作量，提高了工作效率。

③ 库存管理的计划性强，有利于工作计划的安排，便于实行计划管理。

2）定期订货法的缺点：

① 需要较大的安全库存量来保证库存需求。

② 每次订货的批量不固定，无法制订出经济订货批量，因而运营成本较高，经济性较差。

③ 手续繁琐，每次订货都要检查储备量和订货合同，并要计算出订货量。

（4）定量与定期库存控制法的区别

1）提出订购请求时点的标准不同。定量订购库存控制法提出订购请求的时点标准是，当库存量下降到预定的订货点时，即提出订购请求；而定期订购库存控制法提出订购请求的时点标准则是，按预先规定的订货间隔周期，到了该订货的时点即提出请求订购。

2）请求订购的商品批量不同。定量订购库存控制法每次请购商品的批量相同，都是事先确定的经济批量；而定期订购库存控制法每到规定的请求订购期，订购的商品批量都不相同，可根据库存的实际情况计算后确定。

3）库存商品管理控制的程度不同。定期订购库存控制法要求仓库作业人员对库存商品进行严格的控制和精心的管理，经常检查、详细记录、认真盘点；而采用定量订购库存控制法时，对库存商品只要求进行一般的管理、简单的记录，不需要经常检查和盘点。

4）适用的商品范围不同。定量订购库存控制法适用于品种数量少、平均占用资金多、需重点管理的 A 类商品；而定期订购库存控制法适用于品种数量多、平均占用资金少、只需一般管理的 B 类、C 类商品。

5. JIT 库存控制方法

准时生产（JIT，Just in time）是日本丰田汽车公司在 20 世纪 60 年代实行的一种生产方式。1973 年以后，这种方式对丰田公司渡过第一次能源危机起到了突出的作用。此思想后来引起其他国家生产企业的重视，并逐渐在欧洲和美国的日资企业及当地企业中推行开来，这一方式与源自日本的其他生产、流通方式一起被西方企业称为"日本化模式"。

JIT 生产方式的基本思想是"只在需要的时候，按需要的量，生产所需的产品"，也就是追求一种无库存，或库存最小的生产系统。JIT 的基本思想是生产的计划和控制及库存的管理。所以，JIT 生产模式又被称为"精益生产"。

在准时制生产方式被倡导以前，世界汽车生产企业，包括丰田公司在内，均采取福特式的"总动员生产方式"，即一半时间人员和设备、流水线等待零部件，另一半时间等零部件一运到，全体人员总动员，紧急生产产品。这种方式造成了生产过程中的物流不合理现象，尤以库存积压和短缺为特征，生产线或者不开机，或者开机后就大量生产，这种模式导致了严重的资源浪费。丰田公司的准时制采取的是多品种少批量、短周期的生产方式，实现了消除库存、优化生产物流、减少浪费的目的。

JIT 的核心是追求一种无库存的生产系统，或使库存达到最小的生产系统。为此而开发了包括"看板"在内的一系列具体方法，并逐渐形成了一套独具特色的生产经营体系。

JIT 以准时生产为出发点，首先暴露出生产过量和其他方面的浪费，然后对设备、人员等进行淘汰、调整，达到降低成本、简化计划和提高控制的目的。在生产现场控制技术方面，准时制的基本原则是在正确的时间，生产正确数量的零部件或产品，即时生产。它将传统生产过程中前道工序向后道工序送货，改为后道工序根据"看板"向前道工序取货，看板系统是准时制生产现场控制技术的核心，但准时制不仅仅是看板管理。

JIT 的基础之一是均衡化生产，即平均制造产品，使物流在各作业之间、生产线之间、工序之间、工厂之间平衡、均衡地流动。为达到均衡化，在 JIT 中采用月计划、日计划，并根据需求变化及时对计划进行调整。

JIT 提倡采用对象专业化布局，用以减少排队时间、运输时间和准备时间，在工厂一级采用基于对象专业化布局，以使各批工件能在各操作间和工作间顺利流动，减少通过时间；在流水线和工作中心一级采用微观对象专业化布局和工作中心形布局，可以减少通过时间。

JIT 可以使生产资源得到合理利用，包括劳动力柔性和设备柔性。当市场需求波动时，要求劳动力资源也进行相应调整。如需求量增加不大，可通过适当调整具有多种技能操作者的操作来完成；当需求量降低时，可减少生产班次、解雇临时工、分配多余的操作工去参加维护和维修设备。这就是劳动力柔性的含义。而设备柔性是指在产品设计时就考虑加工问题，发展多功能设备。

JIT 强调全面质量管理，目标是消除不合格品。消除可能引起不合格品的根源，并设法解决问题。JIT 中还包含许多有利于提高质量的因素，如批量小、零部件很快移到下工序、质量问题可以被及早发现等。

JIT 以订单驱动，通过看板，采用拉动方式把供、产、销紧密地衔接起来，使物资储备、成本库存和在制品数量大为减少，从而提高了生产率。

JIT 是一种理想的生产方式，这其中有两个原因。一是因为它设置了一个最高标准，一种极限，就是"零"库存。实际生产可以无限地接近这个极限，却永远不可能达到零库存。二是因为它提供了一个不断改进的途径，即降低库存→暴露问题→解决问题→降低库存，这是一个无限循环的过程。

第四节　汽车配件库房管理

【案例导入】

某汽车维修厂配件仓储管理规定

1）配件库管理的配件包括车辆维修用配件、设备维修用配件、各类通用件、标准件、专用工具、专用设备及辅助材料。

2）配件库由专人管理，未经主管店长同意，其他人员一律不得进入。

3）仓库必须建立完整的账目和实物卡，按规定程序进行入账和报账、结账、出库和入库及核准手续。

4）凡入库配件材料必须经检验验收并在进件原始票据上签字方可入库（检验员不在时由调度负责）。

5）材料、配件、工具存放分门别类，堆放有序，货架整齐清洁，不得相互混杂。

6）所有物品须妥善保管，避免锈蚀、变质、渗漏、挤压变形。

7）仓库货物定期进行核账，每月进行盘点，要求账目清楚、财物相符，对短缺和滞销物品及时上报，避免供不应求或积压浪费，做到库存合理。

8）所有物品领用出库必须持领料单。货物退回必须持检验签字的投诉单或领料单（红笔），经店长签字方可退库。

案例思考：
如何做好汽车企业配件管理？

汽车配件的库房管理是配件管理工作中十分重要的一个环节，对配件的及时供应、成本控制有着重要的影响，直接关系到维修作业的及时性。汽车配件的库房管理工作主要包括配件的入库管理、在库管理、出库管理三大步骤。

一、汽车配件的入库管理

汽车配件入库是物资存储活动的开始，也是仓库业务管理的重要阶段，这一阶段主要包括配件入库前的准备工作、到货接运、配件验收和办理入库。汽车配件入库流程如图4-14所示。

1. 入库前准备

入库前的准备工作包括熟悉入库配件仓储属性，掌握仓库库区、库场情况，制订配件仓储计划，妥善安排储藏货位，做好货位准备，准备苫垫材料、作业用具，验收准备，装卸搬运人员、工具以及确定库区内行走路线，准备相关文件单据。

2. 配件的验收

配件验收是按照一定的程序和手续，对配件的数量和质量等相关情况进行检查，以验证其是否符合订货合同的一项工作。配件到库后，首先要在待检区进行开箱验收工作，并与配件清单进行品名、型号、数量等的核对。随时填写验收记录，不合格品由配件主管进行处理。

汽车配件验收程序如下：

（1）验收准备　验收准备包括人员准备、资料准备、器具准备、货位准备、设备准备。

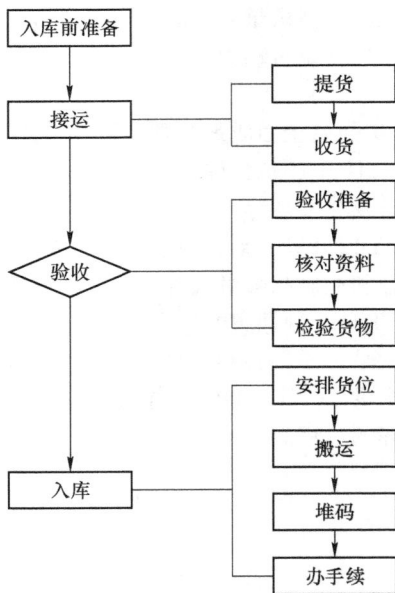

图4-14　汽车配件入库流程图

（2）核对凭证

1）货主提供的入库通知单和订货合同副本，这是仓库接收商品的凭证。

2）供货单位提供的验收凭证，包括材质证明书、装箱单、磅码单、发货明细表、说明书、保修卡及合格证等。

3）承运单位提供的运输单证，包括提货通知单和登记货物残损情况的货运记录，普通记录以及公路运输交接单等，作为向责任方进行交涉的依据。

（3）实物验收　填写开箱验收单，检验配件质量和数目。汽车配件进仓验收要实行质检员、仓管员、采购员联合作业，对配件质量、数量进行严格检查，把好汽车配件进仓质量关。

检验配件是仓储业务中的一个重要环节，包括数量验收、品种验收、质量验收和进口件辨认四个方面的内容，即复核货物数量、品种是否与入库凭证相符，货物质量是否符合规定的要求，进口件发货是否准备无误等。

1）数量验收。数量检验是保证物资数量准确所不可缺少的措施。要求物资入库一次进行完毕。一般在质量验收之前，由仓库保管职能机构组织进行。

2）品种验收。根据进货发票，逐项验收汽车配件的品种、规格、型号等，检查是否有货单和货物不相符的情况；对于易碎件、液体类物品，应检查有无破碎、渗漏的情况。

3）质量验收。质量验收主要是检验汽车配件证件是否齐全，如有无合格证、保修证、标签、使用说明书等；汽车配件是否符合质量要求，如有无变质、水湿、污染、机械损伤等。

4）进口件的辨认。特约经销商通常要订购一些进口配件，因此配件管理人员必须熟悉国外汽车配件市场中的配套件、纯正件、专厂件的商标、包装、标记以及相应的检查方法和数据。

① 外部包装：一般原装进口汽车配件的外部包装多为7层胶合板或选材较好、做工精细、

封装牢固的木板箱，纸箱则质地细密、不易弯曲变形、封签完好；外表印有用英文注明的产品名称、零部件编号、数量、产品商标、生产国别、公司名称，有的则在外包装箱贴有反映上述数据的产品标签。

② 内部包装：国外产品的内部包装（指每个配件的单个小包装盒），一般都用印有该公司商标图案的专用包装盒。

③ 产品标签：国外汽车厂商，如日本的日产、三菱等汽车公司的正品件都有"纯正部品"的标签，一般印有本公司的商标、中英文的纯正部品，以及中英文的公司名称、英文或日文配件名称编号（一般为图号）及长方形或正方形标签；而配套件、专厂件的配件的标签无"纯正部品"字样，但一般用英文标明适用的发动机型或车型、配件名称、数量及规格、公司名称、生产国别，同时标签形状不限于长方形或正方形。

④ 包装封签：进口配件目前大多用印有本公司商标或"检验合格"字样的专用封签封口。

例如，德国ZP公司的齿轮、同步器等配件的小包装盒的封签，日本大同金属公司的曲轴轴承的小包装盒的封签，日产公司的纯正件的小包装盒的封签等，但也有一些公司的配件小包装盒直接用标签作为小包装盒的封签，一举两得。

⑤ 内包装纸：德国奔驰汽车公司生产的金属配件一般用带防锈油的网状包装布进行包装，而日本的日产、三菱等汽车公司的纯正件的内包装纸均印有本公司标志，并用一面带有防潮塑料薄膜的专用包装纸包裹配件。

⑥ 外观质量：从日本、德国等地进口的纯正件、配套件及专厂件，做工精细，铸铁或铸铝零部件表面光滑、精密无毛刺、油线均匀光亮，而假冒产品则铸造件粗糙、喷漆不均匀、无光泽，真假配件在一起对比有明显区别。

⑦ 产品标记：原装进口汽车配件，一般都在配件上铸有或刻有本公司的商标和名称标记。例如，日本自动车工业株式会社生产的活塞，在活塞内表面铸有凸出的"IZUMI"字样。

⑧ 配件编号：配件编号也是签订合同和配件验收的重要内容。各大专业生产厂都有本厂生产的配件与汽车厂配件编号的对应关系资料，配件编号一般都刻印或铸造在配件上（如德国奔驰纯正件）或标明在产品的标牌上，而假冒配件一般无刻印或铸造的配件编号。在验收配件时，应根据合同要求的配件编号或对应资料进行认真核对。

（4）问题的处理　仓库到货配件来源复杂，涉及配件生产、采购、运输等多个作业环节，不可避免地会出现诸如证件不齐、数量短缺、质量不符合要求等问题。因此，在进货验收过程中，要做到认真细致，区别不同的情况，及时进行处理。

1）质量检验问题的处理。验收过程中，凡发现质量不符合验收规定的情况，应及时向供货单位办理退货、换货交涉，或征得供货单位同意代为修理，或在不影响使用的前提下，降价处理。配件的规格不符或错发时，应先将规格对的予以入库，规格不对的配件要做好验收记录交给相应部门办理换货。

2）数量检验问题的处理。数量短缺或溢余在规定范围内的，可按原数入账。凡超过规定范围的，应查对核实，做成验收记录的磅码单交给主管部门向供货单位办理交涉。对于数量溢余较大的情况，可选择配件退回或补发货款的方式解决；对于数量短缺较大的情况，可选择按实数签收并及时通知供应商的方式解决。

3）验收凭证问题的处理。验收凭证问题主要是指验收需要的证件未到或证件不齐全。验收过程中遇到此类问题时，要及时向供应商索取，到库配件应作为待检验品堆放在待验区等证件到齐后再进行验收。证件未到齐之前，不能验收、不能入库、更不能发货。

4）证物不符问题的处理。验收过程中发现验收单据与实物不符的情况时，应把到库配件放置于待验区，并及时与供应商进行交涉，可以采取拒绝收货、改单签收或退单和退货的方式解决。

此外，在对验收过程中发现的问题进行处理时应做到：

① 在配件入库凭证未到或未到齐之前不得正式验收。

② 发现配件数量或质量不符合规定时，要会同有关人员当场进行详细的记录，交接双方在记录上签字。

③ 在数量验收中，计件配件应及时验收，发现问题要按规定的手续，在规定的期限内向有关部门提出索赔要求。

3. 入库交接

入库汽车配件经过点数、查验之后，可以安排卸货、入库堆码，表示仓库接收物品。在卸货、搬运作业完毕后，与送货人办理交接手续，并建立仓库台账。

（1）**交接手续** 交接手续是指仓库对收到的物品向送货人进行的确认，表示已接收物品。办理完交接手续，意味着划分清运输、送货部门和仓库的责任。完整的交接手续包括：

1）**接收物品**。仓库通过理货、查验物品，将不良物品剔出、退回或者编制残损单证等明确责任，确定收到物品的确切数量、物品表面状态良好。

2）**接收文件**。接收送货人送交的物品资料、运输的货运记录、普通记录等，以及随货在运输单证上注明的相应文件，如准运证等。

3）**签署单证**。仓库与送货人或承运人共同在送货人交来的送货单、交接清单（见表4-4）上签章。各方签署后留存相应单证。提供相应的入库、查验、理货、残损单证、事故报告由送货人或承运人签署。

表 4-4　汽车配件到库交接清单

收货人	发站	发货人	品名	标记	单位	件数	重量	号车	运单号	货位	合同号
备注											

送货人　　　　　　　接收人　　　　　　　经办人

（2）**登账** 物品入库时，仓库应建立详细反映物品仓储的明细账，登记物品入库、出库、结存的详细情况，用以记录库存物品动态和入出库过程。

登账的主要内容有：物品名称、规格、数量、件数、累计数或结存数、存货人或提货人、批次、金额，注明货位号或运输工具、接（发）货经办人。

（3）**立卡** 物品入库或上架后，将物品名称、规格、数量或出入状态等内容填在料卡上，又称为立卡、货卡、货牌，此卡应插放在货架上物品下方的货架支架上或摆放在货垛正面明显位置。

二、汽车配件的在库管理

汽车配件的在库管理是配件管理中十分重要的一个环节，对配件的及时供应、成本控制有着重要的影响，直接关系到维修作业的及时性。

1. 汽车配件的储位管理

储位管理就是在把将来要使用或者要售出的汽车配件保管好的前提下，对库存进行检查和控制。

2. 汽车配件储位管理的目的

汽车配件仓储作业是在不断存取中进行的，要使货物的存取快速而有效地进行，必须进行储位管理。储位管理的主要目的是辅助汽车配件入库、在库管理及库存盘点、出库等作业的顺利进行，方便其他作业的进行。储位管理主要包括如何最大限度地利用存储空间；有效使用人力资源和设备；维持一定水平的库存保有量，方便存取；保证汽车配件的有效移动。

3. 汽车配件储位管理需要考虑的要素

汽车配件储位管理要考虑的要素很多，包括储位空间、待保管配件的储存特性、作业人员、储放搬运设备、资金以及是否有完善有效的仓储管理制度等。储位管理的好坏，首先在于对这些因素的综合考虑。

4. 汽车配件储位管理布局的原则

（1）有效利用空间

1）根据库房大小及库存量，按大、中、小型进行分类放置，以便于节省空间。

2）用纸盒保存中、小型零部件。

3）用适当尺寸的货架及纸盒。

4）将不常用的货物放在一起保管。

5）留出用于新车型零部件的空间。

6）没有用的货物要及时报废。

（2）防止出库时发生错误

1）将零部件号完全相同的零部件放在同一纸盒内。

2）不要将零部件号完全相同的零部件放在两个以上不同的地方。

3）不要将未编号的零部件放在货架上。

（3）保证零部件的质量

1）保持清洁。

2）避免高温、潮湿。

3）避免阳光直射。

（4）配件仓库的基本设施

1）配备专用的配件运输设施。

2）配备适用于配件的专用货架、货筐等。

3）配备必要的通风、照明及防火器材。

（5）仓库基本要求

1）仓库各工作区域应有明显的标牌，如发料室、备货区、危险品仓库等。

2）有足够的进货、发货通道和配件周转区域。

3）货架的摆放要整齐划一，仓库的每一条过道都要有明显的标志，货架应标有位置码，货位要有配件号、配件名称。

4）为避免配件锈蚀及磕碰，严禁将配件堆放在地上。

5）易燃易爆物品应与其他配件严格分开管理，存放时要考虑防火、通风等问题，库房内应有明显的防火标志。

6）非仓库人员不得随便进入仓库内，仓库内不得摆放私人物品。

5. 汽车配件储位管理步骤

汽车配件储位管理共分为以下五个步骤：

1）分析待储存汽车配件的储藏要求，如汽车轮胎要避免阳光的照射。

2）对储存空间进行规划布置，即最大限度地提高现有仓库的空间利用率。

3）进行储位编码和货物编号，无论是汽车配件还是仓库的储存位置，都需要按照汽车服务企业内部统一规定的简便编码及编号方法，这样既便于管理，又在一定程度上保护了企业资产的安全。

① 储位编码：储位编码主要包括四种，即地址式、区段方式、商品群别式和坐标式。一般来说，储位编码方法是由货物的特性、货物的存储量、仓库的空间布置等因素决定的。在实际工作中，较多采用地址式的编码方法。

a. 地址式。其编码方法是参照建筑物的编号方法，利用保管区域的现成参考单位，按照相关顺序，例如建筑物的第几栋、区段、排、层、格等进行编码。地址式编码方法是各类仓库使用最多的一种编码方法，但由于其储位体积有限，适合一些量少的货物储存使用，例如 ABC 分类中的 A 类配件。

例如：3—3—6—11 代表的存储区域是三号仓库，第三个货架的第六层的第十一个储位。

b. 区段式。区段式是把保管区域分成几个区段，然后对每个区段进行编码的一种方法。每个区段代表的储存区域较大，适合大量或保管周期短的货物保管。区段式图解如图 4-15 所示。

A 类物资（品种 1）	A 类物资（品种 2）	A 类物资（品种 3）
通道		
B 类物资（品种 1）	B 类物资（品种 2）	B 类物资（品种 3）

图 4-15 区段式图解

c. 商品群别式。这种方法是把需要储存的货物按照一定的类别区分成几个商品群，对每个商品群进行编码。例如：汽车发动机总成区、汽车底盘制动区。

d. 坐标式。坐标式是指利用空间概念，采用数学上的坐标方法来编排储位的一种方法。这种方法由于储位切割较小、管理上较为复杂，适用于流通率较小、长时间存放的货物。

② 货物编号：货物编号的原则如下：

a. 唯一性。虽然被编码的货物可能另有不同的名称，也可以不同的方式对其进行描述，但在一个分类编码标准体系中，每个编码对象只有一个代码，即一个代码只代表一个配件。

b. 简易性。代码结构应尽量简单，以便于记忆，同时减少代码处理中的差错，提高信息处理效率。

c. 扩充弹性。为将来可能增加的货物留有扩充编号的余地。

d. 充足性。所采用的文字、记号或数字应足够用来编号。

e. 安全性。编码应具有安全特性，以防止公司机密外泄。

f. 一贯性。每一种配件都由一种代码来表示，而且必须统一的，具有连贯性的。

g. 计算机的易处理性。便于计算机处理是货物编码的重要原则，只有通过计算机进行处理，才能真正提高货物信息传递与处理的正确性，提高货物仓储作业流程的效率。

③ 货物编号的方法。

a. 流水编码法。流水编码法又称顺序码或延伸式编码。编码方法是将阿拉伯数字或英文字母按顺序往下编排，如图 4-16 所示。

流水编码法的优点是代码简单，使用方便，易于延伸，对编码对象的顺序无任何特殊规定和要求；其缺点是代码本身不会给出任何有关商品的其他信息。流水编码多用于账号或发票编号。

b. 分组编号法。这种编号法是按货物特性分成多个数字组，每个数字组代表货物的一种特性。例如：第一

编号	货物名称
1	空气滤清器
2	曲轴
3	保险杠
⋮	⋮
N	安全气囊

图 4-16 流水编码法

组代表货物类别，第二组代表货物形状，第三组代表货物的供应商，第四组代表货物的尺寸。分组编码方法代码结构简单、容量大、便于计算机管理，在仓库管理中使用较广。分组编号法见表4-5。

表4-5　分组编号法

货　　物	类　　别	形　　状	供　应　商	包装尺寸大小	表 示 含 义
编码 0640017760	06				前照灯
		4			不规则
			001		一汽大众
				70×70×60	

c. 数字分段法。把数字分段，每一段代表具有一共同特性的一类货物，见表4-6。

表4-6　数字分段法

编　　号	货 物 名 称
1	国产前照灯
2	进口前照灯
3	

4）按照一定的原则，合理化分配布置，完成汽车配件的在库摆放及管理。

货物摆放操作的基本要求——"12字"方针：

① 牢固。操作工人必须严格遵守安全操作规程，防止建筑物超过安全负荷量。配件摆放必须不偏不倚，不歪不倒，牢固坚实，与屋顶、梁柱、墙壁保持一定的距离，确保摆放得安全和牢固。

② 合理。不同配件的性能、规格和尺寸不相同，应采用各种不同的摆放方式。不同品种、产地、等级、批次、单价的配件，应分开摆放，以便收发、保管。摆放的高度要适度、不能压坏底层配件和地坪，并应与屋顶、照明灯具保持一定距离。

③ 整齐。配件的摆放应整齐、规范，横成行、纵成列，包装标识应一律向外，以便于查找。

④ 定量。配件的储存量不应超过仓储定额，即应储存在仓库的有效面积、地坪承压能力和可用高度允许的范围内。同时，应尽量采用"五五化"摆放方式，以便于计数和盘点。

⑤ 节约。配件在库摆放时，应注意节省空间位置，适当、合理地安排货位的使用，提高仓容利用率，同时，还应充分考虑配件在库管理及将来出库时人员和设备的行走路径，做到线路的优化，以此来提高作业效率，节省作业时间。

⑥ 方便。不同汽车配件出入库频率不尽相同，这就要求配件管理员在最初配件入库时，要结合具体配件以往的出入库频率或近期的生产使用计划，进行配件在仓库内摆放位置的设计，最终的目的是方便以后的配件出库工作。

5）进行储位维护——利用料卡等进行管理。现代汽车服务企业大多数都能够将计算机软件引入汽车配件的仓储管理工作中，这大大降低了人工劳动的工作量，同时，提高了汽车配件基本储存信息登记的准确性。

6. 汽车配件的保管与保养

（1）自然因素对汽车配件的影响　汽车配件品种繁多，因为使用材料和制造方法的不同而各具特点，有的怕潮、有的怕热、有的怕光、有的怕压等，在储存中会受自然因素的影响而发生变化，影响到这些商品的质量。因此，在仓储管理中要做到以下几点：

1）要重视各种配件的储存期限。各类汽车配件出厂前都规定了保证产品质量的储存日期，但在进货及仓库保管中常常被忽略，如各类金属配件在正常保管状态下，自出厂之日起，生产厂保证在12个月内不锈蚀；橡胶制品、机油、制动片、离合器片、蓄电池等都有一定的规定期限，如果超出其期限就会影响使用性能或寿命。因此，应重视储存期限，配件应在期限内销售完毕。

2）安排适当的库房和货位。各种配件的性能不同，对储存保管的要求也不一样，所以在安排库房和配件进库后的具体货位时，应把不同类型、不同性质的配件，根据其对储存条件的要求，分别安排在适当的仓库和货位上。例如，忌潮的金属配件应该集中放在通风、向阳的位置，忌高温的配件应该放在避光的位置，防尘、防潮、防高温要求高的配件应设专柜储存、专人保管。高档或已开箱的配件如音响设备、仪器仪表、轴承等，在条件具备的情况下，可设密封室或专用储存柜储存。

3）配件加垫。汽车配件绝大部分都是金属制品，属忌潮物资，一般都应加垫，以防锈蚀，衬垫的高度一般为10～30cm。

4）加强仓库内温度、湿度控制。可采取自然通风、机械通风或使用吸潮剂等措施控制库内温度、湿度。具体来说，就是根据不同季节，不同的自然条件，采取必要的通风、降潮、降温措施。

5）严格配件进出库制度。库存配件应严格执行先进先出的原则，尽量减少配件在库时间，使库存不断更新。

6）建立配件保养制度。可选派一些有配件保养知识和保养经验的人员，对滞销积压及受损配件进行必要的保养。

7）搞好库内外清洁卫生。要做到库房内无垃圾，无杂草、杂物，加强环境绿化，以防尘土、脏物和虫害的滋生。经常检查库房内的空洞、缝隙以及配件包装、建筑的木质结构等，如发现虫害，应及时采取措施捕灭。

8）保证配件包装完好无损。凡是有包装的配件一定要保持其内外包装的完好，这对于仓库配件管理员来说，是一项重要的规定，必须要遵守。如果损坏了包装，在某种意义上来说，就等于破坏了配件的质量和影响了配件的销售价格，因为包装的主要目的之一就是保护配件的质量和保证配件的销售价格。

（2）特殊配件的存放

1）不能沾油的汽车配件的存放。有些汽车配件如果浸、沾油品会影响其寿命或使用效果，存放时应特别注意。例如，轮胎、水管接头、V带等橡胶制品怕沾柴油、汽油、机油，尤其怕沾汽油，若常常与这些油类物品接触，就会使上述橡胶配件膨胀、老化，加速损坏而报废。干式纸质空气滤清器的滤芯不能沾油，否则灰尘、砂土黏附在其上面，会将滤芯堵塞，这样会增大气缸进气阻力，使气缸充气不足，影响发动机的功率。发电机、起动机的电刷和转子若黏上润滑油、机油，会造成电路断路，使工作不正常，甚至会使汽车不能起动。风扇传动带、发电机传动带黏上油会引起打滑，影响正常工作。干式离合器的各个摩擦片应保持清洁干燥，黏上油会打滑；同样，制动器的制动蹄片黏上油也会影响其制动效果。散热器黏上机油、润滑油后，会黏附尘沙影响散热效果。

2）爆燃传感器的存放。爆燃传感器受到重击或从高处跌落会损坏，为防止取放时失手跌落，这类配件不应放在货架或货柜的上层，而应放在底层，且应分格存放，每格一个，下面还要铺上海绵等软物。

3）减振器的存放。减振器在车上是承受垂直载荷的，若长时间水平旋转会使减振器失效，因此存放减振器时要将其竖直放置。水平放置的减振器，在装上汽车之前要在垂直方向上进行手动抽吸。

7. 汽车配件的在库盘点

在汽车配件的仓储管理工作中，各配件处于不断的进库和出库状态，在作业过程中产生的误差经过一段时间的积累，会使库存资料反映的数据与实际数量不相符。有些配件因长期存放，使品质下降，而不能满足用户需要。为了对库存配件的数量进行有效控制，并查清配件在库房中的质量状况，必须定期对各储存区域进行清点作业，这一过程称为汽车配件的在库盘点工作。

（1）盘点工作的目的

1）基础目标——确定现存量。盘点可以确定现有库存配件实际库存数量，并通过盈亏调整使库存账面数量与实际数量一致。由于多记、误记、漏记，会使库存资料记录不实。此外，由于配件的损坏、丢失、验收与出货时清点有误；有时因盘点方法不当，会产生误盘、重盘、漏盘等。为此，必须定期盘点确定库存数量，发现问题并查明原因，及时调整。

2）更高目标——确认企业资产的损益。库存配件总金额直接反映流动资产的使用情况，库存量过高，流动资金的正常运转将受到威胁，而库存金额又与库存量及其单价成正比。因此，为了准确计算企业实际损益，必须进行盘点。

3）未来目标——核实配件管理成效。通过盘点可以发现作业与管理中存在的问题，如库存设备的安全状态、配件摆放的状态等，并通过解决问题来改善作业流程和作业方式，提高工作人员的素质和企业的管理水平。

（2）盘点作业的内容

1）查数量。通过点数计算查明汽车配件在库的实际数量，核对库存账面资料与实际库存数量是否一致。

2）查质量。检查在库汽车配件质量有无变化，有无长期积压，必要时还必须对配件进行技术检测。

3）查保管条件。检查保管条件是否与各种配件的保管要求相符合。例如，摆放是否合理稳固，库内温度、湿度是否符合要求等。

4）查安全。检查各种安全措施和消防设备、器材是否符合安全要求，建筑物和设备是否处于安全状态等。

（3）盘点作业的流程及具体工作操作 做好汽车配件的盘点工作，首先是要做好盘点前的准备工作；其次是盘点中的作业；最后是做好复盘及盘点结果的处理工作，如图4-17所示。

1）盘点前的准备：盘点前的准备工作是否充分，直接关系到盘点作业能否顺利进行，甚至盘点是否成功。盘点的基本要求是必须做到快速准确，为了达到这一基本要求，盘点前的充分准备就十分必要，应做的准备如下：

① 人员准备。由于盘点作业必须动用大批人力，通常于盘点前一周确定好相关人员。

② 环境整理。环境整理工作一般应在盘点前一日做好，包括：检查仓储部内各个区位配件的位置与编号是否与盘点配置表一致；整理货架上的配件；清除不良品，并装箱标示和做账面记录；清除库区内死角；将各项设备、备品及工具存放整齐。

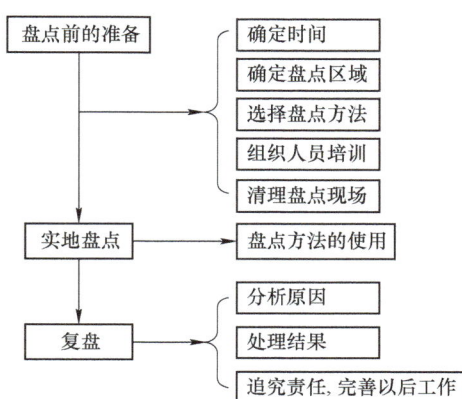

图4-17 汽车配件盘点流程图

③ 准备好盘点工具。确保各项盘点工作过程中所涉及设备的使用状态良好，如各项盘点填写单据及红、黑（或蓝）色圆珠笔。

④ 盘点前的指导。盘点前一天最好对盘点人员进行必要的指导，如盘点要求、盘点常犯错误及异常情况的处理办法等。

⑤ 盘点工作分派。在进行盘点工作时，商品管理人员不宜自行盘点，但由于品项繁多、差异性大，不熟悉配件的人员进行盘点难免会出现差错，所以在初盘时，最好还是由管理该类配件的工作人员实施盘点，然后再由后勤人员及部门主管进行交叉复盘或抽盘工作。

⑥ 单据整理。为了尽快获得盘点结果（盘损或盘盈），盘点前应将盘存卡（表4-7）、盘点表（表4-8）、仓库盘存表（表4-9）、盘点盈亏报告表（表4-10）等整理好。

表4-7　盘存卡

第一联		第二联	
1. 货物编号：　　　货物类别：		1. 货物编号：　　　货物类别：	
2. 货物名称：		2. 货物名称：	
3. 数量：　　　单位：		3. 数量：　　　单位：	
真卡人：　　　盘点卡号：		4. 存放地区编码：	
	核对人：　　　填卡人：　　　盘点卡号：		

表4-8　盘点表

盘点审核：
盘点日期：　　　　　仓库：　　　　　监点人：　　　　　仓管人：

货物编号	名称规格	单位	单价	货位名称	上月结存	本月进仓	本月出仓	账面数量	实盘数量	账实差

表4-9　仓库盘存表

库存主管：　　　　　制表人：　　　　　填写日期：

货　号	品　名	单　位	单　价	入库时间	实盘数	金　额	账面数	金　额	备注

表 4-10　盘点盈亏报告表

经管部门：　　　　　　　　　年　　月　　日　　　　　　　　　No：

品名	制品编号资产	规格	单位	账面数量	盘点数量	盘盈		盘亏		差异原因说明	拟处理对策及建议
						数量	金额	数量	金额		
负责人批示			仓库主管			制表人			经办人		

2）盘点方法。盘点方法可以从以下四个方面来划分：

① 以账或物来区别，可分为账面存货盘点和实际存货盘点。账面存货盘点是指根据数据资料，计算出商品存货的方法；实际存货盘点是针对未销售的库存商品，进行实地的清点统计，清点时只记售价即可。

② 以盘点区域来区别，可分为全面盘点和分区盘点。全面盘点是指在规定的时间内，对店内所有存货进行盘点；分区盘点是指将店内配件以类别区分，每次依顺序盘点一定区域。

③ 以盘点时间来区别，可分为营业中盘点、营业前（后）盘点和停业盘点。营业中盘点就是"即时盘点"，营业与盘点同时进行；营业前（后）盘点是指开门营业之前或打烊之后进行盘点；停业盘点是指在正常的营业时间内停业一段时间来盘点。

④ 以盘点周期来区别，可分为定期盘点和不定期盘点。定期盘点是指每次盘点间隔时间相同，包括年、季、月度盘点、每日盘点、交接班盘点。不定期盘点是指每次盘点间隔时间不一致，是在调整价格、改变销售方式、人员调动、意外事故、清理仓库等情况下临时进行的盘点。

目前，仓库盘点常用的有账面盘点和现货盘点两种方法。

① 账面盘点。账面盘点就是把每天出入库货物的品种、数量、单价等录入管理信息系统货账簿上，并进行核对，而后逐日累加或递减，得出总账面上的库存量及库存金额。

② 现货盘点（又称实盘）。现货盘点就是在仓库实地清点调查仓库内的各种货物的库存数，再根据它们各自的单价，计算出实际库存金额。

要确保盘点无误，最直接的方法就是确定账面盘点数与现货盘点数完全一致。依盘点时间频率不同，现货盘点还可具体分为几种方法。

a. 动态盘点。动态盘点包括永续盘点和循环盘点。永续盘点就是当天进来的货当天就盘点，这种货大多属于 A 类货物，其价值高，一旦盘点出现误差，库存误差就变大。如果进货较多或者比较难盘点，如小体积或包装较小的汽车配件，不可能一下盘点出来，就要循环地盘点，即明天盘点今天剩下的，后天盘点明天剩下的。

b. 期末盘点。即在规定的周期期末对库存所有货物都进行盘点。因盘点货物的范围广、数量多，一般需要仓库全体员工一齐出动，分组进行盘点。盘点小组每组至少三人，盘点、复盘、监盘各一人，并可以互相牵制、避免舞弊。

c. 循环盘点法。是在每天、每周按顺序一部分一部分地进行盘点，到了月末或期末每项商品至少完成一次盘点的方法。它是按照商品入库的先后顺序，无论是否发生过进出业务，都有计划地循环进行盘点的一种方法。

d. 定期盘点。这是每家企业必须做的，每年至少要盘点一两次。年终结账时一定要盘点，否则无法制作资产负债表。

e. 重点盘点法。对销售频率高、易损耗或价值高的存货重点进行盘点的方法。

3）盘点中作业。盘点中作业可分为三种，即初盘作业、复盘作业和抽盘作业。

① 初盘作业应注意，若营业中盘点，应先盘点购买频率较低且售价较低的商品；按照由左而右、由上而下的顺序进行盘点；每一个货架或每一类商品视为一个独立的盘点单元，使用单独的盘点表，以利按盘点配置表进行统计整理；最好两人一组进行盘点，一人点、一人记录，盘点单据上要填写清楚，以免混淆；盘点时应观察和记录商品的有效期，过期商品应随机取下，并做记录。

② 复盘作业应注意，复盘可在初盘进行一段时间后再进行，复盘人员应手持初盘的盘点表，依序检查，把差异填入差异栏。复盘人员须用红色圆珠笔填表。复盘时应再次核对盘点配置表是否与现场实际情况一致。

③ 抽盘作业应注意，抽盘办法可参照复盘办法。抽盘的商品可选择库区内死角或不易清点的商品，或单价高、金额大的商品。对初盘与复盘差异较大的商品要加以实地确认。

4）实施盘点的注意事项：

① 商品盘点按照 ABC 分类法进行。

② 盘点时填好盘点表，盘点表不得更改涂写，更改需用红笔在更名处由负责人签名。

③ 初盘完成后，将初盘结果记录于盘点表上，转交给复盘人员。

④ 复盘时由初盘人员带复盘人员到盘点地点，复盘不受初盘影响。

⑤ 复盘与初盘有差异时，复盘人员应与初盘人员一同寻找原因，确认后记录在盘点表上。

⑥ 抽盘时可根据盘点表随机抽盘或随地抽盘，ABC 类物资抽查比例为 5∶3∶2。

5）盘点后差异结果的分析及处理。

① 差异结果分析。盘点结束后，若发现账实不符，发现库存与盘点结果在数量上和金额上有盘盈或盘亏的现象，应立即查找原因，采取改进措施，"亡羊补牢"，这是整个盘点工作流程中很重要的一环。差异原因分析可以从以下因素着手：

a. 货物盘点的相关规章制度是否已建立健全，制度中有无漏洞，是否存在丢失、损坏、漏发、错发的可能。

b. 登记人员的素质，包括责任心、敬业精神、业务能力、原始单据和统计台账收集整理的规范制度等。

c. 进出库作业人员的素质，包括工作人员认真负责精神、相关的业务水平等。

d. 货物盘点是否妥当，是否有漏盘、错盘、重盘等。

e. 货物的特性如何，盘点差异是否在允许的范围内。

f. 盘点差异是否可事先预防，如何预防，如何降低账实差异率等。

② 差异结果处理。库存货物盘点差异追查清楚后，可针对问题的主要原因进行改进和处理。

a. 建立健全进、存、出货物检验、记录、核对制度，并落实到岗位、人员。

b. 分别培训登账人员和出入库货物的作业人员，提高仓库管理人员的素质。首先，应培养仓库管理人员的主人翁意识、责任感、爱库如家的精神；其次，应分岗位培训其业务操作能力；再次，应常进行岗位练兵活动，并形成制度。

c. 推行赏罚分明的奖励制度。对盘点结果无差异、仓库管理工作做得好的人员进行褒奖、对差错严重、管理工作做得较差的人员进行惩罚。

d. 对易发生货损货差的货物，可委派专人进行循环盘点，发现问题，及时解决。

e. 对盘点中发现的呆滞货物，应及时通知采购部门予以停购，并对库存的呆滞货物进行处理。

f. 对于废、次品及不良品，应视为盘亏，并专题研究其产生的原因及预防措施。对于已存在的废品、次品及不良品，应予以迅速处理。

三、汽车配件的出库管理

汽车配件出库业务，也叫发货业务。它是仓库根据销售部门开具的出库凭证，经过审核出库凭证、备料、拣货等工作把配件点交给要货部门的一系列工作流程。它是配件仓储作业的最后一个环节，也是仓储部门对外的窗口。其业务水平、工作质量在一定程度上反映了仓储的形象，直接影响到企业的经济效益和社会效益。因此，及时准确地做好出库业务工作，是汽车配件仓储管理的一项重要工作。

汽车配件出库业务的管理，是仓库根据出库凭证，将所储存的配件发放给需用部门所进行的各项出库作业。主要有两个方面的工作：

一是领料部门方面，在填写出库凭证（领料单、提货单等）时，对所领货物的品种、规格、型号、数量等项目须写清楚、准确。

二是仓库方面，按照程序作业，必须核对检查领料凭证的正误，按凭证上所列配件的品种、规格、型号、数量等项目组织备料，并保证把货物及时、准确、完好地发放出去。

1. 出库作业流程

出库作业流程是保证出库工作顺利进行的基本保证，为防止出库工作失误，在进行出库作业时必须严格履行规定的出库业务工作流程，使出库有序进行。配件出库的流程主要包括核单备货、复核等。

通常情况下，仓库管理员在接到送来的提货单后，应做好以下几方面的工作：

1）核单备货。配件发放需有正式的出库凭证，仓库管理员必须认真核对出库凭证，首先要审核凭证的真实性，然后核对配件的品名、型号、规格、单价、数量和收货人员等，再次审核出库凭证的有效期等。

审核凭证之后，按照单证所列项目开始备货工作。备货时应本着"先进先出、易坏先出、接近有效期先出"的原则，备货完毕后要及时变动料卡余额数量，填写实发数量和日期。

2）复核。为防止出现差错，备货后应立即进行复核。在发货作业的各个环节，都贯穿着复核工作。

3）点交。配件经复核后，需办理交接，当面将配件交接清楚。交清后，提货人员应在出库凭证上签字。

4）登账。点交后，仓管人员应在出库单上填写实发数、发货日期等内容并签字。

5）现场和档案的清理。现场清理包括清理库存商品、库房、场地和设备等。档案清理是指对收发、保养和盈亏数量等情况进行整理。

2. 汽车配件出库时发生问题的处理方法

由于仓库储存配件的种类较多，在配件出库过程中出现的问题也是多方面的，发现有问题时应及时处理。

（1）出库凭证（提货单）上的问题

1）发货前验单时，凡发现提货凭证有问题，如抬头、印鉴不符，或者情况不清楚的，应及时与出具出库单的部门或人员联系，妥善处理。

2）凡发现出库凭证有疑点，以及发现出库凭证有假冒、复制、涂改等情况时，应及时与仓库保卫部门以及出具出库单的单位或部门联系，妥善处理。

3）商品进库未验收，或者还未进库的出库凭证，一般暂缓发货，并通知相关人员，待货到并验收后再发货，提货期顺延。

4）提货时，用户发现规格不对的，保管员不得自行调换规格发货，必须通过制票员重新开票方可发货。

（2）串发货和错发货　串发货和错发货主要是指发货人员由于对物品种类规格不很熟悉，或者由于工作中的疏漏把错误规格、数量的物品发出库的情况。

如果配件尚未离库，应立即组织人力重新发货。如果配件已经离开仓库，保管人员应及时向主管部门通报串发和错发货的品名、规格、数量、提货人员等情况，共同协商解决。一般在无直接经济损失的情况下，由货主单位重新按实际发货数冲单（票）解决。如果形成直接经济损失，应按赔偿损失单据冲转调整保管账。

（3）漏记账和错记账　漏记账是指汽车配件在出库作业中，由于没有及时核销明细账而造成账面数量大于或少于实存数的现象。错记账是指在配件出库后，核销明细账时没有按实际发货出库的商品名称、数量等登记，从而造成账实不相符的情况。

无论是漏记账还是错记账，一经发现，除及时向有关领导如实汇报情况外，同时还应根据原出库凭证查明原因调整保管账，使之与实际库存保持一致。如果由于漏记账和错记账给客户和仓储部门造成了损失，应予赔偿，同时应追究相关人员的责任。

【重点知识回顾】

1. 汽车配件采购原则
2. 汽车配件采购流程
3. 汽车配件库存控制方法
4. 汽车配件出入库流程及相关准备工作
5. 汽车配件盘点工作

【能力训练】

任务一　汽车配件采购流程理解及练习

一、训练目的

熟练掌握汽车配件采购流程及各环节注意事项。

二、训练步骤

1）教师指导学生进行分组，每组5～6人。

2）以组为单位，分别进行不同汽车服务企业的配件采购模拟演练。

3）各组分别进行演练成果的总结与评价，最后由教师进行总结。

三、训练要求

1）能够准确判断和选择不同类型汽车服务企业进行汽车配件采购的渠道和方式。

2）能够按照标准流程步骤，完成汽车企业配件的采购。

四、实训涉及内容

1. 汽车配件采购渠道。

2. 汽车配件采购方式。

3. 汽车配件采购流程。

任务二　汽车配件采购数量确定方法的应用

案例一：某汽车生产企业某配件的日平均需求量为 200 件，标准差为 25 件，订购的提前期为 5 天，要求达到的安全服务水平为 95%，每次订购成本为 450 元，年保管费率为 20%，货品单价为 1 元，企业全年工作 250 天，本次盘存量为 500 件，经济订货周期为 24 天。计算目标库存水平与本次订购批量。

案例二：某配件销售公司全年需购进某种配件 4000 件，每次进货费用为 10 元，配件单价为 4 元，单位配件年平均储存费用为 0.5 元，求该汽车配件的经济批量是多少。

案例三：某汽车企业 A 配件去年各月份的需求量见表 4-11，最大订货提前期为 2 个月，缺货概率根据经验统计为 5%（对应安全系数为 1.65），求 A 配件的订货点。

表 4-11　A 配件各月份需求量

月　份	1	2	3	4	5	6	7	8	9	10	11	12	合计
需求量/件	171	173	167	180	181	172	170	168	174	168	163	165	2052

一、训练目的
熟练掌握定量订货法和定期订货法的计算方法与过程。

二、训练步骤
1）教师组织学生进行例题分析。
2）学生完成各个例题答案的求解。

三、训练要求
1）能够准确判断每一例题所应采用的计算方法。
2）能够准确按照每一种方法的计算步骤，完成该例题的求解。

四、实训涉及内容
1. 定量订货法的订货点。

2. 定量订货法的经济订货批量。

3. 定期订货法的目标库存量。

第五章

汽车服务企业客户关系管理

目标名称	目标内容
知识目标	1. 了解企业客户关系管理的含义及其重要性
	2. 了解客户细分方法及价值管理的内容
	3. 掌握汽车服务企业客户满意度经营与管理的方法
	4. 掌握汽车服务企业客户忠诚度经营与管理的方法
	5. 掌握汽车服务企业客户投诉的处理方法、步骤和技巧
技能目标	1. 能够准确进行客户细分及价值分析
	2. 能够进行企业客户满意度与忠诚度的经营与管理
	3. 能够运用正确的方法和步骤完成汽车服务企业客户投诉的处理
情感目标	1. 正确认识客户投诉对企业的意义
	2. 重视客户满意度对企业发展的影响

建议学时：8学时。

名人名言

客户第一，员工第二，股东第三。

——叶利沃特·史克拉

第一节　客户关系管理

【案例导入】

CRM 在汽车行业的作用

客户关系管理（CRM，Customer Relationship Management）是强调"以客户为中心"的管理方法，将客户而非产品，放在提高企业竞争力的中心位置。这一思想非常适合正在急于寻找不同于价格战、广告战的竞争策略的中国企业。汽车行业的竞争正在逐步从"以产品为中心"的模式向"以客户为中心"的模式转移。

"以客户为中心"的管理模式是将客户资源作为企业最重要的核心资源。客户关系管理的核心是客户价值管理。它将客户价值分为既成价值、潜在价值和模型价值，反映到我国汽车行业的前端管理中，它呈现以下特点。

（1）整合现有销售渠道，以实现信息共享　市场营销是汽车工业发展的关键，从整合汽车行业的销售体系来看：

1）对于汽车经销商来讲，必须管理多样的、复杂的终端消费客户群体，包括私人购买者、同一单位的购买者（大客户）、出租车公司等不同的客户类别和信息。

2）对于汽车生产企业的销售公司来说，管理网点就是管理现有销售、保证销售业绩的最主要方面。

（2）形成"四位一体"的营销服务体系　在现今的中国汽车销售模式中，主要有以整车销售、配件销售、售后服务、信息反馈组成的"四位一体"的专卖店和汽车有形交易市场两种。

（3）日益注重售后服务满意度　代理商在专营化、多功能化、全方位上下功夫，完善服务体系、注重售后服务的满意度正在成为提高竞争力的重要方面。

要服务好客户，必须能够将信息整合在客户的档案中，能够迅速地查询到客户的购车情况、购车型号、保养情况等，这正是客户关系管理的强项，所有这些都将使售后服务得到改善，增加客户的满意度。

案例思考：

1. 什么是客户关系管理？
2. 客户关系管理与重视对企业的发展有何意义？

一、客户关系管理概述

最早发展客户关系管理的国家是美国，其在 1980 年初便有所谓的"接触管理"（Contact Management），即专门收集整理客户与公司联系的所有信息；1999 年，世界著名的 IT 系统项目论证与决策权威机构——Gartner Group Inc 公司提出了客户关系管理（CRM，Customer Relationship Management）的概念。经历了二十几年的不断发展与完善，对"客户关系管理"概念的理解逐渐趋于成熟，即 CRM 是企业为发展与客户之间的长期合作关系、提高企业以客户为中心的运营性能而采用的一系列理论、方法、技术、能力和软件的总和。

二、客户关系管理的理解

从字面上看，客户关系管理可拆分为客户、关系、管理三个词组。要理解客户关系管理的概念，就要对客户、关系与管理三个词组有比较深刻和透彻的理解，如图 5-1 所示。

图 5-1　客户、关系及管理图解

1. 界定清楚客户的内涵

在企业管理中，客户有狭义和广义之分，也有个人和组织之分。狭义的客户是指产品和服务的最终使用者或接受者。广义的客户要结合过程模型来理解，即在商品和服务的输出过程中，任何一个接触者和参与者都可能是客户，广义的客户不仅包括企业产品的终端消费者，还包括了与企业经营相关的任何组织和个人。要细心周到地维护客户关系，如图5-2所示。

客户可以是一个人、一个目标群体、一个组织。个人客户是指消费者，即购买最终产品与服务的零售客户，通常是个人或家庭，他们构成消费者市场；企业客户是指购买另外企业的产品或服务并附加在自己的产品上而后一同出售给另外的客户，或反之，企业客户构成企业市场。

当今全球范围内的竞争，与其说是企业之间的竞争，不如说是一系列以核心企业为中心的供应链之间的竞争。对

图5-2 细心周到地维护客户关系

于一个核心企业来说，它处于供应商、分销商、零售商以及最终消费者的庞大链条上，它的客户不只是最终消费者，还包括它所处的供应链上的任何一方，可以说任何一方都很重要。

所以，CRM中的"客户"应该包括外部客户和内部客户两部分。供应商、分销商、零售商和最终消费者是企业的外部客户；而作为企业产品和服务的生产、输出和经营管理者的企业员工，则是企业的内部客户，这通常是最容易被企业忽略的一类客户，但是他们对企业来说又是最具长期获利性的客户。

2. 理解"关系"的含义

关系是指两个人或两组人中的一方对另一方的行为方式以及感觉状态。在企业的经营中，各利益相关者与企业之间的行为方式与感觉状态决定了企业的成败。商业交往中，关系的发展与形成是一个重要的过程，企业一定会有点头之交的客户，也会有产生投诉与不满的客户，同样也会有对公司的产品和服务都非常满意的客户。商业竞争中越来越多的塑造品牌，其实就是企业发展的过程中，与客户建立忠诚度的一种体现。所以，全面提升客户满意度，树立企业的品牌形象，建立忠诚的客户群，形成战略型的伙伴关系是企业发展的必然趋势。关于企业与客户的关系，有如下要点：

（1）关于关系的特征 一是行为特征，二是感觉特征。前者是指客户对于企业关系程度的行为表现，如重复购买、交叉购买等；后者是指客户对于企业关系程度的态度表现，如情绪上偏爱、口碑传诵、推荐等。一种关系应具备行为与感觉两种特征，否则，缺乏任何一个特征，都应该是"欠缺的关系"。企业在加强与客户关系的同时，不仅要关注关系的行为特征，更要考虑到关系的另一个特征，即客户的感觉等其他非物质的情感因素。从效果上来说，后者不易控制和记录，但是，企业一旦与其客户建立了情感关系，这样的关系就变成了企业的核心竞争力，企业的竞争对手就不易模仿。从感觉到行为的关系特征如图5-3所示。

（2）关于关系的长度 任何关系都有一个生命周期，即从关系建立、关系发展、关系维持到关系破坏、结束。企业与客户的这种从关系建立到关系终止的时段，称为客户关系生命周期。关系有时间跨度，好的感觉需要慢慢积累，因此，企业要有足够的耐心来培养与客户的良好关系。

（3）关于关系的投入与产出 企业与客户建立、发展和维持关系，需要投入大量的人力、物力、财力与时间。关系建立阶段，作为追求方的企业，即要求建立关系的一方，付出会比较多。关系稳固以后，企业才开始获得回报，不过这个阶段企业容易懈怠，以为大功告成，进而忽略了维持关系的必要性。在如今供过于求的时代，作为被追求方的客户一般是比较挑剔的，只要

有一次让他们感觉不好，都有可能导致企业的努力前功尽弃。企业是商业利益的追逐者，因此企业在经营与客户的关系时，也应遵循利益最大化的原则，在关系成本一定的条件下，尽量使其关系受益最大化，或在关系收益一定的条件下，尽量使其关系成本最小化，从而使关系盈利最大化。

图 5-3　从感觉到行为的关系特征

（4）建立良好关系的因素　建立良好的人际关系有一些基本层面。不管是和个人的关系还是和组织的关系，其基本原理是一样的。那些让两个人之间产生强烈的、稳固的、真正的关系的因素也是让一个企业或组织与其客户之间产生同样关系的重要因素。守信，遵守承诺是关系建立中很重要的因素。信用即指一个人诚实、不欺骗、遵守诺言，从而取得他人的信任。企业在与客户建立关系的过程中要努力博取客户的信任，这样客户就能乐于与企业交往，乐此不疲地购买企业的产品和服务，成为企业忠实的客户。

3. 理解管理的概念

管理即管辖、经营。企业的管理是在特定的环境下，企业从环境中获取各种资源，如人力、物力、财力、信息、时间等，通过技术、管理的各个职能（计划、组织、领导与控制）的转换，从而有效与高效地达到企业既定目标的过程。企业的发展离不开管理，客户关系的经营也离不开管理，只有充分理解、做好，管理才能规范化，管理才能出效益，管理才能实现客户价值，给企业带来利润的最大化。所以，管理是实现客户价值和企业利润最大化的体现。管理的理解如图5-4所示。

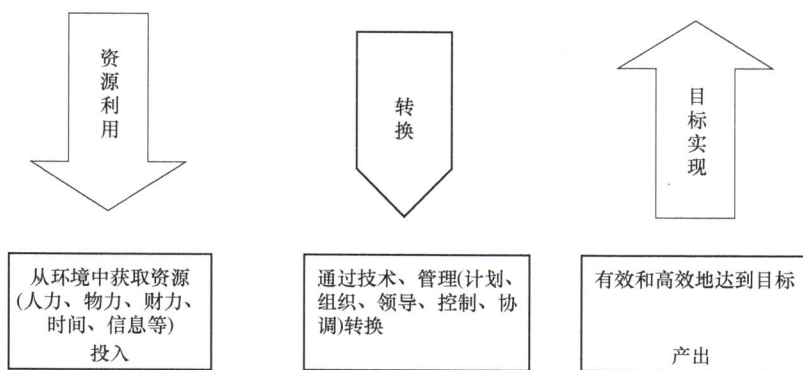

图 5-4　管理的理解

总之，客户关系管理是一种管理理念，其核心思想是将企业的客户作为最重要的企业资源，利用 CRM 系统，通过完善的客户服务和深入的客户分析来满足客户的需求，从而提高客户满意度，进而提高客户的忠诚度，最终实现企业利益最大化。

三、客户关系管理的重要意义

1. 有利于提高企业的盈利能力

（1）实施 CRM 可以降低企业的经营成本　有资料表明，企业用于增加一个新客户的成本是维持一个老客户成本的 5～8 倍。哈佛商学院曾经对整个购买生命周期内服务于客户的成本和收益进行了研究分析，并得出结论：对于每个行业来说，在早期为赢得客户所付出的高成本使得客户关系不能盈利，但在随后几年，随着服务老客户成本的下降及老客户购买额的上升，这些客户关系带来了巨大收益。另有研究表明：每增加 5% 的客户保持率就将使得客户的收益率增加 35% ~ 95%，从而使得公司利润大幅度增加，其增加的幅度依行业不同而不同。因为寻找新的客户需要花费大量成本，CRM 通过满意服务和客户忠诚度计划维系企业的现有客户，并通过老客户的口碑效应扩大企业的影响、提升企业形象、吸引新客户，大大降低了企业的经营成本。

(2) 实施 CRM 可以使企业获得更多的收入　因为客户关系管理会为企业带来满意的忠诚客户。忠诚客户会重复购买，会增加投入的份额，对价格的敏感程度相对较低，会推荐其他人前来购买。CRM 使企业的管理重点由短期交易变为长期交易，并通过客户分类，识别最有价值的客户。

2. 有利于降低企业的经营风险

当今企业的经营环境高度不确定，不稳定，且变化迅速。表现在客户需求的不确定性增加、多元化趋势加剧、变化快。企业传统的"为产品找客户""以产品为中心"的经营理念正在承受极大的挑战与风险，因为产品一旦开发失败，将受到"灭顶之灾"。而"为客户找产品""以客户为中心"的经营理念却成为企业缓冲市场扰动造成的冲击，最大限度地降低企业经营风险的有效途径。

3. 有利于为企业创造竞争优势

开发 1 个新客户的成本等于留住 5 个老客户的成本，也就是说留住老客户是最具性价比的选择。如何留住老客户，如何提高客户的重复购买率，这些都是很多企业面临的问题。

客户关系管理是企业竞争的利器，它关注、识别、保留和发展有价值的客户，通过客户满意计划和忠诚计划提高客户满意度和忠诚度。

4. 是企业提高交易效率的重要途径

CRM 从长期的投资回报考虑，架构企业与客户之间不可或缺的互动关系，企业充分考虑到客户的各种要求，为客户创造性地设计各种交易结构，使买卖双方均为了支持对方而进行有价值的投资，形成一种持续性的依赖关系，这种治理结构有助于降低交易成本，提高交易的效率。这种依赖关系越持久，双方从彼此处获得的收益也越大。

第二节　价值管理及客户细分

【案例导入】

宝洁公司客户市场细分的研究

1. 按地理变量细分

宝洁公司的地理细分主要表现在产品技术研究方面，如宝洁经过化验发现东方人与西方人的发质不同，于是宝洁开发了营养头发的潘婷，满足亚洲消费者的需求。针对不同地区，主推的产品也不一样，比如在偏远的山区，宝洁推出了"汰渍"等实惠便宜的洗涤产品。对于北京、上海、香港以及更多的国际大都市，则主推玉兰油以及潘婷等高端产品。

2. 按个人变量细分

(1) 年龄　例如，宝洁广告画面多选用年轻男女的形象，如选用青春偶像作为广告模特。宝洁的市场定位为青年消费群体，高额的市场占有率充分证明了其定位的准确性。沙宣主要针对讲究个性的年轻时尚白领一族。

(2) 收入　收入是影响市场细分的一个常用人口变量，收入水平影响消费者需求并决定他们的购买能力。宝洁的洗衣粉刚打入中国市场时，调研发现中国消费者对洗衣粉的功效要求不高，用量是西方国家的 1/10。市场细分如下：碧浪定位于高价市场，为 5% 的市场占有率；汰渍定位于中价市场，为 15% 的市场占有率；在中国收购及合资的当地品牌熊猫、高福力、兰香定位于低价市场。

（3）**性别**　宝洁公司旗下的吉列品牌剃须刀、刀片及其他剃须产品，将面对的整体市场按性别因素细分为男士和女士市场，它专门为男士设计了锋速三、超级感应、感应、超滑旋转等系列产品，而专门为女士设计了吉列女士专用刀架、刀片，吉列女士超级感应系列等产品，深受消费者喜爱。

3. 按心理变量细分

（1）**社会阶层**　宝洁公司利用社会阶层这一特点，对不同的阶层进行营销战略。宝洁公司旗下国际著名护肤品牌 SK-Ⅱ 针对的就是社会地位较高的购买者，精华露的价格从 800 元到 1200 元不等；而 OLAY 的产品面对的是中下等消费者。

（2）**生活方面**　面对广大的家庭主妇型消费者，宝洁公司推出了桶装洗发水、沐浴露，适用于家庭使用；而对于大学生群体或者经常外出的人们，宝洁公司同时推出了易携带的洗护二合一产品。对于白领一族，宝洁公司还推出了亚洲第一彩妆品牌：ANNASUI（安娜苏）。

4. 按行为变量细分

1）宝洁根据不同消费者群体，推出四种不同诉求利益的洗发产品：

海飞丝——去屑；

潘婷——维他命原 B5 营养发质；

飘柔——柔顺光滑；

沙宣——专业美发；

伊卡璐——草本精华。

2）按使用数量中的大量使用者来分：

帮宝适——婴儿；

护舒宝——女士专用品；

玉兰油——时尚女性。

3）按购买时机来分：

夏季畅销的玉兰油多效防晒霜；

玉兰油护肤沐浴乳。

案例思考：

1. 什么是客户价值？
2. 什么是客户细分？
3. 如何进行客户细分管理？

一、客户价值

1. 客户价值的含义

客户关系管理的真正内涵就是找到并获得高价值客户，培养客户的忠诚度和提高客户的价值，从而使企业从顾客处获得价值，达到自己的目标。客户关系管理是创造与交换价值的过程，使企业与客户双方追求的价值最大化，双赢是 CRM 实施的最佳效果。

客户价值是 20 世纪 90 年代以来西方营销学者和企业经理人员共同关注的焦点，并被看做是企业竞争优势的来源。企业的经营过程可以看做一条价值链，因此企业的活动本身可以看做一个价值创造过程，客户价值是企业价值创造活动的起点。有观点认为，客户价值是客户实现的价值与客户付出的代价之差。客户实现的价值是客户对得到的产品或服务的性能、质量、品牌和售后服务等因素满足程度的综合表现，其数量是用以上诸因素效用函数值加权平均数为基础的客户期望值。客户付出的代价是指客户付出的买价与客户发生的附加成本（如学习如何使用产品花费的时间）。客户价值越高，产品或服务的市场越大，其盈利能力越强，企业的经营业绩就越好。使客户价值最大化意味着使获得与付出的差异最大化。

早在1954年，管理学家德鲁克就指出，客户购买和消费的绝不是产品或服务，而是价值。科特勒也说过：营销并不只是向客户兜售产品或服务，而是一门真正为客户创造价值的艺术。

客户价值应从两个角度考虑：一是企业为客户创造的价值；二是客户为企业创造的价值。在当今市场竞争日益激烈的情况下，只有企业首先为客户提供价值，才会有可能让客户满意，进而使客户重复或交叉地购买或增量购买，或口碑传颂，或为企业推荐新的顾客，从而使企业增加货币或非货币的收益。如果企业没有给客户提供他们所期望的价值，就不可能让客户满意，不可能让客户忠诚，从而也不太可能为企业带来收益，即使由于市场垄断等原因使企业短期收益，也不可能持续下去。

客户价值从客户角度和企业角度看，有完全不同的内涵。那么，驱动客户价值的因素以及这些因素在其价值构成中的权重完全不同，而且不同的客户，其价值驱动因素也不同。

从客户角度看，企业给客户的价值大小取决于客户感知所得减去客户感知所失的差。例如，作为客户，其爱车的发动机进行了大修，动力性、燃油经济性必须恢复到或接近新车，同时，还需要业务接待员具有良好的服务态度，车辆维修要及时，对质量的承诺、维修后的跟踪服务甚至赠送的小礼品都要求令人满意。

客户感知所得，包括客户从企业得到的任何对其有益的产品和服务；而感知所失，就是客户为得到企业所给予的任何利益必须付出的代价，如货币成本、时间成本、精力成本、心理成本、各种风险等。

在大多数观点中，对价值增值战略的讨论主要集中在如何增加核心产品的价值。诚然，为客户提供更多的所得无疑可以增加客户价值，但是，如果在客户感知所得不变的情况下，降低客户的感知所失无疑也是增加客户价值的一条绝好的途径。为了减少客户的感知所失，企业必须全面了解客户的价值链及构成价值链的活动，掌握有关客户需要和偏好的知识。实际上，购买价格和在时间和空间上的方便程度也是影响客户感知所失的主要因素。同时，因延迟交货而发生的成本、因错误的订货处理发生的成本和因担心供应商是否能履行承诺而耗费的精力或增加的心理负担等间接关系成本和心理关系成本也是十分重要的因素。在各项与感知所失相关的因素中，非货币因素往往处于举足轻重的地位，如许多客户把时间等看作比金钱更重要的资产。

从根本上讲，客户价值创造的途径有两大类：提高客户的感知收益和降低客户的感知付出。客户感知价值指标体系如图5-5所示。

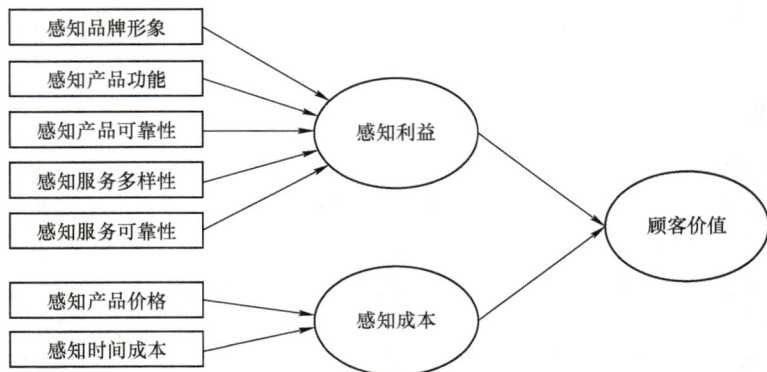

图5-5　客户感知价值指标体系

2. 提升客户价值的途径

客户是最大效用的追求者，企业是最大利润的探寻者。企业在提升客户价值、增加客户的效用、提高客户的满意度的前提下，提高客户的忠诚度，增加企业价值，使企业获利。

根据客户价值理论，提高客户价值有如下途径：

（1）增加总客户价值　总客户价值包括产品价值、服务价值、形象价值与人员价值，企业增加其中一种或同时增加几种价值，都能增加总的客户价值。

（2）减少总客户成本　总客户成本包括货币成本、时间成本、体力成本、精神成本，企业减少其中一项或几项，都能增加客户价值。

（3）既增加总客户价值，又降低总客户成本　即企业既增加上述任何一种或几种价值，又减少其中一种或几种成本，从而增加客户价值。客户让渡价值的决定因素如图 5-6 所示。

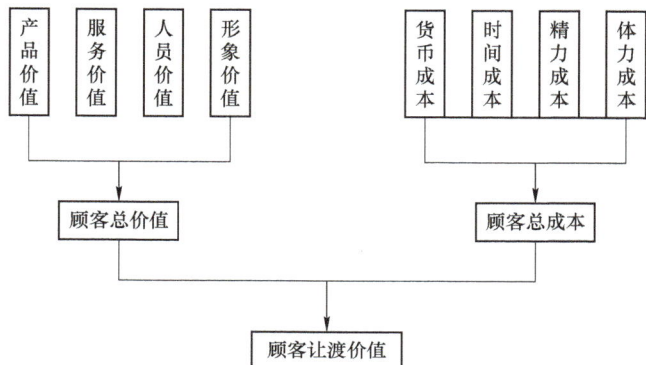

图 5-6　客户让渡价值的决定因素

二、客户细分

1. 客户细分的概念

客户细分是指根据客户属性划分的客户集合。它既是客户关系管理的重要理论组成部分，又是其重要管理工具。它是分门别类研究客户，进行有效客户评价，合理分配服务资源，成功实施客户策略的基本原则之一，为企业充分获取客户价值提供理论和方法指导。

客户细分可以认为是来源于市场细分。市场细分这一概念最早出现在 1956 年，由美国市场学家温德尔·斯密作为一种营销理论提出。但是作为一种营销理论，由于市场细分缺乏一种量化的技术支持，长期以来在企业中的应用往往带有很强的主观色彩。市场细分是适应以市场为中心管理理念的一种市场营销理论和方法，其作用是指导企业进行目标市场定位，从而可以更容易地将产品推向市场。

客户关系管理思想下的客户细分是指企业在明确的战略、业务模式和特定的市场中，根据客户的属性、行为、需求、偏好以及价值等因素对客户进行分类，并提供相应的产品、服务和营销模式的过程。在以客户为中心的管理理念中，客户已经成为一种最重要的战略资源，而不再仅仅是推销产品的对象。相应的客户细分作用也不仅局限于市场营销部门，而成为一种贯穿企业的客户获取、客户保持及客户发展等客户关系管理过程的重要基础分析手段。

2. 客户细分的目的

西方实证研究表明，企业 80% 的利润是由 20% 的客户创造的，这就是著名的"80/20 法则"。由于企业资源的有限性，企业不可能为所有客户都提供令其满意的服务，这就是导致企业在不断努力开发新客户的同时，也不断地有老客户因为不满意其服务而离开的原因。而开发一个新客户的成本是维系一个老客户的成本的 4~5 倍，减少 5% 的客户流失率就可增加 60%~80% 的利润，因此企业能否维系住老客户尤其是优质客户，是决定企业盈利能力大小的关键，也是企业核心竞争力的重要组合部分。对于企业而言，不同的客户具有不同的内在价值，客户关系管理作为一个获取、保持和增加可获得客户的过程，其首要问题就是采取有效方法对客户进行分类，发现内在价值高的客户，将企业有限的资源集中于这些客户，更好地位他们提供服务，培育客户忠诚度，防止优质客户被挤压而失去。衡量客户质量的主要指标是客户价值，客户价值也是客户分类的重要依据之一，它可以通过不同的指标形式反映出来，从而产生不同的分类方法。

3. 客户细分的特点

客户细分问题的本质也是分类问题，但是这种分类问题有其自身的特点。

1）客户细分对客户的划分不是一成不变的。随着企业客户的不断变化和客户数据的不断积累以及所要解决问题的不同，这种细分工作将根据需要适时进行。由于客户细分问题的复杂性，错误分类情况的出现往往是难以避免的。为使每个客户都有被正确分类的机会，应提高在多次细分中至少有一次正确分类的可能性。客户细分应该能够反映客户行为的随机性和动态性。由于受心理和社会因素影响，客户行为往往具有随机性和不确定性，因此，客户关系管理中的客户细分方法要能够反映这种随机性与动态性，即客户细分的结果不应是一成不变的。

2）受多种因素影响，客户的行为会随时间推移而发生变化。因此，不同时间的数据反映的规律可能不同，客户细分方法要能够在这种变化中把握客户的行为规律性。

4. 客户细分的类型

按照客户价值细分，形成一个金字塔式的客户结构，将此法称为客户金字塔法，如图 5-7 所示。

此法将客户细分为如下四类：

VIP 客户——这种类型的客户数量不多，但其消费额在企业的销售额中占有的比例很大，对企业贡献的价值最大，他们位于金字塔的顶层，一般情况下占企业客户总量的 1% 左右。

主要客户——指的是除 VIP 客户外，消费金额所占比例较多，能够为企业提供较高利润的客户，约占企业客户总量的 4%。

普通客户——这类客户的消费额所占比例

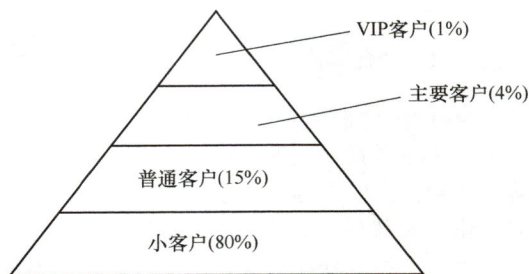

图 5-7　客户金字塔结构图

一般能够为企业提供一定的利润，占企业客户总量的 15% 左右。

小客户——这类客户人数众多，但是能为企业提供的盈利却不多，甚至会使企业不盈利或亏损，他们位于金字塔的底层。

另有将客户细分为铂金、黄金、钢铁、重铅四种类型的分法，如图 5-8 所示。

图 5-8　扩大的客户金字塔模型

各层含义如下：

铂金层级：铂金层级代表那些盈利能力最强的客户，他们是典型的产品的重度用户，他们对价格并不十分敏感，愿意花钱购买，愿意试用新产品，对企业比较忠诚。

黄金层级：黄金层级和铂金层级不同，这个层级的客户希望价格有折扣，他们没有铂金层级的客户那么忠诚，所以其盈利能力没有铂金层级客户那么高。他们也许是重度用户，但往往与多家企业而不是一家企业做生意，以降低他们自身的风险。

钢铁层级：钢铁层级包含的客户数量较大，能消化企业的产能，但他们的消费支出水平、忠诚度、盈利能力不值得企业去特殊对待。

重铅层级：重铅层级不能给企业带来盈利。他们的要求很多，超过了他们的消费支出水平和盈利能力对应的要求，有时他们是问题客户，向他人抱怨，消耗企业的资源。

第三节　客户满意度的管理

【案例导入】

客户满意度建设——"满意100"承诺的不仅是时间

品质、效率、态度、技术……哪一个是售后服务的核心？"满意度"这样一个感性的指标如何用数字去量化？量化的意义何在？近日，笔者带着这些问题，走访了成都宝悦宝马售后服务中心。

毫无疑问，对宝马车主而言，售后服务的效率是非常重要的，如果一个简单的保养需要花半天的时间，想让他们满意是不可能的。

而早在一个月前，笔者就获悉成都宝悦推出"满意100，预约有礼"特色服务项目，今天才得以亲身体会。

其售后服务经理告诉笔者，在车主到店把车交给售后接待顾问进行简单检查之后，如果是只做常规保养，售后接待顾问就会在车顶放一个"100"的小牌子，车间调度在看到这块牌子之后会优先安排工位和技师，提前备料，保证在100min之内完成所有工序，把车交还给车主。并且承诺：如果超过100min，则会根据超时的长短，补偿车主价值不等的礼品和维修代金券。

据了解，作为宝马中国南区最大的授权经销商集团，"满意100"一直是宝悦的特色服务项目。在经过前期的过渡之后，成都宝悦把这个项目引入了成都市场，推行一段时间以来，效果非常好。

咖啡吧、上网区、电影室——这些在高端品牌的4S店里已经很常见了，但是宝悦的管理者显然对此不满意。所以，他们聘请了专职6星级的按摩师，斥资购买了高档按摩椅，在给车做保养的同时，也让车主放松一下身体，做一个"保养"。"100min就是一场电影的时间，一杯下午茶的时间，对客户来说，这个长度的等待时间是可以接受的，更何况，我们还准备了那么多帮他打发时间的东西。"成都宝悦总经理赖翼如是告诉笔者。

同时，成都宝悦市场部负责人覃平告诉笔者："我们现在提供的这些服务在客户和竞争对手看来，也许已经比较好了，但我们自己要求不断进步，除了继续增加服务设施之外，2年之后位于西延线的宝马大厦将完工，届时，客户来做保养就不再会是一个耽误时间的'负担'了，而是一次彻底的享受，甚至可以把上午会谈都安排在这里。"

"满意100"——不仅是时间的承诺，更是心意的承诺。

案例思考：

1. 如何理解客户满意度对企业的意义？
2. 如何经营、管理客户满意度？

一、客户满意度概述

"客户满意"这一概念最早起源于20世纪80年代的美国，当时美国的市场竞争环境日趋恶劣。美国电报电话公司为了获取更有力的竞争优势，尝试性地了解客户对企业所提供服务的满意与不满意之处，并以此为基础对产品和服务的质量等进行了改进，取得了较好的效果。与此同时，日本本田汽车公司也开始应用客户满意作为自己了解情况的一种手段，并完善了这种经营战略。20 世纪 90 年代中期，客户满意度调查在大陆的跨国公司中得到迅速而广泛的应用。原因之一是跨国公司总部要求按照本部的模式定期获得大中国区市场的客户信息，以应对全球化进程中的计划与挑战；二是在日趋激烈的竞争中，优秀的服务成为企业获得并保持竞争优势的重要诉求；三是主管需要对员工的工作绩效进行量化评估，这需要来自客户的评价。

虽然客户满意理论的发展只经历了短短二十几年的时间，但"客户满意"并不是新的管理理论，它原本就是一个企业生存与发展所必须具备的基本要素。从 20 世纪 90 年代兴起的关系营销到现在的客户关系管理，不论是生产或营销，人力资源或财务管理，无不把客户满意作为工作的核心。

客户满意度是指客户对其明示的、通常隐含的或必须履行的需求或期望已被满足的程度的感受。

客户满意度管理被定义为：一种以客户满意为核心、以信息技术为基础、以客户满意指标和客户满意级度为主要工具进行的企业经营管理，是企业管理的一种基本形式。客户满意管理是现代市场竞争和信息时代的管理理念、管理战略和管理方式的综合，是现代市场经济体制下组织管理的基本模式。它以客户满意为关注焦点，统筹组织资源和运作，依靠信息技术，借助客户满意度测量分析与评价工具，不断改进和创新，提高客户满意度，增强竞争能力，是一种寻求组织长期的、集成化的管理模式。

著名企业管理专家谭小芳认为，客户满意度（CSR，Consumer satisfactional research，也称客户满意指数）是客户满足情况的反馈，它是对产品或者服务性能，以及产品或者服务本身的评价：给出了（或者正在给出）一个与消费的满足感有关的快乐水平，包括低于或者超过满足感的水平，是一种心理体验，是对服务性行业的客户满意度调查系统的简称，是一个相对的概念，是客户期望值与客户体验的匹配程度。换言之，就是客户通过对一种产品可感知的效果与其期望值相比较后得出的指数。客户满意的理解如图 5-9 所示。

本质上讲，客户满意度反映的是客户的一种心理状态，它来源于客户对企业的某种产品服务消费所产生的感受与自己的期望所进行的对比。也就是说"满意"并不是一个绝对概念，而是一个相对概念。企业不能闭门造车，留恋于自己对服务、服务态度、产品质量、价格等指标是否优化的主观判断上，而应考察所提供的产品服务与客户期望、要求等吻合的程度如何。

世界上最难跳的就是大拇指上的舞蹈！

图 5-9　客户满意的理解

客户满意度管理，是指企业通过调查、分析、研究，在了解企业目前客户满意情况的基础上，找出影响客户满意度的影响因素，通过在企业内部导入客户满意观念，并持续改进客户满意度的行为。一个高度满意的客户会更长时期地忠诚于企业，会购买更多的企业新产品并提高购买产品的档次，会对公司及其产品有好感并为它们做宣传，会忽视竞争者的品牌和广告，会降低企业的交易成本。

二、影响客户满意度的因素

影响客户满意度的因素很多，许多学者从不同的角度对此进行了分析研究，其中客户满意的双因素理论、卡诺模型、层次分析模型是典型的对其进行解释的理论。

1. 客户满意的双因素理论

这是赫茨伯格的双因素理论在客户满意度上的运用。运用该理论，把影响客户满意度的因素分为两类不同性质的因素：一类是保健因素，另一类是激励因素。保健因素是客户所期望的，没有得到满足的话，客户就不满意；激励因素是雇员提供给客户的，提供后，客户会很愉悦和满意。这两类因素对客户满意度的影响是完全不同的。保健因素是导致客户满意度低的因素，激励因素是导致客户满意度高的因素。即如果没有提供保健因素，客户会很不满意，提供后，客户只是没有不满意，但不一定是满意的；反过来，企业若提供了激励因素，则客户会很满意，若没有提供激励因素，客户也只是没有满意而已，不会不满意。也就是说，无论企业在保健因素上如何出色，结果只是客户没有不满意而已，并不会因此有很高的满意度。而客户没有得到激励因素也并不会因此对企业产生怨恨，只是有些遗憾而已，并不会因此导致客户的不满意。

在此利用客户满意的双因素来分析行业内公司业绩的类型。客户满意度坐标方格如图 5-10 所示。图中的四个角代表了完全不同的情况，尽管行业不同或商业类型不同。

1）处于左下角的情况。公司面临危机，客户的满意度低，将会流失更多的客户。尽管公司可以随便应付一阵，但是长期的前景是暗淡的，除非处于这种情况的公司进行根本的变革去接近客户，否则过不了多久就会倒闭。

2）处于左上角的情况。公司较之前者生存的机会大一些，这样的公司能够满足客户的基本需要，但忽略了其他的因素。如一家餐馆，可以提供可口的食物，但是用餐环境很差，而且服务也很差。竞争的激烈程度决定了公司的生存机会。若其竞争对手没有获得较高

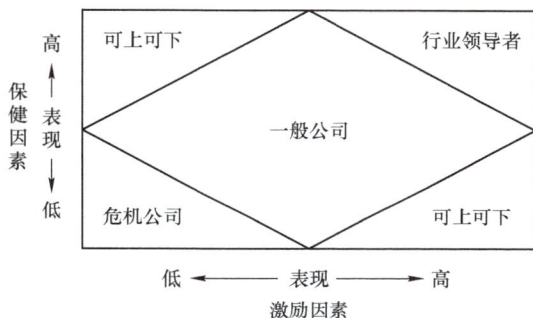

图 5-10　客户满意度坐标方格

的客户满意度，则它还有可能维持现状；但当其竞争对手的绩效更好，能够提供更好的服务时，它就会在市场竞争中迅速衰败。

3）处于右下角的情况。公司所处的局面是很令人困惑的。公司的业绩水平在某些甚至所有愉悦度方面都是很高的，然而在保健因素方面却不完善，这些公司只需在保健因素上努力得到客户的认可，即可摆脱困境。

4）处于右上角的是创新的企业领袖，这种企业掌握了所有客户的期望，形成并贯彻了有效的增值传运系统，这样的企业已经形成了持久的、有竞争力的优势。

行业内，大多数都是处于中间状态的公司，无论是保健因素还是激励因素，它们都做得一般，表现平平，客户满意度一般。

2. 卡诺（kano）模型

卡诺模型是由日本的 Noriaki Kano 博士提出的。卡诺模型中提出，产品和服务的质量分为三个大类：当然质量、期望质量和迷人质量，如图 5-11 所示。

（1）当然质量（基本型需求）　当然质量是指产品和服务应当具备的质量，即是客户对企业提供的产品或服务的基本要求，如电视机的清晰度、汽车的安全性等。这是客户认为产品或服务"必须有"的属性或功能，是企业必须提供给客户的。当其特性不充足（不满足客户需求）时，客户会很不满意；当其特性充足（满足客户需求）时，客户也可能不会因而表现出满意。对于当然质量（基本型需求），即使其超过了客户的期望，客户充其量是达到满意，但不会对此表现出更多的好感。而且只要稍有疏忽，未达到客户的期望，客户的满意度就会一落千丈。

对于客户而言，这些需求是必须满足的、理所当然的。例如，夏天家庭使用空调，如果空调正常运行，客户不会为此而对空调质量感到满意；反之，一旦空调出现问题，无法制冷，客户对

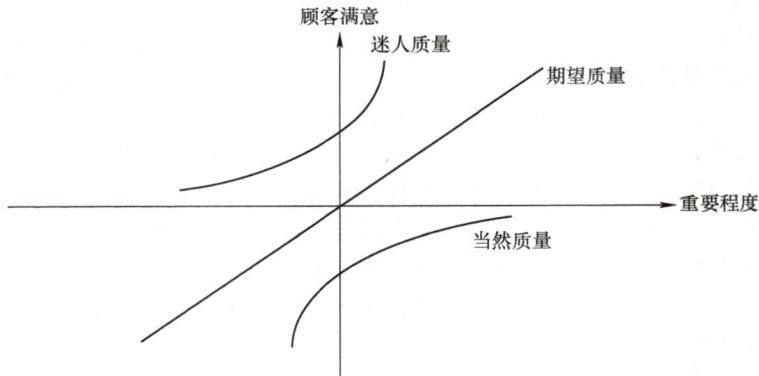

图 5-11　卡诺模型

该品牌空调的满意水平就会明显下降，投诉、抱怨随之而来。

（2）期望质量（期望型需求）　期望质量是指客户对产品和服务有具体要求的质量特性，如汽车省油、4S店服务的快捷性和可靠性，这类质量特性上的重要程度与客户的满意度同步增长。期望型需求没有基本型需求那样苛刻，其要求提供的产品和服务比较优秀，但并不是"必须"的产品属性或服务行为。企业提供的产品和服务水平超出客户期望越多，客户的满意状况越好，反之亦然。在市场调查中，客户谈论的通常是期望型需求。质量投诉处理在我国的现状始终不令人满意，该服务也可以被视为期望型需求。如果企业对质量投诉处理得越圆满，那么客户就越满意。

（3）迷人质量（魅力型需求）　迷人质量是指产品和服务所具有的超越了客户期望的、客户没有想到的质量特性，是指不会被客户过分期望的需求。但魅力型需求一旦得到满足，客户表现出来的满意状况就会非常高。对于魅力型需求，随着满足客户期望程度的增加，客户满意度也急剧上升；反之，即使在期望不满足时，客户也不会因而表现出明显的不满意。这要求企业提供给客户一些完全出乎其意料的产品属性或服务行为，使客户产生惊喜。客户对一些产品/服务没有表达出明确的需求，当这些产品/服务被提供给客户时，客户就会表现出非常满意，从而提高客户的忠诚度。例如，一些著名品牌的企业能够定时进行产品的质量跟踪和回访，发布最新的产品信息和促销内容，并为客户提供最便捷的购物方式。对此，即使另一些企业未提供这些服务，客户也不会由此表现出不满意。

在实际操作中，企业首先要全力以赴地满足客户的基本型需求，保证客户提出的问题得到认真的解决，重视客户认为企业有义务做到的事情，尽量为客户提供方便。以实现客户最基本的需求满足。然后，企业应尽力去满足客户的期望型需求，这是提高质量的竞争性因素。提供客户喜爱的额外服务或产品功能，使其产品和服务优于竞争对手并有所不同，引导客户加强对本企业的良好印象，使客户达到满意。最后争取实现客户的魅力型需求，为企业建立最忠实的客户群。

3. 层次分析模型

层次分析法（AHP，Analytic Hierarchy Process）是美国运筹学家 Saty 教授于 20 世纪 70 年代提出的一种实用的多方案或多目标的决策方法。该方法在客户满意度测评中应用十分广泛，尤其是在企业层面的测评中得到广泛应用。AHP 在测评时首先将问题层次化处理，根据测评对象的特点，将影响客户满意度的不同因素，按其隶属关系以不同的层次进行组合，形成一个递阶层次的多指标评价体系。然后通过建立两两对比关系矩阵确定各指标的权重，最后按隶属关系从上至下计算客户满意度。AHP 由于方法简单，易操作，在企业层面的满意度测评中被广泛应用，但无法进行行业间的比较。图 5-12 和表 5-1 所示分别为企业客户满意层次分析指标和某汽车服务企业进行客户满意度调查研究经常涉及的影响因素。各企业可以依据自身的实际情况，增减指标个数或层次。

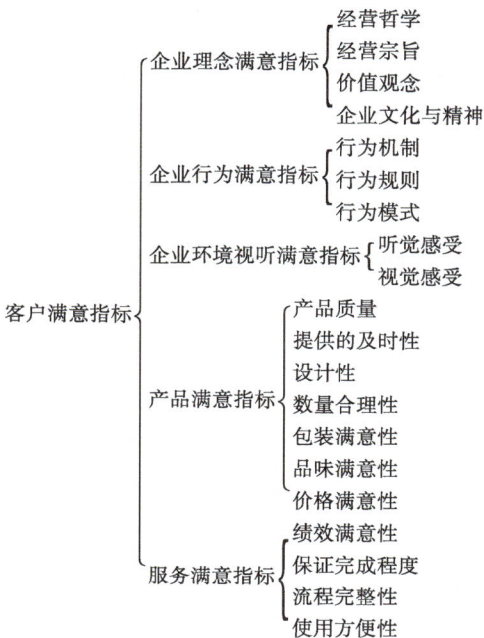

图 5-12　客户满意层次分析指标

表 5-1　某汽车服务企业客户满意度评价指标体系

一级指标	二级指标	三级指标
顾客满意度指数 U	维修关怀 U_1	提醒定期保养 U_{11}；修后关怀 U_{12}；专营店联系表 U_{13}
	维修接待 U_2	及时接待 U_{21}；了解汽车问题 U_{22}；使用防护用品 U_{23}；解释服务进行项目 U_{24}；估算发生费用 U_{25}；预先告诉修好时间 U_{26}；维修结束时通知 U_{27}；取车时说明完成的项目 U_{28}
	维修质量 U_3	维修车间和客户休息室干净、整齐 U_{31}；正确诊断 U_{32}；一次修好 U_{33}；完成所有项目 U_{34}；工作质量 U_{35}；按承诺时间维修好 U_{36}；车内外清洁 U_{37}
	维修费用 U_4	取车时提供详细费用清单 U_{41}；费用合理 U_{42}

三、提高客户满意度的途径

影响客户满意程度的因素很多，这些因素对企业客户满意度的影响大小取决于其重要程度和客户的侧重，因此分析提高客户满意度的途径时要考虑得全面：一方面要考虑客户对产品或服务的各主要因素的满意程度评价，另一方面要考虑各主要因素的重要程度评价。

1. 预先考虑客户需求

虽然客户的需求是各种各样，但作为客户都有一个共同的购物心理，只要懂得了这个道理，就可预先考虑客户需要什么。比如，客户在烫发后，可以问客户是不是需要做一个营养焗油。

为客户服务不仅要为客户解决问题，还要给客户以快乐的心情，带给客户美妙的感觉。

2. 质量的好坏由客户说了算

不管做什么事情，一定要追求品质。品质最简单最精确的定义是让客户感到满意。店铺之间可以比服务、比价格，但是唯一无法替代的是技术和产品的品质。品质是做出来的，而不是检查出来的，只有具备严谨的品质观念，才能拥有一流的品质。

世界上任何一种高品质的产品都是一个不断改进的过程，而这个改进过程一定少不了客户的参与。只有做到产品质量的好坏由客户说了算，才能真正提升产品的品质以及增加客户的满意度，正如全球最大的零售企业沃尔玛的创始人沃尔顿先生所言："客户才是真正的老板。"

3. 尽可能地为客户提供方便

现在是一个快节奏、高效率的时代，时间很宝贵。因此，在为客户服务的时候，首先要考虑如何节省客户的时间，为客户提供便利快捷的服务。所以，只有设身处地为客户着想，以客户的观点来看待商品的陈列、商品采购、商品种类、各项服务等，才会让客户感到方便满意。

事实上，许多服务人员在给客户提供服务时，并不了解客户的需要和期望，不了解客户迫切需要的是什么样的服务，所以结果往往不是很好。就如一对夫妻相处时，妻子需要的是丈夫的关心、呵护、疼爱有加，但丈夫并不理解这一点，而只给她买钻戒和鲜花，实际上不管买多少礼物，都替代不了心灵上的关怀。

4. 客户的期望和需求

很多时候，企业给客户提供的都不包括额外的服务，或者说没超越客户的期望，或者没有完全解决客户所遇到的问题，或者只解决了问题，而没带给客户一些利益或补偿，这会让客户感到他们的消费没有物超所值，或者即使他们的问题解决了，也是通过他们自己的努力争取来的，而不是企业主动提供的。这些都不会增加客户的满意度。

5. 满足客户的被尊重感和自我价值感

要赢得客户满意，不能只是被动式地解决客户的问题，更要对客户需求、期望和态度有充分的了解，把对客户的关怀纳入到自己的工作和生活中，发挥主动性，提供量身定制服务，真正满足客户的被尊重感和自我价值感，不仅要让客户满意，还要让客户超乎预期地满意。

第四节　客户投诉的处理

【案例导入】

用户满意是我们永恒的追求

2012 年的 3 月 15 日，这天既是我国法定的消费者权益保护日，也是一个备受所有服务行业和生产厂家关注的日子。上午 9 点左右就接到了用户的投诉电话，昨天刚刚做完设定的变速器今天又出现了同样的故障，一直踩加速踏板但车辆就是无法行驶，用户提出在上午 12 点以前要给其一个满意的答复，否则就在当地的消费者协会以及各大媒体给予曝光。鉴于日期的特殊性，加上刚刚来到润达公司，我迅速将此事汇报给了张总，经过短暂而慎重的研究后，决定由我本人上门处理此次用户投诉。与用户预约后，我在上午 10 点前来到用户所在公司，经过对用户耐心的解释加上对用户做出彻底解决问题的时间和方法的承诺后，用户激动的情绪渐渐缓和了，并且在我当日的调查问卷上给予了较高的评价。经过此次上门走访，这个用户不但成了我的朋友，也成了润达公司忠诚的用户。

通过很多投诉的处理实例可以看出，用户投诉以及抱怨对我们来说不一定都是坏事，首先取决于我们的态度，如果你用心地去沟通和交流，诚恳地接受用户的批评或者意见，尽量满足用户合理的要求，便是使抱怨用户（投诉用户）转化成忠诚用户的最佳时机。我个人觉得抱怨和投诉并不可怕，可怕的是我们没有端正的心态以及能被用户所接受的处理方案，只要重视每一个用户的意见，在用户的投诉和抱怨中找出我们的差距和不足，不断地完善我们的服务，那么，会有越来越多的用户成为我们的朋友，成为我们的忠诚用户。

某汽车销售服务公司

服务总监　李红

2012 年 11 月 20 日

案例思考：

1. 企业应如何看待客户的投诉？
2. 如何处理客户投诉？

一、客户投诉对企业的意义

日本大和运输公司前董事长小仓昌男曾经说过："有缺点的工作，正是商机所在。"任何公司皆会有失误之处，很难让每一个客户都满意，再优秀的公司也难免有不满意的客户存在，因而会有不满意的客户投诉。然而很多公司都不愿听到客户的不满、抱怨，都尽量避免任何消极的反馈，以为没有客户的投诉，一切就都是顺利的。他们犯了"把头埋进沙坑，也许能使一切问题消失"的错误。其实客户投诉并不可怕，关键是如何正确看待客户投诉，如何管理客户的投诉，并从客户投诉中挖掘出对企业的价值，将客户投诉作为衡量其质量的尺度，使企业发现问题，提高产品和服务的质量，化客户的不满为满意，甚至使其成为企业的忠诚客户。

客户投诉是客户对企业管理和服务不满的表达方式，它为企业创造了各种各样的机会，既是企业发现问题和失误的机会，也是促进企业连续改进的机会，还是企业留住不满意客户的最后机会。

1）客户的投诉是因为企业的产品和服务有瑕疵、不足，从而造成客户的损失或对其的伤害，所以客户的投诉可以使企业及时发现产品与服务上的失误，及时采取措施加以修正或改进，从而提高企业产品或服务的质量，提高客户的满意度。

2）客户投诉可能反映了企业产品和服务未能满足的客户需求，企业可以从中发现新的商业机会，故企业的产品创新往往来源于客户的投诉。

3）客户投诉可使企业避免流失客户、再次获得客户。有数据表明，绝大多数的投诉者中对投诉处理结果感到满意的客户有再次来购买的意图。

因此，客户投诉是企业有价值且免费的信息来源，是企业了解客户未满足的需求的渠道，是企业创新的来源，是企业再次获得客户的机会。有研究显示，与流失客户做生意的概率是陌生人的 2 倍。另有研究表明，40% 的客户对服务的感知受企业对不可预见问题的反应的影响，由此可见，管理客户投诉对企业的重要意义。

美国通用雪佛兰公司研究发现，在遇到问题的客户中，真正愿意提出投诉的大约只有 40%，但这其中确有 80% 的客户表示，如果公司以一种专业的、有效的、关心的方式处理他们的问题，他们将再次购买雪佛兰的产品，即公司并不需要彻底解决客户的投诉，就能实现较高的客户重复购买率。这些客户投诉的根本目的就是希望能促使公司倾听他们的抱怨并提供可能实现的帮助。在遇到问题而不投诉的 60% 的客户中，只有 10% 的客户会再次购买公司的产品。即 100 位遇到麻烦的客户中有 60 位客户不投诉，其中有 6 位会再次购买公司的产品，而 54 位会选择竞争者的产品；在 40 位投诉的客户中，有 32 位愿意再次购买公司的产品。由此该公司得出结论：公司需要鼓励所有遇到问题的客户主动投诉，并且要求企业要最大限度地解决和处理好客户的投诉。

二、投诉客户的性格类型分析

关于客户性格特点划分的角度有很多种，普遍认可的种类是老鹰型的客户、孔雀型的客户、鸽子型的客户和猫头鹰型的客户。这四类客户是按照语言节奏以及社交能力来划分的，快节奏是指音量大、声音高、语速快，慢节奏是指音量小、声音低、语速慢；社交能力强是指见面后对人非常热情，社交能力弱是指对人不理不睬、半天不说一句话。

要想了解客户的性格特点，一定要经过以下三个步骤。

第一步是识别客户的性格特点，首先必须明确客户究竟属于哪种类型，只有这样才能制定适合其性格特点的接触策略，即所谓的"知己知彼，百战不殆"。识别方法很简单，和客户说话时，哪怕是电话交谈，也可以分辨出客户的语言节奏，如果某客户说话声音大、音量高、语速快，则可以初步判断这个人不是老鹰型的客户就是孔雀型的客户。

区分左右象限后，接下来是划分上下象限。与客户接触后，可以感受到他们社交能力的强弱，如果这个人对人不理不睬，半天不说一句话，则基本可以判定其是老鹰型的客户，反之则是孔雀型的客户。

第二步是对等模仿，要与客户的节奏、社交能力形成一致，客户说话声音大、语速快，则提高音量，加快说话速度；客户若非常热情，则对他充满激情。总而言之，要以顾客的性格特点为标准，努力适应其节奏。

第三步是根据顾客的主导需求制定接触策略，必须明确应该做什么，不应该做什么。

下面分别分析这四种类型客户的性格特点，如图 5-13 所示。

四种类型客户的性格及其代表动物：

图 5-13　客户投诉类型分析

1. 老鹰型的客户

1）这类客户属于做事爽快、决策果断，以事实和任务为中心的强权派人物，喜欢支配人和下命令。时间观念很强，讲求高效率，喜欢直入主题，不愿意闲聊。他们是变革者，若能让他们相信你可以帮助他们，他们行动的速度会很快。

2）这类客户在电话中往往讲话很快，音量也会比较大，讲话时音调变化不大。

3）这类客户的行为往往表现为可能迫不及待地想知道你是做什么的，可以提供什么东西给他们，例如：可能会严肃或者冷淡地讲："什么事？你要干什么？"

2. 孔雀型的客户

1）这类客户做事爽快，决策果断。与人沟通的能力特别强，通常以人为中心，而不是以任务为中心；他们通常很健谈，具有丰富的面部表情；社会关系对他们来讲很重要。他们决策时往往不关注细节，凭感觉做决策，做决策也很快。

2）这类客户说话语速很快，音量也会比较大，讲话时音调富有变化，抑扬顿挫，在电话中也会表现得很热情、很友好，经常会发出爽朗的笑声。

3）这类客户主动积极，经常会主动提出自己的看法，他们反映也很迅速，往往对服务人员所讲的东西反应迅速，有时会打断对方的谈话。

3. 鸽子型的客户

1）这类客户大多数情况下很友好、镇静，做起事情来显得不急不躁；不喜欢冒险，喜欢按程序做事情；比较单纯，个人关系、感情、信任、合作对他们很重要。他们做决策一般会较慢。

2）这类客户讲话语速不快，音量也不大，音调会有些变化。

3）这类客户会从容面对被提问的问题，反应不是很快，回答问题的时候，不慌不忙，只要能更好地引导他，会比较配合服务工作。

4. 猫头鹰型的客户

1）这类客户不太容易向对方表示友好，平时也不太爱讲话，他们工作认真，讨厌不细致、马虎的工作态度，他们做事动作会缓慢，做决策也很慢。他们喜欢通过大量的事实、数据来做判断，以确保他们做的是正确的事情。

2）这类客户往往讲话不快，音量不大，音调变化也不大。

3）这类客户配合性不强，往往在电话中并不太配合服务人员的工作，会让服务人员显得无从下手；他们互动性也不强，不喜欢讲话，对事情也不主动表达看法，让人觉得难以理解。

三、处理客户投诉的方法与步骤

1. 处理客户投诉的技巧与方法

处理客户投诉是企业的一项重要工作，如何平息客户的不满，使被激怒的客户"转怒为喜"，是企业获得客户忠诚的最重要手段。下面介绍一个处理客户投诉，令客户心情愉快的技巧——"CLEAR"方法，即客户愤怒清空技巧。

理解和实践客户愤怒清空技巧能够帮助企业妥当地处理最棘手的情形，它包括以下内容：

C——控制你的情绪（Control）；

L——倾听客户诉说（Listen）；

E——建立与客户共鸣的局面（Establish）；

A——对客户的情形表示歉意（Apologize）；

R——提出应急和预见性的方案（Resolve）；

（1）控制你的情绪（C）

1）目的。当客户发怒时，导购员要处理的第一个因素是控制自己的反应情绪。

当客户进行投诉时，往往心情不好，失去理智，客户的语言或者行为会让员工感受到攻击、不耐烦，从而被惹火或难过，容易产生冲动，丧失理性，导致"以暴制暴"，这样会使事态发展更加复杂，店面服务和信誉可能严重受损。

2）原则。坚持一项原则：可以不同意客户的投诉内容，但不可以不同意客户的投诉方式。正如可以不赞成他们说话的内容，但要尊重他们说话的权利一样。客户投诉是因为他们的需求没有被满足，所以应该充分理解客户的投诉和他们可能表现出的失望、愤怒、沮丧、痛苦或其他过激情绪等，不要与他们的情绪"共舞"或责怪任何人。

3）有效技巧。下边是一些面对客户投诉，帮助你平复情绪的一些技巧：

① 深呼吸，平复情绪。要注意呼气时千万不要大声叹气，避免给客户不耐烦的感觉。

② 思考问题的严重程度。

③ 登高几步。要记住，客户不是对你个人有意见，即使看上去如此。

④ 以退为进。如果有可能的话给自己争取点时间，如"我需要调查一下，10分钟内给您回复""我需要两三分钟的时间和我的主管商量一下解决这个问题，您是愿意稍等一会儿呢，还是希望我一会儿给您回电话？"当然，要确保在约定的时间内兑现承诺。

（2）倾听客户诉说（L）　员工的情绪平复下来后，需要客户也镇定下来才能解决好问题。先别急于解决问题，而应先抚平客户的情绪，然后再解决客户的问题。

1）目的。为了管理好客户的情绪，首先要意识到这些情绪是什么，他们为什么投诉。静下心来积极、细心地聆听客户愤怒的言辞，做一个好的听众，这样有助于达到以下效果：

① 字里行间把握客户所投诉问题的实质和客户的真实意图。客户不满与投诉的类型五花八门，在处理时首先应把握客户所投诉问题的实质和客户的真实意图。

② 了解客户想表达的感觉与情绪。以细心聆听的态度，给客户的抱怨一个宣泄的出口，辅以语言上的缓冲，为发生的事情道歉，声明你想要提供帮助，表示出与客户合作的态度。这既能让客户将愤怒一吐为快，使其愤怒的程度有所减轻，也能为自己后面提出解决方案做好准备。

2）原则。倾听客户诉说的不仅是事实，还有隐藏在事实之后的情绪，要遵循的原则应该是为了理解而倾听，而并非为了回答而倾听。

3）有效技巧。在客户很恼火时，有效、积极的倾听是很有必要的。

① 全方位倾听。要充分调动左右脑，直觉和感觉来听，比较你所听到、感到和想到的内容的一致性。用心体会、揣摩，听懂弦外之音。

② 不要打断。要让客户把心里想说的话都说出来，这是最起码的尊重，中途打断客户的陈述，可能遭遇客户最大的反感。

③ 向客户传递其被重视的信息。

④ 明确对方的话。对于投诉的内容，觉得不是很清楚的，要请对方进一步说明，但措辞要

委婉。

（3）建立与客户共鸣的局面（E）　共鸣被定义为站在他人的立场，理解他们的参照系的能力。它与同情不同，同情意味着被卷入他人的情绪，并丧失了客观的立场。

1）目的。对客户的遭遇深表理解，这是化解怨气的有力武器。当客户投诉时，他最希望自己的意见受到对方的尊重，自己能被别人理解。建立与客户的共鸣就是要促使双方交换表达。在投诉处理中，有时一句体贴、温暖的话语，往往能起到化干戈为玉帛的作用。

2）原则。与客户共鸣的原则是换位真诚地理解客户，而非同情。只有站在客户的角度，想客户之所想，急客户之所急，才能与客户形成共鸣。要站在客户的立场想问题，学会换位思考："如果我是客户，碰到这种情况，我会怎么样呢？"

3）有效技巧。实现客户共鸣的技巧有：

① 复述内容。用自己的话重述客户难过的原因，描述并稍微夸大客户的感受。

② 对感受做出回应。把你从客户那里感受到的情绪说出来。

③ 模拟客户的境地，换位思考。想象一下，我们的供应商以相同或类似的方式对待我们时，我们会做出什么样的反应。

不要只是说："我能够理解"这类套话。你可能会听到客户回答："你才不能理解呢，又不是你出了事故！"如果你想使用"我能够理解"这种说法的话，务必在后面加上你理解的内容（客户难过的原因）和你听到的客户的感受（他们表达的情绪）。

关于共鸣表达的最大挑战之一是使它们听起来很真诚。必须建立在困难的情形下自己的沟通风格，表现出对客户观点的理解，使共鸣听起来既不老套也不油嘴滑舌。

（4）对客户的情形表示歉意（A）

1）目的。聆听了客户的投诉，理解了他们投诉的原因和感受，就有必要对客户的情形表示歉意，从而使双方的情绪得到控制。

2）原则。

① 不要推卸责任。当问题发生时，很容易会想到逃避责任。即便知道是谁的错，也不要责备他，这么做只会使人对公司整体留下不好的印象，其实也就是对你留下了坏印象。

② 道歉总是对的，即使客户是错的。当不是自己的过错时，人们不愿意道歉。为使客户的情绪更加平静，即使客户是错的，也应道歉，一定要为客户情绪上受的伤害表示歉意。客户不完全是对的，但客户就是客户，他们永远都是第一位的。

③ 道歉要有诚意。一定要发自内心地向客户表示歉意，不能口是心非、皮笑肉不笑，否则会让客户觉得那是心不在焉的敷衍。当然，也不能一味地使用道歉的字眼儿来搪塞客户。

④ 不要说"但是……"。道歉时最大的失误之一就是说"我很抱歉，但是……"这个"但是"否定了前面说过的话，使道歉的效果大打折扣。差错的原因通常与内部管理有关，客户并不想知晓。最经典的例子是，当一家汽车维修店说到"我很抱歉，但是我们太忙了""谁在乎？"这样往往只会被人认为是在推卸责任。

3）有效技巧。

① 为情形道歉。要为情形道歉，而不是去责备谁。即使在问题的归属上还不是很明确，需要进一步认定责任承担者，也要首先向客户表示歉意。但要注意，不要让客户误以为公司已完全承认是自己的错误，只是为情形而道歉。例如可以用这样的语言："让您不方便，对不起。""给您添了麻烦，非常抱歉。"这样道歉既有助于平息客户的愤怒，又没有承担可导致客户误解的具体责任。

② 肯定式道歉。当客户出了差错时，我们不能去责备。

我们可能无法保证客户在使用产品的过程中百分之百满意，但必须保证当客户不满而投诉时，我们在态度上总是能够令其百分之百的满意。

（5）提出应急和预见性的方案（R）　在积极地听、共鸣和向客户道歉之后，双方的情绪得到了控制，此时的重点是从互动转到解决问题上来。平息客户的不满与投诉，问题不在于追究谁对谁错，而在于争端各方如何沟通处理，解决客户的问题。

1）目的。

① 解决单次客户投诉。

② 为客户服务提供改善建议。

2）原则。对于客户投诉，要迅速做出反应，要针对这个问题提出应急方案；同时，提出杜绝类似事件发生或对类似事件进行处理的预见性方案，而不仅仅是修复手头上的问题。

3）有效技巧。

① 迅速处理，向客户承诺。应迅速就目前的具体问题，向客户说明各种可能的解决办法，或者询问他们希望怎么办，充分听取客户对问题的解决意见，并对具体方案进行协商。然后确认方案，总结将要采取的各种行动——你的行动与他们的行动，进行解决。要重复客户关切的问题，确认客户已经理解，并向客户承诺不会再有类似事件的发生。

② 深刻检讨，改善提高。在检查客户投诉的过程中，负责投诉处理的员工要记录好投诉过程的每一个细节，把客户投诉的意见、处理过程与处理方法记录在处理记录表上，深入分析客户的想法，这样客户也会有慎重的态度。对每一次的客户投诉记录进行存档，以便日后查询，并定期检讨产生投诉意见的原因，从而加以改善。

要充分调查此类事件发生的原因，仔细思考为了防止此类事件的再度发生是否需要进行变革，对服务程序或步骤要做哪些必要的转变，以提出预见性的解决方案，即改善服务质量的方法，以降低或避免将来发生类似的投诉。提出预见性解决方案也是对客户的一个最好承诺。

③ 落实。对所有客户的投诉意见及其产生的原因、处理结果、处理后客户的满意程度以及今后的改进方法，均应及时用各种固定的方式，如例会、动员会、早班会或企业内部刊物等，告知所有员工，使全体员工迅速了解造成客户投诉意见的种种原因，并充分了解处理投诉事件时应避免的不良影响，以防止类似事件的再度发生。

④ 反馈投诉的价值。客户进行投诉是希望能继续与企业做生意，同时其对企业服务不满信息的反馈无疑也为企业提供了一次认识自身服务缺陷和改善服务质量的机会。于情于理，都要真诚地对客户表示感谢。所以可以写一封感谢信感谢客户所反映的问题，并就公司为防止类似事件发生所做出的努力和改进的办法向客户说明，真诚地欢迎客户再次光临。

为表示慎重的态度，常以企业总经理或部门负责人的名义寄出感谢信，并加盖企业公章。当客户是通过消费者保护机构提出投诉时，就更需要谨慎处理了。原因在于零售企业回函的内容，很可能成为这类机构处理中的一个案例，或作为新闻机构获取消息的来源。

总之，在处理各种客户投诉时，要掌握两大原则：

1）客户至上，永远把客户的利益放在第一位；

2）迅速补救，确定把客户的每次抱怨看作帮助企业发现了弱点、改善管理的机会。

只有这样才能重新获得客户的信赖，提高公司的业绩。当然，即使能够教会员工清空客户不满的技巧，也有必要认识到使客户烦恼的共同原因。一旦做到了这些，就能够持续地培训员工来使他们回答和处理好这些问题，接着就能采用解决问题的具体方法，来看是否能够在长期内根除这样的问题。

2. 处理客户投诉的步骤

根据处理客户投诉的方法，按如下步骤处理客户的投诉：

1）接受投诉，表示歉意。

2）平息怨气，认真倾听。

3）澄清问题，探讨解决。
4）采取行动，解决问题。
5）感谢客户，欢迎再来。
6）跟踪回访，提升服务。

第五节　客户忠诚度管理

【案例导入】

一汽大众的客户满意度及忠诚度管理策略分析

一、努力实现客户的完全满意

1. 把握客户的期望

一汽大众秉承实事求是的原则，针对汽车的主要特色和主要性能，让消费者在与车的进一步的接触中感受意外的惊喜，从而提高其对一汽大众的满意度。

2. 提高客户的感知

一汽大众通过把握产品、服务、公益三个方面来提升客户的感知度。

（1）产品质量　自成立以来，一汽大众始终把产品质量放在中心工作位置上，使之真正成为产品生产过程中的灵魂。一汽大众每天都在不断进行改进、提高，两大轿车厂的每一辆车、每天、每班都设有检查员，对产生的质量缺陷制定消除措施，并落实到人头，不让缺陷流向下一道工序，这一切在一汽大众已经成为员工的自觉行为，他们每天都在小心翼翼地呵护从他们手上流过的每一辆商品车。

（2）人性化服务

第一，保证电话畅通率。无论客服热线还是各个服务站的热线电话都保持了24h畅通，这会给客户带来良好的初始体验。

第二，规范接听电话态度，要求服务热线接听人员对客户来电接待用语的规范与标准程度。

第三，在客户指导方面，对于那些首次进服务站的客户，让他们对服务站有明确的地理方位和行驶路线认识，并对顾客提供全面的指导。

第四，当顾客咨询汽车保养知识的时候，即使是客服人员也能够提供一些常见的汽车保养知识，客服人员能够给顾客提供保养中的注意事项、保养政策等。

第五，客服人员接听客户电话投诉时态度要真诚，对客户投诉的问题要给以及时的解释和帮助，并给出相应的顾客指引和处理意见。

（3）公关　一汽大众积极承担社会公民的责任，注重其公共形象的培育。通过一系列公益活动赢得了消费者的信赖和一致好评，如"爱心图书 爱心图书室"助学行动，赞助北京奥运会、响应"绿色奥运"等。

二、奖励忠诚，提供财务利益

1. 奖励车友

积分兑奖超值回馈活动：一汽大众每年都举办积分兑奖超值回馈活动。活动礼品包括工时费、电器、日用品、车饰和免费的维修项目等，车主可以根据积分情况选择兑换相应礼品。

2. 奖励大客户

对大客户制定适当的奖励政策。生产企业对客户采取适当的激励措施，如各种折扣、合作促销让利、销售竞赛、返利等。

三、提高转移成本

一汽大众通过各种免费的活动，"拴"住客户，使客户对企业的依赖性较大，同时客户流失的可能性也变小了。一汽大众的会员，部分地区的客户在一汽大众的 4S 店可以享受以下待遇：

1）全年免费洗车（车身外表）、充气。

2）免收换机油、机滤、空滤工时费。

3）全年免费四次全车打蜡。

4）全年六次 36 项全车免费检查、计算机检测。

5）正常维修保养工时费 7 折（事故车除外），部分配件 95 折。

6）免费全程代办肇事车辆理赔业务（第三者除外）。

7）免费提供保险咨询、续保业务。

8）定期组织联谊试驾自驾游活动，费用采用 AA 制，并免费提供救援车辆。

9）免费参加汽车知识方面的讲座。

四、增加客户对企业的信任和情感牵挂

一汽大众承诺"严谨就是关爱"的售后服务品牌核心内容，是为车主提供专业、周到和可信赖的服务。一汽大众承诺，企业面向全国的上百万车主提供一年 365 天，每天 24h 的全天候服务，并保证一般业务即刻回复，复杂业务 24h 内回复，疑难投诉 72h 内回复，紧急救援实时处理、每半小时跟踪处理情况的服务保障等。如果接到消费者对不遵守规定的经销商的投诉，该经销商将被取消销售资格。

一、客户忠诚和客户忠诚度

1. 客户忠诚

客户忠诚（CL，Customer Loyalty）是指客户对企业的产品或服务的依恋或爱慕的感情，它主要通过客户的情感忠诚、行为忠诚和意识忠诚表现出来。其中情感忠诚表现为客户对企业的理念、行为和视觉形象的高度认同和满意；行为忠诚表现为客户再次消费时对企业的产品和服务的重复购买行为；意识忠诚则表现为客户具有的对企业的产品和服务的未来消费意向。

在营销实践中，客户忠诚定义为客户购买行为的连续性，是指客户对企业产品或服务的依赖和认可度、坚持长期购买和使用该企业产品或服务所表现出的在思想和情感上的一种高度信任和忠诚的程度，是客户对企业产品或服务在长期竞争中所表现出的优势的综合评价。

2. 客户忠诚度

客户忠诚度指客户忠诚的程度，它是一个量化概念，指由于质量、价格、服务等诸多因素的影响，使客户对某一个企业的产品或服务产生感情，形成偏爱并长期重复并交叉购买该企业产品或服务，同时向他人进行推荐的程度。

二、提升客户忠诚度的策略

1. 建立客户数据库

为提升客户忠诚度而建立的数据库应具备以下特征：

1）一个动态、整合的客户管理和查询系统。

2）一个忠诚客户识别系统。

3）一个客户流失显示系统。

4）一个客户购买行为参考系统。

企业运用客户数据库，可以使每一个服务人员在为客户提供产品或服务的时候，了解客户的偏好和购买行为习惯，从而提供更具有针对性的个性化服务。

建立和管理客户数据库本身只是一种手段，而不是目的。企业的目的是将客户资料转变为有效的营销决策支持信息和客户知识，进而转化为竞争优势。企业的实践证明，企业利润的80％来自于其20％的客户。只有与核心客户建立关系，企业稀缺的营销资源才会得到最有效的配置和利用，从而明显地提高企业获利能力。

2. 识别核心客户

识别核心客户最实用的方法是回答三个互相交叠的问题：

1）哪部分客户最有利可图，最忠诚？注意那些对价格不敏感、付款较迅速、服务要求少、偏好稳定、经常购买的客户。

2）哪些客户将最大购买份额放在企业所提供的产品或服务上？

3）哪些客户对企业比企业的竞争对手更有价值？

通过对这三个问题的回答可以得到一个清晰的核心客户名单，而这些核心客户就是企业实行客户忠诚营销的重点管理对象。

3. 超越客户期望，提高客户满意度

客户的期望是指客户希望企业提供的产品或服务能满足其需要的水平，达到了这一期望，客户会感到满意；否则，客户就会感到不满意。所谓超越客户期望，是指企业不仅能达到客户的期望，还能提供更完美、更关心客户的产品和服务，超过客户预期的要求，使其得到意想不到的、甚至是感到惊喜的服务和好处，获得更高层次上的满足，从而对企业产生一种情感上的满意，发展成为稳定的忠诚客户群，如图5-14所示。

4. 正确对待客户投诉

要与客户建立长期的相互信任的伙伴关系，就要善于处理客户抱怨。有些企业的员工在面对客户投诉时，常常表现出不耐烦、不欢迎、敷衍了事，甚至流露出一种反感，其实这是一种非常危险的做法，往往会使企业丧失宝贵的客户资源。

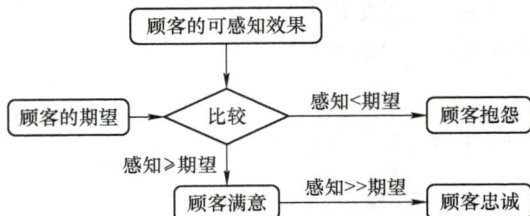

图 5-14　客户忠诚形成过程

5. 提高客户转换成本

一般来说，客户转换购买对象或转换卖主，会面临一系列有形或无形的转换成本。对单个客户而言，转换购买对象，需要花费时间和精力重新寻找、了解和接触新产品，放弃原产品所能享受的折扣优惠，改变使用习惯，同时还可能面临一些经济、社会或精神上的损失；对机构购买者来说，更换使用另一种产品设备，则意味着人员再培训和产品重置成本。提高转换成本就是要研究客户的转换成本，并采取有效措施，人为增加其转换成本，以减少客户退出，保证客户对本企业产品或服务的重复购买。

6. 提高内部服务质量，重视员工忠诚的培养

哈佛商学院的教授认为，客户保持率与员工保持率是相互促进的。这是因为企业为客户提供的产品和服务都是由内部员工尤其是一线员工完成的，他们的行为及行为结果是客户评价服务质量的直接来源。一个忠诚的员工会主动关心客户，热心地为客户提供服务，并为客户的问题得到解决而感到高兴。因此，企业在培养客户忠诚的过程中，除了做好外部市场营销工作外，还要重视内部员工的管理，努力提高员工的满意度和忠诚度。

7. 加强退出管理，减少客户流失

退出是指客户不再购买企业的产品或服务，终止与企业的业务关系。正确的做法是及时做好客户的退出管理工作，认真分析客户退出的原因，总结经验教训，利用这些信息改进产品和服务，最终与这些客户重新建立起正常的业务关系。分析客户退出的原因，是一项非常复杂的工作。客户退出可能是单一因素引起的，也可能是多种因素共同作用的结果。

【重要知识点回顾】

1. 客户、关系、管理及客户关系管理的含义
2. 客户细分的方法
3. 客户价值的判断
4. 客户满意度的管理
5. 客户投诉的处理流程
6. 客户忠诚度的经营管理

【能力训练】

任务一　客户投诉处理流程演练

案例一：

某汽车4S店进来一位中年男子，他来到售后服务区，十分气愤地敲了服务顾问的桌子，说道：“你们怎么干的活儿？我三天前修的车，今天又坏了，好不容易发动了，半道儿说熄火就熄火，你们还想不想好好开店了？找你们经理来！”

如果你是当天负责接待的服务顾问，请分析此位投诉客户的性格类型，并根据这一类型模拟客户投诉处理流程。

一、训练目的

1）掌握投诉客户性格类型划分方法。
2）掌握处理客户投诉的流程及步骤。
3）掌握处理客户投诉的技巧。

二、训练步骤

1）教师指导学生进行分组，每组5~6人。
2）每组根据案例，进行角色扮演。
3）各组同学以角色扮演的方式，完成案例中客户投诉的处理。

三、训练要求

1）能够准确判断投诉客户的性格类型，并能够采取有效应对措施。
2）能够按照标准的客户投诉处理流程，以角色扮演的方式完成案例中的客户投诉处理。

四、实训涉及内容

1. 客户投诉处理技巧。

2. 客户投诉处理流程。

任务二　客户投诉处理对话描写

案例二：

某年中秋节前一天，一家丰田汽车4S店因为服务问题与客人发生纠纷。当天下午4点，一

位客人按照约定时间到店里提车，结果被告知 3 天前送来做全面保养的 RAV4，因为这几天维修技术人员工作量都比较大，没能按时完成保养工作，导致今天提不了车。

结果可想而知，客人非常气愤，因为他明天已经和朋友约好，一起带家人自驾出游。客人坚决要求今天必须保质保量地完成保养工作，并全面免单，同时要求补偿精神损失，否则就去消费者协会投诉。

如果你是该 4S 店的服务顾问，如何处理此事，让客户由气愤转为满意？请模拟一段对话。

一、训练目的
1) 掌握投诉客户性格类型划分方法及有效应对措施。
2) 掌握处理客户投诉的流程及步骤。

二、训练步骤
1) 教师指导学生进行案例分析。
2) 学生根据案例内容，自行设计投诉客户性格类型。
3) 每人完成客户投诉处理对话脚本的描写。

三、训练要求
1) 能够进行投诉客户性格类型的划分，并能够描述其性格特点。
2) 能够根据所设计的投诉客户性格类型，按照标准的客户投诉处理流程，完成案例中客户投诉处理对话脚本的描写。

四、实训涉及内容
1. 老鹰型客户的处理应对话术。

2. 猫头鹰型客户的处理应对技巧。

第六章

汽车服务企业5S管理与全面质量管理

目标名称	目标内容
知识目标	1. 掌握5S管理的含义及具体实施方式
	2. 掌握全面质量管理的内容与方法
	3. 了解汽车服务企业实施全面质量管理的意义
	4. 理解5S管理与全面质量管理的关系
技能目标	1. 能够正确认识到质量管理对汽车企业发展的重要性
	2. 能够运用正确的方法和步骤完成汽车服务企业质量管理与控制
	3. 正确认识和理解汽车企业质量管理与客户满意度的关系
情感目标	1. 培养学生的企业质量管理意识
	2. 培养学生的工作和社会责任心

建议学时：8学时。

名人名言

管理无小事，正如老子所言："天下难事，必作于易；天下大事，必作于细。"可谓是"成也细节，败也细节"。

——张瑞敏（海尔董事长）

第一节　5S管理

【案例导入】

某著名家电集团的5S管理

一、项目背景

某著名家电集团（以下简称A集团），为了进一步夯实内部管理基础、提升人员素养、塑造企业形象，希望借助专业顾问公司全面提升现场管理水平。集团领导审时度势，认识到要让企业走向卓越，必须先从简单的ABC开始，从5S这种基础管理抓起。

二、现场诊断

通过现场诊断发现，A 集团经过多年的现场管理提升，管理基础扎实，某些项目（如质量方面）处于国内领先地位。现场问题主要体现为以下三点：

1) 工艺技术方面较为薄弱。现场是传统的流水线大批量生产，工序间存在严重的不平衡，现场堆积了大量半成品，生产率与国际一流企业相比存在较大差距。

2) 对细节的忽略。在现场随处可以见到物料、工具、车辆搁置，手套、零件在地面上随处可见，员工对此熟视无睹。

3) 团队精神和跨部门协作的缺失。部门之间的工作存在大量的互相推诿、扯皮现象，工作缺乏主动性，多是被动的等、靠、要。

三、解决方案

"5S 管理提升方案书"提出了以下整改思路：

1) 将 5S 管理与现场效率改善相结合，推行效率浪费消除活动和建立自动供料系统，彻底解决生产现场拥挤混乱和效率低的问题。

2) 推行全员 5S 培训，结合现场指导和督察考核，从根本上杜绝随手、随心、随意的不良习惯。

3) 成立跨部门的专案小组，对现存的跨部门问题进行专项解决；在解决的过程中梳理矛盾关系，确定新的流程，防止问题重复发生。

四、项目收益

1) 经过一年多的全员努力，现场脏乱差的现象得到了彻底改观，营造了一个明朗温馨、活泼有序的生产环境，增强了全体员工的向心力和归属感。

2) 员工从不理解到理解，从要我做到我要做，逐步养成了事事讲究、事事做到最好的良好习惯。

3) 在一年多的推进工作中，从员工到管理人员都得到了严格的考验和锻炼，造就了一批能独立思考，能从全局着眼，具体着手的改善型人才，从而满足了企业进一步发展的需求。

4) 配合 A 集团的企业愿景，夯实了基础，提高了现场管理水平，塑造了公司良好的社会形象，最终达到提升人员素质的目的。

案例思考：

1. 什么是 5S 管理？

2. 汽车企业实施 5S 管理有哪些必要性？

无论何种行业，5S 管理都是其基础工作中不可或缺的组成部分。因此，很多公司和商店都致力于如何"营造一种活跃的 5S 气氛"。

5S 管理的作用并不仅在于"消除工作中以及公司内部的浪费"，更重要的作用在于"使参与其中的人员得到成长"。5S 管理中所提及的思考方法和推进顺序等内容不仅适用于制造业，同时也适用于商业以及行政部门等其他领域。

一、5S 管理的起源与发展

5S 管理（图 6-1）起源于日本的一种家庭方式，它针对地面和物品提出了整理和整顿 2 个 S。见到成效以后，日本和西方一些企业将其引入进行生产现场的管理，其目的仅是确保作业空间和安全。随着管理的需要和水平的提高，后来又加入了其他 3 个 S，即在生产现场对人员、机器、材料、方法等生产要素进行有效管理，这是日本企业独特的一种管理办法。

1955 年，日本 2S 管理的宣传口号为"安全始于整理，终于整理整顿"。到了 1986 年，日本 5S 管理的相关著作逐渐问世，从而对整个现场管理模式起到了冲击作用，并由此掀起了 5S 管理的热潮。

日本企业将 5S 运动作为管理工作的基础，推行各种品质的管理手法，第二次世界大战后，产品品质得以迅速的提升。而在丰田公司的倡导推行下，5S 管理对于塑造企业的形象、降低成本、准时交货、安全生产、高度的标准化、创造令人心旷神怡的工作场所、现场改善等方面发挥了巨大作用，逐渐被各国的管理界所认识。随着世界经济的发展，5S 管理已经成为工厂管理的一股新潮流。

图 6-1　5S 管理

根据企业进一步发展的需要，有的公司在原来 5S 的基础上又增加了节约（Save）及安全（Safety）这两个要素，形成了"7S"管理；也有的企业又加上习惯化（Shiukanka）、服务（Service）及坚持（Shikoku），形成了"10S"管理，但是万变不离其宗，所谓"7S"管理、"10S"管理都是从"5S"管理衍生出来的。

二、5S 管理的含义

5S 管理也被称为 5S 活动，是指对生产各要素（主要是物的要素）所处的状态不断地进行整理（SEIRI）、整顿（SEITON）、清扫（SEISO）、清洁（SEIKETSU）和提高员工素养（SHITSUKE），因其日语的罗马拼音均以"S"开头，因此简称"5S"。

1. 1S——整理

定义：就是区分必需和非必需品，对"不要"的东西进行处理，现场不放置非必需品，即分类和剔除。

目的：将混乱的状态收拾成井然有序的状态；腾出空间，提高生产率；目的是改善企业的"体质"。清理"不要的""混乱的"物品，做到"规范化"，如图 6-2 所示，可使员工不必每天反复整理、整顿、清扫不必要的东西，而形成做无聊、无价值的工作的时间、成本、人力浪费等。

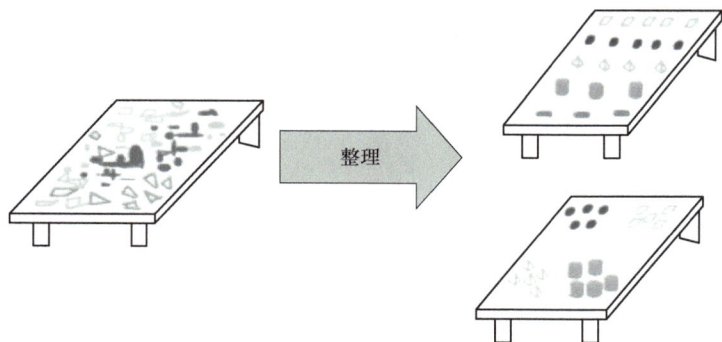

整理

图 6-2　"整理"工作完成后的效果

2. 2S——整顿

定义：必需的东西依规定定位、定量摆放整齐，明确标志。即能在 30s 内找到要找的东西，将寻找必需品的时间减少为零。

目的：整顿是指有秩序地放置物品，使任何人能立即找到所需要的东西并能立即使用，要求处于空间和时间上的节约状态，排除寻找所带来时间上的浪费，达到"标准化"，如图 6-3 和

图5-4所示。执行"整顿"的消极意义为防止缺料、缺零件，其积极意义则为"控制库存"，防止资金积压。

a) 整顿前   b) 整顿后

图 6-3　整顿的效果

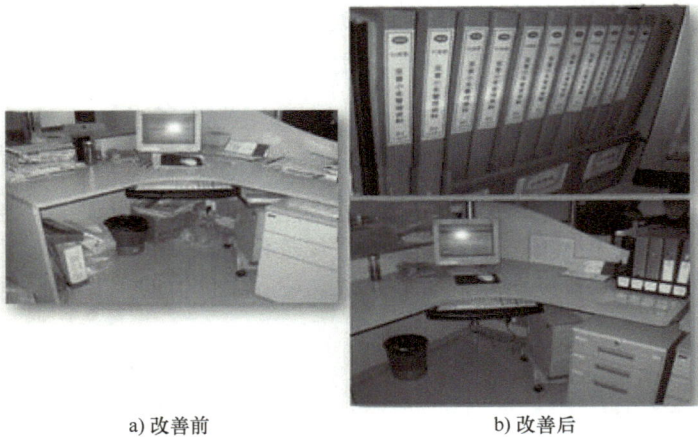

a) 改善前   b) 改善后

图 6-4　整顿的效果

3. 3S——清扫

定义：清除工作场所内的脏污，设备异常要马上修理，并防止污染的发生。

目的：清扫不仅是指对环境卫生的打扫，还包括对机器设备的定期润滑和保养，如图6-5所示。清扫的对象包括地板、天花板、墙壁、工具架、橱柜、机器、工具、测量用具等，除了能消除污秽，保持无垃圾、无灰尘、干净整洁的状态，确保员工的健康、安全卫生外，还能及早发现设备异常、松动等，以达到全员预防保养的目的，做到"精细化"是保证品质的基础。

4. 4S——清洁

定义：将整理、整顿、清扫进行到底，并且使之制度化、管理公开化、透明化、规范化，并维持效果。

目的：为机器、设备清除油垢、尘埃，进行保养，称为"清扫"，而"长期保持"这种状态就是"清洁"，它是根除不良、混乱和脏污的源头。通过"制度化"来维持成果，并显现"异常"之所在。

图 6-5　清扫示意图

5. 5S——素养（又称修养、心灵美）

定义：人人依规定行事，认真地遵守执行，养成好习惯。

目的：强调的是团队精神，养成良好的 5S 管理的习惯，提升"人的素质"，培养对任何工作都持认真态度的人。公司应向每一位员工灌输遵守规章制度、工作纪律的意识；此外，还要强调创造一个良好风气的工作场所的意义。此过程有助于人们养成制定和遵守规章制度的习惯。修养强调的是持续保持良好的习惯，就是"习惯化"。

5S 管理不仅能改善生活环境，还可以提高生产率，提升产品的品质、服务水准，将整理、整顿、清扫进行到底，并且给予制度化等，这些都可以减少浪费，提高工作效率，也是有效展开其他管理活动的基础。

三、5S 管理的实施

1. 检查表

1）根据不同的场所制订不同的检查表，即不同的 5S 操作规范，如维修车间检查表（图 6-6）、汽车配件库存登记表（图 6-7）、员工宿舍检查表等。

2）通过检查表进行定期或不定期的检查，发现问题及时采取纠正措施。

2. 颜色识别

颜色识别是指利用不同颜色对人的视觉和心理的差异，对管理对象加以识别和区分，以达到有效管理的目的的一种可视化管理。

例如：

1）黄线，只允许相关人员进入的区域，比如机器旁边、需要特殊防护的区域等。

2）绿线：安全通道、紧急通道。表示比较安全的区域，人员走动没有太多限制。

3）红线：禁止摆放物品区域等。

4）红白相间斑马线：消防设备等的放置场所。

5）黄黑斑马线：表示不能进入或危险物品放置区域，比如有旋转部件的电机、深坑。

需要说明的是，以上为较为通用的颜色要求，不同的公司或企业可以有其自身的规定说明，但就一个公司或一个企业而言，必须注意统一及保持使用的持续性。

3. 标志管理

例如：货架标签，将产品基本信息登记全面，以便于查找和管理，如图 6-9 所示。

项目	检查内容	满分	1	2	3	4	5	6	7	8	9	10	11	12	13	14	15	16	17	18	19	20	21	22	23	24	25	26	27	28	29	30	31
一 整理	(1) 通道状况如何? 是否畅通、整洁?	4																																
	(2) 工位的设备、材料等有无整理好并摆放到位?	4																																
	(3) 作业台有无不用或不急用的工具、文件夹?	4																																
	(4) 有无违规操作? 是否都按工序顺序、固定工位操作?	4																																
	(5) 物料间物架是否定位化, 物品依规定放置?	4																																
二 整顿	(1) 设备、仪器状况是否良好?	4																																
	(2) 工具是否易于取用, 方便查找?	4																																
	(3) 零部件有无配置放置区, 并加以管理?	4																																
	(4) 有无实行看板管理? 是否按规定执行使用?	4																																
	(5) 文件档案是否有序摆放?	4																																
三 清扫	(1) 通道是否清扫干净?	4																																
	(2) 作业工位是否整洁、干净?	4																																
	(3) 作业台是否整洁、干净?	4																																
	(4) 墙板、窗、天花板是否干净?	4																																
	(5) 工具、设备、仪器是否经常处以保洁状态?	4																																
四 清洁	(1) 通道和作业区是否区别清楚?	4																																
	(2) 整个车间地面是否清扫干净?	4																																
	(3) 作业场所有无放置私人物品影响作业?	4																																
	(4) 洗手间是否保持清洁?	4																																
	(5) 员工休息室是否干净、整洁? 有无准备吸烟标语?	4																																
五 素养	(1) 晨会、培训等活动是否积极参加?	4																																
	(2) 是否遵照规定的服装穿着?	4																																
	(3) 仪容、电话用语是否合乎标准? 精神状态是否良好?	4																																
	(4) 是否遵循公司规则? 工作是否主动? 并讲究合作?	4																																
	(5) 员工时间观念如何? 上班是否准时? 工作效率高否?	4																																
合计		##																																
评价																																		

机修车间5S管理检查表　得 分　年　月　责任人:

图6-6　维修车间检查登记表

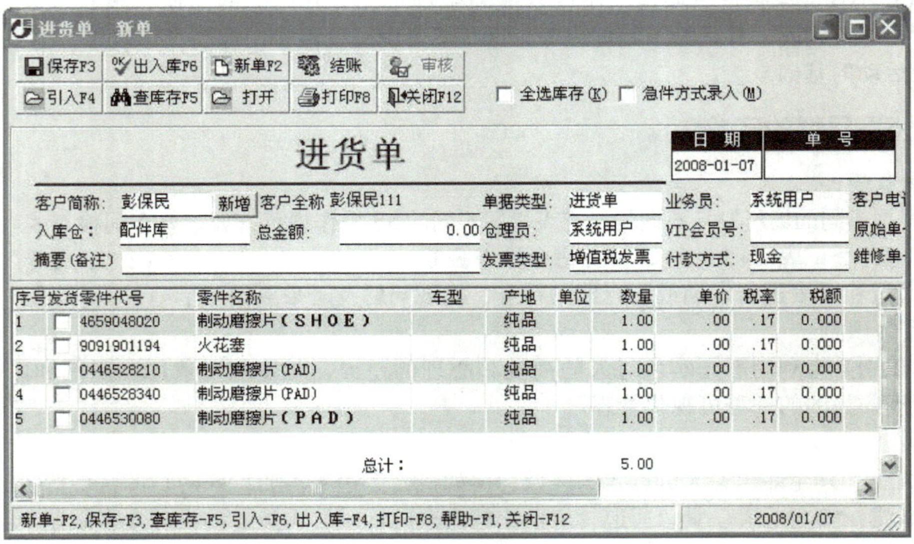

图6-7　汽车配件库存登记表——进货单

4. 目视化管理

例如: 展板管理, 可将某一部门的工作流程或人员安排粘贴展示, 责任落实明确, 同时便于部门之间的沟通和联系, 如图6-10所示。

图 6-8　室内区域划分

图 6-9　汽车配件货架标签展示

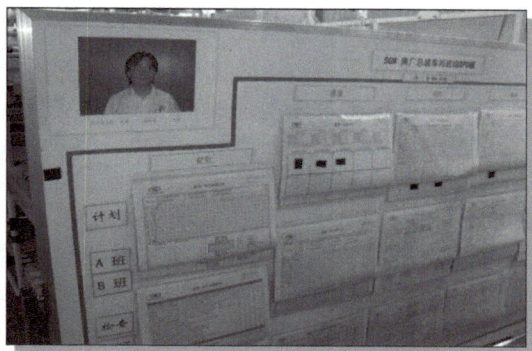

图 6-10　工作流程展板

5. 形迹管理

形迹管理是指不同工具的摆放位置处分别有对应的凹槽或图形，一目了然，减少摆放出错或混乱，如图 6-11 所示。

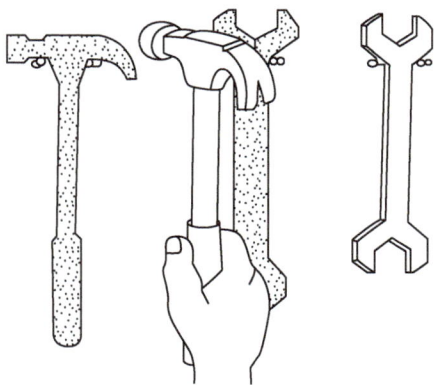

图 6-11　形迹管理示意图

四、5S 管理及其实施对企业发展的重要意义

5S 管理的效用可以归纳为"八大作用"。

1. 改善和提高企业形象和竞争力——5S 管理是最佳的推销员

1）产品质量好，顾客对产品满意，产品知名度高，销售好。

2）生产环境干净整洁，合作伙伴慕名来工厂参观学习，增强下订单信心，提升企业知名度和竞争力。

3）工作环境清洁明朗，留住优秀员工。

2. 降低产品的废品率和物资在库盘损率——5S 管理是品质零缺陷的护航者

1）产品严格地按标准要求进行生产，干净整洁的生产场所可以有效地提高员工的品质意识。

2）机械设备的正常使用和保养，可以大大减少次品的产生。

3）员工在做物资在库管理时，应明了并做到事先预防问题发生，而不能仅盯在出现问题后的处理上，环境整洁有序，异常现象一目了然。

3. 降低企业成本——5S 管理是节约能手

1）工具摆放有序，能减少"寻找、等待"等动作带来的浪费，节省很多宝贵时间。

2）缺陷产品得到控制，能减少生产工时，提高效率。

3）精确计算，能减少库存，排除过剩生产，避免工具、半成品、成品库存过多。

4）避免购置不必要的机器、设备，减少很多不必要的材料及工具的浪费。

4. 设备的有效使用——5S 管理是交货期的保证

1）工厂无尘化。无碎屑、屑块、油漆，经常擦拭和进行维护保养，机械使用率会提高。

2）模具、工装夹具管理良好，调试寻找故障的时间会减少，设备才能稳定，它的综合效能就可以大幅度地提高，可以有效消除故障。

5. 提高工作效率——5S 管理是高效率的前提

1）模具、夹具、工具经过整顿随时都可以拿到，不需要费时寻找，它可以节省时间，而时间就是金钱和高效率。

2）整洁规范的工厂机器正常运作，作业效率可以大幅度地提升。

3）彻底贯彻 5S 管理原则，让初学者和新人一看就懂，一学就会，快速上岗。

6. 保障企业及员工安全生产——5S 管理是安全专家

1）物品放置、搬运方法和堆积高度考虑了安全因素，物流一目了然，人车分流，道路通畅，"危险、注意"等警示明确，员工正确使用保护器具，不违规作业，作业操作标准，不会发生二伤事故。

2）所有设备都进行清洁、检修，能预先发现存在的问题，从而消除安全隐患。

3）整理、整顿后，通道和休息场所不会被占用，消防设施齐全，消防通道无阻塞，万一发生火灾或地震，员工生命安全有保障。

7. 保证工作质量，提高客户满意度——5S 管理是标准化的推进者

1）强调按标准作业，员工自觉地执行各项规章制度，去任何岗位都能上岗作业，每天都有所改进，有所进步。

2）品质稳定，能如期达成生产目标。

8. 改善员工精神面貌——5S 管理可以形成愉快的工作场所

1）明亮、清洁的工作场所让人心情愉快，不会让人厌倦，工作已成为一种乐趣，员工不会无故缺勤和旷工。

2）员工会发挥主动性来动手进行改善，有成就感。

3）员工凝聚力增强，工作更愉快。

总之，通过 5S 的实施与管理，企业能够健康稳定地快速成长发展，并且至少能得到四个相关方的满意。

1）投资者满意：通过 5S 管理，使企业达到更高的生产和管理境界，投资者可获得更大的利润回报。

2）客户满意：表现为产品高质量、低成本、出货期准、技术水平高、生产弹性高等特点。

3）雇员满意：效益好，人性化管理，待遇好，员工可获得尊重和成就感。

4）社会满意：企业热心公益事业，对区域有贡献，有良好的社会形象。

第二节　全面质量管理

【案例导入】

打败美国汽车的日本汽车

1980 年 7 月，美国 NBC 电视台播出了名为"日本能，我们为什么不能？"的电视专题片。日本几乎不产原材料，工业原材料可算赤贫。而在美国市场上，到处都是日本的产品，汽车、家用电器、照相机等不用说，就是买把铁锤，也是日本制造。第二次世界大战以前，日本人以制造伪劣产品昭著于世，"日本制造"一词成为取笑劣质产品的口头禅。但时至今日，"日本制造"已经是品质优秀的代名词。

那么后起的日本汽车是靠什么和美国汽车竞争的呢？

美国著名市场调查公司 J. D. Power 2003 年对美国汽车市场进行质量调查，发现共有 5.5 万名美国车主参加了调查，受访者汽车的使用时间约为 3 年。37 种汽车品牌中，平均每百辆车中有 273 个质量问题。问题最少的 10 个汽车品牌中有 5 个日本品牌、4 个美国品牌、1 个德国品牌。

日本企业质量管理的成功，得益于美国最著名的质量管理专家爱德华戴明。20 世纪 50 年代，美国人戴明博士提出了在质量管理中引入统计学的理论，也就是一切用数据说话。美国汽车工业对此视而不见，戴明博士便东渡日本，受到日本人的欢迎，并被奉若神明。日本人应用戴明的理论，发明了"全面质量管理"的理论。

案例思考：

1. 什么是质量管理？

2. 如何能做好汽车企业的质量管理？

在当今社会，服务经济在社会经济生活中占有的比重越来越大，对于汽车服务企业来说，服务质量的水平将决定企业的生存。从汽车的选型、设计、制造，到汽车的销售、客户对汽车的购置、使用、美容、维修、保养、零部件供给等，无不充满市场、社会对汽车服务企业高水平的服务质量的需求。汽车服务企业的质量关系到汽车服务企业的信誉和效益，它是汽车服务企业各项工作的综合反映，而质量管理是汽车服务企业经营管理的中心环节。

一、质量的概述

质量是人们熟悉、广泛使用的生活用词，是指产品或服务满足规定或潜在需要的特征和特性的总和。它既包含了有形产品也包括无形产品，既包括产品内在的特性也包括产品外在的特性，即质量包括了产品的适用性和符合性的全部内涵。

从总体来说，质量的含义应包括两个方面，即技术质量和功能质量。前者指产品或服务的技术性能，后者指产品或服务的消费感受。对产品来说，总体质量主要取决于技术质量；就服务而言，功能质量的重要性要远远高过技术质量。所以，服务质量主要取决于顾客的感受和认识。当顾客觉得企业的服务满足了他的需求时，他会对服务质量评价较高，反之则较低。

对于汽车服务企业而言，其产品就是"服务"，对产品质量的评估是在服务传递过程进行的。判断汽车企业服务质量可从可靠性、安全性、使用寿命、功能性、经济性、时间性、专业性、移情性、舒适性、文明性等方面进行。

顾客可以从以上十个方面将预期的产品与服务和接收到的产品与服务进行比较，最终形成自己对服务质量的判断。

二、全面质量管理

质量管理是指用最经济、最有效的手段进行设计、生产和服务，以生产出令用户满意的产品。

全面质量管理是以组织全员参与为基础的质量管理形式。全面质量管理代表了质量管理发展的最新阶段，它起源于美国，后来在其他一些工业发达国家开始推选，并且在实践运用中各有所长。

费根堡姆于1961年在其《全面质量管理》一书中首先提出了全面质量管理的概念："全面质量管理是为了能够在最经济的水平上，并考虑到充分满足用户要求的条件下进行市场研究、设计、生产和服务，把企业内各部门研制质量、维持质量和提高质量的活动构成为一体的一种有效体系。"1994年，国际标准化组织（ISO）把全面质量管理定义为："一个组织以质量为中心，以全员参与为基础，通过让顾客满意和本组织成员及社会受益而达到长期成功的管理途径。"

现代企业全面质量管理贵在一个"全"字，其特点概括起来可归纳为"四全"与"三性"。

1. "四全"

"四全"是指全企业的质量管理、全过程的质量管理、全员参加的质量管理和采用全面方法的质量管理，如图6-12所示。

（1）全企业的质量管理　全企业的质量管理的对象是全面的，既要管产品质量，还要管产品质量赖以形成的工作质量。全企业的质量管理可以从两个角度来理解。

1）从组织管理的角度来看，即从纵向的组织管理角度来看，质量目标的实现有赖于企业的上层、中层、基层管理物乃至一线员工的能力协作，其中尤以高层管理能否全力以赴起着决定性的作用。每个企业都可以划分成上层管理、中层管理和基层管理。

"全企业的质量管理"就是要求企业各管理层次都有明确的质量管理活动内容。当然，各层次活动的侧重点不同。上层管理侧重于质量决策，制订出企业的质量方针、质量目标、质量政策和质量计划，并统一组织、协调企业各部门、各环节、各类人员的质量管理活动，保证实现企业经营管理的最终目的；中层管理则要贯彻落实领导层的重要事项，确定出本部门的目标和对策，更好地执行各自的质量职能，并对基层工作进行具体的业务管理；基层管理则要求每个职工都要严格地按标准开展群众合理化建议和质量管理小组活动，不断进行作业改善。

2）从质量职能角度看，即从企业职能间的横向配合来看，要保证和提高产品质量，必须使企业研制、维持和改进质量的所有活动构成一个有效的整体。

产品质量职能是分散在全企业的有关部门中的，要保证和提高产品质量，就必须将分散在企业和部门的质量职能充分发挥出来。全企业的质量管理就是要"以质量为中心，领导重视、组织落实、体系完善"。在这方面，要管好影响产品质量的设计质量、工程质量、检验质量、交

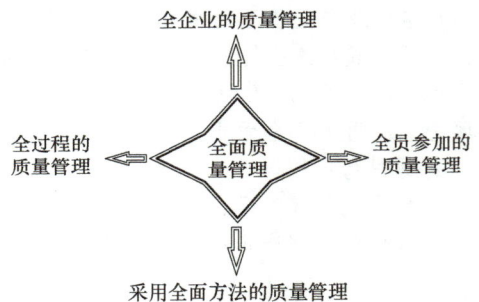

图6-12　全面质量管理的"四全"

货期质量、使用质量和服务质量等。总之，要求质优、价廉、交货及时、服务周到，以满足用户的需要为宗旨。

（2）全过程的质量管理　全过程的质量管理是指对产品生产经营全过程都要进行质量管理。任何产品或服务的质量，都有一个产生、形成和实现的过程，始于设计，成于制造，终于使用。从全过程的角度来看，质量产生、形成和实现的整个过程是由多个相互联系、相互影响的环节组成的，每一个环节都或轻或重地影响着最终的质量结果。为了保证和提高质量，就必须把影响质量的所有环节和因素都控制起来。换句话说，要保证产品或服务的质量，不仅要搞好生产或作业过程的质量管理，还要搞好设计过程和使用过程的质量管理。要把质量形成全过程的各个环节或有关因素控制起来，形成一个综合性的质量管理体系，做到以预防为主，防检结合，重在提高。为此，全面质量管理必须体现如下两个思想：

1）预防为主、不断改进的思想。优良的产品质量是设计和生产制造出来的，而不是靠事后的检验决定的。事后的检验面对的是既成事实的产品质量。根据这一基本道理，全面质量管理要求把管理工作的重点从"事后把关"转移到"事前预防"上来；从管结果转变为管因素、管过程，实行"预防为主"的方针，把不合格品消失在它的形成过程之中，做到"防患于未然"。当然，为了保证产品质量，防止不合格品出厂或流入下道工序，并及时反馈发现的问题，防止其再出现、再发生，加强质量检验在任何情况下都是必不可少的。强调预防为主、不断改进的思想，不仅不排斥质量检验，甚至要求其更加完善、更加科学。质量检验是全面质量管理的重要组成部分，必须坚持企业内行之有效的质量检验制度，并且要进一步使之科学化、完善化、规范化。

2）为顾客服务的思想。顾客有内部和外部之分：外部的顾客可以是最终顾客，也可以是产品的经销商或再加工者；内部的顾客是企业的部门和人员。实行全过程的质量管理要求企业所有工作环节都必须树立为顾客服务的思想。内部满意是外部满意的基础。因此，在企业内部要树立"正道工序是顾客""努力为正道工序服务"的思想。现代工业生产是一环扣一环的，前道工序的质量会影响后道工序的质量，一道工序出了质量问题，就会影响整个过程以至产品质量。因此，要求每道工序的工序质量都要经得起下道工序，即"顾客"的检验，满足下道工序的要求。

"三工序"活动即复查上道工序的质量；保证本道工序的质量；坚持优质、准时为下道工序服务，它是为顾客服务思想的具体体现。

只有每道工序在质量上都坚持高标准，都为下道工序着想，为下道工序提供最大的便利，企业才能目标一致、协调地生产出符合规定要求、满足用户期望的产品。

可见，全过程的质量管理就意味着全面质量管理要"始于识别顾客的需要，终于满足顾客的需要"。

（3）全员参加的质量管理　质量管理环环相扣，人人有责，不能把质量管理看成只是质量管理部门的事，企业各个部门的工作和各个环节的活动都直接或间接地影响着产品质量。

产品或服务质量是企业各方面、各部门、各环节工作质量的综合反映。企业中任何一个环节，任何一个人的工作质量都会不同程度地直接或间接地影响着产品质量或服务质量。产品质量人人有责，人人关心产品质量和服务质量，人人做好本职工作，全体参加质量管理，依靠所有人员的共同努力，从企业领导、技术人员、经营管理人员到生产工人都要学习质量管理的理论和方法，树立质量第一的观念，提高工作质量和产品质量，才能生产出令顾客满意的产品。

要实现全员的质量管理，应当做好以下三个方面的工作。

1）必须抓好全员的质量教育和培训。教育和培训的目的有两个方面：第一，加强职工的质量意识，牢固树立"质量第一"的思想；第二，提高员工的技术能力和管理能力，增强参与意识。在教育和培训过程中，要分析不同层次员工的需求，有针对性地开展教育和培训。

2）要制订各部门、各级各类人员的质量责任制，明确任务和职权，各司其职，密切配合，以形成一个高效、协调、严密的质量管理工作的系统。

这就要求企业的管理者勇于授权、敢于放权。授权是现代质量管理的基本要求之一。原因在于：第一，顾客和其他相关方能否满意、企业能否对市场变化做出迅速反映决定了企业能生存，而提高反应速度的重要和有效的方式就是授权；第二，企业的职工有强烈的参与意识，同时也有很高的聪明才智，赋予他们权力和相应的责任，也能够激发他们的积极性和创造性；其次，在明确职权和职责的同时，还应该要求各部门和相关人员对于质量做出相应的承诺。当然，为了激发他们的积极性责任心，企业应该将质量责任同奖惩机制联系起来。只有这样，才能够确保责、权、利三者的统一。

3）要开展多种形式的群众性质量管理活动，充分发挥广大职工的聪明才智和当家做主的进取精神。包括质量管理小组活动、合理化建议制度和质量相关的劳动竞赛等。总之，应该发挥创造性，采取多种形式激发全员参与的积极性。

（4）采用全面方法的质量管理　采用全面方法的质量管理是指采取的管理手段不是单一的，而是综合运用质量管理的管理技术和科学方法，组成多样化的复合质量管理方法体系。因为现代社会企业经营中，影响产品质量和服务质量的因素越来越复杂：既有物质的因素，又有人的因素；既有技术的因素，又有管理的因素；既有企业内部的因素，又有随着现代科学技术的发展，对产品质量和服务质量提出了越来越高要求的企业外部因素。要把这一系列的因素系统地控制起来，全面管好，就必须根据不同情况，区别不同的影响因素，广泛、灵活地运用多种多样的现代化管理方法来解决当代质量问题。

要把质量检验、数理统计、改善经营管理和革新生产技术等有机结合起来，全面综合地管好质量。

常用的质量管理方法有所谓的七种老工具：因果图、排列图、直方图、控制图、散布图、分层图、调查表；还有七种新工具：关联图法、KJ法、系统图法、矩阵图法、矩阵数据分析法、PDPC法、矢线图法。除了以上方法，还有很多方法：质量功能展开法（QFD）、田口方法、故障模式和影响分析（FMEA）、头脑风暴法（Brainstorming）、六西格玛法、水平对比法（Benchmarking）、业务流程再造（BPR）等。

总之，为了实现质量目标，必须综合应用各种先进的管理方法和技术手段，必须善于学习和引进国内外先进企业的经验，不断改进本组织的业务流程和工作，不断提高组织成员的质量意识和质量技能。"多方法的质量管理"要求的是"程序科学、方法灵活、实事求是、讲求实效"。

上述"四全"，都是围绕着"有效地利用人力、物力、财力、信息等资源，以最经济的手段生产出顾客满意的产品"这一企业目标的，这是企业推行全面质量管理的出发点和落脚点，也是全面质量管理的基本。坚持质量第一，把顾客的需要放在第一位，树立为顾客服务的思想，是企业推行全面质量管理贯彻始终的指导思想。

2. "三性"

"三性"是指预防性、科学性和服务性。

（1）预防性　预防性是指是要充分认识到良好的产品是设计和生产出来的，不是检验出来的。要把管理工作重点从事后把关，转移到事前控制上来，实行防检结合，以防为主，把不合格产品消灭在它的形成过程中。

（2）服务性　服务性主要表现在三个方面：一是企业对用户做好售后服务；二是企业内部上道工序为下道工序服务，树立"下道工序是用户"的思想；三是辅助部门为生产车间做好服务。

（3）科学性　科学性是指不能凭直观判断，凭印象、感觉、经验办事，而是要按科学程序调查研究，用科学数据、科学方法和科学原理说话。

三、全面质量管理的实施

1. 全面质量管理的执行原则

（1）以顾客为关注焦点　组织依存于顾客。因此，组织应当理解顾客当前和未来的需求，满足顾客要求并争取超越顾客期望。

（2）领导作用　领导者确立组织统一的宗旨及方向。他们应当创造并保持使员工能充分参与实现组织目标的内部环境。

（3）全员参与　各级人员都是组织之本，只有他们充分参与，他们的才干才能为组织带来收益。

（4）过程方法　将活动和相关的资源作为过程进行管理，可以更高效地得到期望的结果。

（5）管理的系统方法　将相互关联的过程作为系统加以识别、理解和管理，有助于组织提高实现目标的有效性和效率。

（6）持续改进　持续改进总体业绩应当是组织的一个永恒目标。

（7）以事实为基础进行决策　有效决策是建立在数据和信息分析基础上的。

（8）与供方互利的关系　组织与供方是相互依存的，互利的关系可增强双方创造价值的能力。

2. PDCA 循环保证体系

（1）PDCA 循环的含义　PDCA 质量管理循环保证体系是由美国质量管理专家戴明提出的，所以又称"戴明环"。它是全面质量管理的实施基础和方法依据，由英语 Plan（计划）、Do（实施）、Check（检查）、Action（处理）四个词的第一个字母组成的。PDCA 循环保证体系反映了做全面质量管理工作必须经历的四个阶段，也体现了全面质量管理的思想方法和工作程序。

在 PDCA 循环中，"计划（P）—实施（D）—检查（C）—处理（A）"的管理循环是现场质量保证体系运行的基本方式，它反映了不断提高质量应遵循的科学程序。全面质量管理在 PDCA 循环的规范下，形成了四个阶段和八个步骤，如图 6-13 和图 6-14 所示。

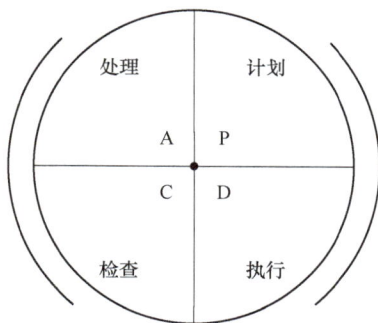

图 6-13　PDCA 循环的四个阶段

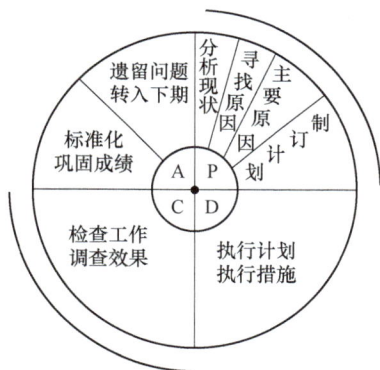

图 6-14　PDCA 的八大步骤

（2）PDCA 循环包括的四个阶段和八个工作步骤

1）P——计划（Plan）。在开始进行持续改善的时候，首先要进行的工作是计划。计划包括制订质量目标、活动计划、管理项目和措施方案。计划阶段需要检讨企业目前的工作效率、追踪流程目前的运行效果和收集流程过程中出现的问题点；根据搜集到的资料，进行分析并制订初步的解决方案，提交公司高层批准。

计划阶段包括四项工作内容：

①分析现状。通过对现状的分析，找出存在的主要质量问题，并尽可能以数字加以说明。

②寻找原因。在所搜集到资料的基础上，分析产生质量问题的各种原因或影响因素。

③提炼主因。从各种原因中找出影响质量的主要原因。

④制订计划。针对影响质量的主要原因，制订应对措施与方案，并具体落实到执行者。

2）D——实施（Do）。在实施阶段，就是对制订的计划和措施，具体组织实施和执行。将初步解决方案提交给公司高层进行讨论，在得到公司高层的批准之后，由公司提供必要的资金和资源来支持计划的实施。在实施阶段需要注意的是，不能将初步的解决方案全面展开，而是只在局部的生产线上进行试验。这样，即使设计方案存在较大的问题，也可以将损失降低到最低限度。通过类似白鼠试验的形式，检验解决方案是否可行。

3）C——检查（Check）。第三阶段是检查，就是将执行的结果与预定目标进行对比，检查计划执行情况，看是否达到了预期的效果。按照检查的结果，来验证生产线的运作是否按照原来的标准进行；或者原来的标准规范是否合理等。

生产线按照标准规范运作后，分析所得到的检查结果，寻找标准化本身是否存在偏移。如果发生偏移现象，则重新策划，重新执行。这样，通过暂时性生产对策的实施，检验方案的有效性，进而保留有效的部分。检查阶段可以使用的工具主要有排列图、直方图和控制图。

4）A——处理（Administer）。第四阶段是处理，即对总结的检查结果进行处理，对成功的经验加以肯定，并予以标准化或制订作业指导书，便于以后工作时可遵循；对于失败的教训也要总结，以免重现。对于没有解决的问题，应提到下一个PDCA循环中去解决。处理阶段包括两方面的内容：

① 总结经验，进行标准化。总结经验教训，估计成绩，处理差错。把成功的经验肯定下来，制订成标准；把差错记录在案，作为鉴戒，防止今后再度发生。

② 问题转入下一个循环。将遗留问题转入下一个管理循环，作为下一阶段的计划目标。

（3）PDCA循环运转时的特点

1）大环套小环，一环扣一环；小环保大环，推动大循环。整个企业，各科室、车间、工段、班组和个人都有自己的PDCA管理循环，所有的循环圈都在转动，并且相互协调，互相促进。上一级循环是下一级循环的依据，下一级循环是上一级循环的组成部分和具体保证，如图6-15所示。

2）管理循环如同爬楼梯一样螺旋式上升，每转动一圈，就上升一步，就实现一个新的目标，不停转动就不断提高。如此反复不断地循环，质量问题不断得到解决，管理水平、工作质量和产品质量就不断提升，如图6-16所示。

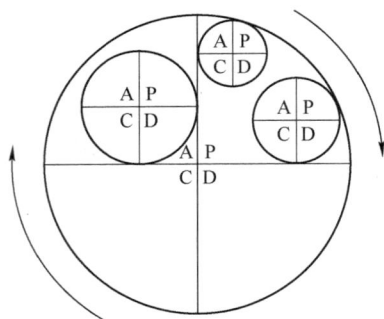

图 6-15　PDCA 循环法特点之一　　　　图 6-16　PDCA 循环法特点之二

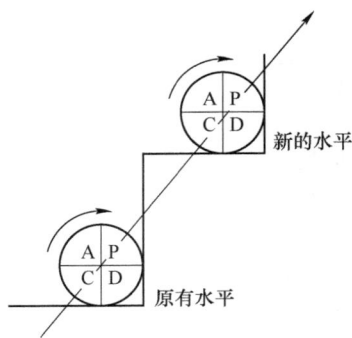

3）管理循环是综合性循环，四个阶段划分是相对的，不能机械地把它们分开，而要紧密衔接，而且各阶段之间存在一定的交叉。实际工作中，往往是边计划边执行，边执行边检查，边检查边处理，边处理边调整计划。质量管理工作正是在这样的循环往复中达到预定目标的。

4）管理循环关键在于"A"阶段，只有把成功的经验和失败的教训都纳入各项标准、规定和制度中，才能使今后的工作少走弯路和不断提高。

四、全面质量管理的控制方法

在全面质量管理中，常用的统计方法有七种，被称为质量管理的"七种工具"。

1. 分层法

分层法又叫分类法、分组法。这种方法就是把收集来的数据，根据一定的目的，按其性质、来源、影响因素等加以分类，进行研究，使杂乱的数据系统化、条理化，从而找出质量问题的症结所在，采取相应的措施加以解决。在质量管理中，数据分层的标志多种多样，一般可先按时间、操作人员、使用的设备、使用的原材料、操作方法、测量工作、工序等进行分类，然后再进一步细分。分层法常常和其他方法结合起来使用，如分层法与排列图法、与直方图法结合使用。

2. 调查表法

调查表又称统计分析表或检查表，它是利用统计图表登记有关数据，并据以粗略分析影响产品质量的原因。一般来说，调查表和分层表一起用效果更好。根据不同的调查对象、调查目的、调查范围，可将调查表设计成多种形式，通常有缺陷位置调查表、不合格项目调查表、质量特性值分布调查表和不良品产生原因统计表等。

3. 排列图法

排列图法又称主次因素图法或巴雷特图法，它是用来找出影响产品质量主要问题的一种图解方法，如图 6-17 所示。

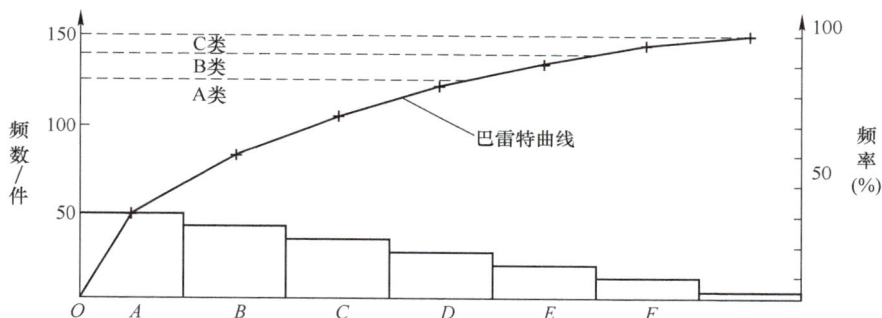

图 6-17　排列图

4. 因果分析图法

使用排列图找出影响产品质量的主要因素后，可用因果分析图找出主要因素产生的根源。因果分析图因其形状而被称为树枝图或鱼刺图，它是用来表示产品质量特性与影响质量的有关因素之间关系的图表，因此又被称为特性因素图，如图 6-18 所示。

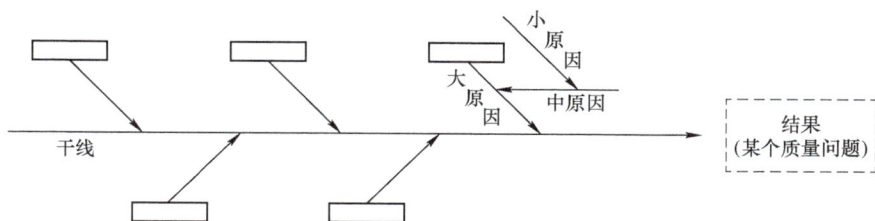

图 6-18　因果分析图

5. 直方图法

直方图又称质量分布图，它是用来整理质量数据，从中找出质量运动规律，预测工序质量好坏和估算工序不合格品率的一种常用工具。

6. 控制图法

控制图又称为质量管理图或质量评估图，它是用数理统计理论对生产过程中的质量状态进行控制的一种图表。

7. 散布图法

散布图又称相关图，它是一种简易的相关分析，利用统计图的形式，来分析研究影响因素同质量特性之间、两种质量特性之间，两种影响因素之间关系的程度。在质量分析中，对于某些有关系但不存在确定函数关系的变量，不能由一个变量的数值精确地求出另一个变量的数值时，通常采用相关图观察，在散布图上将有关的各对数据，以"小圆点"的形式描在直角坐标系中，就能分析判断它们之间有无相关关系以及相关的程度。然后运用这种关系，对产品或工序进行有效的控制。

第三节　汽车服务企业的服务质量管理

🌐【案例导入】

长安汽车：服务质量赢得用户肯定

"得民心者得天下"，这不仅是古代帝王坐拥江山之道，也是现代企业的处事准则。没有"民心"，再大的成就都是"镜中花、水中月"。长安汽车最早确立了"以微为本"的战略目标，以微车打江山。但是打江山容易，守江山难，如何持久抓住消费者的心，成为日后发展关键。于是，长安汽车在国内微车行业第一个推出服务品牌，秉承"亲情、感动、快捷"的服务理念，365天真诚为客户提供全年无休的服务，赢得了用户的肯定。

一、快捷、耐心感动每一秒，专业化行业领先

在2011年10月6日晚10点，桂林某景区负责接送旅客的工作人员李先生，开着长安之星把前来桂林旅游的一对年轻夫妇送上了回家的火车后，在回景区途中车辆突然熄火，此时已经是晚上12点多，几乎没有车辆经过。抱着试一试的心态，李先生拨通了长安汽车技术服务中心电话。

半小时后，两名服务人员赶到现场，仔细查看故障，最终确诊为分电器进水。随后，大家马上采取行动，故障得到及时的解决。不幸的是，由于路况不够理想，半小时后车辆一不小心又掉进了水潭里。没有其他办法，李先生再次无奈地拨打了服务中心的电话。令李师傅感动的是服务站的技术人员们依然热情，现场给李师傅讲解临时应急情况，且第二次及时给予李师傅帮助。当服务人员挥手送别李师傅，车辆再一次发动时已经是凌晨3点多。

李先生享受的是长安微车的"上门服务"，在各大型节日、长假用车高峰对用户进行回访。在"5.1黄金周""10.1国庆长假"这样的驾车旅游高峰，临时服务点设立到各旅游景区，都在以专业化的水准，每分每秒不间断地为用户提供无微不至的贴心关怀。

二、服务心贴心，心暖心

同样是用长安微车接送旅客，家住重庆，在乌江画廊和仙女山一带接送旅客来"赚外快"的聂师傅却有别样的故事。

2011年9月3日，聂师傅觉得自己的车辆离合器有些不正常，换档时分离不清，而此时离买车只有近三个月的时间。聂师傅主观认为，肯定是车辆质量出了问题。于是找到就近的维修站"理论"，维修站的服务人员一边安抚聂师傅，一边迅速组织有关维修技术人员进行了认真的检查。检查结果是，该辆车的离合器摩擦片磨损严重不均匀，导致离合器分离不彻底，主要是用户操作不当所致，不属于产品自身质量问题。

在此过程中，维修站的服务人员们始终面带微笑，耐心地予以解释、说明。当得知聂师傅是一位刚学会驾驶不久的新手时，服务人员还细心地给聂师傅讲解车辆的正确操作方法，如何保养等方面的知识。并且告诉他，尤其是在新车的磨合期内更要严格按照说明书正确操作。最后，聂师傅对这次检测非常满意。

正是长安微车对一流服务的不懈追求，才使其在白热化竞争的微车市场中力战群雄，长期保持着较高的市场占有率。

一、服务质量概述

1. 内涵

服务质量是通过顾客对服务的感知而决定的，因此服务质量是一个复杂的集合体，消费者对服务质量的评价不仅要考虑服务的结果，还要涉及服务的过程。

服务质量是建立在差异理论的基础上的，通过顾客对期望的服务和感知的服务相比较而形成的主观结果。如果顾客对服务的感知水平符合或高于其预期的水平，则顾客获得较高的满意度，从而认为企业具有较高的服务质量；反之，则会认为企业的服务质量较低。从这个角度看，服务质量是顾客的预期服务质量与感知服务质量的比较。

2. 构成要素

服务或多或少是一种主观体验过程，在这个过程中，生产和消费是同步进行的。顾客与服务提供者之间存在着互动关系，这种互动关系及所谓的买者——卖者互动或服务接触，它对感知服务质量的形成具有非常重要的影响。客户感知服务质量包括两个基本的构成要素，即技术质量和功能质量。

技术质量又称为结果质量，指的是客户在服务过程结束后的"所得"。例如，客户到汽车服务企业排除了汽车的故障、对车辆进行了保养等，由于技术质量涉及的是技术方面的有形内容，故客户容易感知且评价比较客观。显然，客户从他们与企业的互动关系中所得到的东西对于他们如何评价服务质量具有非常重要的意义，许多企业也常常认为这就是服务。但由于客户与服务提供者之间存在着一系列的互动关系，所以，技术质量只是客户感知服务质量的一部分而不是全部。

功能质量涉及服务人员的仪表仪态、服务态度、服务方法、服务程序、服务行为方式等，相比之下功能质量更具有无形的特点，一般是不能用客观标准来衡量的，因此难以做出客观的评价，客户的主观感受在功能质量评价中占据主导地位。

3. 服务质量的衡量

要对汽车服务企业的服务质量进行有效管理，除了必须找到导致质量问题的原因，同时，还需要对企业的服务质量进行客观、公正的评估。质量界流行这样的一句话："你能衡量的，才是你能管理的；你无法衡量的，就无法管理、控制它。"服务质量的准确评估不仅可为经营者提供有关客户的信息，使经营者做出正确决策，而且能够激励服务提供者不断改进服务质量。

（1）服务质量衡量原则

1）过程评价与结果评价相结合。服务的无形性、不可分离性及客户参与的特点，使客户对服务质量的评价不仅取决于客户对服务结果（技术性质量）的评价，也取决于对服务过程（功能性质量）的评价。所以，服务质量评估应将过程评价和结果评价结合起来，全面揭示影响客户满意的服务质量问题。

2）事前评价与事后评价相结合。服务质量的形成取决于期望和体验的对比，所以把事前评价（期望）和事后评价（消费体验）结合起来，才能正确反映客户满意的形成过程，找到提高服务质量的线索。

3）定性评价与定量评价相结合。评价定量化有助于提高评价的科学性和可比性，但是服务与服务质量的特点决定了服务质量评估不可能完全量化。而且，有些客户满意信息也无法用定量指标来反映。所以，必须把定量指标和定性指标结合起来，才能全面反映服务质量方面的信息。

4）横向比较与纵向比较相结合。服务质量评估要起到反映服务现状和促进服务改进的作用，就要运用比较的工具。横向比较可以反映本企业服务水平与同行竞争对手的差距，而纵向比较可以反映企业自身的发展。

5）主观评价与客观评价相结合。客户对服务质量的评价本身是个主观概念，反映客户对产品和服务满足其需求程度的主观评价。不管怎样努力，顾客满意指标的主观性质还是无法改变的，我们能做的只是尽量调和主观评价和客观评价的关系，使之能客观反映客户的要求，且易于操作，易于反映到服务设计和服务改进中去。

6）全面评价和局部评价相结合。有些情况下需要全面了解客户对产品和服务的满意评价，而有些情况只需了解客户对产品和服务的某些方面的意见。

（2）客户感知服务质量的衡量要素　影响服务质量的因素主要有10个：可靠性、反应性、胜任能力、易于接触、殷勤有礼、交流性、专业性、安全性、移情性、可感知性。其中，可靠性、反应性、专业性、移情性、可感知性是客户感知服务质量最重要的5个因素（见表6-1）。

表6-1　影响服务质量的要素

影响因素	内　容
可靠性	是指企业准确无误地完成所承诺的服务。服务可靠性要求服务企业"在准确的时间、准确的地点用正确的方式为客户提供完善的服务"。客户要求可靠的服务，不可靠的服务绝对是劣质的服务
反应性	是指服务性企业随时准备为客户提供快捷、有效的服务
专业性	是指服务人员的知识、技能和礼节能使客户产生信任和安全感。对客户来说，服务人员的友好态度和胜任能力缺一不可。服务人员缺乏友善的态度自然会使客户感到不愉快，而如果他们对专业知识懂得太少也会令客户失望
移情性	是指服务人员设身处地地为客户着想，关心客户，为客户提供个性化服务。主要包括：易于接触或可及性（指客户能否较容易地接触、购买和使用服务）、易于沟通（指服务企业的组织机构、规章制度和服务人员能保证客户与企业之间的双向信息交流）、对客户的理解程度（是指企业深入理解客户需求，并针对客户的特殊需求提供个性化的服务）
可感知性	也称为有形证据或有形展示，主要是指服务产品的"有形部分"，即店址、建筑风格、辅助产品、促销产品、服务设施、设备、人员、沟通资料、价目表等

4. 服务过程的衡量

服务过程的衡量即对员工在服务传递过程中所执行的服务质量标准的衡量。企业可通过跟踪系统、雇员调查或神秘访问等方式来评价、衡量服务过程。

在进行服务过程的衡量时，应注意以下两点：

1）将服务过程衡量的结果与员工的激励方式相结合，否则衡量系统就失去了存在的意义。

2）企业在设计衡量系统时，必须防止出现过程标准的次级化。标准的次级化就是员工倾向于按企业选定的衡量尺度行事，而把为什么要衡量这些事情的真正理由抛在脑后。避免次级化的措施是将过程衡量与客户感知服务质量衡量配合使用，用客户感知服务质量来指导过程衡量，不断监测客户期望的变化，使员工随时都把客户放在心上。

二、汽车服务企业服务质量

汽车服务企业的服务质量关系到汽车服务企业的口碑、客户往返率以及新客源的增加。在市场竞争激烈的今天，服务的质量往往是利润的关键来源。要提高汽车服务企业的服务质量，在充分分析导致汽车服务企业服务质量出现问题的原因后，主要应从制度和流程两大方面来入手。

1. 服务质量问题产生的原因

服务质量差距模型（图6-19）说明了服务质量的形成过程，其上半部与客户有关，而下半部则与服务提供者有关。

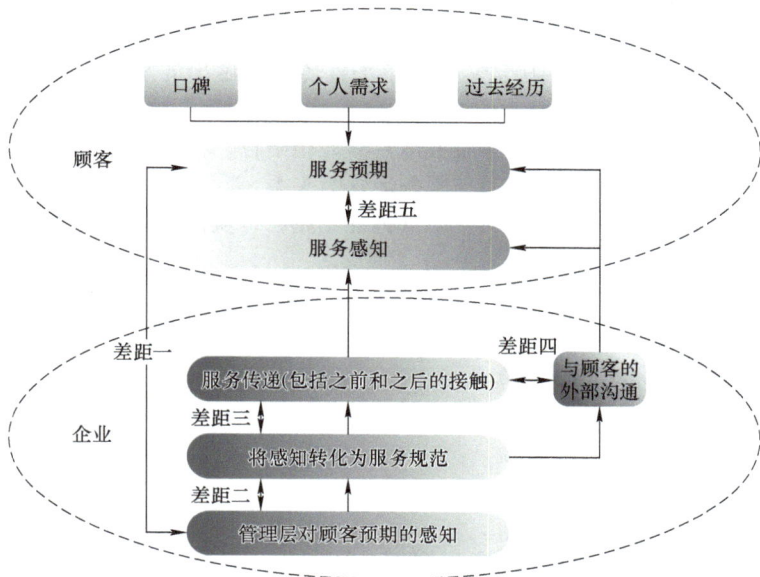

图6-19　服务质量差距模型

客户所期望的服务是客户过去的服务体验、个人需要和口碑沟通的函数，同时还受到企业营销宣传的影响。客户感知的服务质量是一系列内部决策和活动的结果。管理层对客户服务预期的感知决定了企业将要执行的服务标准，然后员工根据服务标准向客户传递服务。而客户则根据自身的服务体验来感知服务的生产和传递过程。当然，营销传播对客户感知服务质量和预期服务均会产生影响。

（1）差距一：管理层感知差距　其含义是指管理者不能准确地感知客户服务预期。产生这个差距的主要原因有：

1）管理层从市场调研和需求分析中所获得的信息不准确。

2）管理层从市场调研和需求分析中获得的信息准确，但理解有偏颇。

3）本企业没有做过需求分析。

4）企业与客户接触的一线员工向管理层报告的信息不准确，或根本没有报告。

5）企业内部机构重叠，妨碍或改变了与客户接触的一线员工向上级报告市场需求信息。

（2）差距二：质量标准差距　其含义是所制订的具体质量标准与管理层对客户的质量预期的认识之间出现的差距，这种差距产生的原因有：

1）服务企业规划过程中产生失误，或者缺乏有关的规划过程。

2）管理层对规划过程重视不够，组织不好。

3）整个企业没有明确的奋斗目标。

4）高层管理人士对服务质量的规划工作支持不够。

（3）差距三：服务传递差距　其含义是服务生产与传递过程没有按照企业所设定的标准进行。造成这种差距的主要原因有：

1）标准定得太复杂、太僵硬。

2）一线员工没有认可这些具体的质量标准，例如，在提高服务质量必须要求员工改变自己的行为习惯的情况下，员工就可能极不愿意认可这样的质量标准。

3）新的质量标准违背了现行的企业文化。

4）服务运营管理水平低下。

5）缺乏有效的内部营销。

6）企业的技术设备和管理体制无助于一线员工按具体的服务质量标准生产。

（4）差距四：市场沟通差距　其含义是指市场宣传中所做出的承诺与企业实际提供的服务不一致。造成这种差距的原因有：

1）企业没能将市场营销传播计划与服务运营活动相结合。

2）企业没能协调好传统的市场营销与服务运营的关系。

3）企业通过信息传播宣传介绍了服务质量标准细则，但实际的服务生产滞后，达不到这些质量标准。

4）企业存在着力图夸大自己的服务质量的冲动。

（5）差距五：质量服务感知差距　其含义是客户体验和感觉到的服务质量与自己预期的服务质量不一致。出现这种差距的原因有：

1）客户实际体验到的服务质量低于其预期的服务质量或者存在服务质量问题。

2）口碑较差。

3）企业形象差。

4）服务失败。

2. 建立健全汽车服务企业各项规章制度

目前，许多企业，特别是近年来刚刚进入汽车服务行业的企业，一方面业务流程不健全；另一方面由于现有流程没有良好的制度进行监督，使得出现问题时不能得到及时纠正。从管理学角度来讲，执行就是落实服务流程环节所要求的内容和任务，执行流程的目标就是让客户满意。

执行力度是左右企业成败的重要力量，也是企业区分平庸与卓越的重要标志。许多汽车服务企业的管理实践证明，客户满意度与各项服务流程的执行，特别是核心流程的执行情况息息相关。所以，建立健全各项规章制度并抓好执行力度是非常重要的。

3. 做好各项服务流程的建设

汽车服务企业不仅仅是为客户提供一些表面性的咨询服务和简单的故障处理服务，这其中也包含着高精的技术服务和人文关怀。

（1）提供先进的服务设施，提升和完善维修服务质量　汽车的发展水平随着科技的进步在不断地提高，高科技也在不断地向汽车产品领域渗入。例如，ECU 中央控制单元、ESP 电子稳定程序等科技的渗入，不仅要求维修人员有过硬的修理技术，还要求汽车服务企业引进高端的硬件维修设施设备，帮助维修人员排除这些高科技产品的故障。

给工作人员提供技术支持与技术指导，并且要保证维修作业工具和维修检测仪器的先进性，更好地使软件技术与硬件技术相结合，才能保证维修作业的质量和提供完善的服务，提升客户满意度，树立企业的品牌形象，为企业的生存与长期发展奠定坚实的物质基础和技术支持。

（2）定期进行客户回访，建立客户档案　客户购车对汽车企业来说并不是一次性的买卖交易，而是以后长期"合作"的开始。客户购车后的使用情况怎么样，是否满意，这就需要定期给客户打电话，或邮寄一封信函，做一个简短而温馨的回访，征求一下客户的意见或建议，给每一个客户建立一个客户档案等，这样可以为汽车服务企业带来新的商机。例如，建立客户的会员制度或VIP 制度等。

（3）提供纯正的配件，使用户得到服务质量和成本的双重保证　汽车服务企业向消费者提供纯正的原厂配件，保证了产品质量才能确保汽车的维修质量，稳定其使用的安全系数。同时，也使服务质量和客户的维修成本得到了双重的保证，增加了客户对产品和服务的信赖度和满意度，提升了企业自身的品牌形象。

【重点知识回顾】

1. 5S 管理的内容含义理解及实施
2. 全面质量管理的含义及理解
3. 全面质量管理原则
4. PDCA 循环法含义及实施
5. 全面质量管理的控制方法
6. 服务质量问题产生原因及其分析

【能力训练】

任务一　全面质量管理的理解

案例一：

消费者购物，买的就是质量，可生活中就有"买不走"的质量。这倒不是因为商品本身的质量有问题，而是因为有一种质量是无法用钞票购买的。这里给大家讲一个真实的故事。

有一次，我的朋友到一家久负盛名的拉面店吃牛肉面，临行前特地带了一只饭盒，准备吃完后给自己的孩子也带一份回去。当服务员将两碗面端来，他刚要将其中一碗倒入饭盒，却被拉面的老师傅制止："你这是干什么？"

朋友不解地回答："我带一碗回去呀！"

"那你为什么不早说？""为什么要早说呢？"

"为什么！等你把面吃完了，拿回去的这一碗面还能吃吗？早就软掉了！"

朋友一听，笑了："没关系，不过是带回去给孩子吃，没关系的！"

"不行！我不管是给谁吃的，我们这个店是有招牌的。如果要带回去，等你吃完了，我再另做一碗。开玩笑，这样的面不是砸我们的招牌吗？"

"可我没时间等呀！孩子快放学了。"

"不会让你久等的。保证你一吃完，正好可以提走。以后最好是带着你的孩子过来吃，我们这面的质量是买不走的。"

好一个"买不走"的质量！

朋友既惊讶又感动。他终于明白为什么附近面馆林立，而唯独这一家口碑最好，生意最兴旺，要不是自己多此一举，可能吃一百碗也未必明白真谛。

这就是金钱买不走的质量，它是一种完整的服务，更是一种完善的信誉。

一、训练目的

1）理解全面质量管理的含义。
2）掌握 PDCA 循环法的基本原理。

二、训练步骤

1）教师指导学生进行案例分析。
2）学生根据案例内容，结合所学理论知识进行讨论。

三、训练要求

能够根据案例内容，准确找到所涉及的理论知识点，并结合所学理论知识进行分析总结。

四、实训涉及内容

1. 全面质量管理的"四全""三性"的含义。

2. PDCA 循环法的特点。

任务二　全面质量管理原则的理解

案例二：

一个替人割草打工的男孩打电话给一位陈太太说："您需不需要割草？"

陈太太回答说："不需要了，我已有了割草工。"

男孩又说："我会帮您拔掉花丛中的杂草。"

陈太太回答："我的割草工也做了。"

男孩又说："我会帮您把草与走道的四周割齐。"

陈太太说："我请的那人也已做了，谢谢你，我不需要新的割草工人。"

男孩便挂了电话，此时男孩的室友问他说："你不是就在陈太太那割草打工吗？为什么还要打这电话？"

男孩说："我只是想知道我做得有多好！"

一、训练目的

理解全面质量管理原则的含义。

二、训练步骤

1）教师指导学生进行案例分析。

2）学生根据案例内容，结合所学理论知识进行讨论。

三、训练要求

能够根据案例内容，准确找到所涉及的理论知识点，并结合所学理论知识进行分析总结。

四、实训涉及内容

1. 全面质量管理原则。

2. 客户满意与质量监督管理之间的关系。

第七章

汽车服务企业人力资源管理

目标名称	目标内容
知识目标	1. 了解企业人力资源管理的含义及其重要性
	2. 掌握企业人力资源规划的方法
	3. 掌握企业人力资源招聘的方法
	4. 熟悉企业人力资源薪酬制度
	5. 熟悉企业人力资源绩效考核方式及方法
技能目标	1. 能够运用正确的方法和步骤完成汽车服务企业人力资源招聘
	2. 能够根据企业实际情况，运用正确的方法完成人力资源绩效考核
情感目标	正确认识人力资源管理工作对企业的意义

建议学时：4 学时。

名人名言

人才是利润最高的商品，能够经营好人才的企业才是最终的大赢家。

——柳传志（联想总裁）

第一节 人力资源管理概述

【案例导入】

丰田公司的模糊管理

1. 丰田公司的招聘理念

丰田公司的招聘理念是，只招合适的，不要最优秀的。在中国丰田事业体内，很少见到来自北京大学、清华大学的毕业生。大多数学生来自吉林大学、大连理工大学、天津大学、北京外国语大学、四川大学、中山大学，甚至一些省级院校，来得学生也不是最优秀的。

2. 丰田的绩效考评体系

（1）丰田公司绩效考评称为面谈培养 言下之意，就是通过面谈，确定考核目标，评价目标达成度；通过面谈，了解下属需要哪些支持，下属在达成目标过程中的态度、能力以及需要改进的地方；通过面谈，提出今后工作的期待，下属发扬优点、改正缺点的过程，实际上是下属实现从量变到质变的转化，促进下属不断成长，这个过程其实也是一个人才培养的过程。

（2）关于"能力主义" "能力主义"考评主要针对职务、资格较低的人力资源。考评主要集中在人力资源工作技能、专业知识、工作态度等方面。实际上，就是丰田价值观的评价。不同职务、不同资格的人力资源，其能力要求不同，专业知识要求不同，考评的侧重点就不同。比如说，对于基层主管，更多侧重于领导能力、人才培养、方针管理、成本管理等方面；对于一般文员，倾向于改善、问题意识、团队精神、遵守规章制度等方面；对于操作工人，考评则主要集中在安全、品质、改善、多能工、4S、团队协作等方面。

3. 丰田公司的福利体系

1）在薪酬方面，丰田公司实行的是职能工资制，薪酬支付与绩效考评结果紧密相关。人力资源基本工资体现的"能力主义"，人力资源奖金体现的"成果主义"。"能力主义"和"成果主义"是丰田公司分配机制的灵魂。

2）"年工序列制"是薪酬的有效补充。"年工序列制"鼓励人力资源长期在公司工作。其理论依据是，资格越长，工作经验越丰富，技能越高，因人才流失造成的损失越小，对公司文化的认同度越高，对公司发展的贡献也越大。

"年工序列制"的体现不仅在工龄工资上，还体现在一些福利待遇上，比如人力资源的年假、购房购车补贴、旅游补贴等，都与人力资源工龄长短有关。

3）人力资源福利花样多多。一汽丰田公司人力资源福利除法定"五险一金"外，还包括免费交通车、免费午餐、免费体检、免费服装（如西服套装、防寒服、保暖内衣等）、补充养老保险医疗保险、交通补贴、家属生老病死慰问、困难补助、人力资源生日蛋糕、结婚生育贺礼、团队活动费、传统节假日家属慰问以及上述的年假、购房购车补贴、旅游补贴等，多达几十种。

4. 公司交流体系

丰田公司还有一套完善的、成熟的交流体系。

1）公司方针目标、经营状况能够迅速传递到每个人力资源，得到人力资源的理解认同，进而形成全员共同制定目标，全员共同参与、共同努力。

2）通过交流，集中多方面意见建议，既体现集体决策又使决策更加科学、合理。

3）对于人事政策，在理解人力资源需求基础上不断完善，也让人力资源充分理解公司政策制订的背景，减少劳资矛盾，营造和谐氛围。

4）通过交流，中日干部相互体谅、相互妥协，使文化冲突逐渐减少。

5. 人力资源职业发展

根据人力资源能力的提高，不论年龄、学历、资历，给予不同级别的资格，并享受与相同级别职务一样的薪酬待遇。职能资格制度打破了公司"老人"一统天下的局面，让一方面有才华的年轻人脱颖而出。

与此同时，在丰田公司，只有雇佣终身制，没有职位终身制。由于内部组织结构调整频繁，职务调整也非常频繁，今天是次长，明天可能就变为主查，一段时间后可能又被任命为某一部门次长或部长。对于这种频繁的职务调整，丰田人力资源早已习以为常，绝对服从公司安排。

案例思考：
1. 人力资源管理包括哪些内容？
2. 人力资源管理对于汽车服务企业的作用是什么？

一、人力资源管理的概念及特征

人力资源是一切资源中最为宝贵的资源，是第一资源。当今世界，几乎每个企业、组织、地区、国家，都把人力资源战略作为最高战略，人力资源战略是一切战略的制高点。经济全球化、国家与国家之间的竞争，是经济实力、科学实力的竞争，是人才的竞争，是人力资源综合素质的竞争。

尽管我国人力资源数量巨大，但总体素质比较低。据初步统计，我国每百万人口中科技人员仅相当于发达国家的3%，每百万人在校大学生数仅是发达国家20世纪70年代平均水平的3%～4%。我国的专业技术人员普遍存在知识老化，缺乏创新意识和思维的问题；高级管理人才和高新技术人才严重短缺；对人力资源的资本投资低于世界平均水平。

1. 人力资源管理的概念

人力资源管理就是指运用现代化的科学方法，对与一定物力相结合的人力进行合理的培训和调配，使人力、物力经常保持最佳比例，同时对人的思想、心理和行为进行恰当的引导、控制和协调，充分发挥人的主观能动性，使人尽其才，事得其人，人事相宜，以实现汽车服务企业的发展目标。

2. 企业人力资源管理的主要内容

1）人力资源配置（包括规划、招聘、选拔、录用、调配、晋升、降职、转岗等）。

2）绩效考核。

3）薪酬体系（工资、奖金、福利等）。

4）制度建设（汽车服务企业设计、工作分析、人力资源关系、人力资源参与、人事行政等）。

5）培训与开发（包括技能培训、潜能培训、职业生涯管理、汽车服务企业学习等）。

企业人力资源管理系统如图7-1所示。

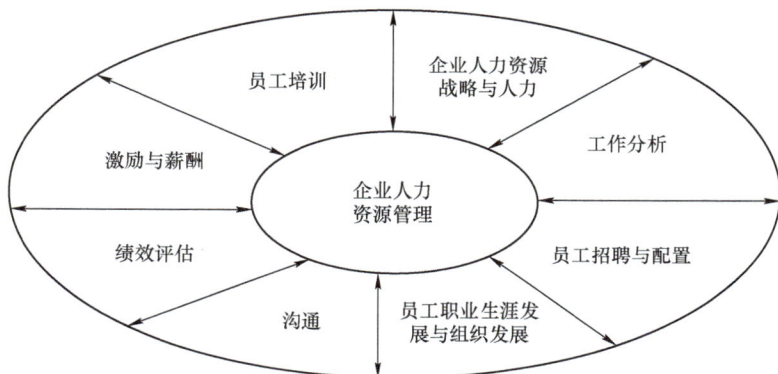

图7-1　企业人力资源管理系统

二、现代人力资源管理与传统人事管理的区别

传统人事管理的特点是以"事"为中心，只见"事"，不见"人"，只见某一方面，而不见人与事的整体性、系统性，强调"事"的单一方面的静态的控制和管理，其管理的形式和目的是"控制人"；而现代人力资源管理以"人"为核心，强调一种动态的、心理的、意识的调节和开发，管理的根本出发点是"着眼于人"，其管理归结于人与事的系统优化，以使企业取得最佳的社会和经济效益。

传统人事管理把人设为一种成本，将人当作一种"工具"，注重的是投入、使用和控制。而现代人力资源管理把人作为一种"资源"，注重产出和开发。是"工具"，可以随意控制它；使用它；是"资源"，特别是把人作为一种资源，就要小心保护它、引导它、开发它。有学者提出：重视人的资源性的管理，并且认为21世纪的管理哲学是"只有真正解放了被管理者，才能最终解放管理者自己"。

传统人事管理是某一职能部门单独使用的工具，似乎与其他职能部门的关系不大，但现代人力资源管理却与此截然不同。人力资源管理部门的主要职责在于制订人力资源规划、开发政策，侧重于人的潜能开发和培训，同时培训其他职能经理或管理者，提高他们对人的管理水平和素质。所以说，人力资源管理涉及企业的每一个管理者，企业的每一个管理者不单要完成企业的生产、销售目标，还要培养一支能够为实现企业组织目标打硬仗的人力资源队伍。人力资源管理与传统人事管理的区别见表7-1。

表7-1 人力资源管理与传统人事管理的区别

	现代人力资源管理	传统人事管理
管理内容	以人为中心。目的：开发人的潜能，激发人的活力。属于决策层，参与决策	以事为中心（招聘、选拔等）；执行部门少参与决策
管理形式	动态管理（不断培训、调整工作）	静态管理（被动性工作）
管理方式	人性化管理（人的情感、自尊、价值等）	制度控制、物质刺激
管理策略	重整体开发、预测、规划；长远性、全局性；属战略管理	被动反应型，近期或短期性；属战术管理
管理手段	计算机管理（管理软件、计算机生成有关信息、数据）	手段单一，人工为主

三、汽车服务企业人力资源开发与管理的特征

1. 地位具有战略性

汽车服务企业的经营层把人力资源看作"第一资源"，把人力资源开发与管理工作放在汽车服务企业的战略高度。

2. 主体具有多方面性

在现代汽车服务企业人力资源开发与管理活动中，管理主体由多方面的人员所组成。在这一格局下，各个管理主体的角色和职能如下。

1）部门经理。他们从事着大量的日常人力资源开发与管理工作，甚至是汽车服务企业人力资源开发与管理的主要内容。

2）高层领导者。在汽车服务企业的宏观和战略层面上把握人力资源开发与管理活动，甚至直接主持人力资源开发与管理的关键性工作，例如参与人才招聘、进行人事调配、决定年终分配等。

3）一般人力资源。在现代汽车服务企业中，广大人力资源不仅以主人翁的姿态做好工作、管理自身，而且以主人翁的角色积极参与管理，并且在诸多场合发挥着管理者的作用。

4）人力资源部门人员。汽车服务企业人力资源部门中的人员，不仅积极从事着自身的专职人力资源开发与管理工作，而且作为汽车服务企业高层决策的专业顾问和对其他部门进行人力资源管理与指导的技术专家，并对整个汽车服务企业的人力资源开发与管理活动进行协调和整合。

5）手段具有人道性。在"人力资源"概念提出后，人们对"人力"这一生产要素增加了"人"的看法。诸如人力资源参与管理制度、人力资源合理化建议制度、目标管理方法、工作再设计、工作生活质量运动、自我考评法、职业生涯规划、新人力资源导师制、灵活工作制度、人力资源福利的选择制等。与以往的"人事管理"相比，对人力资源的开发与管理是以人为中心的，其方法和手段有着诸多的人道主义色彩。

第二节　人力资源规划

【案例导入】

汽车配件公司的人力资源规划

老冯几天前才调到汽车配件公司的人力资源部当助理，就接受了一项紧急的任务，要求他在10天内提交一份本公司5年的人力资源规划。虽然老冯从事人力资源管理工作已经多年，但面对桌上的一大堆文件、报表，不免一筹莫展。经过几天的整理和苦思，他觉得要编制好这个规划，必须考虑下列各项关键因素：

首先是本公司现状。公司共有生产工人825人，行政和文秘性白领职员143人，基层与中层管理干部79人，工作技术人员38人，销售员23人。其次，据统计，近5年来职工的平均离职率为4%，预计近年变化不大。不过，不同类别职工离职率并不一样，生产工人离职率高达8%，而技术人员和管理干部离职率则只有3%。再者，按照既定的扩产计划，白领职员和销售员要新增10%~15%，工程技术人员要增加5%~6%，中、基层干部不增也不减，而生产与维修的蓝领工人要增加5%。有一点特殊情况要考虑：最近本地政府颁布了一项政策，要求当地企业招收新职工时，要优先照顾妇女和下岗职工。本公司一直未曾有意排斥妇女或下岗职工，只要他（她）们来申请，就会按同一种标准进行选拔，并无歧视，但也未予特殊照顾。如今的事实却是，销售员除一人是女性外全是男性；中、基层管理干部除两人是女性外，其余也都是男性；工程师里只有3个是女性；蓝领工人中约有11%的女性或下岗职工，而且都集中在最底层的劳动岗位上。

老冯还有5天就要交出计划，其中包括各类干部和职工的人数、从外界招收的各类人员的人数以及如何贯彻市政府关于照顾妇女与下岗人员政策的计划。此外，公司刚开发出几种有吸引力的新产品，所以预计公司销售额5年内会翻一番，老冯还需提出一项应变计划以备应付这类快速增长。

案例思考：
编制人力资源规划时要考虑哪些情况和因素？

一、人力资源规划工作理解

1. 人力资源规划的含义

人力资源规划（HPR，Human Resource Planning）是指组织根据企业的人力资源战略目标，科学预测企业未来的人力需求，预测其内部人力资源供给满足这些需求的程度，确定供求之间的差距，制订人力资源净需求计划，用以指导人力资源的招聘、培训、开发、晋升和调动，确保企业对人力资源在数量和质量上的需求，从而不仅帮助组织实现其战略目标，同时也确保组织在人力资源的使用方面达到合理和高效。

广义的人力资源规划是指包括人员供求规划、培训开发规划、绩效规划、薪酬福利规划、人力资源关系规划以及中高层管理人员的接班或继任计划等，与人力资源有关的各种规划活动。

狭义的人力资源规划是根据组织未来的人力资源需求和供给分析，找出供求之间的差距或矛盾，从而帮助组织制订未来平衡人力资源供求关系的各种相关计划。

2. 人力资源规划的内容

人力资源规划是企业建立战略型人力资源管理体系的前瞻性保障，通过对企业人力资源的供需分析，预见人才需求的数量和质量要求，以此确定人力资源工作策略。

人力资源规划包括以下内容：

（1）战略规划　战略规划是根据企业总体发展战略的目标，对企业人力资源开发和利用的方针、政策和策略的规定，它是各种人力资源具体计划的核心，是事关全局的关键性计划。

（2）组织规划　组织规划是对企业整体框架的设计，主要包括组织信息的采集、处理和应用，组织结构图的绘制，组织调查、诊断和评价，组织设计与调整，以及组织机构的设置等。

（3）制度规划　制度规划是人力资源总规划目标实现的重要保证，包括人力资源管理制度体系建设的程序、制度化管理等内容。

（4）人员规划　人员规划是对企业人员总量、构成、流动的整体规划，包括人力资源现状分析，企业定员，人员需求和供给预测以及人员供需平衡等。

（5）费用规划　费用规划是对企业人工成本、人力资源管理费用的整体规划，包括人力资源费用的预算、核算、结算，以及人力资源费用控制。

3. 人力资源规划的作用

（1）有利于组织制订战略目标和发展规划　人力资源规划是组织发展战略的重要组成部分，同时也是实现组织战略目标的重要保证。

（2）确保组织生存发展过程中对人力资源的需求　人力资源部门必须分析组织人力资源的需求和供给之间的差距，制订各种规划来满足对人力资源的需求。

（3）有利于人力资源管理活动的有序化　人力资源规划是企业人力资源管理的基础，它由总体规划和各种业务计划构成，为管理活动（如确定人员的需求量、供给量、调整职务和任务、培训等）提供可靠的信息和依据，进而保证管理活动的有序化。

（4）有利于调动人力资源的积极性和创造性　人力资源管理要求在实现组织目标的同时，也要满足人力资源的个人需要（包括物质需要和精神需要），这样才能激发人力资源持久的积极性。只有在对人力资源进行规划的条件下，人力资源对自己可满足的东西和满足的水平才是可知的。

（5）有利于控制人力资源成本　人力资源规划有助于检查和测算出人力资源规划方案的实施成本及其带来的效益。要通过人力资源规划预测组织人员的变化，调整组织的人员结构，把人工成本控制在合理的水平上，这是组织持续发展不可缺少的环节。

二、人力资源规划工作操作

1. 人力资源规划的制订原则

（1）充分考虑内部、外部环境的变化　人力资源规划只有充分地考虑了内、外环境的变化，才能适应需要，真正地做到为企业发展目标服务。内部变化主要指销售的变化，开发的变化，或者说企业发展战略的变化，还有公司人力资源的流动变化等；外部变化指社会消费市场的变化、政府有关人力资源政策的变化、人才市场的变化等。为了更好地适应这些变化，在人力资源计划中应该对可能出现的情况做出预测和风险变化，最好能有面对风险的应对策略。

（2）确保企业的人力资源保障　企业的人力资源保障问题是人力资源规划中应解决的核心问题。它包括人员的流入预测、流出预测、人员的内部流动预测、社会人力资源供给状况分析、人员流动的损益分析等。只有有效地保证了对企业的人力资源供给，才可能进行更深层次的人力资源管理与开发，才会使企业和人力资源都得到长期的利益。

（3）人力资源规划不仅是面向企业的规划，也是面向人力资源的规划　企业的发展和人力资源的发展是互相依托、互相促进的关系。如果只考虑企业的发展需要，而忽视了人力资源的发展，则会有损企业发展目标的达成。优秀的人力资源计划一定是能够使企业和人力资源达到长期利益的计划，一定是能够使企业和人力资源共同发展的计划。企业人力资源规划平衡组织和成员的需求见表7-3。

表7-2　企业人力资源规划平衡组织和成员的需求

企业需求	员工需求	人力资源规划手段
专业化	工作丰富化	服务设计
人员精减	工作保障	培训计划
人员稳定	寻求发展	职业生涯规划
降低成本	提高待遇	生产率计划
领导的权威	受到尊重	劳动关系计划
员工的效率	公平的晋升机会	考核计划

2. 人力资源规划的程序

人力资源规划的程序即人力资源规划的过程，一般可分为以下几个步骤：收集有关信息资料、人力资源需求预测、人力资源供给预测、确定人力资源净需求、编制人力资源规划、实施人力资源规划、人力资源规划评估、人力资源规划反馈与修正。

（1）收集有关信息资料　人力资源规划的信息包括组织内部信息和组织外部环境信息。

组织内部信息主要包括企业的战略计划、战术计划、行动方案、本企业各部门的计划、人力资源现状等。

组织外部环境信息主要包括宏观经济形势和行业经济形势、技术的发展情况、行业的竞争性、劳动力市场、人口和社会发展趋势、政府的有关政策等。

（2）人力资源需求预测　人力资源需求预测包括短期预测和长期预测，总量预测和各个岗位需求预测。

（3）人力资源供给预测　人力资源供给预测包括组织内部供给预测和外部供给预测。

（4）编制人力资源规划　根据组织战略目标及本组织人力资源的净需求量，编制人力资源规划，包括总体规划和各项业务计划。同时要注意总体规划和各项业务计划之间的衔接和平衡，提出调整供给和需求的具体政策和措施。一个典型的人力资源规划应包括规划的时间段、计划达到的目标、情景分析、具体内容、制订者、制订时间。

（5）实施人力资源规划　人力资源规划的实施，是人力资源规划的实际操作过程，要注意协调好各部门、各环节之间的关系，在实施过程中需要注意以下几点：

1）必须有专人负责既定方案的实施，要赋予负责人拥有保证人力资源规划方案实现的权利和资源。

2）要确保不折不扣地按规划执行。

3）实施前要做好准备。

4）实施时要全力以赴。

5）要有关于实施进展状况的定期报告，以确保规划能够与环境、组织的目标保持一致。

（6）人力资源规划评估　在实施人力资源规划的同时，要从以下三个方面进行定期与不定期的评估：

1）是否忠实执行了本规划。

2）人力资源规划本身是否合理。

3）将实施的结果与人力资源规划进行比较，通过发现规划与现实之间的差距来指导以后的人力资源规划活动。

（7）人力资源规划的反馈与修正　对人力资源规划实施后的反馈与修正是人力资源规划过程中不可缺少的步骤。评估结果出来后，应进行及时的反馈，进而对原规划的内容进行适时的修正，使其更符合实际，更好地促进组织目标的实现。

根据 PDCA 循环管理法的工作原理，设计人力资源规划的流程，如图7-2所示。

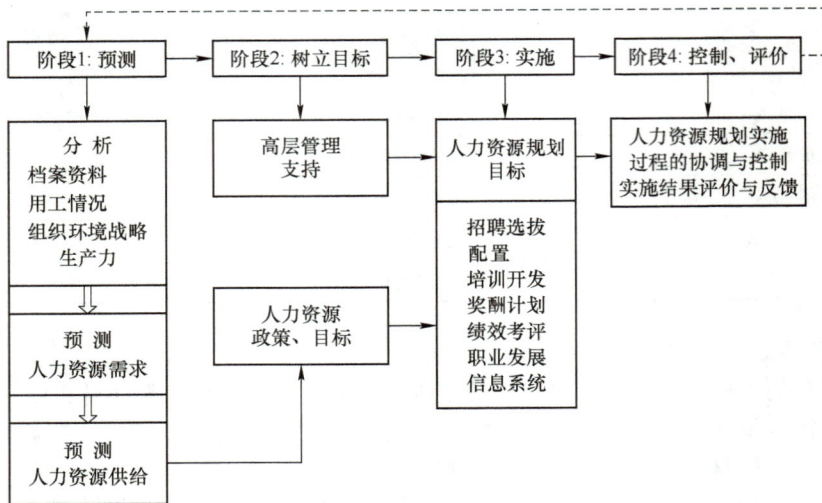

图7-2　人力资源管理规划的制订程序

第三节　人力资源招聘

【案例导入】

走眼的招聘

办公室里的人都屏住呼吸，竖着耳朵在听人力资源部部长办公室里传出的声音。前面听得不太清，只知道争吵很激烈。最后，张部长沉闷地低吼："当初我真是走了眼，竟让你进了公司！"

"对，你就是走了眼！"小刘清脆地回了一句，扭头而出，留下重重的关门声。

这句话深深地刺伤了张部长，下班后他还坐在办公室里迟迟不走。像小刘这样的招聘失败的经历已经不是第一次了，自己上任一年来几次"招聘走眼事件"一幕幕出现在脑海中：

技术部的小高是熟人推荐的，当时碍于面子没有拒绝。但是，半年来小高没干成过一件实事，原因是他的专业不对。

销售部的小赵业绩还不如半个老业务员，原因是他以前根本没做过相关工作，简历上却赫然写着有三年工作经验。当时看小赵很老实，就没有开展背景调查，怎么这么大意呢？

公关部的小沈一来就得罪了孙局长。她太不会说话了，面试的时候怎么就没发现呢？

还有……

张部长不得不反思自己过去招聘工作中的点点滴滴，并决定在识人、选人方面狠下功夫。

案例思考：

1. 招聘时如何才能做到不走眼呢？

2. 企业如何才能有效地"招兵买马"呢？

一、人力资源招聘工作的理解

人力资源招聘是指组织根据人力资源管理规划和工作分析的要求，从组织内部和外部吸收人力资源的过程。

人力资源招聘在人力资源管理工作中具有重要的意义。招聘工作直接关系到企业人力资源的形成，有效的招聘工作不仅可以提高人力资源素质、改善人员结构，也可以为组织注入新的管理思想，为组织增添新的活力，甚至可能给企业带来技术、管理上的重大革新。招聘是企业整个人力资源管理活动的基础，有效的招聘工作能为以后的培训、考评、工资福利、劳动关系等管理活动打好基础。因此，人力资源招聘是人力资源管理的基础性工作。

企业在人力资源招聘中必须符合以下要求：

1）符合国家有关法律、政策和本国利益。

2）公平原则。

3）在招聘中应坚持平等就业。

4）要确保录用人员的质量。

5）要根据企业人力资源规划工作需要和职务说明书中应职人员的任职资格要求，运用科学的方法和程序开展招聘工作。

6）努力降低招聘成本，注意提高招聘的工作效率。

二、人力资源招聘的原则与渠道

1. 人力资源招聘的原则

（1）因事择人原则　因事择人是指人力资源的选聘应以实际工作的需要和岗位的空缺情况为出发点，根据岗位对任职者的资格要求选用人员。

（2）公开、公平、公正原则　公开就是要公示招聘信息、招聘方法，这样既可以将招聘工作置于公开监督之下，防止以权谋私、假公济私的现象，又能吸引大量应聘者。公平、公正就是确保招聘制度给予合格应征者平等的获选机会。

（3）竞争择优原则　竞争择优原则是指在人力资源招聘中引入竞争机制，在对应聘者的思想素质、道德品质、业务能力等方面进行全面考察的基础上，按照考查的成绩择优选拔录用人力资源。

（4）效率优先原则　效率优先原则就是用尽可能低的招聘成本录到合适的人选。

2. 人力资源招聘的渠道

人力资源招聘可以分为内部招聘和外部招聘两种主要渠道，两种渠道优缺点的比较见表7-3。

表7-3　人力资源招聘渠道的比较理解

招聘渠道	优　点	缺　点
内部招聘	1. 有利于鼓舞士气，提高热情，调动内部人力资源的积极性 2. 有利于保证选聘工作的正确性 3. 有利于被聘者迅速展开工作，并可能促成连续提升 4. 在有些方面可节省花费	1. 引起同事不满 2. 容易造成"近亲繁殖"，导致企业视野狭窄 3. 被聘者可能是组织中最合适的人，但并非是最合适岗位的人 4. 必须制订管理与培养计划
外部招聘	1. 能够为企业带来活力，有助于拓宽企业视野 2. 有利于平息和缓和内部竞争者之间的紧张关系 3. 有较广泛的来源满足组织要求 4. 如果被聘者有经验，则可节省训练费用和时间	1. 外部人员不熟悉组织流程，需要较长时间的适应和调整 2. 对内部人员的积极性造成打击 3. 组织对应聘者的情况缺乏了解 4. 可能引来企业窥察者

三、人力资源招聘的流程

1）根据岗位说明书和任职资格，详细列出空缺岗位所要求的知识范围、技术等级和实际工作能力。

2）确定合适的淘汰率。确定淘汰率的大小时，需考虑劳动力市场供给情况（包括应、往届大中专毕业生数量）、空缺岗位的要求、招聘人员的经验。

3）招聘预算。招聘预算包括广告预算、招聘测试预算、体格检查预算、其他不可预见预算。它是企业全年人力资源管理预算的一部分。

4）选择招聘人员。对于一般的维修人员和管理人员的储备，可选择当时当地高校、中专、技校中相关专业的毕业生；对于那些重要岗位或要求具备一定解决问题能力的岗位，可通过同行中相关人员引荐，以减小企业用人风险。

5）选择招聘时间和地点。招聘时间应以不出现空缺为准则。招聘地点可结合招聘的渠道一起考虑，例如人才交流会、用人单位招聘会、毕业生就业洽谈会、网上招聘等。

6）选择招聘的渠道并发布相关消息。可选择的渠道很多，如人力资源引荐、刊登广告、人才市场、校园招聘、内部招聘、网上招聘等。企业可根据空缺岗位的数量和类型，选择不同的招聘渠道。

7）挑选人员。挑选人员按审查申请材料、推荐材料、补充调查、初步接待几个步骤进行。

8）面试被选人员。重要的岗位需要人力资源管理部门主管和部门主管亲自面试。

9）生产实习、试用。安排一定时间的生产实习或试用，让用人部门和初步录用者之间再进行一次双向选择，在实习或使用结束后，再进行各项相应考核。

10）录用并发放通知。对已通过了试用期的人员发放录用通知，对不予录用的求职者发函致歉。

11）与录用者签订相应的合同。经过几项考核后，择优录取。从保护双方的利益出发，根据工作岗位不同，企业与录用者需签订内容不同的合同。

人力资源招聘的流程如图7-3所示。

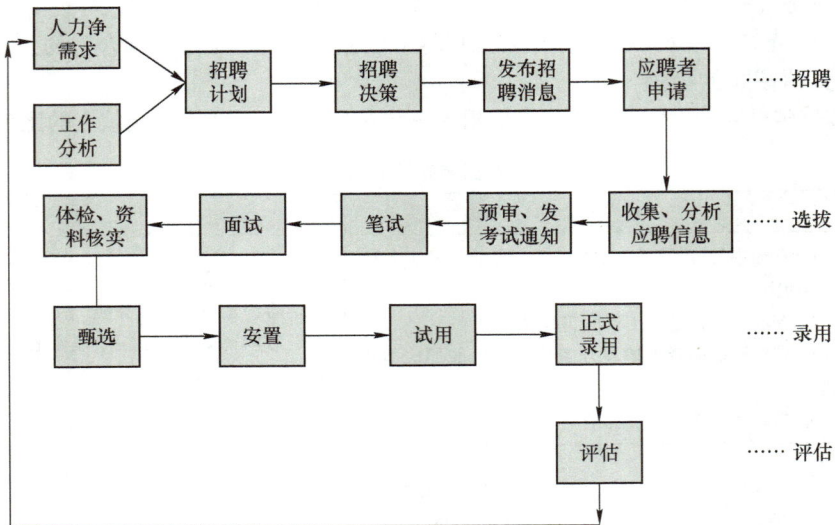

图7-3　人力资源招聘的流程

第四节　人力资源培训

【案例导入】

国外某些国家人力资源培训相关数据资料

■ 20世纪90年代，美国摩托罗拉公司每年在人力资源培训上的花费达12亿美元，这一数额占公司工资总额的3.6%。

■ 美国联邦快递公司每年花费2.25亿美元用于人力资源培训，这一费用占公司总开支的3%。

■ 美国总统克林顿在任职期间，政府要求美国企业至少把工资总额的1.5%用于培训。

■ 法国企业的人力资源培训费用为工资总额的3%，2000人以上的企业这一比例达到5%。

■ 法国政府要求100名人力资源以上的公司将工资总额的1.5%用于培训，或者把这一额度与实际花费之间的差额注入培训基金。

案例思考：

1. 人力资源培训有什么意义？

2. 人力资源培训的形式有哪些？

人力资源培训是指由组织专门设计的，以提高岗位绩效为核心，通过向人力资源灌输知识、技能、观念和意识来满足当前工作需要的活动。

汽车服务企业对人力资源的培训是稳定人才的主要手段和企业发展的必然措施与动力。人力资源素质的高低，直接影响企业的兴衰，所以人力资源的培训工作关系到企业的生存与发展，制约企业成长的重要因素是企业内部资本的供给，企业的发展速度，很大程度取决于内部人员的成长速度。

一、人力资源培训的必要性

1）培训是提高人力资源素质和增强企业竞争力的根本途径之一。人类正在进入知识经济时代，现代社会快速发展的一个重要趋势就是新知识、新工艺、新技术、新产品不断涌现。汽车服务行业同现代工业生产相联系，需要不断提高职工队伍的素质，以适应汽车服务业的需要。

2）促使人力资源认同企业文化，增强人力资源对企业的归属感和主人翁责任感。韩国著名的企业家郑周永说"一个人一个团体或一个企业，它克服内外困难的力量来自它本身，来自它的信念。没有这种精神力量和信念，就会被社会淘汰。"这里谈到的精神力量和信念就是企业文化，它是企业发展的动力源。通过培训，使人力资源接受企业文化，理解企业文化，执行企业文化。

3）培训是提高劳动生产率和工作效率的重要途径。通过培训，能减少生产过程中所需的工作时间，降低人力及推销成本，减少材料的浪费或不良产品的产生，从而降低生产成本。培训还可以增加人力资源的知识积累，加速知识更新和引发科学创见。通常情况下，教育培训的程度越高，完成任务的效率就越高，革新与发明创造就越多。

二、人力资源培训的内容

汽车服务企业人力资源培训的内容应根据企业的具体情况而定，原则上应与企业发展方向、规模相匹配，培训的方法可以多种多样。一般可按照国家有关规定和企业的发展要求对现有岗位分期分批进行培训。从目前的实际情况来看，考虑到企业的经济效益，大多数企业仅仅局限于专业技术的培训。从长远发展来看，具有一定规模的企业，培训内容应与人力资源职业生涯设计结合起来，以培养一个优秀的、具有本企业特色的人力资源为宗旨，如图7-4所示。

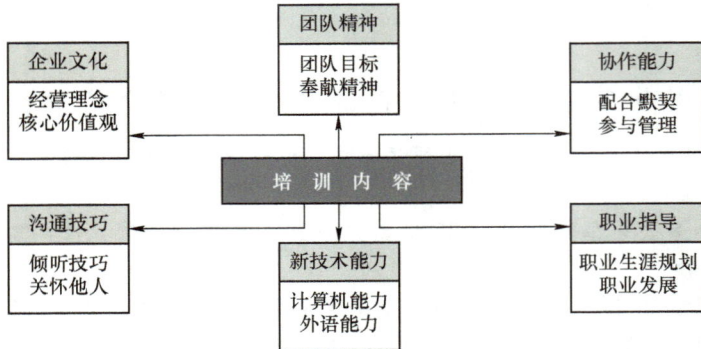

图7-4　人力资源培训的内容

人力资源培训按内容来划分，可以分为人力资源技能培训和人力资源素质培训。

（1）人力资源技能培训　人力资源技能培训是企业针对岗位的需求，对人力资源进行的岗位能力培训。

（2）人力资源素质培训　人力资源素质培训是企业对人力资源素质方面的要求，主要有心理素质、个人工作态度、工作习惯等素质培训。

三、人力资源培训的流程

人力资源培训的流程，包括根据企业人力资源发展的战略目标和企业的人力资源培训制度进行培训计划制订、培训需求分析、培训方法选择、培训计划实施、培训效果评估与反馈等，如图7-5所示。

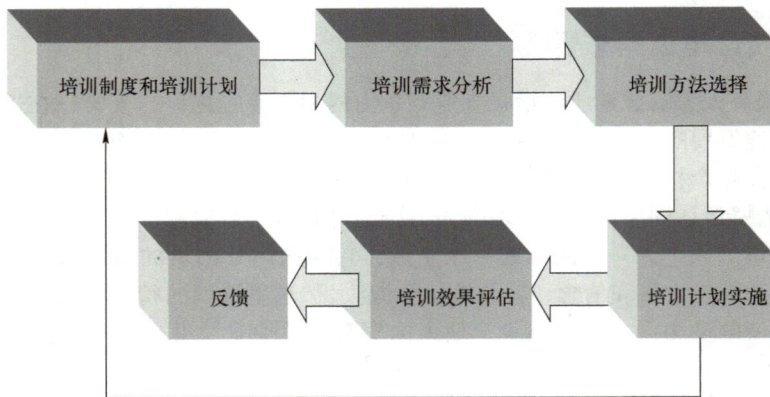

图7-5　人力资源培训流程

四、人力资源培训的方法

人力资源培训的方法主要有讲授法、演示法、研讨法、视听法、角色扮演法、案例分析法、模拟与游戏法、职务轮换法、现场参观法、设立副职法、团队训练法、学徒制培训等，各方法的作用与优缺点分析见表7-4。

表7-4　人力资源培训的主要方法分析

培训方法	作　用	优　点	缺　点
讲授法	培训师通过语言表达系统地向受训者传授知识	有利于受训者系统接受知识 容易掌握和控制学习的进度 有利于加深理解难度大的内容 可以同时对许多人进行培训	讲授内容具有强制性 学习效果易受培训师讲授水平的影响 只是培训师讲授，没有反馈 受训者之间不能讨论，不利于促进理解 学过的知识不易被巩固
演示法	运用一定的实物和教具，实地示范	有助于激发受训者的学习兴趣 可利用多种感官，看、听、想、问相结合 有利于获得感性知识，加深对所学内容的印象	适用范围有限，不是所有的学习内容都能演示 演示装置移动不方便，不利于培训场所的变更 演示前需要一定的费用和精力做准备
研讨法	通过培训师与受训者之间或受训者与受训者之间的讨论解决疑难问题	受训人员能够主动提出问题，表达个人的感受，有助于激发学习兴趣 鼓励受训人员积极思考，有利于能力的开发 在讨论中取长补短，互相学习，有利于知识和经验的交流	讨论课题选择的好坏直接影响培训的效果 受训人员自身的水平也会影响培训的效果 不利于受训人员系统地掌握知识和技能
视听法	利用幻灯片、电影、录像、录音、计算机等视听教材进行培训，多用于新进人力资源培训	给受训者更深的印象 给受训者以亲近感，比较容易引起受训者的关心和兴趣 视听教材可以反复使用	视听设备和教材的购置需要花费较多的费用和时间 选择合适的视听教材有难度 受训人员受视听设备和视听场所的限制
角色扮演法	设定一个最接近现实状况的培训环境，指定参加者扮演某种角色，借助角色的演练来理解角色的内容	有助于训练基本动作和技能 有助于提高人的观察能力和解决问题的能力 有利于培训专门技能 可训练仪容仪表和言谈举止	强调个人 容易影响态度，不易影响行为 对设计环节和扮演环节的要求高
案例分析法	提高受训人员查阅相关文献、分析问题、解决问题的能力	提供了一个系统的思考模式 在个案研究的学习过程中，受训者可获得大量有关管理方面的知识和原则 有利于受训者参与企业实际问题的解决 在直观的学习中使受训者得到经验和锻炼机会	案例过于概念化并带有明显的倾向性 案例的来源往往不能满足培训的需要 需时较长，对受训者和培训师要求高
模拟与游戏法	有针对性的游戏使受训者在游戏过程中不自觉地受到影响	激发受训者的积极性 改善人际关系 理解深刻 可使受训者联想到现实中的后果	对游戏的设计水平要求高 比较费时 模拟游戏的有效性没有得到证实 对后勤保障的要求高

（续）

培训方法	作　用	优　点	缺　点
职务轮换法	对受训人力资源进行彼此的职务轮换，以期获得丰富的工作经验	能培养全能型人才	在轮换初期，绩效可能下降
现场参观法	学习新经验、新技术、新方法	更直观，看、听、想、问相结合，效果好	费用较高，受被访问单位限制不能完全达到目标
设立副职法	将有前途的人力资源提为副职或助理进行实践培训	被培训者可以学习、模仿正职的解决问题的方式和方法	容易让正职产生不安全感，两者关系可能有隐患
团队训练法	通过举办活动培养团队意识，给人力资源相互沟通提供机会	提高人力资源的团队意识和沟通意识，提高人力资源间的相互信任感	有些活动风险大、费用高
学徒制培训法	使新入人力资源很快上手	学徒受到师傅多次连续指导，强化记忆	只能解决低层次技术问题，偏重技术操作

第五节　人力资源绩效管理

【案例导入】

猴子与绩效考评

　　山里面住着一群猴子，由猴王管理着整个猴群。猴群中有明确的分工，有些猴子负责哺育小猴，有些负责保护猴群的领地，有些则外出寻找食物。最近一段时间，猴王发现外出寻找食物的猴子带回来的食物越来越少。仔细一调查，原来是一些猴子在偷懒。这些猴子每次不把找到的食物全部带回来，而是只带回一部分，因为反正有食物拿回来就能交差，带多带少一个样。而不偷懒的猴子发现后，就觉得干多干少差不多，也跟着偷懒了。于是猴王决定改变这种状况，要在猴群中举行一次评选先进与后进的活动，奖励先进，惩罚后进。但是猴王却为如何评选先进、后进犯了难。到底采用什么样的方式来评选先进呢？猴王想出了几种评价手段：按照是否勤劳、带回食物的多少或者是每两个猴子一组对比来评价。但仔细一想，又都有问题。

　　如果按照是否勤劳进行评价，会发现这种方式很难操作。猴王不可能天天看着每只猴子，这就导致善于在猴王面前表现自己的猴子被选中，而这将严重打击真正辛勤劳动的猴子们的积极性。如果让猴群内互相评价，也存在很多问题，互相评价的结果可能导致猴子们互相照顾，谁也不公正地评价别人；或者互相提意见，影响团结，起不到评价的目的。

　　如果按照带回食物的数量来评价，可能会出更多的问题：因为猴子有分工，不是所有猴子都要去寻找食物，那么，不负责寻找食物的猴子就没有机会被选中，但是这些猴子在猴群中的作用也很重要。另外，如果按照这种评价方式，猴子一定都会争着在猴群附近寻找食物，没有人愿意去远处的村庄——距离远，又有危险，而实际上村庄地里的苞谷对于猴子的生活很重要。

如果两个猴子一组互相比较来进行评价一样会出问题，因为除了猴王对很多猴子不了解之外，这样评价的工作量非常大，并且不同工种的猴子之间如何比较呢？

不评价可以吗？干得好的猴子和干得差的待遇都一样，这不是鼓励后进吗？不能让干得好的猴子吃亏。

猴王想来想去也想不出一个很好的解决方案。于是猴王将猴群的长者叫过来，让长者给出个主意。

长者问猴王："大王，您想要我出个什么样的主意呢？"

"其实也很简单，我要一种能够公平、公正，而且要简单可以操作的评价方法。"猴王说。

长者捋了一把胡子，也犯难了。怎样才能又简单、又公正，而且还能够操作呢？说起来简单，真正操作起来可就复杂多了……

案例思考：

1. 如何进行企业人力资源的工作绩效考评？
2. 简述企业实施绩效考评的意义。

一、绩效管理概述

1. 绩效及绩效管理

绩效是指工作结果，即人们在一定时间内完成某一工作任务所取得的工作业绩、效果和效益。绩效管理是管理者、人力资源通过沟通的方式，将企业的战略、管理者的职责、管理的方式和手段以及人力资源的绩效目标等管理的基本内容确定下来，在持续不断沟通的前提下，管理者帮助人力资源清除工作中的障碍，提供必要的支持、指导和帮助，与人力资源一起共同完成绩效目标，从而实现组织的远景规划和战略目标。

在进行绩效管理时，要考虑以下几方面：

1）绩效是一个过程的概念，它与评价的过程相联系。

2）研究绩效问题必须考虑时间因素。

3）绩效反映在行为、方式和结果三个方面。

2. 绩效管理的工作目的

绩效管理的重要意义体现在以下几个方面：

（1）**战略目的**　绩效管理将人力资源的工作活动和组织的战略目标联系起来，其作用是组织通过提高人力资源个人业绩来提高组织的整体绩效，从而实现组织目标。

（2）**管理目的**　绩效管理信息（尤其是绩效评价信息）为组织多项管理决策提供依据。绩效评价结果是组织进行薪酬决策、晋升决策、奖惩决策、保留/解雇/临时解雇决策和承认个人绩效决策等重要的人力资源决策时的依据。

（3）**可持续发展目的**　绩效管理有助于组织发现人力资源的不足并及时给予针对性培训，使之更加有效地完成工作。而且在指出人力资源业绩不佳的同时，找出了导致绩效不佳的原因所在，有效提高了人力资源的知识、技能和素质，促进人力资源个人发展，实现持续改进人力资源工作绩效，提高组织绩效的目的。对于组织而言，绩效管理的核心思想是不断提升组织和人力资源绩效。

3. 绩效管理工作流程

绩效管理工作分为绩效计划阶段、绩效实施阶段、绩效考评阶段、绩效反馈阶段等，如图7-6所示。

二、人力资源绩效考评

1. 人力资源绩效考评的含义

人力资源绩效考评是考评主体对照工作目标或绩效标准，采用科学的考评方法，评定人力

绩效计划阶段 →	绩效实施阶段 →	绩效考评阶段 →	绩效反馈阶段
1) 公司沟通经营目标及重点 2) 员工与主管确定各自关键职责 3) 主管与员工就绩效计划和目标进行面谈 4) 员工修订具体行动计划 5) 主管与员工确定可行措施 6) 绩效计划文件归档 7) 主管与员工指导与反馈开始 8) 年终评估、发展计划与薪酬计划	1) 进行持续不断的绩效沟通 2) 收集绩效信息	1) 确定绩效目标或要求 2) 管理工作绩效过程 3) 收集和整理评价信息 4) 对照标准，评定要素 5) 综合评价，确定评价结果 6) 反馈面谈，确认评价结果 7) 汇总结果，向上级管理者汇报	1) 管理者和员工做好绩效反馈的准备 2) 以面谈的方式实施绩效反馈：包括面谈与反馈内容确定、面谈策略选择和面谈效果评价 3) 运用绩效反馈的结果，实施员工/部门/组织绩效改进计划

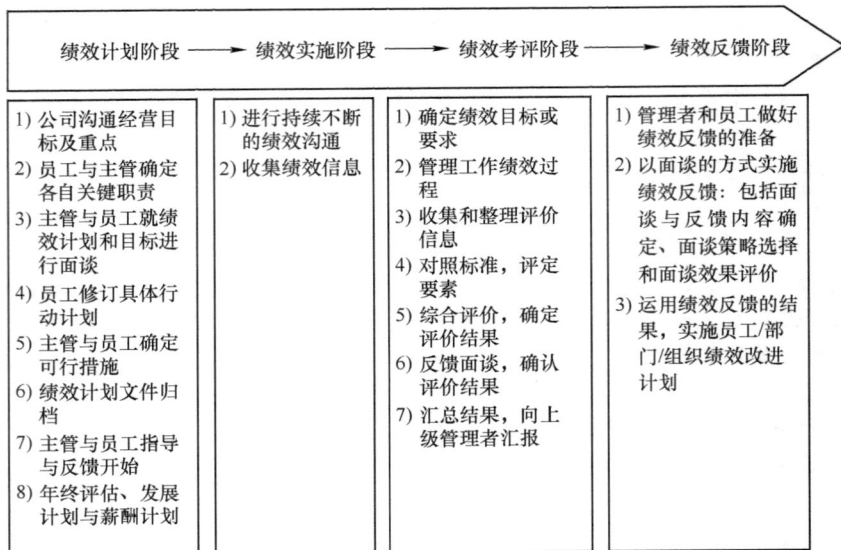

图 7-6 绩效管理工作流程各阶段示意图

资源的工作任务完成情况，人力资源的工作职责履行程度和人力资源的发展情况，并且将评定结果反馈给人力资源的过程。绩效考评是绩效管理系统中最为重要的一个环节。绩效考评系统是人力资源管理职能系统的组成部分，是人力资源管理职能系统的核心。

绩效评价一般包括两个层次：对于组织绩效的评价；对于人力资源绩效的评价。

2. 人力资源绩效考评的要素

绩效评价系统的基本要素包括评价目标、评价对象、评价主体、评价指标、评价标准、评价方法六个方面。

3. 人力资源绩效考评的原则

（1）公平原则 公平是确立和推行人员考绩制度的前提。不公平，就不可能发挥考绩应有的作用。

（2）严格原则 考绩不严格，就会流于形式，形同虚设。考绩不严，不仅不能全面地反映工作人员的真实情况，还会产生消极的后果。考绩的严格性包括：要有明确的考核标准；要有严肃认真的考核态度；要有严格的考核制度与科学而严格的程序及方法等。

（3）单头考评原则 对各级职工的考评，都必须由被考评者的"直接上级"进行。直接上级相对来说最了解被考评者的实际工作表现（成绩、能力、适应性），也最有可能反映真实情况。间接上级（即上级的上级）对直接上级做出的考评评语，不应当擅自修改。这并不排除间接上级对考评结果的调整修正作用。单头考评明确了考评责任所在，并且使考评系统与组织指挥系统取得一致，更有利于加强经营组织的指挥机能。

（4）结果公开原则 考绩的结论应对本人公开，这是保证考绩民主的重要手段。这样做，一方面可以使被考核者了解自己的优点和缺点、长处和短处，从而使考核成绩好的人再接再厉，继续保持先进；也可以使考核成绩不好的人心悦诚服，奋起上进。另一方面，还有助于防止考绩中可能出现的偏见以及种种误差，以保证考核的公平与合理。

（5）奖惩结合原则 依据考绩的结果，应根据工作成绩的大小、好坏，有赏有罚，有升有降，而且这种赏罚、升降不能仅与精神激励相联系，还必须通过工资、奖金等方式同物质利益相联系，这样才能达到考绩的真正目的。

（6）客观考评原则 人事考评应当根据明确规定的考评标准，针对客观考评资料进行评价，尽量避免渗入主观性和感情色彩。

（7）反馈原则　考评的结果（评语）一定要反馈给被考评者本人，否则就起不到考评的教育作用。在反馈考评结果的同时，应当向被考评者就评语进行说明解释，肯定成绩和进步，说明不足之处，提供今后努力的参考意见等。

（8）差别原则　考核的等级之间应当有鲜明的差别界限，针对不同的考评评语在工资、晋升、使用等方面应体现明显差别，使考评带有刺激性，鼓励职工的上进心。

4. 人力资源绩效考评的流程

人力资源绩效考评工作要按照一定的流程进行和完成，要公开、公正，严格执行，体现对被考评人的公平，能最大限度地提高被考评人的工作积极性，也能保证企业人力资源管理战略目标的方向性和持续性，流程具体内容如图 7-7 所示。

5. 人力资源绩效考评的内容

1）德。德是指人力资源的品德素质，德决定个人的行为取向，反映了人力资源工作的价值观和工作态度。工作行为考评是对人力资源在工作中表现出的相关行为进行的考核和评价，衡量其行为是否符合企业规范和要求，是否有成效。在企业中，常用频率或次数来描述人力资源的工作行为，并据此进行评价，也属客观考评指标，如出勤率、客户满意度、表彰率、访问客户人次等。

2）能。能是人力资源的能力素质，对不同职位而言，能的要求有所不同。工作能力考评是根据被考评者在工作中表现出来的能力，参照标准或要求，对被考评者所担当的当前职务与其能力是否匹配进行评定。这里的能力主要体现在四个方面：专业知识和相关知识；相关技能、技术和技巧；相关工作经验；所需体能和体力。由于需要考评者对人力资源的工作能力做出评断，所以这类考评标准被称为主观性指标。

其中，评价相关技能、技术和技巧时，要同时包括人力资源的专业性工作技能和相关的基本技能。常用的相关基本技能包括人际技能、沟通技能、协调技能、公关技能、组织技能、分析和判断技能、能力和解决问题的技能等。工作能力考评标准如图 7-8 所示。

3）勤。勤是勤奋敬业的精神，主要指人力资源的工作积极性、创造性、主动性、纪律性和出勤率。工作态度考评是对人力资源在工作中付出的努力程度的评价，即对其工作积极性的衡量。常用的考评指标有主动精神、创新精神、敬业精神、自主精神、忠诚感、责任感、团队精神、进取精神、事业心、自信心等。此类指标属于主观性指标，如图 7-9 所示。

4）绩。绩是人力资源的工作结果，包括完成工作的数量、质量、效率和经济效益等。工作业绩考评是对企业人员担当工作的结果或履行职务工作结果的考核与评价，它是对企业人力资源贡献程度的衡量，是所有工作绩效考评中最本质的考评，能直接体现人力资源在企业中的价值大小。在企业中，工作业绩主要指能够用具体数量或金额表示的工作成果，是最客观的考评标准，如利润、销售收入、质量、成本、费用、市场份额等。员工工作业绩考评标准如图 7-10 所示。

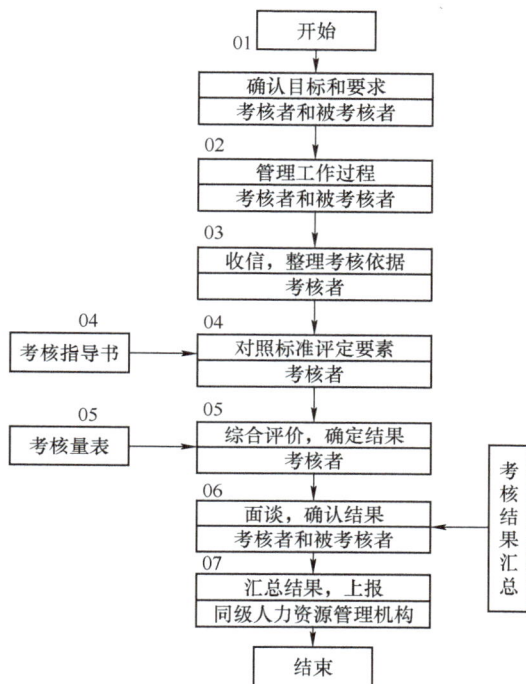

图 7-7　人力资源绩效考评的流程

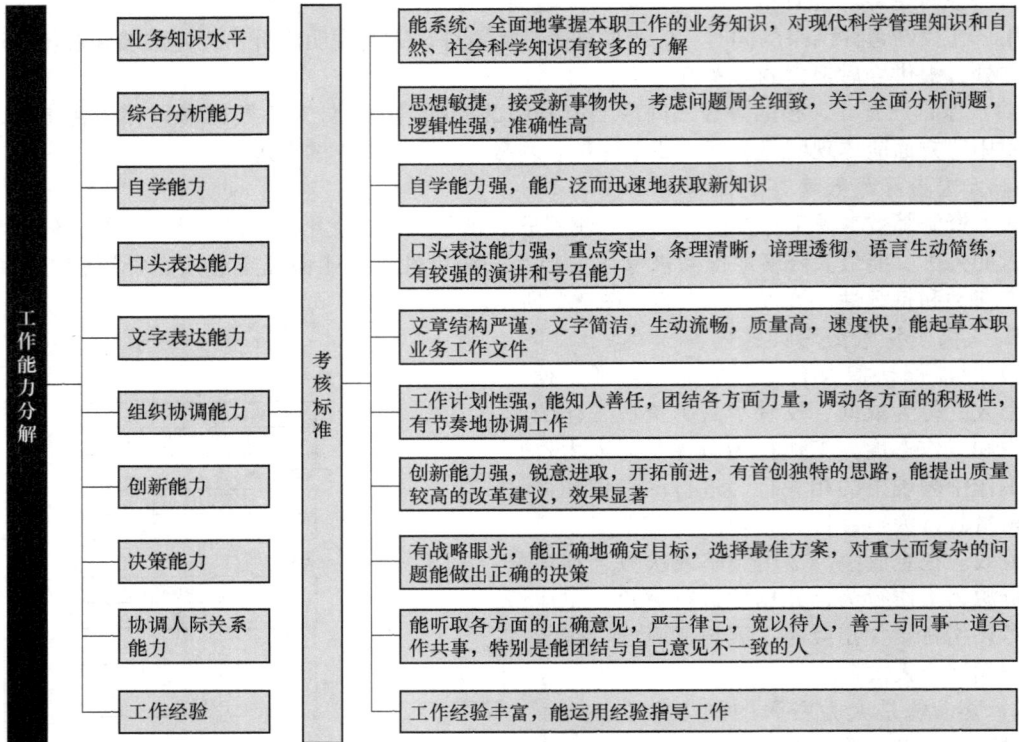

图 7-8　员工工作能力考评标准示意图

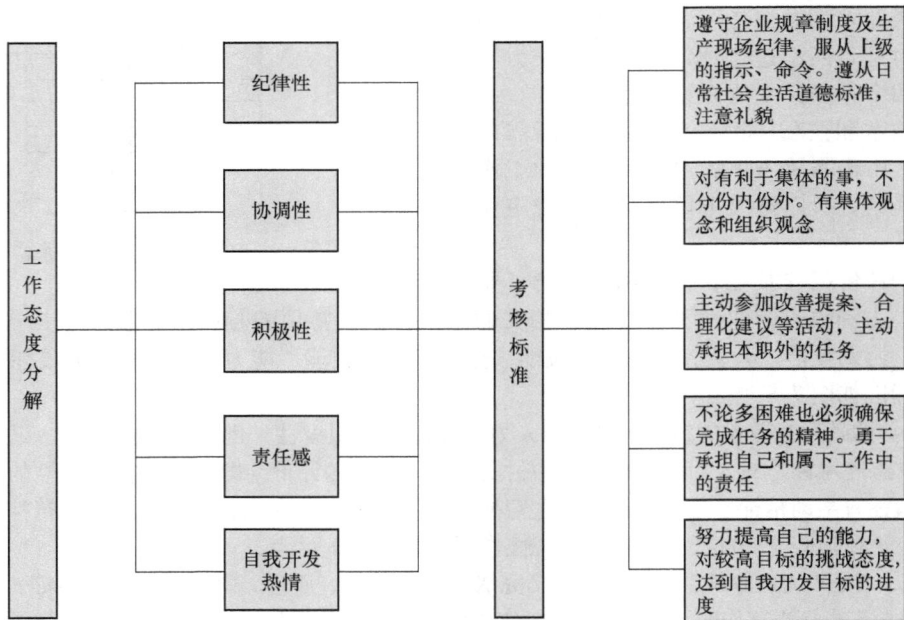

图 7-9　员工工作态度考评标准示意图

6. 人力资源绩效考评的方法

人力资源绩效考评的方法主要可以分为相对评价法、绝对评价法、描述法、目标绩效考核法四大类。

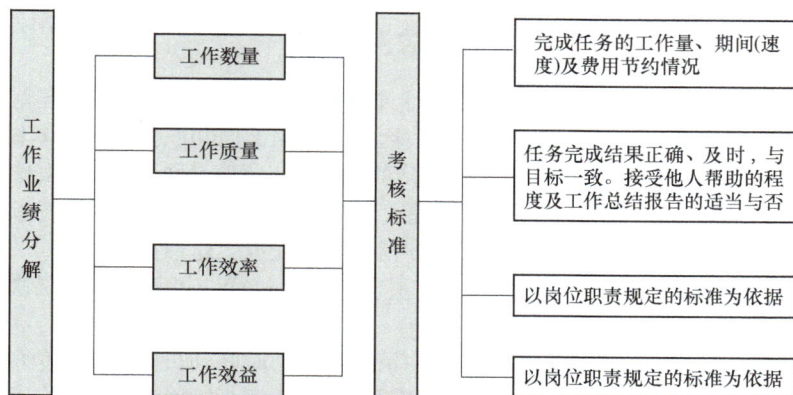

图7-10　员工工作业绩考评标准

（1）相对评价法

1）序列比较法。序列比较法是对按员工工作成绩的好坏进行排序考核的一种方法。在考核之前，首先要确定考核的模块，但是不确定要达到的工作标准。将相同职务的所有员工在同一考核模块中进行比较，根据他们的工作状况排列顺序，工作较好的排名在前，工作较差的排名在后。最后，将每位员工几个模块的排序数字相加，就是该员工的考核结果。总数越小，绩效考核成绩越好。

2）相对比较法。相对比较法是对员工进行两两比较，任何两位员工都要进行一次比较。两名员工比较之后，相对较好的员工记"1"，相对较差的员工记"0"。所有的员工相互比较完毕后，将每个人的得分相加，总分越高，绩效考核的成绩越好。

3）强制比例法。强制比例法是指根据被考核者的业绩，将被考核者按一定的比例分为几类（最好、较好、中等、较差、最差）进行考核的方法。

（2）绝对评价法

1）目标管理法。目标管理是通过将组织的整体目标逐级分解至个人目标，最后根据被考核人完成工作目标的情况进行考核的一种绩效考核方式。在开始工作之前，考核人和被考核人应该对需要完成的工作内容、时间期限、考核标准达成一致。在时间期限结束时，考核人根据被考核人的工作状况及原先制定的考核标准对其进行考核。

2）关键绩效指标法。关键绩效指标法是以企业年度目标为依据，通过对员工工作绩效特征的分析，据此确定反映企业、部门和员工个人一定期限内综合业绩的关键性量化指标，并以此为基础进行绩效考核。

3）等级评估法。等级评估法根据工作分析，将被考核岗位的工作内容划分为相互独立的几个模块，在每个模块中用明确的语言描述完成该模块工作需要达到的工作标准。同时，将标准分为几个等级选项，如"优、良、合格、不合格"等，考核人根据被考核人的实际工作表现，对每个模块的完成情况进行评估。总成绩便为该员工的考核成绩。

4）平衡记分卡。平衡记分卡从企业的财务、顾客、内部业务过程、学习和成长四个角度进行评价，并根据战略的要求给予各指标不同的权重，实现对企业的综合测评，从而使得管理者能整体把握和控制企业，最终实现企业的战略目标。

（3）描述法

1）全视角考核法。全视角考核法（360°考核法），即上级、同事、下属、自己和顾客对被考核者进行考核的一种考核方法。通过这种多维度的评价，综合不同评价者的意见，则可以得出一个全面、公正的评价。

2）重要事件法。重要事件是指考核人在平时注意收集被考核人的"重要事件"，这里的"重要事件"是指那些会对部门的整体工作绩效产生积极或消极的重要影响的事件，对这些表现要形成书面记录，根据这些书面记录进行整理和分析，最终形成考核结果。

绩效定量管理法正是在不同的时期和不同的工作状况下，通过对数据的科学处理，及时、准确地考核，协调落实收入、能力、分配关系。

(4) 目标绩效考核法　目标绩效考核是自上而下进行总目标的分解和责任落实的过程，相应的绩效考核也应服从总目标和分目标的完成。因此，作为部门和职位的 KPI 考核，也应从部门对公司整体进行支持、部门员工对部门进行支持的立足点出发。同时公司的领导者和部门的领导者也应对下属的绩效考核负责，不能向下属推卸责任。绩效考核区分了部门考核指标和个人考核指标，也能够从机制上确保上级积极关心和指导下级完成工作任务。

1) 层差法。层差法是将考核结果分为几个层次，实际执行结果落在哪个层次内，该层次所对应的分数即为考核的分数。

例如：人员招聘周期 = 用人单位提出用人申请经确认的时间到员工入职到位的时间段。

如果设定的最低完成时间为 30 日，期望完成时间为 25 日。招聘周期指标在考核中所占有的权重为 15%，即 15 分，假设计分方式可以分为三种：

A. 25 日以内完成，得 15 分；

B. 25 ~ 30 日之间完成，得 10 分；

C. 30 日以后完成，得 0 分；

2) 减分法。减分法是针对标准分进行减扣而不进行加分的方法。在执行指标过程中当发现有异常情况时，就按照一定的标准扣分，如果没有异常则可得满分。

3) 比率法。比率法就是用指标的实际完成值除以计划值（或标准值），计算出百分比，然后乘以指标的权重分数，得到该指标的实际考核分数。

计算公式：A/B×100% ×相应的分数。（A 为实际完成值，B 为计划值或者标准值）。

例如：人力资源部的招聘计划完成率 = 实际招聘人数/计划招聘人数。

如果招聘计划完成率在本季度中占有 20% 的权重，即 20 分，则所得的分数为：招聘计划完成率×20。

4) 非此即彼法。非此即彼法是指结果只有几个可能性，不存在中间状态。

例如：信息部负责公司一级流程发布计划达成率。

假如季度指标中所占的权重为 10%，即 10 分，由于每个部门的流程不会很多，人力资源部门也许只有 8 个流程，财务部门也许只有 7 个流程，故信息部所统计的每个季度完成的流程数量不会很高，所以该指标的最低要求为 100%，计算时只有两个结果，即 100% 完成和没有完成：

假如是 100% 完成，则得 10 分；

假如没有 100% 完成，则得 0 分；

5) 说明法。说明法是无法用以上几种方法考核时所使用的一种方法。说明法需要对绩效考核结果可能出现的几种情况进行说明，并设定每一种情况所对应的计分方法。

例如：员工满意度调查及分析指标就可以用说明法来计分。假如该指标为某岗位的 20%，则四项分值分别为 2 分、8 分、4 分、6 分；六位领导分别针对四项内容分别打分，将六位领导对四项打分之和即为最后得分。

第六节　薪酬与激励

【案例导入】

驴子与骡子的故事

有一位农民，养了一头驴子和一头骡子。驴子身材矮小，它虽然不像骡子那样身强体壮，但生性乖巧，干活非常踏实，尤其拉起磨来勤勤恳恳，就是让它整天整夜地干，它也没有半句怨言；骡子长得又高又大，身强力壮，干起活来好像总有使不完的力气，对拉磨、耕地这种活计就根本不放在眼里。

在平时，它们都干一样的活，驴子拉磨，骡子也拉磨。由于磨坊比较狭窄，骡子的力气施展不出来，所以它们磨出的面粉差不多。但是吃起饲料来，骡子吃的却比驴子多很多。驴子觉得很不服气，于是，它决定去找主人论理："主人啊，你看我和骡子干一样的活，为什么它吃的就要比我多呢？"主人笑着说："驴子，你说得很对，骡子吃的是比你多，但你想过没有，有的时候骡子干起活来你是比不了的。"驴子很不理解，为什么主人这么袒护骡子呢？它怎么就没发现骡子在什么地方干得比自己强呢？

有一天，主人把驴子和骡子叫到一起，告诉它们："伙计们，今天我们要将前几天磨好的面粉驮到集市上去卖，你们每位驮200斤。"驴子听了，不屑地想：200斤算什么，上次我还驮过250斤小麦呢！

骡子也二话没说，驮起面粉就朝集市方向赶去。原来它们今天要去的集市比驴子上次去过的地方远很多，天不亮就出发，先越过两座大山，又趟过一条大河，刚开始，驴子觉得很轻松，但随着路途不断加长，它觉得自己背上的面粉越来越重了。再看看骡子，从一开始到现在，都好像很轻松，嘴里还时不时地哼上两首小曲。

面对眼前又一座大山的时候，已经汗流浃背、气喘吁吁的驴子终于累倒了，再也爬不起来了。看着驴子可怜的模样，骡子二话没说，从驴子背上取下面粉放在自己的背上，甚至还半开玩笑地对驴子说："小兄弟，走吧。"看着骡子坚定的步伐，驴子终于知道了为什么骡子平时吃的比自己吃得多了。

案例思考：
驴子与骡子的故事反映了企业管理中的什么现象？

一、薪酬的概念及构成

1. 薪酬的概念

从狭义的角度来看，薪酬是指个人获得的以工资、奖金等以金钱或实物形式支付的劳动回报。广义的薪酬包括经济性的薪酬和非经济性的薪酬，如图7-11所示。经济性的薪酬是指工资、奖金、福利待遇和假期等，非经济性的薪酬是指个人对企业及对工作本身在心理上的一种感受。薪酬制度在任何企业都是非常重要的，一个企业需要靠有一定竞争力的薪酬吸引人才，还需要靠有一定保障力的薪酬留住人才，如果水平太低或与外界差异过大，则人力资源肯定会到其他地方找机会。经济性薪酬会在中短期内激励人力资源并调动人力资源的积极性。

2. 薪酬的构成

工资、奖金和各种福利是一种吸引、保持并激励人力资源尽力工作以达到组织目标的手段。工资和

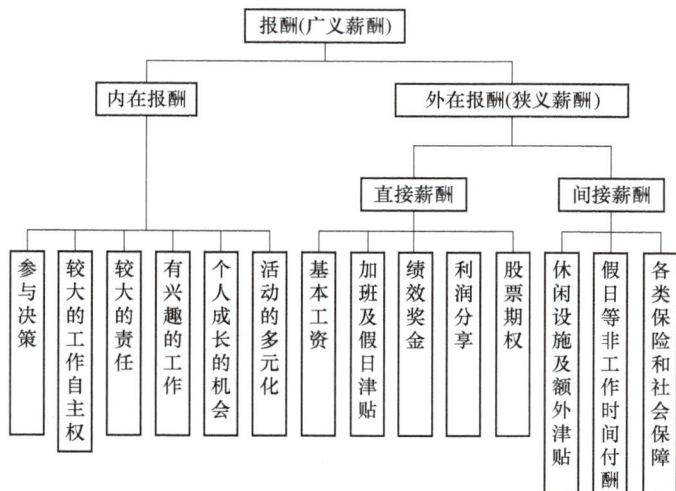

图7-11　广义薪酬的内容

奖金对不同的人力资源来说具有不同的作用，对有些人来说，工资与奖金是一种取得社会地位的途径；对另一些人则可能是一种受到赏识的形式。对于多数国有企业人力资源来说，工资和奖金决定了他们生活水平的高低，可以满足他们较低层次的需要，属于保健因素。因此，施行科学合理的工资制度，是做好国有企业人力资源激励的一个重要方面。

（1）工资

1）计量形式工资。工资就其计量形式而言，可分为计时工资和计件工资两类。

计时工资是指根据人力资源的劳动时间来计量工资的数额，主要分为小时工资制、日工资制、周工资制和月工资制四种，钟点工、临时工分别以小时工资制和日工资制为主，美国许多企业采用周工资制，我国则以月工资制为主。

计件工资是指预先规定好计件单价，根据人力资源生产的合格产品的数量或所完成的一定工作量来计量工资的数额。计件工资制包括包工工资制、承包制等多种形式。与计时工资制相比，它能够更加密切地将人力资源的劳动贡献与人力资源的报酬结合起来，提高人力资源的劳动生产率。它的缺点是只适合那些可以准确以数量计量的工作。

2）内容角度的工资。从工资的内容来分，我国目前的工资制度可以分为职务工资制、职能工资制和结构工资制三种。

职务工资制是根据人力资源工作内容的不同进行划分的，职能工资制是根据人力资源的工作能力不同进行划分的，而结构工资制则是职务工资制和职能工资制的综合。职务工资制是根据人力资源的职务等级来确定工资等级的一种工资制度，一般适合行政机关和事业单位采用。

职能工资制是根据人力资源的技术知识、业务水平、体力、智力等自身条件来确定工资等级的一种工资制度。当然，这里的"自身条件"仅包括在企业中进行工作所需要的那部分能力。职能工资制将工作分为管理工作、技术工作、事务工作等类型，对每个类型的工作进行工作等级分类。工作等级越高的人力资源，工资水平也就越高。

结构工资制将职务工资制和职能工资制的优点综合在一起，同时从工作内容和工作能力两个方面对工资等级进行划分。结构工资制目前被许多企业所采用，根据各企业的具体情况不同，结构工资制中的工资项目和比例也不尽相同。大体上讲，结构工资主要由基础工资、工龄工资、技能工资和岗位工资四个工资项目组成。

基础工资是指用来维持人力资源基本生活的那部分工资，其功能是保证人力资源的简单再生产，其标准应根据各地区的"家计调查"而定。不同层次的人力资源，其再生产的费用是不一样的，因此，原则上这部分的工资额不应划一，应根据需要（通过典型调查资料）而有所区别。

按照人力资源工龄决定的工资称作工龄工资/资历工资/年功工资/工龄津贴，它是对人力资源工作经验和劳动贡献的积累所给予的补偿，随着工龄而逐年增加工资。根据人力资源在企业工作时间的长短来计量，一般一年进行一次调整，目的是加强人力资源的稳定性，促使职工安心于本职（本单位）工作，使人力资源更长时间地为企业服务。计发年功工资时可以采取连续工龄与一般工龄有别的办法。考虑到人力资源所积累的工作贡献随年龄的增长呈抛物线形，可以采取青年人力资源的年功工资渐涨，中年人力资源快涨，老年人力资源慢涨的办法。

按照人力资源的综合能力而决定的工资称为技能工资，其作用是补充岗位（职务）工资的不足，鼓励人力资源努力钻研业务、提高技能，也是对职工智力投资的补偿。这个工资单元一般要根据人力资源的工作技能水平来确定，一般来说，企业的人力资源可分为技术工人、非技术工人以及管理与专业技术人员三类，其中，技术工人又分为初级技工、中级技工与高级技工三种，每种下设若干档次。非技术工人参照初级技工的工资确定其技能工资标准。对于管理与专业技术人员来说，同岗位（职务）工资单元一样划分为初级、中级与高级管理（专业技术）人员三大类，每类下设若干档次。确定人力资源的技能工资单元，有助于激励职工努力提高技术与业务水平，以适应各岗位（职务）对劳动技能的不同需要。

按照岗位/职务的工作复杂程度、繁重程度、精确程度、责任大小等因素决定的工资称为岗位/职务工资，它是结构工资制的主要组成部分，是体现工作差别、贯彻按劳分配原则的关键部分。其职能主要是促进职工的工作责任心和上进心。这个工资单元要通过岗位评价的方法来确定。

（2）奖金　奖金也称奖励工资或效益工资，它是为人力资源超额完成了任务或取得优秀工作成绩而支付的额外报酬，其目的在于对人力资源进行激励，促使其继续保持良好的工作势头。奖金的发放可以根据个人的工作业绩评定，也可以根据部门和企业的效益来评定，根据考绩增减工资，可以逐月计发，也可以根据全年情况支付一次性奖金。奖金比起其他报酬形式具有更强的灵活性和针对性，奖金形成的报酬也具有更加明显的差异性。

（3）福利　根据我国劳动法的有关规定，人力资源福利可分为"社会保险福利"和"用人单位集体福利"两大类。

社会保险福利是为了保障人力资源的合法权利，而由政府统一管理的福利和措施。它主要包括社会养老保险、社会失业保险、社会医疗保险、工伤保险等。

用人单位集体福利是指用人单位为了吸引人才或稳定人力资源而自行为人力资源采取的福利措施。用人单位集体福利根据人力资源享受的范围不同，可分为全员性福利和特殊群体福利两类。全员性福利是全体人力资源可以享受的福利，如工作餐、节日礼物、健康体检、带薪年假等；特殊群体福利只能由特殊群体享用，这些特殊群体往往是对企业做出特殊贡献的技术专家、管理专家等企业核心人员。特殊群体的福利包括住房、汽车等项目。

（4）津贴　津贴也称附加工资或者补助，它是人力资源在艰苦或特殊条件下进行工作，企业对其额外的劳动量和额外的生活费用付出给予的补偿。津贴的特点是它只将艰苦或特殊的环境作为衡量的唯一标准，而与人力资源的工作能力和工作业绩无关。津贴具有很强的针对性，当艰苦或特殊的环境消失时，津贴也随即终止。根据不同的实施目的，津贴可以分为三类：地域性津贴、生活性津贴和劳动性津贴。

地域性津贴是指由于人力资源在艰苦的自然地理环境中花费了更多的生活费用而进行的补偿。

生活性津贴是指为了保障人力资源的实际生活水平而给予的补偿。由于人力资源的收入是货币性工资收入，货币性工资收入会受到物价上涨因素的影响。为了弥补物价上涨造成的人力资源生活水平下降，就会有肉食补贴、副食补贴等津贴。另外，由于工作使人力资源家庭生活开支分离而造成的生活费用增加，也应有相应的津贴，如出差补贴等。

劳动性津贴是指从事特殊性工作而给予的补偿。如夜班工作的夜班津贴、高温环境工作的高温津贴等。

3. 薪酬结构的新趋势

进入20世纪90年代以来，西方企业在多种激励理论的基础上，提出了一些形式新颖的激励计划，竭力改善企业人力资源的满意度和绩效，值得参考。这些计划主要包括浮动工资、技能工资、人力资源持股、总奖金等。

（1）浮动工资　计件工资、工资奖励、利润分成、奖金和收入分成都是浮动工资方案的具体形式。这些薪酬形式与传统方案的区别在于，前者不仅仅是根据工作时间或资历决定工资，而是工资的一部分取决于个人或组织的绩效水平。和传统的基础工资方案不同，浮动工资不是一种年金，它是没有保障的。由于有了浮动工资，薪酬随着绩效水平上下浮动。企业突出绩效工资意味着人力资源是根据他的绩效贡献而得到奖励的，因此这种工资一般又称为奖励工资。这种绩效工资之所以对管理人员有吸引力，是因为它把一个组织的固定劳动成本的一部分转变为可变成本，这样在效益降低的情况下可以减少费用。另外，把工资与绩效联系起来，使收入只依赖于贡献的多少，而不在乎头衔的大小。绩效低的人发现他们的工资保持不变，而高绩效者的工资则随贡献相应增长。

（2）技能工资　组织由于人们的技能而雇用他们，然后把他们安排到相应的工作中，并根据其职称和等级付给工资。

技能工资可以鼓励人力资源增强灵活性，继续学习，接受多方面培训，成为全才而不是专才，以便和组织中的其他人合作。就管理者而言，技能工资应该是一个强化因子。技能工资还有公平的含义：当人力资源进行投入-产出比较时，技能比资历或教育之类的因素能提供更为公平的决定工资的投入标准。如果人力资源把技能看作工作绩效中的关键变量，运用技能工资就可以增强公平感并有助于提高人力资源的激励水平。

（3）总奖金　总奖金是以绩效为基础的一次性现金支付计划。单独的现金支付旨在提高激励的效果。这种计划在人力资源感到他们的奖金真正反映了公司的繁荣时才有效，否则效果会适得其反。

（4）股权激励　股权激励发端于20世纪70年代末的美国，在20世纪80~90年代得到了迅速发展。其产生的背景，主要是着眼于解决股东与经营者之间的利益矛盾，建立对经营者的长效激励机制。

人力资源持股计划ESOP（Employee Stock Ownership Plan，雇员持股计划）是一种特定的人力资源持股计划，目前在美国等国家开展得相当普遍。同中国目前推行的各种人力资源持股方式不同，ESOP主要是一种人力资源福利计划，旨在通过促进人力资源持有股权来增进其福利和财富。从这个意义来讲，ESOP可以成为其他福利计划（如养老金计划）或奖励计划的补充或替代。同时，ESOP的作用并不限于福利方面，目前已运用到诸如激励、融资、股东套现、资产剥离、收购防御等更广泛的领域。

股权激励作为一种良好的激励约束机制，可以使企业经营者和管理、技术人员同企业所有者结成利益共同体，促进企业管理的改进，增强企业的核心竞争力。股权激励作为一种已被实践证明的解决方案能够发挥更大的作用。

二、薪酬结构设计

1. 薪酬结构设计的原则
一个合理的薪酬系统在设计时必须遵循以下基本准则。

（1）公平原则　公平原则是薪酬系统的基础，只有在人力资源认为薪酬系统是公平的前提下，他才可能产生认同感和满意度，才可能发挥薪酬的激励作用。公平原则是制订薪酬系统首要考虑的一个重要原则，因为这是一个心理原则，也是一个感受原则。

（2）竞争原则　企业想要获得具有真正竞争力的优秀人才，必须制订一套对人才具有吸引力并在行业中具有竞争力的薪酬系统。如果企业制订的薪资水平太低，那么必然会在与其他企业的人才竞争中处于劣势，甚至连本企业的优秀人才也会流失。

（3）激励原则　对一般企业来说，通过薪酬系统来激励人力资源的责任心和工作积极性是最常见和最常运用的方法。一个科学合理的薪酬系统对人力资源的激励是最持久也是最根本的激励，因为科学合理的薪酬系统解决了人力资源所有问题中最根本的分配问题。

简单的高薪并不能有效地激励人力资源，一个能让人力资源（或团队）有效发挥自身能力和责任的机制、一个能让企业业绩在人力资源努力之下变得欣欣向荣的机制、一个努力越多回报就越多的机制、一个不努力就只有很少回报甚至没有回报的机制、一个按"绩效"分配而不是按"劳动"分配的机制，才能有效地激励人力资源……也只有建立在这种机制基础上的薪酬系统，才能真正解决企业的激励问题。

（4）经济原则　经济原则在表面上与竞争原则和激励原则是相互对立和矛盾的，竞争原则和激励原则提倡较高的薪资水平，而经济原则提倡较低的薪资水平，但实际上三者并不对立也不矛盾，而是统一的。当三个原则同时作用于企业的薪酬系统时，竞争原则和激励原则就受到经济原则的制约。这时企业管理者所考虑的因素就不仅仅是薪酬系统的吸引力和激励性了，还会考虑企业承受能力的大小、利润的合理积累等问题。经济原则的另一方面是要合理配置劳动力资源，若劳动力资源数量过剩或配置过高，都会导致企业薪酬的浪费。

（5）合法原则　薪酬系统的合法性是必不可少的，合法是建立在遵守国家相关政策、法律法规和企业一系列管理制度基础之上的合法。如果企业的薪酬系统与现行的国家政策和法律规则、企业管理制度不相符合，则企业应该迅速进行改进使其具有合法性。

2. 薪酬设计的影响因素

（1）内部因素

1）企业负担能力。人力资源的薪酬与企业负担能力的高低存在着非常直接的关系，如果企业负担能力强，则人力资源的薪酬水平高且稳定；如果薪酬负担超过了企业的承受能力，那么企业就会出现严重亏损、停业或破产。

2）企业经营状况。企业经营状况直接决定着人力资源的工资水平。经营得好的企业，其薪酬水平相对比较稳定且有较大的增幅；而那些经营业绩较差的企业，其薪酬水平相对较低且不具有保障。

3）企业远景。企业处于行业的不同时期（导入期、成长期、成熟期、衰退期），其盈利水平和盈利能力及企业远景是不同的，这些差别会导致薪酬水平的不同。

4）薪酬政策。薪酬政策是企业分配机制的直接表现，薪酬政策直接影响着企业利润积累和薪酬分配的关系。一部分企业则注重高利润积累，另一部分企业则注重二者之间的平衡关系，所有这些差别会直接导致企业薪酬水平的不同。

5）企业文化。企业文化是企业分配思想、价值观、目标追求、价值取向和制度的土壤，企业文化不同，必然会导致观念和制度的不同，正是这些不同决定了企业的薪酬模型、分配机制的不同，这些因素间接地影响着企业的薪酬水平。

6）人才价值观。人才价值观的不同会直接导致薪酬水平的不同，比如对"是否只有支付高薪才能吸引最优秀的人才？""是否要重奖优秀的人才？"的不同理解，薪酬水平是完全不一样的。

（2）个人因素

1）工作表现。人力资源的薪酬是由其个人的工作表现决定的，因此在同等条件下，高薪也来自于个人工作的高绩效。

2）资历水平。通常资历高的人力资源比资历低的人力资源的薪酬高，其主要原因是要补偿人力资源在学习技术时所耗费的时间、体能、金钱和机会，甚至是心理上的压力等直接成本，以及因学习而减少收入所造成的机会成本，它还带有激励作用，即促进人力资源愿意不断地学习新技术，提高生产力水平。

3）工作技能。如今科技进步，资讯发达，企业间竞争已从传统的产品战演变成为行销战、策略战等全面性的竞争。企业之争便是人才之争，掌握关键技能的人，已成为企业竞争的利器。这类人才成为企业高薪聘请的对象。企业间竞争激烈，使得企业愿意付高薪给两种人：第一种是掌握关键技术的专才，第二种是阅历丰富的通才。阅历丰富的通才，可以有效整合企业内高度分工的各项资源，形成综合效应。人力资源应该把握各种机会丰富自己的阅历，在参与各项工作中，均应尽心尽力，当作学习的机会，充实自己本专业以外的知识与技术，假以时日，自然会造就非凡价值。

4）工作年限。工龄长的人力资源薪酬通常会高一些，这主要是为了补偿人力资源过去的投资并减少人员流动。连续计算人力资源工龄工资的企业，通常能通过年资起到稳定人力资源队伍、降低流动成本的作用。

5）工作量。不管按时计薪、按件计酬还是按绩效计酬，通常工作量较大时，薪酬水平也较高。这种现实的工作量差别是导致薪酬水平高低差别的基本原因。

6）岗位及职务差别。职务既包含着权力，同时也负有相应的责任。权力是以承担相应的责任为基础的，责任是由判断力或决断能力而产生的。通常情况下，职务高的人权力大，责任也较重，因此其薪酬水平相对也较高。

（3）企业外部因素

1）全社会劳动生产率。国民收入分配必然要受全社会劳动生产率的制约。我国人力资源平均工资水平低，是由于我国劳动生产率比发达国家低，而且工资收入比与劳动生产率比大致相当。

2）国家政策和法律。不同时期，国家的经济政策会有所不同，有时为刺激消费，有时为抑制通货膨胀，甚至可能下令冻结工资。

3）居民生活费用。职工的正常收入至少应能支付家庭的基本生活费用，而这个费用又与居民消费习惯及当地物价水平有关。有的国家规定公职人员的工资根据物价水平每年调整一次，以保证其生活水准不下降。

4）劳动力市场供求状况。当劳动力供大于求时，求职困难，职工可以接受较低的报酬水平。当劳动力供不应求时，企业为了吸引人才，会竞相提高待遇。劳动力市场供求情况与职业需求弹性、劳动力可替代性有关。有些劳动力可以由机器代替，如职工工资过高，则企业会倾向于实行自动化，购买机器人。

5）当地同行的收入水平。人们总是在做各种横向比较，尤其是与当地就业者的收入水平做比较，同一行业中不同企业的收入不能相差太多，否则收入低的企业就会不稳定。

3. 薪酬设计流程

一家企业的薪酬体系设计得是否合理，影响着该企业内部员工的工作积极性，进而影响着企业的客户满意度和未来的发展，合理薪酬体系的产生过程如图 7-12 所示。

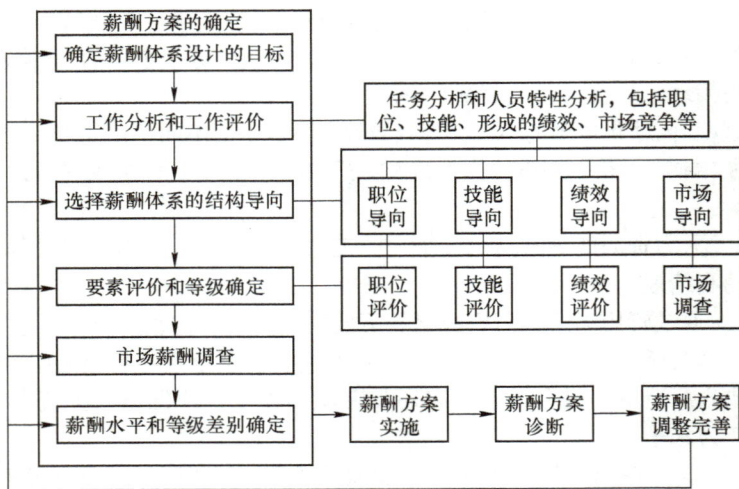

图 7-12 薪酬体系设计的基本流程图

三、激励理论及理解

1. 激励的含义

激励（motivation）是指影响人们的内在需求或动机，从而加强、引导和维持行为的活动或过程。激励的本质就是激发人的动机的过程。

2. 激励过程

在现实情境中，人的需要往往不止一种，而是同时存在多种需要。这些需要的强弱也随时会发生变化。在任何时候，一个人的行为动机总是由其全部需要中最重要、最强烈的需要所支配、决定的，这种最重要、最强烈的需要就叫优势/主导需要。人的一切行为都是由其当时的优势需要引发，朝着满足这种优势需要的目标努力的。这种努力的结果又作为新的刺激反馈回来调整人的需要结构，指导人的下一个新的行为，这就是激励过程，也称动机-行为过程。

激励的过程主要有四个部分，即需要、动机、行为、绩效。首先是需要的产生，在个人内心引起不平衡状态，产生了行为的动机。通过激励，使个人按照组织目标去寻求和选择满足这些需要的行为，最后达到提高绩效的目的。

3. 外在激励与内在激励

激励产生的根本原因可分为内因和外因。内因由人的认知知识构成，外因则是人所处的环境，显然，激励的有效性在于对内因和外因的深刻理解，并使其达成一致。

外在激励是指工作以外的奖赏，包括报酬的增加、职务的提升、人际关系的改善等。

内在激励是指工作本身带给人的激励，包括工作本身的趣味，让人有责任感、成就感等，使人自身产生一种发自内心的激励力量。相比之下，内在激励有更稳定、更持久、更强烈的效果。

4. 激励理论

（1）需求层次理论　这一理论是由美国社会心理学家亚伯拉罕·马斯洛（Abraham Maslow）提出来的，因而也称为马斯洛需求层次论（Hierarchy of Needs Theory）。

马斯洛的需要层次论有两个基本论点。一个基本论点是人是有需求的动物，其需求取决于他已经得到了什么，还缺少什么，只有尚未满足的需求能够影响行为。换言之，已经得到满足的需求不再起激励作用。另一个基本论点是人的需求都有层次，某一层需求得到满足后，另一层需求才出现。在这两个论点的基础上，马斯洛认为在特定的时刻，人的一切需求如果都未能得到满足，那么满足最主要的需求就比满足其他需求更迫切，只有前面的需求得到充分的满足后，后面的需求才显示出其激励作用。

为此，马斯洛认为每个人都有五个层次的需求：生理的需求、安全的需求、社交或情感的需求、尊重的需求、自我实现的需求，如图7-13所示。

生理的需求是任何动物都有的，只是不同的动物对这种需求的表现形式不同而已。对人类来说，这是最基本的需求，如衣、食、住、行等。

安全的需求是保护自己免受身体和情感伤害的需求。

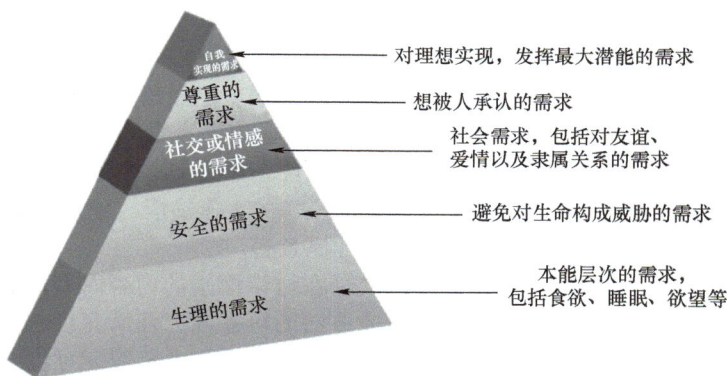

图7-13　马斯洛需求层次理论示意图

它又可以分为两类：一类是现在安全的需求，另一类是对未来安全的需求。即一方面要求自己现在的社会生活的各个方面均能有所保证，另一方面是希望未来生活能有所保障。

社交的需求包括友谊、爱情、归属及接纳方面的需求，这主要产生于人的社会性。马斯洛认为，人是一种社会动物，人们的生活和工作都不是孤立地进行的，这已由20世纪30年代的行为科学研究所证明。这说明，人们希望在一种被接受或属于的情况下工作，属于某一群体，而不希望在社会中成为离群的孤岛。

尊重的需求分为内部尊重和外部尊重。内部尊重因素包括自尊、自主和成就感；外部尊重因素包括地位、认可和关注或者说受人尊重。自尊是指在自己取得成功时有一种自豪感，它是驱使人们奋发向上的推动力。受人尊重，是指当自己做出贡献时能得到他人的承认。

自我实现的需求包括成长与发展、发挥自身潜能、实现理想的需求。这是一种追求个人能力极限的内趋力。这种需求一般表现在两个方面：一个是胜任感方面，有这种需求的人力图控制事物或环境，而不是等事物被动地发生与发展；另一个是成就感方面，对有这种需求的人来说，工作的乐趣在于成果和成功，他们需求知道自己工作的结果，成功后的喜悦要远比其他任何薪酬都重要。

马斯洛还将这五种需求划分为高低两级。生理的需求和安全的需求称为较低级需求，而社会需求、尊重需求与自我实现需求称为高级需求。高级需求是从内部使人得到满足，低级需求则主要是从外部使人得到满足。马斯洛的需求层次论会自然得到这样的结论，在物质丰富的条件下，几乎所有人力资源的低级需求都得到了满足。

马斯洛的理论特别得到了实践中的管理者的普遍认可，这主要归功于该理论简单明了、易于理解、具有内在的逻辑性。但是，正是由于这种简捷性，也提出了一些问题，如这样的分类方法是否科学等。其中，一个突出的问题就是这种需求层次是绝对的高低还是相对的高低。马斯洛理论在逻辑上对此没有做出回答。

（2）双因素理论（保健-激励理论）　这种激励理论也叫"保健-激励理论"（Motivation-Hygiene Theory），是美国心理学家弗雷德里克·赫兹伯格（Frederick Herzberg）于20世纪50年代后期提出的。

他认为，影响人们行为的因素主要有两类：保健因素和激励因素。

保健因素是那些与人们的不满情绪有关的因素，如公司的政策、管理和监督、人际关系、工作条件等。这类因素并不能对人力资源起激励的作用，只能起到保持人的积极性、维持工作现状的作用，所以保健因素又称为"维持因素"。

激励因素是指那些与人们的满意情绪有关的因素。与激励因素有关的工作处理得好，能够使人们产生满意情绪，如果处理不当，其不利效果顶多只是没有满意情绪，而不会导致不满。他认为，激励因素主要包括：工作表现机会和工作带来的愉快，工作上的成就感，由于良好的工作成绩而得到的奖励，对未来发展的期望，以及职务上的责任感。

赫兹伯格双因素激励理论的重要意义，在于它把传统的满意-不满意（认为满意的对立面是不满意）的观点进行了拆解，认为传统的观点中存在双重的连续体：满意的对立面是没有满意，而不是不满意；同样，不满意的对立面是没有不满意，而不是满意。这种理论对企业管理的基本启示是：要调动和维持人力资源的积极性，首先要注意保健因素，以防止不满情绪的产生。但更重要的是要利用激励因素去激发人力资源的工作热情，努力工作，创造奋发向上的局面，因为只有激励因素才会增加人力资源的工作满意感。

不过，正如马斯洛的需要层次论在讨论激励的内容时有固有的缺陷一样，赫兹伯格的双因素理论也有欠完善之处。像在研究方法的可靠性以及满意度的评价标准这些方面，赫兹伯格这一理论都存在不足。另外，赫兹伯格讨论的是人力资源满意度与劳动生产率之间存在的一定关系，但他所用的研究方法只考察了满意度，并没有涉及劳动生产率。

所以，有的学者建议企业的管理者可以将以上两种理论综合分析，进行企业内人力资源的激励管理及员工激励理论，如图7-14所示。

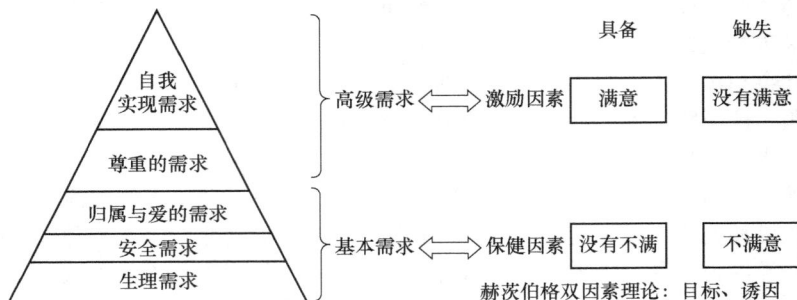

图7-14　员工激励理论

（3）**期望理论**　相比较而言，对激励问题进行比较全面研究的是激励过程的期望理论。如图 7-15 所示。这一理论主要由美国心理学家 V. 弗鲁姆（Victor Vroom）在 20 世纪 60 年代中期提出并形成。期望理论认为，只有当人们预期到某一行为能给个人带来有吸引力的结果时，个人才会采取特定的行动。它对于组织通常出现的这样一种情况给予了解释，即面对同一种需求以及满足同一种需求的活动时，为什么不同的组织成员会有不同的反应：有

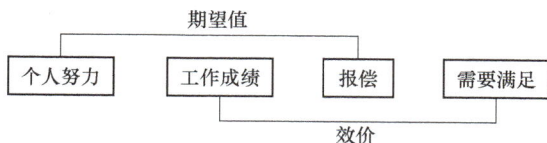

图 7-15　期望理论示意图

的人情绪高昂，而另一些人却无动于衷。期望理论认为有效的激励取决于个体对完成工作任务以及接受预期奖赏的能力的期望。根据这一理论的研究，人力资源对待工作的态度依赖于对下列三种联系的判断：

1）**努力-绩效的联系**：人力资源感觉到通过一定程度的努力而达到工作绩效的可能性。如需要付出多大努力才能达到某一绩效水平？我是否真能达到某一绩效水平？概率有多大？

2）**绩效-奖赏的联系**：人力资源对于达到一定工作绩效后即可获得理想的奖赏结果的信任程度。当我达到某一绩效水平后，会得到什么奖赏？

3）**奖赏-个人目标的联系**。如果工作完成，人力资源所获得的潜在结果或奖赏对他的重要程度。如这一奖赏能否满足个人的目标？吸引力有多大？

期望理论的基础是自我利益，他认为每一个人力资源都在寻求获得最大的自我满足。期望理论的核心是双向期望，管理者期望人力资源的行为，人力资源期望管理者的奖赏。期望理论的假说是管理者知道什么对人力资源最有吸引力。期望理论的人力资源判断依据是人力资源个人的知觉，而与实际情况关系不大。不管实际情况如何，只要人力资源以自己的知觉确认自己经过努力工作就能达到所要求的绩效，达到绩效后就能得到具有吸引力的奖赏，他就会努力工作。

激励过程的期望理论对管理者的启示是，管理人员的责任是帮助人力资源满足需要，同时实现组织目标。管理者必须尽力发现人力资源在技能和能力方面与工作需求之间的对称性。为了提高激励，管理者可以明确人力资源个体的需求，界定组织提供的结果，并确保每个人力资源有能力和条件（时间和设备）得到这些结果。根据期望理论，应使工作的能力要求略高于执行者的实际能力，即执行者的实际能力略低于（既不太低，又不太高）工作的要求。

（4）**X 理论和 Y 理论**　道格拉斯·麦格雷戈（Douglas McGregor）提出了有关人性的两种截然不同的观点：一种是基本上消极的 X 理论（Theory X）；另一种是基本上积极的 Y 理论（Theory Y）。通过观察管理者处理人力资源关系的方式，麦格雷戈发现，管理者关于人性的观点是建立在一些假设基础之上的，而管理者又根据这些假设来塑造他们自己对下属的行为方式。

1）X 理论以下面四种假设为基础：

① 人力资源天生不喜欢工作，只要可能，他们就会逃避工作。

② 由于人力资源不喜欢工作，因此必须采取强制措施或惩罚办法，迫使他们实现组织目标。

③ 人力资源只要有可能就会逃避责任，安于现状。

④ 大多数人力资源喜欢安逸，没有雄心壮志。

2）Y 理论基于以下假设：

① 人力资源视工作如休息、娱乐一般自然。

② 如果人力资源对某项工作做出承诺，他们会进行自我指导和自我控制，从而完成任务。

③ 一般而言，每个人不仅能够承担责任，而且会主动承担责任。

④ 绝大多数人都具备做出正确决策的能力，而不是只有管理者才具备这一能力。

麦格雷戈的人性观点对于激励问题的分析具有什么意义呢？这一问题在马斯洛需求层次的框架基础上进行解释效果最佳：X 理论假设较低层次的需求支配着个人的行为；Y 理论则假设较

高层次的需要支配着个人的行为。麦格雷戈本人认为，Y理论的假设相比X理论更实际有效，因此他建议让人力资源参与决策，为人力资源提供富有挑战性和责任感的工作，建立良好的群体关系，这都会极大地调动人力资源的工作积极性。

遗憾的是，并无证据证实某一种假设更为有效，也无证据表明采用Y理论的假设并相应改变个体行为的做法，更有效地调动了人力资源的积极性。现实生活中，确实也有采用X理论而卓有成效的管理者案例。例如，丰田公司美国市场运营部副总裁鲍勃·麦格克雷（Bob Mccurry）就是X理论的追随者，他激励人力资源拼命工作，并实施"鞭策"式体制，在竞争激烈的市场中，这种做法使丰田产品的市场占有份额得到了大幅度的提高。

以上人力资源的激励理论都各有优缺点，企业要根据自己的实际情况，客观辩证地分析利用，选择真正有利于企业人才培养和企业发展的方法。

四、对人力资源的激励

1. 激励方式

组织在确定激励内容时，最基本的一条原则是激励资源对获得者要有价值。期望理论告诉我们，对普通人力资源来说，效价为零或很低的奖酬资源难以调动他们的积极性。为了满足不同人力资源对奖酬内容的不同要求，可列出奖酬内容的清单，让人力资源自己选择。对普通人力资源来说，最常用的激励内容有以下几种：

（1）金钱 金钱的激励作用在人们生活达到宽裕水平之前是十分明显的。如果能将金钱激励和人力资源工作成绩紧密联系起来，它的激励将会持续相当长一段时期。但不能把金钱看作满足所有需要的先决条件，对知识型人力资源尤其如此。

（2）认可与赞赏 认可与赞赏可以成为比金钱更具激励作用的奖酬资源。范佛利特认为："受人重视、得到赏识、引起注意的愿望是一个人最强大的、最原始的动力之一。"詹姆士更进一步指出："人性的第一原则是渴望得到赞赏。"用认可和赞赏的方式对人力资源进行奖励，可以采用多种样式。例如：

1）把本月最佳人力资源称号授予销售额最高、产品或服务质量最好、生产率最高、工艺改进最多、进步最大、旷工次数最少、使顾客满意度最高，或者在其他被认为是最重要方面成绩突出的人力资源。

2）对于实现重要目标的人力资源，颁发证书、奖励、奖品、徽章等。

3）对做出重大贡献的人力资源，授予一定的特权。

4）对好人好事进行宣传报道，比如在公司或地方的报纸上发表表扬性文章，在公司的宣传栏中张贴署名照片等。

5）对优秀人力资源采取象征受特殊待遇的奖励措施，如安装专用电话、配备专用小汽车或停车场等。

（3）带薪休假 带薪休假对很多人力资源来说都具有吸引力，特别是对那些追求丰富业余生活的人力资源来说，更是其情之所钟。一般情况下，带薪休假可以用于下面几种情况：

把一件工作交给人力资源，并确定完成期限和质量要求，如果他们在规定期限之前完成任务，多余的时间就属于自己，作为他们的奖励。

对于那种必须整天待在岗位上的工作，也可以利用这种方式。例如，给他们规定在一定时期休息一个下午、一天或一周。或者，可以通过评价制度，测定他们在完成工作量的情况下多长时间可以奖励一小时的休息时间，并累积起来；当累积到4小时时，可以休息半天；累积到8小时时，就可以休息一天等。还可以对提高产品质量、减少事故、增进合作或者其他被认为重要的一切行为采用这种奖励方式。

（4）人力资源持股 许多公司的实践证明，一旦人力资源变成所有者，他们就会以主人翁的精神投入工作。那些拥有公司的一部分股票，并从公司经营成功中分享利润的人，基本上不会做出损害公司效率和利润的行为。密执根大学的一位研究人员发现，那些人力资源拥有部分股票的企业，平均利润高于同行业其他公司 1.5 倍。当然，人力资源持股方式的有效运用，最好与完善的人力资源参与管理制度配套实施。

（5）**享有一定的自由**　对能有效地完成工作的人力资源，可以减少或撤除对他们的工作检查，允许他们选择工作时间、地点和方式，或者允许他们选择自己喜欢的工作。

（6）**提供个人发展和晋升机会**　这一方式几乎对所有的人力资源都有吸引力。例如，对工作成绩优异的人力资源提供带薪进修、参加研讨班、学习一门新技术等机会；对那些能够胜任管理工作并且愿意做管理工作的人力资源，可以把他们提拔到管理工作岗位；对专业人员，如计算机专家、技术专家、财务问题专家、客户问题专家和科学家等，可以建立和管理人员分开的职称等级、工资待遇和权利，这样，技术人员可以继续发挥他们的专业特长，并得到了相应的晋升，而不必成为管理者。

哈默认为，对普通且具有专业特长的力资源可以使用专员待遇。专员是一种授予那些具有综合能力并能为组织创造良好绩效的人力资源的资格，具备这种资格的人力资源将享受特殊的待遇。

尽管奖酬激励方法多种多样，金钱、认可与赞赏都是最有效的方式。企业在制订奖酬激励方案时，可以对不同的激励方式进行成本核算，让人力资源在成本相同或相近的几个方案中进行选择。另外，不同的激励方式也会给企业带来不同层次的效益，如图 7-16 所示。

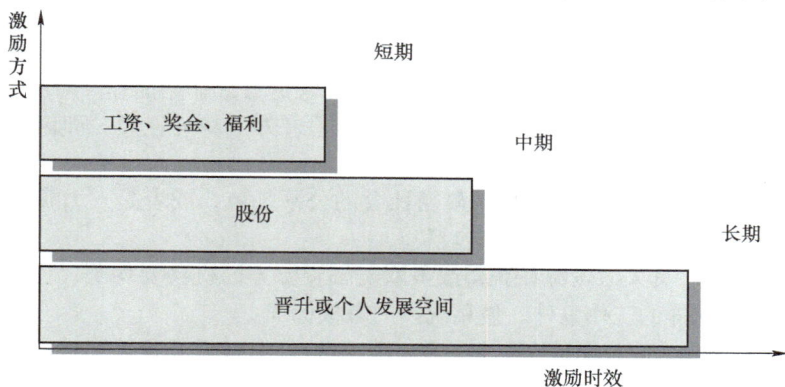

图 7-16　激励方式与激励时效

2. 对人力资源激励的基本原则

对人力资源的激励工作要遵循一些基本原则，才能收到预期效果。

（1）**激励要渐增**　激励渐增的原则是指无论是奖励还是惩罚，其份量都要逐步增加，以增强激励效应的持久性。就奖励而言，在组织范围内的每一种奖励措施的效果都有一定的限度。在激励工作中，常会遇到三种情况：

第一，抗激励性。这是指同一种激励措施长期作用于人力资源而呈作用递减趋势，直至无效。这时，对人力资源来说，这种奖励措施使用与否，结果都一样。斯金纳的强化理论认为，固定间隔的间歇性强化，只能带来一般的和不稳定的工作表现，组织所强化的行为将快速消退。如果组织长期使用这种强化方式，几乎收不到激励效果。这就是人力资源表现出来的抗激励性。

第二，激励的依赖性。这是指由于受到某种短期的或临时的激励措施的刺激作用后，形成了对这种激励措施的长期的、不可撤除的依赖性。若这种激励措施被撤除了，则人力资源的工作积极性立即就会受到影响，甚至低于没有使用这种激励措施以前的工作积极性。而企业要维持这种激励措施，将导致较高的激励成本。

第三，激励的饱和性。这是指一种激励措施出现边际效应递减现象，并在递减一定份量时，达到激励效果的饱和状态。这时，若再增大份量或改进一下，都不能获得预期的激励效果，这种情况与第一种情况的区别在于，这种激励措施不能撤除。但是，我们知道，这种激励因素在满足人力资源的某些需要之前（即在达到饱和状态之前）是具有激励效应的。上述三种情况的出现，容易使组织的激励工作处于被动状态。

为了防止这三种情况出现，组织必须遵循激励渐增的原则，即结合奖励成本（为开展激励工作所指出的费用）的高低，对所采取奖励措施的作用效果做适当的估计后，从一定的基点开始，逐步提高激励措施的份量，逐步满足人力资源的某些需要，以维持较长时间的作用效果。

就惩罚而言，也要给表现不佳者一个悔过自新的机会，不能"一棍子打死"。人力资源达不到组织的要求一般有两种原因：一是因能力、水平有限或外部条件、环境的影响，达不到组织的要求，这是客观的原因；二是因人力资源本人工作不努力，或对所做的工作态度不端正，这是主观的原因。组织真正要惩罚的是后者。魏纳的归因理论告诉我们，人们对自己的成功与失败的不同归因，对他们在后期事件中的积极性有很大影响。因此，组织面对绩效水平低的人力资源，首先要帮助他们分析达不到要求的原因，正确的归因是处理表现不佳者的第一步。对于由第二种原因导致的绩效水平低，组织在采取一定的教育措施后仍然达不到效果的情况下，才有必要采取惩罚措施，所采取的惩罚措施也要逐步加重份量。

（2）情景要适当　由于人力资源个性差异的客观性，个人对受奖励和惩罚的时间、方式和环境要求都不一样。并且，由于受奖励和惩罚的原因各不一样，个人对情境的要求也不一样。因此，组织在实施激励措施时要因人、因时、因地、因事制宜，选择适当的机会和环境。

具体说来，情境由五方面的因素组成：一是来自人力资源方面的，如他的性格特征、情绪状态、所要求的奖惩方式等；二是来自管理者方面的，包括实施奖惩时所持的态度、艺术、技巧等；三是实施奖惩的时机，其时机要选在最能对激励对象起有效作用的那一时刻；四是实施奖惩的地点，即要选在对激励对象起有效作用的地点；五是事件本身的性质，即因为什么要受到奖惩。五方面因素的有机结合才能起到最佳的激励作用。

（3）激励要公平　激励公平要求组织遵循社会的公平规范，或者是人力资源普遍接受的公平规范实施激励措施。激励公平原则具体包括：

1）机会均等，即所有人力资源在获得或争取奖酬资源方面机会要均等；让所有人力资源处于同一起跑线，具备同样的工作条件，使用统一的考核标准。

2）奖惩的程度要与人力资源的功过相一致，奖惩的原因必须是相关事件的结果，并且不能以功掩过或以过掩功。

3）激励措施实施的过程要公正，即要做到过程的公开化和民主化。

【重要知识点回顾】

1. 人力资源管理的内容
2. 人力资源招聘的流程
3. 人力资源培训的内容
4. 人力资源的绩效考核方法
5. 薪酬的内容

【能力训练】

任务一　人力资源管理内容理解

案例一：

美华公司是一家中等规模的民营企业，主要从事电信产品的生产与销售工作，连续多年出现了高利润、高增长的发展趋势，未来发展潜力看好。该公司约有2000名人力资源，为了适应当今激烈的市场环境，公司提出以人为本，倡导"沟通、合作、团队、奋斗"的企业文化。魏明今年29岁，他在获得MBA学位后进入美华公司工作，担任人事部经理。在此之前，他曾在一家设备安装公司做过3年的人力资源管理工作；现在，他准备到新公司好好干一番事业。

美华公司的人事部有40多名人力资源，大体是一个人事人力资源对应50名普通人力资源。人事部有多名职能主管，分管薪酬设计、人员招聘和培训开发以及绩效考核工作。魏明到任不久就发现了问题。比如，公司各部门的工作很少有"规划"，每个人力资源的工作都没有明确的分工，一份工作可能由甲干，也可以由乙干，全凭各人的技能和兴趣完成。有不少个人能力强于职务要求的雇员为此感到不快。当问及公司为何如此时，回答是："一开始就是这样的。"另外，人事部仅有一半人力资源具备人力资源及相关专业的学历，仅有1/4的人力资源具备人力资源管理经验。很多人力资源都是由普通人力资源转任或提升上来的。人事部的4名主管，一名原先是图书馆管理员，一名是办公室秘书，另两名主管虽然有人事工作经验，但又都没有专业学历。至于主管手下的4名人力资源，其学历和工作经历更是五花八门。公司内部其他职能部门的人力资源，拥有公认的学历与相关的工作经验后，就获得了一种"资历"，这些拥有"资历"的人力资源可以对新人力资源进行业务上的指导和帮助。在人事部一般无人具备这种"资历"，所以很少能对新人力资源进行帮助和指导，大家都是各干各的，彼此很少沟通。尽管人事部的工作任务非常繁重，但其他部门似乎并不满意，总认为人事部不能及时对他们的要求做出反应。而且，人事部对公司的战备规划了解甚少，人事部的决策也很难对公司的大政方针产生影响。

一、训练目的

1）掌握人力资源管理的内容。

2）理解人力资源管理的重要性。

二、训练步骤

1）教师指导学生进行案例分析。

2）学生根据案例内容，结合所学理论知识进行讨论。

三、训练要求

能够根据案例内容，准确找到所涉及的理论知识点，并结合所学理论知识进行分析总结。

四、实训涉及内容

1. 人力资源管理的内容。

2. 人力资源管理的重要性。

任务二　薪酬及激励管理内容理解

案例二：

丰富的研究资源：用公司的雄厚资本，让每一个研究员没有后顾之忧，能够全心全意地做研究。这种资源是多元性的，如不但包括计算机、软件、仪器、实验，还包括足够的经费去出国开会、考察或回校学习。微软公司深知研究员更希望全神贯注地做他热爱的研究，而不必做他不热衷也不专长的工作，所以，微软研究院雇用了多名技术支持人员、行政助理、图书管理员、数据搜索员等来支持研究员的工作。

研究队伍：一个研究队伍，除了数名研究员之外，还有多名副研究员（类似博士后）、实习生、开发人员和访问学者。这样一个多元的队伍能够很快地取得成果。

学术界的认可：有了开放的环境，人力资源不必担心因公司把他们的重大发明变为公司机密，而丧失了与国外学者交流或被认可（获得论文奖）的机会。

一、发掘人才

人才在信息社会中的价值远远超过其在工业社会中的价值。原因很简单，在工业社会中，一个最好的、最有效率的工人，或许比一个一般工人多做20%或30%的工作。但是，在信息社会中，一个最好的软件研发人员，能够比一个一般人员多做500%甚至1000%的工作。例如，世界上最小的Basic语言是由比尔·盖茨一个人写出来的。而为微软带来巨额利润的Windows也只是由一个研究小组做出来的。既然人才如此重要，微软研究院是如何发掘人才的呢？

找出有杰出成果的领导者。这些领导者有些是著名的专家，但有时候最有能力的人不一定是最有名的人。许多计算机界的杰出成果经常是由一批幕后研究英雄创造的。无论是台前的名教授，还是幕后的研究英雄，只要他们申请工作，微软都会花很多的时间去理解他们的工作，并游说他们考虑到微软研究院工作。找出最有潜力的人。在中国，因为信息技术起步较晚，所以，现阶段杰出的成果和世界级的领导者比起美国要少得多。但是，基于中国年轻人（如应届硕士或博士生）的聪明才智、基础和创造力，微软专门成立了中国研究院，在中国寻找专家，寻找潜力。

二、吸引、留住人才

很多人认为，雇用人才的关键是待遇。更多的人认为，微软来到中国可以"高薪收买人才"。微软认为，每一个人都应该得到适当的待遇，但是除了提供有竞争性的（但是合理的）的待遇之外，微软更重视研究的环境。微软为研发人员开辟的环境极富吸引力，包括：充分的资源支持，让每个人没有后顾之忧；最佳的研究队伍和开放、平等的环境，让每个人都有彼此切磋、彼此学习的机会；造福人类的机会，让每个人都能为自己的研究所开发的产品自豪；长远的眼光和吸引人的研究题目，让每个人都热爱自己的工作；有理解并支持自己研究的领导，让每个人都能得到支持，在紧随公司大方向的同时，仍有足够的空间及自由去发展自己的才能，追求自己的梦想。

所以，微软认为，只用高的待遇，或许可以吸引一些人，但只有营造一个特别吸引人的环境，才能吸引并且长期留住所有最佳人才。在微软全部三个研究院中，人才流失率不到3%（美国硅谷的人才流失率在12%左右）。人们在微软的最大感触是，每一个人都特别快乐，特别热爱和珍惜自己的工作。

一、训练目的

1）掌握人力资源管理中薪酬的含义。

2）理解人力资源管理中激励的作用。

二、训练步骤

1）教师指导学生进行案例分析。

2）学生根据案例内容，结合所学理论知识进行讨论。

三、训练要求

能够根据案例内容，准确找到所涉及的理论知识点，并结合所学理论知识进行分析总结。

四、实训涉及内容

1. 广义的薪酬含义。

2. 人力资源管理激励的方法。

第八章

汽车服务企业财务与成本管理

目标名称	目标内容
知识目标	1. 了解汽车企业财务管理的内容、目标和原则
	2. 熟悉汽车企业资金运动方式、资产管理财务核算的内容
	3. 熟悉汽车企业成本费用的构成
	4. 熟悉汽车企业成本费用管理的内容
	5. 了解汽车企业财务分析与评价的方法
技能目标	1. 能够计算汽车服务企业的收入
	2. 能够计算汽车服务企业的成本费用
	3. 能够计算汽车服务企业的利润
情感目标	1. 培养学生的企业财务与成本相协调管理的意识
	2. 培养学生的工作责任心和社会责任感

建议学时：4 学时。

名人名言

什么时候要进行风险投资（VC），不是你最穷的时候去要资金，记住，是你最好的时候去要钱，永远记住，所有创业者，下一次融资，永远要在公司形势最好的时候去融资。千万不要天下雨，突然雨已经下很大了，你才爬到屋顶上去修屋顶，那麻烦就大了，在阳光灿烂的日子修屋顶。

——马云

第一节　汽车服务企业财务管理概述

【案例导入】

韩国大宇集团的兴衰史

大宇集团的创建人是集团公司董事长金宇中。金宇中以一生的精力，创造了大宇集团的辉煌业绩。大宇公司成为世界 500 强企业，成为拥有机械、汽车、造船、化学、家电、电子、贸易、金融等产业的大财阀企业，成为遍布亚洲、欧洲、非洲、美洲的世界性跨国公司。

金宇中本人不像其他韩国财阀那样，让创业者的儿子和兄弟担任有关企业的总经理，进行家族式经营，他基本上没有把自己的亲属安排到大宇集团的管理层中。他采用的是事业部制。在大宇集团内部，董事长金宇中至高无上，大权独揽，特别是有关开辟新事业、新领域、新项目、新市场的重大决策以及资金筹措的重大决策，最终都由金宇中一个人说了算，董事会和总裁都得听命于他，更不用说大宇集团公司的职能部门及各事业部的首脑以及下级公司的经理们。

1997 年亚洲爆发了金融危机。外国银行和机构投资者开始撤走资金。大宇集团的筹资状况趋向恶化。在过去宏观经济景气的条件下，韩国国内金融机构大量借入海外资金，并把这些资金贷给像大宇这样的财阀企业。大宇集团出现了资本结构放大的投资收益率。但是金融危机爆发以后，大宇集团的高负债率造成巨额债务负担，盈利的减少又造成股价的下降，投资遭受巨大的打击。为了渡过难关，大宇集团决定把下属公司从 41 家裁减到 12 家，以重建大宇。但是到 1999 年 8 月，大宇集团 12 家公司的负债额超过了 86 万亿韩元（大约 800 韩元兑换 1 美元），而全部资产不足 25 万亿韩元。由于资不抵债，回天无力，自主重建大宇计划未能实现。1999 年 11 月，经营不善、资不抵债的大宇集团不得不走上破产清算的一步，金宇中董事长决定辞职。大宇下属 12 家公司的总经理也全部辞职。大宇集团的问题交给债权银行和政府来处理。2000 年 12 月，大宇汽车也宣告破产。

至此，大宇集团这艘"不沉的航空母舰"已开始沉没，金宇中一生构筑的大宇集团发展神话已彻底破灭和终结。

为处理大宇集团的善后问题，韩国政府采取使大宇慢慢解体的办法。如果大宇集团下属公司相继破产，则不仅韩国，外国银行的债权也会成为不良债权，这样可能会造成金融动荡。

可以这样断言：作为韩国企业发展典型代表之一的大宇集团的兴衰，是象征韩国财阀式经济和垄断式管理开始反思和转变的重大事件。

案例思考：

1. 分析大宇集团破产的原因。
2. 谈谈你所理解的企业财务管理。

在社会主义市场经济条件下，现代企业经营的目的是生存、获利和发展，作为企业管理系统的一个子系统，财务管理是企业管理的重要组成部分，是企业管理的核心，财务管理的目的是使企业价值达到最大化。汽车服务企业是现代企业的重要组成部分，要有效地提高汽车服务企业的经济效益，必须注重和加强企业的财务管理工作。

一、企业财务管理的概念与内容

企业财务管理是组织企业财务活动，处理企业财务关系的一项管理活动，即组织财务活动，协调财务关系，它是企业管理的重要组成部分。

企业的财务活动是以现金收支为主的企业资金收支活动的总称。在社会主义市场经济条件下，一切物资都具有一定量的价值，它体现着耗费于物资中的社会必要劳动量，社会再生产过程中物资价值的货币表现，就是资金。在市场经济条件下，拥有一定数额的资金，是进行生产经营活动的必要条件。企业生产经营过程，一方面表现为物资的不断购进和售出；另一方面则表现为资金的支出和收回，企业的经营活动不断进行，也就会不断产生资金的收支。企业资金的收支，构成了企业经济活动的一个独立方面，这便是企业的财务活动，企业财务活动可分为四个方面，即筹资、投资、资金运营和分配四个方面。

企业的财务关系，即企业资金运动所形成的经济关系。企业的财务关系包括以下四个方面：企业与投资者和受资者之间的财务关系；企业与债权人、债务人、往来客户之间的财务关系；企业与税务机关之间的财务关系；企业内部各单位之间的财务关系以及企业与职工之间的财务关系。

企业财务管理的内容主要包括筹资管理、投资管理、资产管理、成本与费用管理、收入与利润分配，如图8-1所示。

二、企业财务管理的目标与原则

1. 企业财务管理的目标

企业财务管理的目标是企业财务管理活动所希望实现的结果，是评价企业财务管理活动是否合理的过程。企业财务管理主要包括以下几个方面。

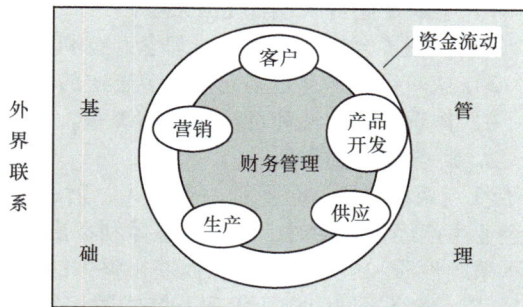

图8-1　企业财务管理内容

（1）利润最大化目标　利润最大化目标是指通过企业财务活动的管理，不断增加企业利润，使企业利润达到最大化。企业财务管理人员在进行管理的过程中，将以此为目标进行决策和管理。以利润最大化作为企业财务管理的目标有合理的一面，这有利于企业经济效益的提高，但是，在实践中也存在难以解决的问题：

1）利润是指企业一定时期实现的税后净利润，它没有考虑资金的时间价值。

2）没有反映创造的利润与投入的资本之间的关系。

3）没有考虑风险因素，高额利润的获得往往要承担过大的风险。

4）片面追求利润最大化，可能会导致企业短期行为，与企业发展的战略目标相悖离。

（2）股东财富最大化　股东财富最大化目标是指通过财务上的合理经营，使企业股东的财富达到最大。在上市公司中，股东财富是由其所拥有的股票数量和股票市场价格两方面决定的。在股票数量一定时，股票价格达到最高，股东财富也就达到最大。与利润最大化相比，股东财富最大化的主要优点是：

1）考虑了风险因素，因为通常股价会对风险做出较敏感的反应。

2）在一定程度上能避免企业追求短期行为，因为不仅目前的利润会影响股票价格，预期未来的利润同样会对股价产生重要影响。

3）对上市公司而言，股东财富最大化目标比较容易量化，便于考核和奖惩。

以股东财富最大化为财务管理目标存在的问题是：

1）通常只适用于上市公司，非上市公司难以应用，因为非上市公司无法像上市公司那样随时准确获得公司股价。

2）股价受众多因素影响，特别是企业外部的因素，有些还可能是非正常因素。股价不能完全准确反映企业财务管理状况，如有的上市公司处于破产的边缘，但由于可能存在某些机会，其股票价格可能还在走高。

3）它强调更多的是股东利益，而对其他相关者的利益重视不够。

（3）企业价值最大化目标　企业价值就是企业的市场价值，是企业所能创造的预计未来现金流量的现值。企业价值最大化的财务管理目标，反映了企业潜在的或预期的获利能力和成长能力，其优点主要表现在：

1）该目标考虑了资金的时间价值和投资的风险。

2）该目标反映了对企业资产保值增值的要求。

3）该目标有利于克服管理上的片面性和短期行为。

4）该目标有利于社会资源合理配置。其主要缺点则是企业价值的确定比较困难，特别是对于非上市公司。

（4）相关者利益最大化　相关者利益最大化目标的基本思想就是在保证企业长期稳定发展

的基础上，强调在企业价值增值中满足以股东为首的各利益群体的利益。以相关者利益最大化为财务管理目标具有以下优点：

1）有利于企业长期稳定发展。

2）体现了合作共赢的价值理念，有利于实现企业经济效益和社会效益的统一。

3）这一目标本身是多元化、多层次的目标体系，较好地兼顾了各利益主体的利益。

4）体现了前瞻性和可操作性的统一。

2. 财务管理的原则

（1）系统原则　企业是一个由人、财、物和信息等要素组成的有机系统。企业领导者在组织企业生产经营活动时，必须从整体利益出发，在系统、要素、环境的有机联系和相互作用中，揭示系统性质和运动规律，从而获得整体的、全面的最佳效果。

（2）能级原则　企业管理系统中的组织机构、管理人员具有不同的能量。对他们按能量大小排列，即建立一个管理能级，形成一种良好的管理秩序，使管理得以有规律地运动，以获得最佳效率。

（3）弹性原则　为了及时适应各种可能发生的变化，企业管理必须要有很强的适应性和灵活性，有效地实行动态管理。弹性管理分为整体弹性和局部弹性。

（4）动力原则　管理动力分为物质动力和精神动力两类。物质动力就是以工资、奖金、股息、红利及生活福利等物质刺激来调动员工的积极性。精神动力是通过信仰、荣誉、企业精神、民主管理、思想政治工作等来提高员工的自豪感、成就感，培养员工的主人翁精神，满足员工的精神需要。

（5）效益原则　管理活动能否取得效益，取决于两个因素，即目标和效率。目标决定效率的性质（正负）和大小；效率则决定效益的大小。目标正确，则效率越高，效益越好；如果目标错误，则效率越高，负效益越大。

三、汽车服务企业财务管理系统

1. 财务部门组织结构

在汽车4S店，财务管理组织布局中至少包括财务经理、整车销售会计、售后会计、出纳和前台收银员，如图8-2所示。

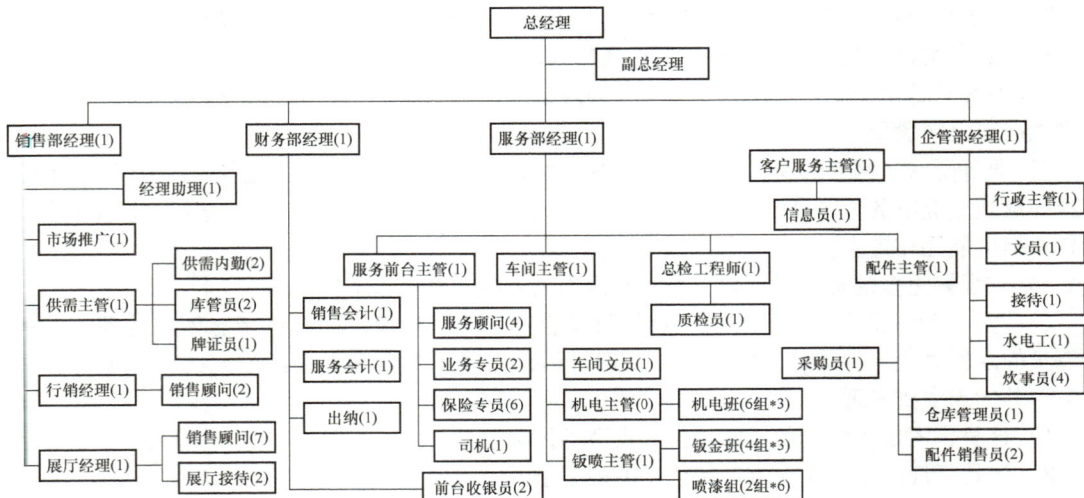

图8-2　某汽车4S店组织结构图

财务经理是整个汽车4S店财务管理的主题人物，他负责拟定财务核算流程，对整个财务核算、售后办事实行监控管理，根据前期的销售情况和市场剖析实行下期资金的预算、调度和拟定订车计划工作，其工作还包括融资、部门外部的管理、报表的审核。

整车销售会计实行整车销售本钱的核算和整个公司的费用核算，销售景况的统计拟定及订车计划，其实施企业薪酬管理制度、报表的编制，协助财务经理实行资金需求的预算。

售后会计实行售后维修业务本钱的核算，包括人工、配件和单独配件销售及汽车美容修饰业务的核算。

出纳人员每天从收银那里收回现金并及时送存银行，校对整车销售清单、劳务结算单及现金情况。收银员登记整车销售表和售后维修结算单，并收存款项。

2. 汽车服务企业财务核算流程

（1）整车销售环节的财务核算　汽车4S店在进货过程中的最大局限是先给厂家汇款后到货。货先到发票同时或后到，为了及时实行资产登记和商品车的管理，应立即实行备查台账赋值和入账。到货的车辆金额可能和后到发票的金额不一致，则应在月末的时候实行调整，不一致的结转下月。每月的月底要随时查看进货增值税发票和进行销项税额的均衡统计，防止销大于进产生的进项税额难以抵扣销项，使企业利益受损。销售的时候依据销售部门的销售一览表实行单车本钱毛利的计算，在录入凭证时按类型和型号分别录入。销售本钱、毛利、提成和赞助等都要分项记账，属于费用项目计入销售费用核算。月底对库存商品及全月的销售情况和进货情况实行核对，并对下期进货情况实行预算。

（2）汽车售后维修业务的财务核算　汽车售后维修业务核算内容为工时费、配件款、员工薪酬福利管理。这要借助于详尽的维修结算清单，此清单是与客户结算的依据也是开发票的依据，此项数据已事先设置好本钱和毛利并由计算机自动计算。

1）配件的核算。配件由维修工段根据维修必要填领用清单从配件部领出，且日报和月报都要按配件价值、工时费等实行结转。所以，管理制度每天要有经理日报表，每月要有月报表。月底要对整车、配件、工时、配件库存核对无误后，依据整车销售发票、维修结算清单统计出整车、配件维修所产生的毛利。整车业务代表和维修人员的基本工资和业务量的提成比例及工段类别都要累加在一起作为人员的工资，经营费用进入经营费用核算（若工人工资总额超出当地个人所得税收入时，超出部分报总经理作为特别奖金发放），没有超出个人所得税的人员全部月收入划入正式工资表，计入销售成本。

2）业务量和工段在维修结算清单中都有记录并由计算机自动计算。对于每单维修业务，计算机都要计算出毛利，月底再与配件领料单及毛利和人工费实行核对，保证数据的准确性，从而计算售后维修业务毛利。配件销售业务可对比售后维修业务中的配件核算进行，只是要注意与客户交往的沟通方式和方法。

（3）VIP客户修理费的核算　VIP客户多为整体客户和永久的售后维修客户，他们通常是签了优惠的办事协议或可事先支付一定的资金，以此要求企业在实行维修办事时应给以必要的折扣。计算折扣时，不妨事先在维修经营软件中设置好折扣比例自动计算，或在进入维修结算单后（也可在其结算时经相关人员允许，在结算时给以折扣），财务再根据VIP客户维修费管理规定实行折扣。每日收银员将折扣清单汇总整理后，在现金日报表上阐明交财务核算。

第二节　汽车服务企业财务资金运动管理

【案例导入】

上汽集团一举收购跃进集团

2007年12月26日上海汽车（SH.600104）公告，称其控股股东上汽集团以20.95亿元现金和上海汽车 3.2 亿股股份的代价收购南汽集团控股股东——跃进集团旗下的全部汽车业务，交易总金额超过 100 亿元。国内最大的汽车企业诞生，同时拉开了国有汽车资产重组序幕。按照上汽与跃进签署的全面合作协议，跃进集团下属的汽车业务将全面融入上汽，其中的整车及紧密零部件资产将进入上汽集团控股的上海汽车；其他零部件及服务贸易资产将进入上汽与跃进合资成立的东华公司；上海汽车将出资 20.95 亿元购买跃进整车和紧密零部件资产，跃进将持有上海汽车 3.2 亿股股份和东华公司 25% 股权。

同时，根据上汽与跃进商定的初步规划，双方将在资金、研发、营销、制造、采购等方面实现优势互补和资源共享，在整车与零部件、国内与国际等业务上发挥协同效应，通过全面合作将上汽集团建成中国最大、世界一流的汽车企业，把南汽建成我国重要的汽车制造基地。至此，上汽短短数月间在资本市场一系列复杂的兼并收购加融资的"组合拳"暂时收官，该套拳术以数十亿元并购南汽为核心，以十数亿元收购上柴股份（6008）和为并购目的等而发行高达 120 亿元分离交易可转债为两翼，基本奠定了上汽在乘用车主业之外开拓的又一大经济增长发动机：商用车业务。由此，已经拥有国内丰富产品线的上海汽车，在与一汽、东风三足鼎立中拥有了更明显的优势。

双方的全面合作不仅有利于高起点推进跨区域经济联动发展，实现长三角地区资源优化配置和产业结构升级，而且有利于促进我国汽车行业优化重组，提高产业集中度和资源利用效率，加快提升自主创新能力，做大做强自主品牌，推进我国汽车工业又好又快地发展。

案例思考：

如何理解企业的资金运动管理？

一、企业资金运动概述

一个企业的运营离不开资金的支持，同时，一个企业的长远发展离不开对资金有效的动态管理。企业资金的运动主要包括筹集资金、资金的投入使用及经营管理、利润分配等环节，如图 8-3 所示。

产品制造企业资金循环和周转图

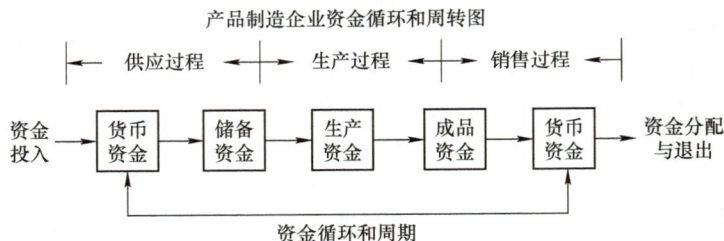

图 8-3 企业资金运动图解

资金的筹集是企业资金运动的前提和条件。作为独立从事经营活动的经济实体，企业首先必须采取灵活有效的方式，从一定的资金来源渠道筹集其经营所必需的资金量。在企业的财产物资供应过程中，企业以需求者的身份在市场上购置其生产经营所必需的房屋、建筑物、设备、原材料等生产资料，并与合作单位发生购货款的结算关系。通过财产物资的供应过程，企业的资金形态由货币资金转化为储备资金。

在企业的产品生产过程中，一方面，企业职工借助于劳动资料对劳动对象进行加工，制造出能够满足社会需要的各种产品；另一方面，企业必然会发生各种材料费用、人工费用、固定资产折旧费用和修理费用以及其他费用等。为了计算产品的生产成本，需要按照一定的成本计算方法，通过各种生产费用的归集和分配，确定一定种类和数量完工产品的总成本和单位成本。通过产品的生产过程，企业的资金形态由储备资金转化为生产资金；随着产品的完工入库，生产资金又转化为成品资金。

在企业的商品销售过程中，企业将商品及服务销售给购买者，并与其发生销货款的结算关系；同时，还会发生和支付各种商品及服务的销售费用，如包装费、装卸搬运费、广告费、专设销售机构的经费等。通过商品及服务的销售过程，企业的资金形态由成品资金转化为应收账款或货币资金。

资金的收回与分配是商品及服务销售过程的结果及其后续工作。企业商品销售过程结束后，不仅需要及时收回销货款，还需要计算盈亏、依法向国家缴纳各种税金、对税后利润进行分配等。

1. 资金筹集

企业筹资是企业通过各种渠道、采用不同方式，取得的生产经营活动、对外投资和调整资本结构等活动所必需资金的筹措活动。对于每个新建企业，它需要资金来发展壮大自己；而对于已初具规模的企业，同样需要资金来拓展自己的市场。然而，各个企业的原始投资毕竟是有限的，那么，企业就需要积极筹措资金来满足其对资金的需求。

筹资渠道是指筹措资金来源的方向与通道，体现着资金的源泉和流量。民营企业筹集资金的渠道有六大类，包括国家财政资金补助（补贴）、正规金融（银行、非银行）机构信贷资金、其他企业（外商）资金注入、内部融资、民间借贷、企业自留资金，具体划分如图8-4所示。

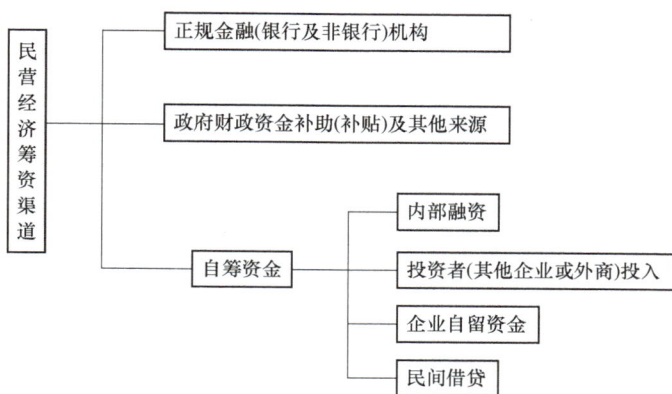

图8-4　企业筹集资金渠道

筹资方式是指企业筹措资金所采取的具体形式，体现着资金的属性。企业筹集资金的方式一般有七种：吸收直接投资、发行股票、银行借款、商业信用、发行债券、发行融资券和租赁筹资，如图8-5所示。

企业的筹资方式与筹资渠道有着密切的关系：一定的筹资方式可能只适用于某一特定的筹资渠道，但是同一渠道的资金往往可以采取不同的方式取得，而同一筹资方式又往往适用于不同的筹资渠道。因此，企业筹集资金时，必须实现两者的合理配合。

以汽车4S店为例，由于4S店是一个高投入、低回报的行业，并且资金需求量较大，一家汽车4S店的运营需要的资金不可能全部由投资者投入，所以融资能力的强弱就决定了汽车4S店是否能够正常发展。主机厂选拔代理商时，其自有资金和融资能力也是考察的重要指标。

图8-5　企业筹资方式

目前，我国的汽车4S店在融资上主要有以下渠道。

（1）主机厂主导的三方金融协议　从1999年我国发展汽车4S店的模式开始，4S店融资能力的强弱就成为其能否正常经营的主宰。经过几年对营销渠道的摸索，逐渐形成了以主机厂为主导，与几家银行合作，为其所属的品牌4S店提供融资支持，即现在比较成型的三方金融协议。

每家主机厂都会根据各店当年的销售计划与银行一起核定该4S店的融资额度，大多主机厂的核定融资额度多为年销售计划的70%，但因为4S店需要一定数量的库存储备，再加上在途车辆和在主机厂的资金余额，主机厂提供的融资额度也只能解决4S店所需流动资金的50%左右。

主机厂主导的三方协议大多以承兑汇票为主，一种方式是与一家银行合作，然后由这家银行在全国各地方银行来操作具体业务，每年的三方协议签订后，4S店主要与当地的协办银行进行业务沟通，办理承兑汇票对应的车辆合格证交给协办银行保管，4S店销售车辆时，需要到银行领取合格证。2006年之前大多数主机厂采用这种方式进行操作，但这种方式存在较多的不便因素，如承兑汇票入账时间较长，所以现在这种模式越来越不被三方所接受。另一种方式是与某家银行合作，由这家银行与全国的4S店进行业务操作，由银行委派车辆质押监管公司对4S店进行监管。4S店售车后，将车款打入银行就可以在质押监管员处领取合格证，这种方式操作简单方便，逐渐成为三方协议的主要操作模式。

（2）向主机厂财务公司短期贷款　一些主机厂本身有财务公司，这些财务公司愿意为主机厂的4S店提供金融支持，主要根据年度销售计划和财务报表的情况来核定融资额度。财务公司给4S店提供的金融支持主要以流动资金贷款为主，并且在一定额度内可以随借随还，操作方便。但由于财务公司对4S店的融资支持受到国家的限制，并对4S店的实力要求严格，所以以取得财务公司的流动资金贷款支持的4S店的数量是有限的，再加之财务公司流动资金贷款利息较高（2008年为基准利率上浮20%左右），而且并不是所有的主机厂都有财务公司，所以仅为少数4S店所享受。

（3）直接向银行融资的方式　前两种融资方式都和主机厂有一定的关系，直接向银行融资的方式主要取决于4S店的自身实力。除三方协议和财务公司贷款外，4S店靠向银行直接融资获取的资金一般占其流动资金需求的50%左右。

直接向银行融资可以是承兑汇票，也可以是流动资金贷款。主要依靠4S店经营的品牌和财务报表，可以以车辆抵押、资产抵押或是信誉抵押的方式来取得银行的融资支持。但由于各地银行政策力度不一样和银行对抵押物的要求较高，所以只有少数4S店能采用这种融资方式。

2. 资金运营管理

企业的资金投入使用后，主要涉及的财务管理活动是成本和费用的管理、收入与利润的分配。

（1）收入　收入包括主营业务收入和其他业务收入。收入不包括为第三方或者客户代收的款项。收入能导致所有者权益的增加。收入扣除相关成本与费用后，可能增加所有者权益，也可能减少所有者权益。收入只包括本企业经济利益的流入，而不包括为第三方或客户代收的款项，如增值税、代收利息等。

1）收入确认条件。

① 企业已将商品所有权上的主要风险和报酬转移给购货方。这里的风险主要是指商品由于贬值、损坏、报废等造成的损失；报酬则是指商品中包含的未来经济利益，包括商品因升值等给企业带来的经济利益。

② 企业既没有保留通常与所有权相联系的继续管理权，也没有对已售出的商品实施控制。

③ 与交易相关的经济利益能够流入企业。销售商品的货款能否有把握回收，是收入确认的一个重要条件，企业在销售商品时，如估计货款回收的可能性不大，即使收入确认的其他条件均已满足，也不应当确认收入。

④ 相关的收入和成本能够可靠地计量。收入能否可靠地计量，是确认收入的基本前提。收入不能可靠计量，则无法确认收入。企业在销售商品时，销价通常已经确定，但销售过程中由于某些不确定因素，也有可能出现售价变动的情况，在新的售价未定前，则不应确认收入。

根据收入和费用配比原则，与同一项销售有关的收入和成本应在同一会计期间予以确认。因此，如果成本不能被可靠计量，则相关的收入就不能确认。这时，若已收到货款，则收到的货款应确认为一项负债。

企业销售的商品只有同时满足上述4个条件时，才能确认收入。

2）销售收入的计量。销售收入的金额应根据企业与购货方签订的合同或协议金额确定。无合同或协议的，应根据购销双方都能同意或接受的价格确定，但不包括企业为第三方或客户收取的一些款项。

（2）费用

1）费用的特点。费用是企业为销售商品、提供劳务等日常活动所发生的经济利益的流出。其特点如下：

① 费用最终会导致企业资源的减少。

② 费用最终会减少企业的所有者权益。一般而言，企业的所有者权益会随着收入的增长而增加；相反，费用的增加会减少企业的所有者权益。

2）费用的种类。在制造类企业中，费用按照经济用途的不同，首先应分为计入产品成本的费用和不应计入产品成本的费用两类。在此基础上，对应计入产品成本的费用，需进一步分为生产经营成本；对不应计入产品成本的费用，需进一步分为期间费用。

① 生产经营成本。生产经营成本是指为生产产品和提供劳务所发生的各项费用、外购半产品费用，有助于产品形成的辅助材料及其他材料费用。

② 期间费用。期间费用是指企业当期发生的、必须从当期收入中得到补偿的费用，包括管理费用、财务费用和营业费用。

（3）利润

1）利润的理解。利润是企业在一定会计期间内实现的收入减去费用后的净额，它包括营业利润、利润总额和净利润。

2）利润的特点：

① 利润代表企业能用货币表现的、最终的和综合的经营成果。

② 利润的金额是通过收入减去费用之后的余额来确定的。

③ 利润的许多特点都体现在收入和费用两个要素上。

3. 汽车服务企业收入、成本及费用理解

（1）汽车服务企业成本费用概述　汽车服务企业的成本是指汽车服务企业为了经营和维修服务活动的开展所支出的各项费用。它包括三个部分：物化劳动的转移价值、生产中所消耗的材料及辅料的转移价值、员工的劳动报酬以及剩余劳动所创造的价值。

实现利润最大化是企业生产经营的目标所在，在产品或劳务销售价格既定，产销基本平衡的情况下，成本的高低是实现利润大小的决定性因素。因而，企业想方设法地降低成本，加强成本管理具有十分重要的意义。

以汽车维修企业为例，其生产经营管理活动中所发生的各项耗费可分为经营成本与期间费用。

1）汽车维修企业的经营成本。汽车维修企业的经营成本是指可直接或间接认定其归属的耗费，包括直接成本和间接成本。

① 直接成本。汽车维修企业的直接成本是指汽车维修过程中直接消耗的材料费用和人工费用，包括以下几项：

a. 直接材料费用：企业在汽车维修过程中实际消耗的汽车配件费、汽车维修辅助材料费，以及燃料费、动力费、包装费等。

b. 直接人工费用：企业直接从事汽车维修的生产人员的工资、奖金、津贴和补贴。

c. 其他直接费用：直接从事汽车维修的生产人员的福利费等（汽车维修企业的职工福利费通常是按照生产人员工资的14%计提的）。

② 间接成本。汽车维修企业的间接成本是指在汽车维修过程中间接发生的材料费用及人工费用，主要包括以下内容：

a. 企业非直接生产人员（包括管理人员）的办公费、差旅费、工资、奖金、津贴和补贴、职工福利费、保险费、计算制图费、试验检查费、劳动保护费等。

b. 生产厂房维修费、取暖费、水电费、运输费、停工损失费、机具设备的租赁费、折旧费、修理费、物料消耗费及低值易耗品费，以及其他费用等。倘若企业内设有辅助性机修车间，还包括该机修车间所发生的各种费用。

规模较小的汽车维修企业，除了将直接消耗的汽车配件费作为企业维修该车辆的直接成本外，其他费用（如汽车维修工人工资、维修辅助材料费及与维修相关的其他费用）均可作为企业的间接成本，并直到年末后才分配到各维修车辆上，再计算各维修车辆的单车成本。

2）汽车维修企业的期间费用。汽车维修企业的期间费用是难以认定其归属车辆，因而暂不计入企业经营成本，但可与当期收入相配合、可按其发生的当期计入当期企业损益的费用。

汽车维修企业的期间费用包括经营费用、管理费用和财务费用。

① 经营费用是指汽车维修企业在生产经营过程中所发生的费用。如配件的采购、储存和销售费用等。在小型汽车维修企业，企业经营费用通常合并于企业管理费用中。

② 管理费用是指企业的行政管理部门为管理和组织企业的生产经营活动而发生的各项费用，如工会经费、职工教育经费、劳动保险费、待业保险费、咨询费、审计费、诉讼费、排污费、绿化费、税金、土地使用费、土地损失补偿费、技术转让费、坏账损失费、存货盘亏费、无形资产摊销、差旅费、业务招待费以及其他管理费用。为了控制企业管理费用，汽车维修企业通常制定有《费用报销管理条例》。

③ 财务费用是指企业财务活动所发生的各项费用，包括企业在生产经营期间发生的利息支出、汇兑损失、金融机构所收取的手续费，以及企业为筹集资金所发生的其他费用。

(2) 汽车服务企业成本费用管理　汽车服务企业的成本管理内容包括成本预测、成本决策、成本计划、成本控制、成本核算、成本分析、成本考核等。成本管理工作就是对这一系列工作进行有组织、有计划和系统的科学管理活动。

1）汽车服务企业的生产经营管理在成本管理中，应重点抓好以下各项工作。

① 加强企业成本管理的思想教育和组织领导工作。

② 落实成本管理责任制，明确各职能人员的岗位责任。

③ 加强定额管理，抓好各项技术经济定额的制订和修订工作，并严格考核各职能部门的定额执行情况。

④ 合理确定成本目标，抓好成本预测，编制成本与费用计划工作，同时实施分级归口管理，随时追踪和监督检查成本费用的执行情况。具体表现为以下几个方面：

a. 各职能部门应控制其相关的成本和费用，并由财务部门监督检查和分析考核其执行情况。

b. 由财务部会同相关管理部门共同制订工时标准成本与费用、物资的标准成本与采购计划、间接费用预算等。

c. 各项费用开支不得超出其预算限额，否则须报主管领导单项审批。

⑤ 严格按成本计划开支，严格遵守成本开支范围，严格控制生产费用与生产成本。成本与费用的计提一般应按其实际消耗数量和账面单价进行计算。例如，汽车维修企业在生产经营活动中所发生的各项费用，应按其受益期内的实际发生数直接计入或分摊计入。既不得将不属于成本开支范围的费用列为成本；也不得将应该列为成本的费用由其他费用开支；不得将由本期负担的费用计入它期成本，且不得以计划成本、定额成本或估计成本代替实际成本。

下列各项支出不得列入生产成本：

a. 固定资产的购置或建造费用。

b. 无形资产的购入费用。

c. 归还固定资产投资借款的本金和在固定资产投入使用前发生的借款利息和外币折合差额。

d. 职工福利基金中的开支费用。

e. 企业对外投资以及分配给投资者的利润。

f. 与生产经营业务无关的其他支出（如被没收的财务、支付的各种滞纳金和罚金、企业赞助费和捐助费等）。

g. 对于企业的新老产品要规划一定时期的成本目标，并遵照技术与经济相结合的原则，对比分析为实现成本目标所采取的各种技术方案，从中选择最佳方案。包括功能及成本分析和成本预测，实现以最低的耗费来获得最大收益的功能，提高成本的计划水平。

h. 定期开展企业的技术经济活动分析，抓好企业的成本分析。严密组织企业内部的成本核算，加强成本核算基础工作。例如，在生产过程中要做好各种原始记录（如材料消耗记录、工时记录等），做好计量、验收和物资发放工作，并开展企业内部单车核算、车间核算或班组核算。

2）成本、费用的控制。成本、费用的控制是指企业生产经营活动中，用一定的标准对成本、费用的形成进行监测、调整，保证企业达到成本、费用目标的过程。汽车服务企业进行成本费用控制，其基本任务是通过建立健全成本、费用控制系统，运用各种控制手段与方法，对成本、费用的形成进行适时、全面、有效的控制，防止运输生产经营活动中的损失浪费，避免成本偏差的发生，保证企业成本、费用目标的实现。成本、费用控制的一般程序是：确定成本费用控制标准；监督成本、费用形成过程；检测、收集成本费用信息；衡量成本费用绩效；寻找偏差，分析原因，采取措施，纠正偏差。

① 反馈控制。反馈控制是指以既定的成本、费用目标为依据（控制标准），对成本、费用的实际结果进行对比分析，即肯定成绩，找出差距，严格奖惩，并从中总结经验，供下一次控制活动参考。反馈控制是一种事后控制。

② 现场控制。现场控制是指汽车服务企业生产经营过程中，对各成本、费用的形成及差异纠正等进行的控制。这种控制又叫日常控制、过程控制或事中控制。它主要包括：对劳动资料使用情况的控制；对基层管理人员工资、津贴等人工费的控制；以及对各种期间费用开支的控制。

③ 事前控制。事前控制是指在生产经营活动开始之前，通过对成本、费用进行计划、预测等所进行的控制，又叫超前控制。事前控制就其控制活动实施的具体情况而言，包括成本制定阶段和实施阶段的事前控制。制订阶段控制的内容主要包括：预测成本趋势、确定目标成本、制订成本计划、编制费用预算、规定成本费用限额、制定各种成本控制制度、建立健全经济责任制、实行成本归口分级管理。

（3）汽车服务企业营业收入概述　营业收入是汽车服务企业最重要的经济指标之一，它直接反映企业的经济状况，是企业现金流入量的主要来源，是衡量企业经营成果的重要标志。

汽车服务企业的营业收入是指企业在生产经营活动中，通过销售整车、汽车零配件，提供汽车维修或保养或其他汽车服务类等劳务工作所取得的收入，一般分为主营业务收入和副营业务收入两大部分。

以汽车维修企业为例，其主营业务收入主要是指企业提供汽车维修劳务等工作所取得的营业收入。它可以根据规定的工时定额、材料消耗总额和其他收入计算确定。它由汽车维修工时收入、材料配件收入和其他收入三部分组成。副营业务收入是指各类主营业务以外的不独立核算的副营业务所取得的收入，如从事汽车配件零售与批发等副营业务活动所取得的营业收入。

需要指出的是，汽车服务企业的主营业务和副营业务内容的划分是相对的，会因企业经营项目的多元化而发生改变，应根据具体情况来确定。

（4）汽车服务企业收入的计算　企业应当在发出商品和提供劳务，同时收讫或者取得索取价款的凭据时，确认企业的营业收入。其基本标志：一是企业的商品已经发出或者劳务已经提供；二是企业已经收到价款或者得到了收取价款的凭据。

据此，以汽车维修企业为例，对汽车维修营业收入，如果采取交款提车的管理方式，当车辆已经修理完毕，并开出了发票，收取了款项，则证明汽车维修劳务已经提供完毕，便可确认营业收入已经实现；如果采用预收款项的办法，在车辆已经维修完毕，发票已经开出后，则证明汽车维修劳务已经提供完毕，在发票单已经开出和提走被维修车辆时，便可确认营业收入已经实现。

汽车维修企业的维修费用主要由两部分组成：一部分是维修企业维修车辆，提供汽车维修技术和劳务所取得的收入；另一部分是维修企业在维修车辆过程中，由于更换汽车零配件，消耗各种材料和辅助材料而应收取的费用。

1）汽车维修技术和劳务费的收入。汽车维修技术和劳务费的收入，主要是汽车维修工时费的收入。汽车维修工时费按照汽车维修行业的工时定额和工时单价作为计算价格的依据，这是与其他行业不同的一个显著特点。工时费的基本计算公式为

汽车维修工时费 = 工时单价 × 工时定额

工时定额和工时单价是根据交通部的规定，由各省级行业主管部门和价格主管部门根据不同类型的维修企业或维修车辆的成本核算予以确定的。

汽车维修工时单价由各省级行业主管部门和价格主管部门根据当地经济发展情况制定，一般为最高限价，有的地方还针对不同的类别和项目制定不同的工时单价。

随着汽车行业的发展，电子技术在汽车上的普遍运用，故障诊断和仪器检测收费已经逐渐成为汽车维修企业收费的重要组成部分，因此企业只有加快引进高新技术人才和先进检测诊断设备，才能顺应市场、占领市场。

2）汽车维修材料费的收入。汽车维修材料费是指汽车维修过程中消耗的外购件（包括汽车配件、材料、油料等）费用、自制配件和辅料费用，它是车辆维修中因必然消耗而得到的营业收入。

3）其他业务收入的核算。汽车维修企业除了汽车维修业务之外，还有其他经营业务，其他经营业务活动所取得的收入被称为其他业务收入。如不进行独立核算的附属车队为外单位提供劳务而取得的收入，企业零星销售配件等所取得的收入，出租固定资产所取得的收入以及出售废旧物资所取得的收入等都属于汽车维修企业的其他业务收入。这些收入通过"其他业务收入"账户据实记载，单独核算。

4）汽车维修费用结算方法。

① 汽车维修费用的计算。如前所述，汽车维修费用主要包括工时费用、材料费用和其他费用，也就是说，汽车维修费用是此三项费用之和，即

汽车维修费用 = 工时费用 + 材料费用 + 其他费用

② 汽车维修费用的结算。汽车维修费用的结算业务分为现金结算和转账结算。

（5）汽车服务企业利润的分配　汽车服务企业的利润是企业在一定经营期间内，通过汽车整车销售、配件销售、汽车维修与保养服务及其他汽车类经营服务项目等活动所取得的财务成果，它综合反映了汽车服务企业各项经济技术指标的完成情况以及企业生产经营管理的经济效益。所谓企业利润，是指企业各项业务收入在扣除各项生产成本和税金以后的差额。

1）汽车服务企业利润的构成。汽车服务企业的利润由营业利润、投资净收益、营业外收支净额构成。

① 营业利润。营业利润是指汽车服务企业的税后营业的业务利润扣除日常经营过程的企业管理费用和财务费用后所取得的经营成果，即

营业利润 =（主营业务利润 + 副营业务利润）- 管理费用 - 财务费用

其中　主营业务利润 = 汽车企业主营业务收入 -（汽车企业经营成本与费用 + 汽车企业营业税及附加费）

② 投资净收益。投资净收益是指汽车服务企业的投资收益扣除投资损失后的净值（税后），即

投资净收益 = 企业投资收益 - 投资损失

其中，企业投资收益包括企业在对外投资中所分得的利润或利息、投资到期收回或者中途转让后取得的净增值等。投资损失包括企业对外投资在到期收回或中途转让时出现的损失，以及按

照股权投资比例所应分担的亏损额。

③ 营业外收支净额。营业外收支净额是指与企业的主营业务无直接关系的额外收入（即营业外收入减去营业外支出后的余额），如固定资产的盘盈或出售的净收入、罚款收入、教育附加费返还等。营业外支出是指与企业的主营业务无直接关联的额外支出，如固定资产盘亏和报废、非正常原因的停工损失费、救急和捐赠、赔款与违约金等。

2）汽车服务企业利润的分配管理。

① 分配顺序。

按照现行税法规定，按企业所得利润额与所得税率，向国家缴纳所得税。在缴纳所得税后的税后利润中，按照下列次序和原则实行分配：

a. 支付被没收的财产损失，支付滞纳金和罚款。

b. 弥补企业以前的亏损。

c. 提取法定公积金和公益金。

d. 向投资者分配利润。

② 进行税后利润分配时应注意的问题。

在财务报告中应分项列示其利润的构成和利润分配的项目。按税后利润扣除有关费用后的余额，计提10%的法定盈余公积金，5%的法定公益金（用于职工集体福利设施），10%的任意盈余公积金。该三项资金的使用权在总经理。计算税后利润分配时应注意的问题如下：

a. 若企业以前年度亏损未弥补完，不得提取盈余公积金和公益金。

b. 在提取盈余公积金和公益金前，不得向投资者分配利润。

c. 企业必须按照当年税后利润的10%（减弥补亏损后），提取法定盈余公积金。当法定公积金提取已达到注册资本的50%时，不再提取。

d. 企业以前未分配的利润，可以并入本年度的利润分配。

e. 企业在向投资者分配利润前，经董事会决定，可以提取任意公积金。但若企业当年无利润，则不得向投资者分配利润。

f. 提取的盈余公积金和公益金，其中盈余公积金可以用于弥补亏损或转增资本金。但转增资本金后，企业的法定盈余公积金一般不得低于注册资本的15%，盈余公益金主要用于职工的集体福利设施。

第三节 财 务 报 表

【案例导入】

倒闭的巴黎银行

总部设在伦敦的巴黎银行，是世界上首家商业银行，创建于1763年。但是在1995年末，这家世界上最老牌的商业银行却破产倒闭了。是什么原因使这家老牌银行走向末路的呢？除了银行内部的控制有问题以外，还有一个很经典的问题——这家银行的董事长彼得巴林不重视资产负债表。在一次演讲中，他曾经说过这样一句话：若以为揭露更多的资产负债表的数据，就能够增进对一个集团的了解，那真是太幼稚无知了。他的意思是，如果认为资产负债表有那么重要，那简直是幼稚无知。具有讽刺意味的是，他发表这番"高论"之后不到一年的时间，巴黎银行就破产了，这是他绝对没有想到的。因为他不重视对资产负债表的管理和阅读，使银行付出了惨痛的代价。其实巴黎银行是完全可以避免破产的。银行每天要编资产负债表，如果银行的高层管理者能够关注资产负债表，就会知道公司已经发生了什么事情。如果及时采取措施，就不至于使得公司破产倒闭。因此，关注、认识、使用资产负债表，能够为管理做出很大的贡献。

案例思考：

什么是企业的资产负债表？

财务报表是反映企业财务状况和经营成果的书面报告，它把经过完整登记并核准无误的账簿记录及其他有关资料集中起来归类整理，使之更为集中、更加概括、更有条理地反映企业的经营状况和经营成果。因此，财务报表是企业所有经济活动的综合反映，提供了企业管理层决策所需要的信息，是企业领导者快速做出经营决策的最重要依据。认真解读与分析企业财务报表，能剔除财务报表中的"粉饰"，公允地评估企业的决策绩效。而读懂财务报表便成了企业高层管理人员最基本的素质要求之一。

一、资产负债表

1. 资产负债表的含义

资产负债表是反映企业某一特定日期的资产、负债、所有者权益等财务状况的会计报表。通俗地说，在资产负债表上，企业有多少资产，是什么资产，有多少负债，是哪些负债，净资产是多少，其构成怎样，都反映得清清楚楚。在对财务报表的学习中，资产负债表是一个很好的开端，因为它体现了企业的财务结构和状况。资产负债表描述了在发布那一时点企业的财务状况，信息具有时效性。

2. 资产负债表的作用

资产负债表主要有以下四个方面的功能。

（1）反映资产及其分布状况 资产负债表能够反映企业在特定时点拥有的资产及其分布状况的信息。它表明企业在特定时点所拥有的资产总量有多少，资产是什么。例如，流动资产有多少，固定资产有多少，长期投资有多少，无形资产有多少等。

（2）表明企业所承担的债务及其偿还时间 资产负债表能够表明企业在特定时点所承担的债务、偿还时间及偿还对象。如果是流动负债，就必须在一年内偿还，如果是长期负债，偿还期限就可以超过一年。因此，从负债表可以清楚地知道，在特定时点上企业欠了谁多少钱，该什么时候偿还清。

（3）反映净资产及其形成原因 资产负债表能够反映在特定时点投资人所拥有的净资产及其形成原因。净资产其实是股东权益，或者是所有者权益的另外一种叫法。在某个特定时点，资产应该等于负债加股东权益，因此，净资产就是资产减负债。应该注意的是，可以说资产等于负债加股东权益，但绝不能说资产等于股东权益加负债，它们有着根本性的区别。因为会计规则特别强调先人后己，也就是说，企业的资产首先要用来偿还债务，剩下的不管多少，都归投资人所有。如果先讲所有者权益，就是先己后人，这在会计规则中是不允许的。

（4）反映企业财务发展状况趋势 资产负债表能够反映企业财务发展状况的趋势。当然，孤立地看一个时点数，也许反映的问题不够明显，但是如果把几个时点数排列在一起，企业财务发展状况的趋势就很明显了。例如：企业的应收账款第一年是10万元，第二年是20万元，第三年是30万元，第四年是40万元，如果把这四年的时点数排列在一起，就很容易发现，这个企业的应收账款呈逐年上升的趋势。应收账款逐年上升的趋势表明，或者是销售环节没有管理好应收账款，或者说明企业做好了，市场扩大了，相应的应收账款也增加了。例如，拍电影时，摄影师只能一个个镜头地拍摄，每个镜头仅仅是一幅静态的画面。但是，如果把每个镜头有机地连起来，就会构成一部生动形象的动态电影。从这个角度来说，如果一个企业的管理者能够关注每一个时点的状况，就会对企业的财务状况有一个比较全面的了解；

反之，不注重捕捉时点数，将会在企业的管理上造成比较大的失误。

3. 资产负债表的格式

目前，世界各国主要有两种资产负债表格式：一是账户式表格，二是报告式表格。

（1）账户式表格（表8-1）　资产负债表要披露三大数字：一是此时此刻有多少资产，二是此时此刻有多少负债，三是此时此刻拥有多少所有者权益。如果把这三个数字及其内容分左右排列，左边列示企业拥有的资产，右边列示企业的负债及所有者权益，就很像账户，所以人们称其为账户式的资产负债表。我国会计制度规定的参考格式是账户式，一般商店里出售的也是账户式表格。

表8-1　账户式表格

资　　产	行次	金额	负债及所有者权益	行次	金额
流动资产			流动负债		
长期资产			长期负债		
固定资产			负债总计		
无形资产			实收资本		
递延资产			资本公积		
其他资产			盈余公积		
			未分配利润		
			所有者权益合计		
资产总计			负债及所有者权益合计		

（2）报告式表格（表8-2）　报告式的资产负债表，其特点是把资产负债表和所有者权益改成上下排列，即首先列示企业的所有资产，其次列示企业的所有负债，然后列示企业的股东权益。由于上下排列类似于领导报告，所以称为报告式的资产负债表。

表8-2　报告式表格

	资　　产	
流动资产	×××	
长期投资	×××	
固定资产	×××	
无形资产	×××	
递延资产	×××	
其他资产	×××	
资产合计		×××
	负债	
流动负债	×××	
长期负债	×××	
负债总计		×××
	所有者权益	
实收资本	×××	
资本公积	×××	
盈余公积	×××	
未分配利润	×××	
所有者权益合计		×××

虽然制度上的参考格式是账户式资产负债表，可是现实生活中所见到、所使用的一般都是报告式的资产负债表。因为现在手工编制报表的比较少，一般都是用计算机打印报表，使用的纸型一般都是 A4 纸型，如果用账户式的资产负债表，不仅字小，而且不美观。而使用报告式的表格，不仅字比较清晰，而且格式也比较美观。

4. 阅读资产负债表的三个步骤

（1）总额观察——把握财务变化的方向　拿到资产负债表以后，使人感到最困惑的是不知道要看什么，这是缺乏看表的方法和思路。那么，如何解除这种困惑呢？面对资产负债表，首先需要考虑的就是观察总额的变化。

不管资产负债表的项目有多少，其大项目只有三个：资产、负债、所有者权益，而这三个数字之间内在的数量关系就是资产等于负债加所有者权益。资产是企业资源变化的一个结果，引起这种结果变化的根本原因主要有两个方面：一是负债的变化；二是所有者权益的变化。既然资产等于负债加所有者权益，那么资产的增减变化量应该等于负债的增减变化量加所有者权益的增减变化量，即

$$资产 = 负债 + 所有者权益$$
$$资产的增减变化量 = 负债的增减变化量 + 所有者权益的增减变化量$$

1）资产增加。在具体考虑资产、负债、所有者权益之间的依存关系时，当一个企业在某一特定时点的资产总额增加时，伴随的原因可能是负债在增加，或者是所有者权益在增加。

2）资产减少。当一个企业的资产减少时，伴随的原因可能是负债在减少，也可能是所有者权益在减少。

（2）具体项目浏览——寻找变化的原因　要探究具体变化的原因，就要对报表做具体的浏览。具体浏览，即拿着报表从上往下看，左右对比看。从上往下是一个项目一个项目地观察，而左右对比就要看看哪个数字发生的变化最大；哪个数字发生的变化速度最快，哪个就是主要原因。具体项目浏览的特点是有的放矢。

（3）财务比率分析——透视财务状况　医生给病人看病，首先要"望、闻、问、切"，接着要借助科学手段看病。同样，看财务报表时，首先要摸清财务状况的基本方向，然后借助一些财务指标的"化验"来对企业财务"机体"做一个基本的检查，也就是借助相关财务比率，对企业财务"机体"做常规检查。

1）资产负债率。资产负债率是负债总额与资产总额的比率，即

$$资产负债率 = 负债总额 \div 资产总额 \times 100\%$$

这个指标表明企业资产中有多少是债务，同时也可以用来检查企业的财务状况是否稳定。由于所站的角度不同，对这个指标的理解也不尽相同。

从财务学的角度分析，一般认为我国理想化的资产负债率是 40% 左右。上市公司略微偏高些，但一般不超过 50%。其实，不同的人对资产负债率有不同的标准。企业的经营者对资产负债率强调的是负债率要低，因为负债率太高，风险就越大；负债率太低，又显得太保守。债权人强调资产负债率要低，债权人总希望把钱借给那些负债率比较低的企业，因为如果某一个企业负债率比较低，钱收回的可能性要大一些。投资人通常不会轻易地表态，通过计算，如果投资收益率大于借款利息率，那么投资人就不怕负债率高，因为负债率越高、赚的钱越多；如果投资收益率比借款利息率还低，等于投资人赚的钱将被更多的利息"吃掉"，在这种情况下就不应该要求企业的经营者保持比较高的资产负债率，而应保持一个比较低的资产负债率。

其实，不同的国家，资产负债率也有不同的标准，如图 8-6 所示。

中国人传统上认为，理想化的资产负债率在 40% 左右。这只是一个常规的数字，很难深究其中的原因。欧美国家认为理想化的资产负债率在 60% 左右。东南亚地区国家则认为可以达到 80%。

不同的理念当然会带来不同的结果。比如，当东南亚地区突然出现金融危机时，我国受到的

影响虽然也比较大，但与东南亚地区相比，所受到的冲击要小得多。因为东南亚的负债率比较高，出现金融危机以后，资产变现能力就比较差，无法偿还到期的债务，所以大批企业纷纷倒闭破产。

理想化的理念随着时代的变化和经济的发展也在不断地变化，经历了东南亚金融危机后，相关人士对资产负债率的看法也发生了变化。我国很多的企业，尤其是上市公司，认为理想的资产负债率是40%～50%，但是很多企业的资产负债率为30%，甚至是20%。东南亚和欧美国家认可

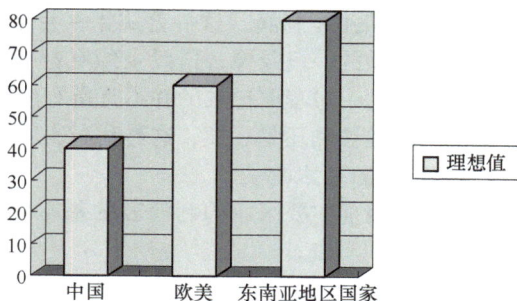

图8-6　某年中国与欧美及东南亚地区国家的资产负债率比较

的资产负债率比原来的负债水平都有所下降。在不同的经济发展阶段，负债率的水平是不一样的。在经济比较景气的情况下，投资的机会比较多，用钱的地方也比较多，理想的负债率就高一些；经济不景气时，投资赚钱的机会比较少，在这种情况下理想的资产负债率就要低一些。

从一个企业的安全角度来讲，如果一个企业的资产负债率适度，或者资产负债率比较低，这个企业在财务上是安全的；如果一个企业的负债率比较高，那么这样的企业财务结构就很不稳定，因为大量的资产是借别人的，而借别人的资产到时是需要偿还的，就存在偿还风险。

2）**流动比率**。流动比率是企业的流动资产与企业的流动负债之比，即

$$流动比率 = 企业的流动资产 \div 企业的流动负债$$

从财务上讲，这个比值的理想值是2，即流动资产与流动负债应该保持2∶1的关系。如果一个企业的流动比率大于2，通常认为这个企业的短期偿债能力比较强；如果一个企业的流动比率小于2，通常认为这个企业的短期偿债能力比较弱。但有时这个指标可能会造成一种错觉。比如流动资产中大量的是残损霉变、呆滞积压的商品等存货，或者是无法收回的应收账款，那么在这种情况下，即使比值大于2，也不能证明企业的偿债能力强。

3）**速动比率**。为了进一步对企业短期偿债能力进行检验，还得使用另一个"化验"指标，即速动比率。速动比率等于速动资产总额除以流动负债总额，即

$$速动比率 = 速动资产总额 \div 流动负债总额$$

从理论上讲，速动资产是可以迅速地转换成现金的资产。财政部有一个硬性的规定：可以迅速转换成现金的资产就是速动资产，等于流动资产减去存货，即

$$速动资产 = 流动资产 - 存货$$

也就是说，存货不能迅速地转换成现金资产，其他的都视同可以迅速转换成现金的资产，其实剩下的资产也不一定都能够迅速转换成现金，这只是财政部规定的一个基本指标，财务专家也认可这样一种惯用的计算方法。

在工商企业中，存货在整个流动资产中一般要占到50%。所以如果说流动比率是2，那么速动比率应该是就是1。

一般来说，速动比率的理想值是1。如果一个企业的速动比率大于1，通常认为这个企业的短期偿债能力比较强；如果企业的速动比率小于1，通常认为这个企业的短期偿债能力比较弱。

当一个企业资产负债率偏高时，其财务结构可能不稳定，而判断企业财务结构是否稳定的最主要因素就是短期偿债能力的强弱，所以要跟进检查两个内容：流动比率和速动比率。借助这两个指标，就可以检查企业的财务状况是否稳定。

二、利润表

1. 利润表的概念

利润表是总括地反映企业在一定期间内（月度、年度）利润或亏损的实现情况的会计报表，

它将"收入－费用＝利润"这一公式用一目了然的表格形式表现出来。利润表实际上是对企业的经营情况所做的一段录像，这段录像有起点有终点，而利润表所要描述的就是从起点到终点的这个过程。这一过程要记录的并不是所有的内容，而是这一期间发生了多少收入和多少费用，这段时间企业是盈利还是亏损，这是利润表所要讲述的基本内容。

2. 利润表的基本格式

世界各国目前主要采用的利润表的基本格式有两种：第一种格式是单步骤利润表，第二种格式是多步骤利润表。

（1）单步骤利润表　单步骤利润表所描述的内容是收入、费用和利润之间的关系，即收入减费用等于利润。单步骤式利润表的第一大项列示企业的所有收入，可以是一个月的，也可以是一个季度的，也可以是年度的；第二大项列示企业在此期间，相对应的所有费用。要注意收入和费用的期间必须是一致的。用收入减费用即得出利润，如果计算出的结果是正数，则企业这段时间的经营是盈利的；如果计算出的结果是负数，则企业在这段时间的经营是亏损的。由于一步到位算出利润，所以称这种利润表为单步骤式利润表。

（2）多步骤式利润表　多步骤式利润表实际上是运用会计规则中的配比规则，把收入和为了取得收入所支出的费用，按照管理的要求进行搭配，而不是第一项列示所有的收入，第二项列示所有的费用。由于利润是分步计算出来的，所以称这种利润表为多步骤式利润表。我国会计制度规定，多步骤式利润表一般由四步组成，见表8-3。

表8-3　利润表

项　　目	本　年　数	上　年　数
一、主营业务收入		
减：主营业务成本		
主营业务税金及附加		
二、主营业务利润		
加：其他业务利润		
减：营业费用		
管理费用		
财务费用		
三、营业利润		
加：投资收益		
补贴收入		
营业外收入		
减：营业外支出		
四、利润总额		
减：所得税		
五、净利润		

3. 利润表的作用

企业利润表给企业所提供的信息是动态的，换句话说，利润表给企业做的是一个活生生的录像，而在这个录像中专门记录一定时期有多少收入，多少费用，多少利润，它的作用可以表现在这样几个方面。

（1）反映企业在一定期间内的经营成果　利润表可以反映企业在一定期间内的经营成果，

或者说它可以告诉企业，这段时间是赚钱还是赔钱。

（2）**有助于评价企业的获利能力** 判断一个企业是否具有持久的盈利能力，主要看主营业务利润或营业利润。如果一个企业的主营业务利润多，或营业利润多，则该企业具有盈利能力；如果企业的营业外收入很多，可以认为企业能创造利润，但不能判断出企业具有盈利能力。

（3）**可以帮助判断企业的价值** 对一个企业的价值进行衡量时，企业的获利能力通常是评价其价值的一个重要因素。例如，某企业是一个上市企业，该企业本身的价值与其获利能力是有联系的，所以可以借助它来评价企业的价值。

（4）**预测企业未来盈利变化的趋势** 借助利润表可以预测企业未来盈利变化的趋势。比如，将第一年、第二年、第三年、第四年的利润表排列在一起做比较，如主营收入第一年为100万元，第二年为200万元，第三年为300万元，第四年为400万元，从企业主营收入的变化可以看出，该企业的销售收入呈上升趋势，市场越做越大。再如，某企业的管理费第一年为100万元，第二年为90万元，第三年为80万元，企业管理费用的变化说明企业在行政管理开支上的压缩取得了较好的成绩，同时还可以了解该企业盈利发展变化的趋势。

总之，利润表主要告诉企业：企业是赚钱还是赔钱；如果赚钱赚在什么地方；如果赔钱主要赔在什么地方。

4. 阅读利润表的三个步骤

（1）**检查经营成果** 首先要把握结果。即在看利润表时，一般都有一个习惯动作，即从下往上看，很少有人从上往下看。也就是说首先看的是最后一行净利润，然后是利润总额。这就是检查经营成果的第一步。把握结果的目的是要看看企业是赚钱还是赔钱，如果净利润是正数，说明企业赚钱；如果净利润是负数，说明企业是赔钱的。其次，是分层观察。分层观察的目的就是要明白到底在哪儿赚钱。在利润表中，企业的主营业务利润和盈利利润是企业日常经营活动所得利润，最能说明企业盈利能力的大小。如果一个企业确实在主营业务利润或者营业利润上赚了钱，则说明企业具有较好的盈利能力；如果一个企业赚了钱，但不是主营业务利润，而是通过无法控制的事项或偶然的交易获得的，则不能说明企业盈利能力的大小。最后，要进行项目对比。通常是与两个项目进行比较：第一个是与上年相比；第二个是与年初所定的目标（预算目标）相比，通过与这两个目标进行比较，在某种程度上确定对本年度业绩是否满意。

（2）**借助相关财务比率透视经营成果** 在利润表中，盈利满意度的考察通常借助一些相关财务比率，透视经营成果。

1）**毛利率**。

$$毛利率 = 毛利额 \div 主营业务收入 \times 100\%$$
$$毛利额 = 主营业务收入 - 主营业务成本$$

例如：某汽车配件销售企业花80元进购的汽车零配件，卖100元。100元就是卖这个零配件的收入，而80元就是成本，或者叫主营业务成本，用100减80得到了毛利额20元，把毛利额放在分子上，把100元作为主营业务收入放到分母上，然后乘以100%，这个配件的毛利率为20%。

2）**销售净利率**。通常用销售净利率来检验企业的盈利水平，其公式为

$$销售净利率 = 净利润 \div 主营业务收入 \times 100\%$$

销售净利率表明企业每销售100元商品，或每取得100元的营业收入，可以给企业带来的净利润的多少，这个指标还可以说明企业获利水平的高低，或者这个行业获利水平的高低。对于毛利率和销售净利率的理解，要具体情况具体分析。

当毛利率适度下降的时候，不一定是该商品的竞争力在减弱。比如，有些企业采取薄利多销的促销政策，可以适当降低毛利率，可是这种毛利率的降低能够启动市场，也就是说随着毛利率的下调，带动市场销售量，主营业务收入要增加。但也会出现随着毛利率的下降，而主营业务收

入也下降的现象，就是说不光商品的获利能力在减弱，而且市场也在萎缩，所以说要尽量同时借助毛利率来检查企业商品的竞争力，借助于销售净利率来检查企业的获利水平。

一个企业的毛利率较高或者适中，通常认为这个商品的竞争能力比较强。也就是说毛利率高，哪怕是暴利，只要市场能够接受，这个商品的获利能力和竞争力应该就是比较强的。如果一个企业的商品毛利率很低，甚至到了微利的程度，那么这个商品的获利能力就比较差，企业赚钱就比较困难。

3）资产净利率。

$$资产净利率 = 净利润 \div 资产总额 \times 100\%$$

资产净利率指标所要说明的是企业每占用 100 元的资产可以净赚多少钱。资产净利率高，说明企业的经济效益好；反之，则说明企业的经济效益差。当然效益好说明管理水平高，效益不好可能说明管理水平存在一定的问题。因此，通过资产净利率，可以看出企业管理水平的高低。

4）净值报酬率。

$$净值报酬率 = 净利润 \div 平均股东权益 \times 100\%$$

净值报酬率的基本内容是投资人每存入企业 100 元资产，可以给他带来多少回报，即回报率。净值报酬率高，投资者的投资回报率就高；这个比率低，投资者的投资回报率就低。

5）市盈率。为了检查企业将来的获利能力，通常使用一个指标——市盈率。

$$市盈率 = 股票的现价 \div 每股盈余$$

市盈率指的是股票的现行价格是每股净利润的多少倍，是一个倍数关系，它所表明的是盈利因素是如何支撑股价的。

比如，企业的一种股票现行价值是 10 元，每一股可以净赚 1 元钱，用净利润数除以总股数净赚数 1 元，算出的结果就是 10:1。对 10:1 这个概念可以这样理解，如果每一股能净赚 1 元，这种股票就可以在市场上支撑起 10 元的股价，所以既可以将其看作一个倍数关系，也可以看作 1 元的盈利可以支撑多少股价。

一般情况下，投资者对于企业将来的盈利能力充满信心，在股票市场上，这种股票的价格会往上走，这时候市盈率就比较高。如果大家都不看好这种股票，对其将来的获利能力没有信心，大家不去买股票，那么市盈率就会下降，股票的价格也会下降。

对于市盈率也要具体情况具体分析，不同的国家或地区，股票的现行价格与其所赚的钱之间有一定的内在联系，比如，几年前美国的平均市盈率达到 25～30，就是说如果每一股可以净赚 1 美元，那么这 1 美元在股票上就可以支撑 25～30 美元的股价。我国前几年的市盈率是 60:1，也就是说如果每股净赚 1 元，在市场上就可以支撑 60 元的股价。

（3）主观因素对利润表的影响

1）成本的结转方法。企业成本的结转方法会对利润产生影响。所以，阅读利润表的公司管理者一定要关注人的主观因素对利润表的影响。例如买同一件汽车零配件，第一次买的时候是 10 元一个，第二次买的时候是 12 元一个，如果选用先进先出法按 10 元结转成本，这样成本就低了，利润就大了；但若选用后进后出法按 12 元结转成本，则会使得成本增加，利润减小。

2）折旧的计算方法。固定资产折旧的计算方法有平均年限法和加速折旧法。在平均年限法中，比如企业可以是 5～10 年折旧，企业可以选择 5 年，也可以选择 10 年。企业选择折旧不同的折旧期限会导致每年折旧额度有所差别，最终使得当年利润有高低变动。

加速折旧法中包括双倍余额递减法和年数总和法，采用加速折旧法后，在固定资产使用的早期多提折旧，后期少提折旧，其递减的速度逐年加快。加速折旧速度，目的是使固定资产成本在估计耐用年限内加快得到补偿。

3）费用的摊销。费用的摊销主要是指 1 年摊完，还是 2 年或 3 年摊完。如果 1 年摊完，费用就大，利润就小；如果分 3 年摊完，费用就少，利润就大。

4）借款利息。以固定资产借款利息为例，假定某企业固定借款是1年3000万元，而这3000万元的借款利息，按照会计规则有的可以做费用，有的不能做费用。同样一笔利息，作为费用处理与不计入费用对企业当年的利润是有直接影响的。

三、现金流量表

1. 现金

对于一个健康的财务机体来说，现金要具有流动性，现金的流动表明企业有生命力。企业管理者把现金当作一个企业的血液来看待，说明了现金在企业管理中的重要地位。实际生活中的现金由两部分组成：货币资金和现金等价物。

（1）货币资金　资产负债表流动资产的第一项是货币资金，它是现金里最重要的部分，主要包括三部分：现金，即企业放在保险柜里的钱；银行存款，即企业存在银行随时可以用于支付的存款；其他货币资金，如果企业到异地采购商品，由于不方便随身携带现金，只能采用汇票的形式，把现金汇往异地，这笔钱不在保险柜里，也不在本地存款账户里，但是仍然是货币资金，所有权是企业的，这样的货币资金统称为"其他货币资金"。

（2）现金等价物　按照国际惯例，现金等价物特指期限在3个月内的短期债券作为投资。在现实生活中，期限在3个月内的债券投资风险比较小。现金等价物虽然不是现金，但其支付能力与现金差别不大，可以视为现金。

如果一个企业没有现金等价物，或者说企业没有机会购买期限在3个月内的短期债券作为投资，那么企业的现金就只有货币现金。

2. 现金流量和现金流量表

简单地说，现金流量是指企业现金流动的数量。在会计上有3个指标对现金流量进行追踪，即现金流入量、现金流出量、现金净流量。进入企业里的现金量叫现金流入量；从企业里支出的现金量叫现金流出量；现金流入量减去现金流出量叫现金净流量，有时也称为现金净额。

$$现金净流量 = 现金流入量 - 现金流出量$$

现金流量表是反映企业在一定期间内现金流量信息的会计报表。应该注意的是，这个概念强调的是"一定期间内"。期间就应该有起点和终点，如年初和年末两点。我国现行的会计制度规定，现金流量表一年编一次。实际上，现金流量的一定期间就是从年初到年末，现金流量表要披露的信息就是企业从年初到年末这段时间的现金流入量、现金流出量和现金净流量三方面的内容。

虽然现行会计制度规定现金流量表一年编一次，但是随着人们对现金流量表的认识及管理水平的提高，现在很多企业的现金流量表已经不再是一年编一次，而是改成一个月编一次。其目的就是让管理者随时捕捉现金流量的信息，以便了解企业的业务活动，从而提升企业的管理水平。从这个角度看，现金流量表在企业中的作用是比较大的。

3. 现金流量表的基本结构

现金流量表一般由以下两大部分组成。

（1）现金流量表主表　用纯粹的业务语言来描述企业曾经流入和流出的现金量，及现金流入和流出的结果或增加、减少的现金量，这就是现金流量表的主表，见表8-4。

表8-4　经营活动的现金流量表（部分）

项目	行次	××××年度金额
经营活动产生的现金流量		
销售商品、提供劳务收到的现金	1	
收到的税费返还	3	
收到的其他与经营活动有关的现金	8	

（续）

项　　目	行　　次	××××年度金额
现金流入小计	9	
购买商品、接受劳务支付的现金	10	
支付给职工以及为职工支付的现金	12	
支付的各项税费	13	
支付的其他与经营活动有关的现金	18	
现金流出小计	20	
经营活动产生的现金流量净额	21	

（2）**补充资料**　补充资料是用职业会计上的专业语言来具体描述现金流量和有关指标之间的关系，见表8-5。

表8-5　补充资料表（部分）

补 充 材 料	金额（元）
1. 不涉及和现金收支的投资	
2. 将净利润调节为经营活动现金流量	
净利润加：	
计提的坏账准备或转销的坏账	
固定资产折掉	
无形资产摊销	
待摊费用摊销	
处置固定资产的损失（减：收益）	
固定资产报废损失	
财务费用	
投资损失（减：增加）	
经营性应收项目的减少（减：增加）	
经营性应付项目的增加（减：减少）	
增值税净增加额（减：减少）	

对于企业来说，仅仅知道现金流入量、现金流出量、现金净流量这三个数字是远远不够的。为了满足管理上的需要，就要对企业的所有活动进行分类。我国现行会计制度把企业的所有活动分为三类，即经营活动、投资活动和筹资活动。经营活动是指企业投资活动和筹资活动以外的所有交易和事项。经营活动的范围很广，就汽车服务企业来说，经营活动主要包括销售商品、提供劳务、经营性租赁、购买商品、接受劳务、广告宣传、推销产品、缴纳税金等。投资活动是指企业长期资产的购建和不包括现金等价物范围内的投资及其处置活动。按投资的方向，可以把投资分为对内投资和对外投资。资产负债表中的固定资产、在建工程、无形资产等方面的投资是对内投资，对内投资是把资金投放在企业内部，用来购置各种生产经营资产。买股票，不管是短期持有，还是长期持有，都是对外投资。企业和其他单位搞联营，企业把钱投出去了，这种投资也属于对外投资，另外，企业购买债券也属于对外投资。对外投资其实主要是股权投资和债权投资。筹资活动是指企业根据生产经营、对外投资及调整资金结构的需要，通过一定的渠道，采取适当的方式获取所需资金的一种行为。

企业的资金主要来自两个方面，因而企业的筹资活动也包括两个方面：借款和还款；入资和撤资。企业借款时，不管是短期借款还是长期借款，或者是发行债券，都是现金流入，到了还本付息时，企业就有现金的流出，这是筹资活动的第一个组成部分。投资者把现金注入企业里时，就有现金的流入，如果企业的投资者要求依法撤资，就会有现金的流出。这是筹资活动的第二个组成部分。

4. 现金流量表的作用

具体来说，现金流量表可以起到以下几个方面的作用。

（1）说明企业现金流入流出的原因　现金流量表能够提供企业在一定期间内，现金的来龙去脉及现金余额变动的会计信息。它可以告诉读表人现金曾经从何处来，又曾经用到何处去。

例如，某公司增加了 1000 万元的现金。在公司的现金流量表中反映，公司的经营活动增加了 300 万元，投资活动增加了 300 万元，筹资活动增加了 400 万元，三项活动增加的总和是 1000 万元。公司的经营活动项表明，公司出售商品的回收款是 100 万元，公司上一年缴纳的税款是 50 万元，给公司退回 20 万元。公司购买原材料花费 50 万元，支付职工工资 67 万元。因此，借助现金流量表可以知道，现金曾经从何处来，曾经用到何处去，这是现金流量表最基本的作用，也是最基本的功能。

（2）说明企业的偿债能力和支付股利的能力　投资者投入资金、债权人提供企业短期或长期使用的资金，其目的主要是获利。通常情况下，报表阅读者比较关注企业的获利情况，并且往往以获得利润的多少作为衡量标准。企业获利多少在一定程度上表明了企业具有一定的现金支付能力。但是，企业一定期间内获得的利润并不代表企业真正具有偿债或支付能力。在某些情况下，虽然企业利润表上反映的经营业绩很可观，但财务困难，不能偿还到期债务；还有些企业的利润表上反映的经营成果虽然并不可观，但却有足够的偿付能力。产生这种情况有诸多原因，其中会计核算采用的权责发生制、配比原则等所含的估计因素也是其主要原因之一。现金流量表完全以现金的收支为基础，消除了会计核算中由于会计估计等所产生的获利能力和支付能力。通过现金流量表能够了解企业现金流入的构成，分析企业偿债和支付股利的能力，增强投资者的投资信心和债权人收回债权的信心；通过现金流量表，投资者和债权人可了解企业获取现金的能力和偿付现金的能力，从而使有限的社会资源流向最能产生效益的地方。

（3）用来分析企业未来获取现金的能力　现金流量表反映企业一定期间内的现金流入和流出的整体情况，说明企业现金从哪里来，又运用到哪里去。现金流量表中的经营活动产生的现金流量，代表企业运用其经济资源创造现金流量的能力；投资活动产生的现金流量，代表企业运用资金产生现金流量的能力；筹资活动产生的现金流量，代表企业筹资获得现金流量的能力。通过现金流量表及其他财务信息，可以分析企业未来获取或支付现金的能力。例如，企业通过银行借款筹得资金，从本期现金流量表中反映为现金流入，但却意味着未来偿还借款时要流出现金。又如，本期应收未收的款项，在本期现金流量表中虽然没有反映为现金的流入，但意味着未来将会有现金流入。

（4）用来分析企业投资和理财活动对经营成果和财务状况的影响　资产负债表能够提供企业一定日期的财务状况，它所提供的是静态的财务信息，并不能反映财务状况变动的原因，也不能表明这些资产、负债给企业带来多少现金，又用去多少现金；利润表虽然反映企业一定期间的经营成果，提供动态的财务信息，但它只能反映利润的构成，也不能反映经营活动、投资和筹资活动给企业带来多少现金，又支付多少现金，而且利润表不能反映投资和筹资活动的全部事项。现金流量表提供一定时期现金流入和流出的动态财务信息，表明企业在报告期内由经营活动、投资和筹资活动获得多少现金，企业获得的这些现金是如何运用的，能够说明资产、负债、净资产变动的原因，对资产负债表和利润表起到补充说明的作用。现金流量表是连接资产负债表和利润表的桥梁。

（5）提供不涉及现金的投资和筹资活动的信息　现金流量表除了反映企业与现金有关的投资和筹资活动外，还通过补充资料（附注）方式提供不涉及现金的投资和筹资活动方面的信息，使会计报表使用者或阅读者能够全面了解和分析企业的投资和筹资活动。

（6）弥补了资产负债信息量的不足　资产负债表是利用资产、负债、所有者权益三个会计要素的期末余额编制的；损益表是利用收入、费用、利润三个会计要素的本期累计发生额编制的（收入、费用无期末余金额，利润结转下期）。唯独资产、负债、所有者权益三个会计要素的发生额原先没有得到充分的利用，没有填入会计报表。会计资料一般是发生额与本期净增加额（期末、期初余额之差或期内发生额之差），它说明变动的原因，期末余额说明变动的结果。本期的发生额与本期净增加额得不到合理的运用，不能不说是一个缺憾。

资产负债表的平衡公式可写成：现金＝负债＋所有者权益－非现金资产。这个公式表明，现金的增减变动受公式右边因素的影响，负债、所有者权益的增加（减少）导致现金的增加（减少），非现金资产的减少（增加），导致现金的增加（减少），现金流量表中的内容，尤其在采用间接法时，是利用资产、负债、所有者权益的增减发生额或本期净增加额填报的。这样账簿的资料得到充分的利用，现金变动原因的信息得到充分的揭示。

（7）便于和国际惯例相协调　目前，世界许多国家都要求企业编制现金流量表，如美国、英国、澳大利亚、加拿大等。我国企业编制现金流量表后，将对开展跨国经营、境外筹资，加强国际经济合作起到积极的作用。

【重要知识点回顾】

1. 企业财务管理内容及原则
2. 汽车服务企业财务核算流程
3. 企业资金运动管理
4. 汽车服务企业收入、费用及成本管理
5. 企业财务报表

【能力训练】

任务一　客户汽车保养费用的缴纳流程演练

案例一：

王明先生的奥迪 A6L 刚刚在 4S 店做了 20000km 的保养，同时做了前保险杠的更换。如果你是负责接待的服务顾问，请引导客户完成相关服务费用的缴纳。

一、训练目的

掌握售后服务费用缴纳的流程。

二、训练步骤

1）教师指导学生进行分组，每组 5~6 人。

2）各组根据案例，自行选择案例所涉及汽车配件的材质、价格及工时费。

3）各组计算最终汽车售后服务费用的总额构成。

4）以小组为单位，模拟表演该案例所涉及的汽车售后服务费用的缴纳流程，各组互相评价总结、补充完善，最后由教师进行总结。

三、训练要求

1）能够准确计算该案例中汽车售后服务费用的数额。

2）能够按照标准流程，模拟表演汽车售后服务费用缴纳流程。

四、实训涉及内容

1. 汽车售后服务费用的构成。

2. 汽车售后服务费用缴纳的流程。

任务二　汽车维修企业损益计算

案例二：

某修理厂是 A、B、C 三种车型的特约维修站，上年度核算各种车型损益情况分别为：A 车型净利润 50 万元，B 车型亏损 20 万元，C 车型净利润 10 万元。因而，由于 B 车型亏损，企业的净利润只有 40 万元。

企业经营者要财务部门做出是否需要停止 B 车型特约维修服务的决策分析。

固定成本总额	180 万元（按各车型维修金额比例分配）			

编制贡献毛利及净利：

车型名称	A 车型	B 车型	C 车型	合计
维修收入总额/万元	200	300	100	600
变动成本总额/万元	90	230	60	380
贡献毛利总额/万元	110	70	40	220
固定成本总额/万元	(180×2/6)=60	(180×3/6)=90	(180×1/6)=30	180
净利润/万元	50	−20	10	40

一、训练目的
掌握汽车维修利润的构成与计算。

二、训练步骤
1）教师指导学生进行案例分析。
2）结合案例，回顾、分析所涉及的相关理论知识点。
3）学生进行分析求解。

三、训练要求
1）能够运用相关公式计算该案例中汽车维修企业的利润构成。
2）能够完成汽车维修企业成本与收入的比较分析。

四、实训涉及内容
1. 汽车企业收入的构成。

2. 汽车企业利润的构成。

第九章

汽车服务企业文化建设

目标名称	目标内容
知识目标	1. 理解企业文化的内涵和基本特征
	2. 掌握企业文化的功能与结构
	3. 了解企业文化建设的原则
	4. 理解企业文化与企业战略的关系
	5. 了解企业文化建设的方法与程序
	6. 熟悉企业形象设计的概念与构成
技能目标	1. 能够进行汽车服务企业文化的分析与总结
	2. 能够策划汽车服务企业文化建设的实施计划
	3. 能够策划汽车服务企业形象战略计划
	4. 理解企业文化建设对汽车服务企业发展的意义
情感目标	1. 加深学生对企业文化的认知和理解
	2. 培养学生的企业文化素养

建议学时：4 学时。

名人名言

世界上一切资源都可能枯竭，只有一种资源可以生生不息，那就是文化。华为的企业文化是建立在国家优良传统文化基础上的企业文化，这个企业文化粘合全体员工团结合作，走群体奋斗的道路。有了这个平台，你的聪明才智方能很好发挥，并有所成就。没有责任心，不善于合作，不能群体奋斗的人，等于丧失了在华为进步的机会。

——任正非（华为创始人）

第一节　企业文化概述

【案例导入】

丰田文化——精益求精

日本丰田汽车公司成立于 20 世纪 30 年代末，其成功的秘诀是它那带有传奇色彩的企业文化，虽然全世界都在学习精益生产，但大部分只学会了某些工具，如看板、5S、JIT及智能自动化等，对支撑这些工具的管理原则和文化则始终不得要领，效果也就大打折扣。

在丰田企业文化的众多方面中，丰田企业愿景、丰田核心价值观、丰田精神、人才理念四个方面最值得探讨和学习。

一、丰田企业愿景：以生产物品和技术个性为基础，热情地建设富裕的社会

丰田的企业愿景可以从以下四个方面具体理解：以对地球友善的技术，拉动地球的再生；生产安全、安心、舒适的汽车，建造汽车社会；在世界各地进一步展示汽车的魅力，扩大丰田迷的队伍；作为世界的企业，争取受到世界所有的人和地区的爱戴。

二、丰田核心价值观

1. 杜绝浪费

"丰田生产方式"视所有业务过程中消耗了资源而不增值的活动为浪费。为了发现并杜绝浪费，丰田公司信奉"毛巾干了还要挤"的彻底合理化精神。丰田公司自发展以来不断开展"合理化"运动，杜绝各个环节各个方面的浪费，节约成本，提高效率。例如为了杜绝浪费，丰田公司内部使用的信封都是旧信封，它们在用过的信封上贴一张白纸，在上面填写收件人的地址和姓名，重复使用。

2. 保证质量

降低成本的前提是不降低产品的质量，通过技术研发来提高质量。丰田的质量管理，就是要使所有生产环节一出现质量问题就立即停止生产，杜绝生产出大批不合格产品的现象，从而保证每一个环节产品的质量，最终保证成品的合格化。

三、丰田精神

1. 好的产品、好的思考

"好的产品"是指好车，"好的思考"是指如何造出好车，如何卖出好车，以及如何改善好车。

2. "乡巴佬精神"

纯粹、勤奋、执着、认真、不怕苦、不怕累、肯学习，这种精神是值得自豪的丰田精神的结晶。

3. 不屈的斗志

这是丰田企业永不泯灭的精神，非做不可的做，要做就做到底，排除万难去做。

4. 依靠自己的力量，自己的城自己守

"城"指的就是丰田企业，丰田人信奉的是自己公司的事自己负责，不靠别人而靠自己的力量去做，也就是独立自主的精神。

5. 合作一致

正如丰田汽车公司创始人丰田喜一郎所说："如果每个员工都能尽自己最大的努力去履行职责，就能产生强大的力量，并且这种力量可以形成一个力量环，创造极大的生产力！"事业不是一个人所能办成的事，"人和"比什么都重要。丰田企业高层一直在管理理念中致力于努力培养能够理解丰田思维方式并将其付诸实践的精英人才，并在丰田企业的管理体系中大胆起用这些人才。

四、丰田人才理念：人才培养是公司使命，价值观教育是核心

一个企业文化的形成，在很大程度上要与企业的人力资源管理相结合。只有这样才能使抽象的企业文化得到员工的认同，并由员工的行为传达到外界，形成企业内外广泛的企业文化，从而真正树立起企业的外部形象，由此起到现代营销中所称的推销文化的效果。企业管理界普遍认为，丰田成功经验就是：集聚人才，善用人才，重视职工素质的培养，树立良好的公司形象。

因此，对于丰田来说，人才管理的目的是早就接受丰田价值观的"丰田人"，为此，丰田的

人才管理始终都贯彻这个理念。

案例思考:

1. 什么是企业文化?
2. 对企业文化的重视与建设对企业的发展有何意义?

日常生活中,人们很少能清醒地意识到文化的存在。这就像我们生活在空气中,生活得非常自在,但并没有意识到周围的空气存在一样。这种感觉和意识的欠缺是显而易见的,原因是我们很少能有亲身比较的机会,所以也常常忽略它。

同样,文化给企业带来的有形的效益和无形的效应,给社会经济带来的冲击和震撼是不可估量的。企业文化保证了企业的生存能力,使企业组织具备不断改进的能力,提高企业组织的竞争力。同时,它也实现了个人与工作的真正融合,使人们在工作中体会工作的意义。因此,致力于人的发展的企业文化,才能锻造强大的公司。

早在 20 世纪 70 年代初,享有世界声誉的美国管理学家、德鲁克管理咨询公司董事长彼得·德鲁克就曾经指出:"管理,应以文化为基础。"在《管理——任务、责任、实践》一书中,他说:"管理并不是同文化无关的,它是一种社会职能,既要承担社会责任,又要根植于社会文化中。"

创建企业文化,树立品牌意识。要进一步推动企业的发展,要真正成为一流企业,就要借助于企业文化力。文化力给企业带来的有形的、无形的经济和社会的双重效益,已被理论界和社会实践所认同。

一、企业文化的内涵

关于企业文化的定义,国内外学者有各种不同的理解和表述。事实上,企业文化是在一定的历史阶段,在民族文化、道德、伦理文化的背景下,由企业家和员工在长期实践活动中倡导、培育产生的,具有企业的鲜明个性和时代特征。如在我国出现的"铁人精神""鞍钢宪法",就是 20 世纪计划经济时代企业文化的标志之一。

因此,可以把企业文化定义为:企业文化是企业在长期的实践活动中所形成的,并且为企业成员普遍认可和遵循的具有本企业特色的价值观念、团体意识、行为规范和思维模式的总和。

企业文化有广义和狭义之分,广义的企业文化指企业物质文化、行为文化、制度文化、精神文化的总和,狭义的企业文化仅指以企业价值观为核心的企业意识形态。

二、企业文化的构成要素

企业文化作为人类文化、社会文化的子系统,划分的方法不同,它的构成要素也不同。按照美国管理学家迪尔和肯尼迪的理论划分,企业文化由企业环境、价值观、企业英雄、文化仪式以及文化网络五部分组成。

1. 企业环境

企业环境是对企业文化形成和发展具有关键影响的因素。企业环境并不单单是指企业的内部环境,而是指"企业经营所处的极为广阔的社会和业务环境",包括市场、顾客、政府、技术状况、法律环境与竞争对手等具体内容,是企业存在与发展的最基本的条件。

企业环境是形成企业文化唯一的而且是最大的影响因素。企业一方面生存并适应于这种环境中,使其环境中积极的因素作用于企业,促进企业的发展;另一方面,企业在不断适应环境中发展,同时又影响和改造着环境,促进了外部环境的改善,而企业文化就是在不断适应和改善环境中采取的全部策略的体现。

2. 价值观

价值观是指"一个组织的基本观念和信仰"，是企业内成员对某个事件或某种行为好与坏、善与恶、正确与错误、是否值得仿效的一致认识，是企业凝聚人心、支配行为、激励取胜的价值体系与行为准则。

价值观是企业文化的核心，统一的价值观使企业内成员在判断自己行为时具有统一的标准，并以此来选择自己的行为。价值观具有鲜明的企业个性，能够反映一个企业的基本特征，便于把一个企业对内对外的态度与另一个企业区别开来，使员工产生一种与众不同的自豪感，其主要作用表现在三方面：

1）能够引导企业发展，提升管理境界。
2）能够指导企业决策，规范企业行为。
3）能够鼓舞员工士气，激励员工进步。

3. 企业英雄

企业英雄是指企业文化的核心人物或企业文化的人格化，是企业价值观的化身，是企业精神、理念的"人格化"与具体化的典范和员工行为规范的楷模。其作用在于作为一种活的样板，给企业中其他员工提供可供仿效的榜样，对企业文化的形成和强化起着极为重要的作用。企业英雄人物身上往往体现着不可动摇的个性与作风，这是企业文化的支柱与希望，他们是企业的中流砥柱和企业"每当遇到困难时人人都想依靠的对象"，他们使员工在个人追求与企业目标之间找到了一种现实的联系，对员工能起到鼓舞和激励的作用。

4. 文化仪式

文化仪式是指企业内的各种表彰、奖励活动、聚会以及文娱活动等，它可以把企业中发生的某些事情戏剧化和形象化，来生动地宣传和体现本企业的价值观，使人们通过这些生动活泼的活动来领会企业文化的内涵，使企业文化"寓教于乐"。它给员工施加影响，使他们在语言文字、公共礼节、行为方式、人际交往等方面程序化、规范化，把企业的价值理念、信仰追求等潜移默化地印入员工的脑海中，以指导其行为。

5. 文化网络

文化网络是指企业内的信息传播渠道，主要指企业会议、文件、报纸杂志、广播电视、局域网、图书馆、俱乐部、体育文化中心等文化信息载体与文体活动实施。企业管理人员必须充分认识它的重要性，灵活地把握它，正确地引导它，并加强正面宣传教育，利用企业文化网络，形象而准确地灌输企业的价值观，加强与员工的联系，巩固组织的基本信念，增强企业内聚力，增加的企业知名度与美誉度，塑造良好的企业形象。

企业文化五要素之间的关系如图9-1所示。

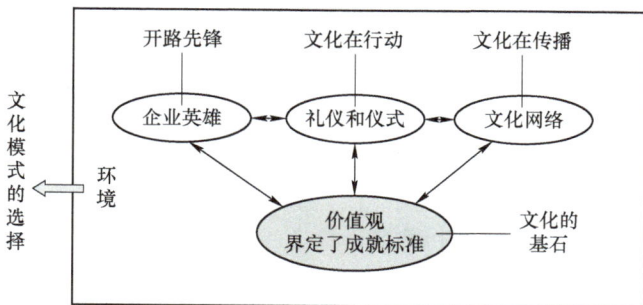

图9-1　企业文化要素间关系

三、企业文化的基本特征

优秀的企业文化是在总结传统管理经验的基础上提炼、培植发展起来的，作为一种以人为中心的现代管理方式和管理理论，同传统的管理理论和方式相比，企业文化具有如下鲜明的特征。

1. 独特性

企业文化具有鲜明的个性和特色，具有相对独立性，每个企业都有其独特的文化沉积，这是由企业的生产经营管理特色、企业传统、企业目标、企业员工素质以及内外环境不同所决定的。

2. 继承性

企业在一定的时空条件下产生、生存和发展，企业文化是历史的产物。企业文化的继承性体现在三个方面：一是继承优秀的民族文化精华，二是继承企业的文化传统，三是继承外来的企业文化实践和研究成果。

3. 相融性

企业文化的相融性体现在它与企业环境的协调和适应性方面。企业文化反映了时代精神，它必然要与企业的经济环境、政治环境、文化环境以及社区环境相融合。

4. 人本性

企业文化是一种以人为本的文化，其最本质的内容，就是强调人的理想、道德、价值观、行为规范在企业管理中的核心作用，强调在企业管理中要理解人、尊重人、关心人。它注重全面发展，用愿景鼓舞人，用精神凝聚人，用机制激励人，用环境培育人。

5. 整体性

企业文化是一个有机的统一整体，人的发展和企业的发展密不可分，引导企业职工把个人奋斗目标融于企业整体目标之中，追求企业的整体优势和整体意志的实现。

6. 创新性

创新既是时代的呼唤，又是企业文化自身的内在要求。优秀的企业文化往往在继承中创新，随着企业环境和国内外市场的变化而改革发展，引导大家追求卓越，追求成效，追求创新。

四、企业文化的结构

企业文化结构就是企业文化的构成、形式、层次、内容、类型等的比例关系和位置关系。它表明各个要素如何链接，形成企业文化的整体模式。企业文化的结构可以分为四层：第一层是表层的物质文化；第二层是幔层的（或称浅层的）行为文化；第三层是中层的制度文化；第四层是核心层的精神文化，如图9-2所示。

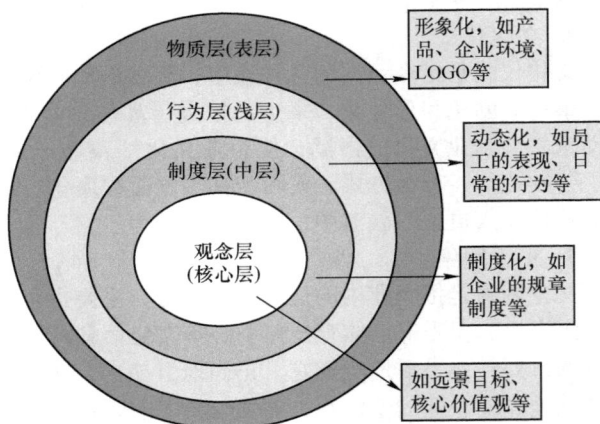

图9-2 企业文化结构图

1. 企业文化的物质层

企业文化的物质层也叫企业的物质文化，它是企业职工创造的产品和各种物质设施等构成的器物文化，是一种以物质形态为主要研究对象的表层企业文化。企业生产的产品和提供的服务是企业生产经营的成果，它是企业物质文化的首要内容。其次是企业创造的生产环境、企业建筑、企业广告、产品包装与设计等，它们都是企业物质文化的主要内容，如图9-3所示。

2. 企业文化的行为层

企业文化的行为层又称为企业行为文化。如果说企业物质文化是企业文化的最外层，那么企业行为文化可称为企业文化的幔层，或称为第二层，即浅层的行为文化。它是指企业员工在生产经营、学习娱乐中产生的活动文化，包括企业经营、教育宣传、人际关系活动、文娱体育活动中产生的文化现象。它是企业经营作风、精神面貌、人际关系的动态体现，也是企业精神、企业价值观的折射。企业行为文化主要分为企业家的行为、企业模范人物行为、企业员工行为。

3. 企业文化的制度层

企业文化的制度层又叫企业制度文化，主要包括企业领导体制、企业组织机构和企业管理

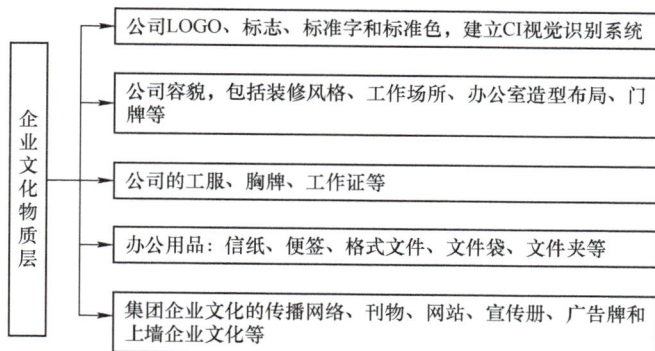

图 9-3　企业文化物质层释义图解

制度三个方面。企业领导体制的产生、发展、变化，是企业生产发展的必然结果，也是文化进步的产物。企业组织机构是企业文化的载体，包括正式组织机构和非正式组织。企业管理制度是企业在进行生产经营管理时所制定的、起规范保证作用的各项规定或条例，如图 9-4 所示。

上述三者，构成企业制度文化。企业制度文化是企业文化的重要组成部分，制度文化是一定精神文化的产物，它必须适应精神文化的要求。人们总是在一定的价值观指导下去完善和改革企业各项制度的，企业的组织机构如果不与企业目标的要求相适应，企业目标就无法实现。卓越的企业总是经常用适应企业目标的企业组织结构去迎接未来，从而在竞争中获胜。制度文化又是精神文化的基础和载体，并对企业精神文化起反作用。一定的企业制

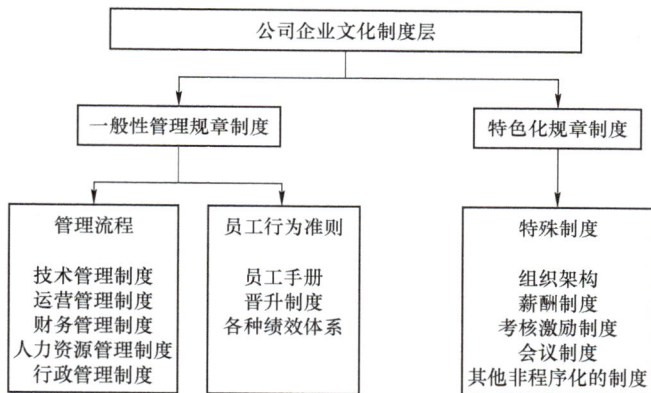

图 9-4　企业文化制度层释义图解

度的建立，又影响人们选择新的价值观念，成为新的精神文化的基础。企业文化总是沿着精神文化—制度—新的精神文化的轨迹不断发展、丰富和提高的。

企业的制度文化也是企业行为文化得以贯彻的保证。同企业职工生产、学习、娱乐、生活等方面直接发生联系的行为文化建设得如何，企业经营作风是否具有活力、是否严谨，人际关系是否和谐、职工文明程度是否得到提高等，无不与制度文化的保障作用有关。

4. 企业文化的精神层（核心层）

企业文化的精神层又称为企业精神文化，相对于企业物质文化和行为文化来说，企业精神文化是一种更深层次的文化现象，在整个企业文化系统中，它处于核心地位。

所谓的精神层，主要是指企业或组织的领导和成员共同信守的基本信念、价值标准、职业道德和精神风貌。精神层是企业文化的核心和灵魂，它主要包括以下几个方面的内容。

（1）企业或组织的最高目标　它是企业或组织全体成员的共同追求，是企业或组织全体成员凝聚力的焦点，是企业或组织共同价值观的集中表现，反映了企业或组织领导者和成员的追求层次和理想抱负，是企业文化建设的出发点和归属。

（2）组织哲学　组织哲学就是组织领导者为实现组织目标而在整个管理活动中的基本信念，是组织领导者对组织长远发展目标、发展战略和策略的哲学思考。

（3）组织精神　组织精神是组织有意识地提倡、培养其成员群体的优良风貌，它是对组织

现有的观念意识、传统习惯、行为方式中的积极因素进行总结、提炼及倡导的结果，通过全体成员有意识地实践体现出来。

1）组织风气。一般意义上的组织风气是指组织及其成员在组织活动中逐步形成的一种带有普遍性的、重复出现且相对稳定的行为心理状态，是影响整个组织生活的重要因素。

2）组织道德。组织道德是指组织内部调整人与人、单位与单位、个人与集体、个人与社会、组织与社会之间关系的行为准则。就其内容结构来看，主要包含调节成员与成员、成员与组织、组织与社会三方面关系的行为准则和规范。

3）组织宗旨。顾名思义，组织宗旨就是指组织存在的价值及其对社会的承诺。

五、企业文化的功能

企业文化反映一个企业的精神风貌，决定着企业内在凝聚力的大小。在现代企业管理中，文化力的作用已经越来越为人们所认识。

海尔集团CEO张瑞敏指出，一个企业要在国际上站住脚，就必须做大。然而，这种"大"要建立在"强"的基础上，只有"强"才能保证企业在"大"的过程中不出问题。而使企业强大的一个核心问题是企业文化，这应该是一种价值观正确、全体员工都认同的"黏合剂"，是企业进行管理的一种内在基础，也是企业文化功能的体现，如图9-5所示。

1. 企业文化的导向功能

导向功能就是通过它对企业的领导者和职工起引导作用。企业文化的导向功能主要体现在以下两个方面。

（1）经营哲学和价值观念的指引　经营哲学决定了企业经营的思维方式和处理问题的法则，这些方式和法则指导经营者进行正确的决策，指导员工采用科学的方法从事生产经营活动。企业共同的价值观念决定了企业的价值取向，使员工对事物的评判形成共识，有着共同的价值目标，企业的领导和员工为

导向功能	潜移默化地使公司的员工接受共同价值观，把思想、行为引导到实现企业目标上来
凝聚功能	产生对工作的责任感、自豪感和使命感，增强对集体的认同感和归属感
激励功能	企业宗旨和经营理念是良好的激励标尺
约束功能	公司的文化氛围能够以无形的、非正式的、非强制性的方式，对思想和行为进行约束
美化功能	优秀的企业文化不仅能美化工作场所，还能美化工作本身，使员工的求知、求美、求乐、求新的愿望得到满足
协调功能	协调内部员工之间、部门之间的关系，完成工作目标；协调企业和社会的关系，实现"双赢"

图9-5　企业文化各功能作用图解

着他们所认定的价值目标去行动。美国学者托马斯·彼得斯和小罗伯特·沃特曼在《寻求优势》一书中指出"我们研究的所有优秀公司都很清楚他们的主张是什么，并认真建立和形成了公司的价值准则。事实上，一个公司缺乏明确的价值准则或价值观念不正确，我们则怀疑它是否有可能获得经营上的成功。"

（2）企业目标的指引　企业目标代表着企业发展的方向，没有正确的目标就等于迷失了方向。完美的企业文化会从实际出发，以科学的态度去制订企业的发展目标，这种目标一定具有可行性和科学性。企业员工就是在这一目标的指导下从事生产经营活动的。

2. 企业文化的凝聚功能

企业文化以人为本，尊重人的感情，从而在企业中营造了一种团结友爱、相互信任的和睦气氛，强化了团体意识，使企业职工之间形成强大的凝聚力和向心力。共同的价值观念形成了共同的目标和理想，职工把企业看成是一个命运共同体，把本职工作看成是实现共同目标的重要组成部分，整个企业步调一致，形成统一的整体。这时，"企业兴我荣，企业衰我耻"成为职工发自内心的真挚感情，"爱企业如家"就会变成他们的实际行动。

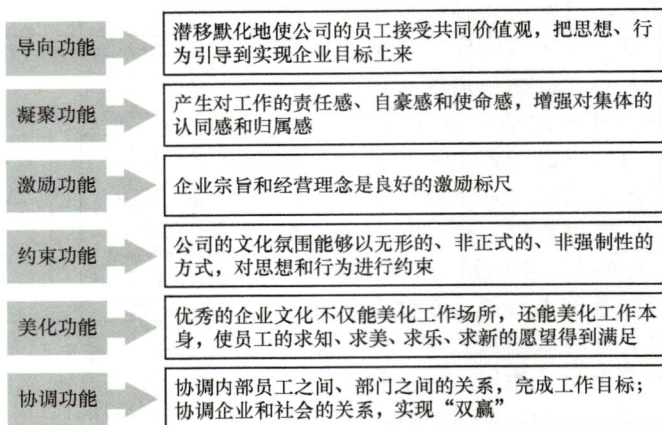

3. 企业文化的激励功能

共同的价值观念使每个职工都感到自己存在和行为的价值，自我价值的实现是人的最高精神需求的一种满足，这种满足必将形成强大的激励。在以人为本的企业文化氛围中，领导与职工、职工与职工之间互相关心，互相支持。特别是领导对职工的关心，职工会感到受人尊重，自然会振奋精神，努力工作。另外，企业精神和企业形象对企业职工有着极大的鼓舞作用，特别是企业文化建设取得成功，在社会上产生影响时，企业职工会产生强烈的荣誉感和自豪感，他们会加倍努力，用自己的实际行动去维护企业的荣誉和形象。

4. 企业文化的约束功能

企业文化的约束功能主要是通过完善管理制度和道德规范来实现的。

（1）**有效规章制度的约束**　企业制度是企业文化的内容之一，是企业内部的法规，企业的领导者和企业职工必须遵守和执行企业制度，从而形成约束力。

（2）**道德规范的约束**　道德规范是从伦理关系的角度来约束企业领导者和职工的行为。如果人们违背了道德规范的要求，就会受到舆论的谴责，心理上会感到内疚。同仁堂药店"济世养生、精益求精、童叟无欺、一视同仁"的道德规范约束着全体员工必须严格按工艺规程操作，严格质量管理，严格执行纪律。

5. 企业文化的美化功能

用一种良好的文化美化员工的心灵，通过良好的工作环境，让员工知道在企业工作不只是换取工作报酬，而是实现个人价值，是为社会提供服务，是为旅客提供安全。员工的心灵被良好的企业文化美化之后，是发自内心的，由过去的"你要我工作，你要我安全"，变为"我自己要做这份敬业的工作，我自己要安全地工作"。这就是一种良好的文化美化的结果。

6. 企业文化的协调功能

协调就是调整和适应。企业各部门之间、职工之间，由于各种原因难免会产生一些矛盾，解决这些矛盾需要各自进行自我调节；企业与环境、与顾客、与企业、与国家、与社会之间都会存在不协调、不适应之处，这也需要进行调整和适应。企业哲学和企业道德规范使经营者和普通员工能科学地处理这些矛盾，自觉地约束自己。完美的企业形象就是进行这些调节的结果。协调功能实际也是企业能动作用的一种表现。

六、企业文化战略

企业文化战略就是指在正确理解和把握企业现有文化的基础上，结合企业任务和总体战略，分析现有企业文化的差距，提出并建立企业文化的目标模式。

1. 企业文化战略的地位

（1）**企业文化战略是企业经营战略的基础**　企业发展战略是企业发展的整体战略，是以某一阶段的效益为衡量标准的。企业的发展目标一旦确定，就需要去实施，要解决实施过程中遇到的各种困难和问题，如技术问题、管理问题等，仅靠物质刺激和惩罚手段是不够的，还需要一种动力、一种精神、一种文化，这就是企业文化战略。一种优良的文化一旦确立，它就会逐渐成为企业的优良传统，成为企业实现长期发展战略的保证。

（2）**企业文化战略是建立良好企业文化的前提**　一个企业要想建立自己的企业文化，必须要有一个目标，即企业文化战略。这是因为企业文化是随企业的产生而产生的，但这种企业文化仅仅是企业自发产生的一种文化现象，还不是现代管理学意义上的企业文化，它只是管理过程总中的一种副产品，是一种良好的风气。而现代管理学意义上的企业文化是一种管理理论，它是在原有企业文化的基础上建立起来的。

2. 企业文化与企业战略的关系

企业文化与企业战略看似两个泾渭分明的概念，但其间却有着十分密切的联系。哈佛商学院曾经就企业文化和企业战略方面的问题调查了多名企业界人士，但同一个问题在一部分人士看来属于企业文化范畴，在另一部分人士看来却属于企业战略范畴。由此分析得出，两者之间并没有明确的界限，并且存在着一个交叉，这个交叉既属于企业文化，又属于企业战略。这个交叉就是企业的经营理论，它同时也是企业文化和企业战略的起点，如图9-6所示。

企业经营理论实质上就是企业的经营哲学，它回答了企业为什么而存在、企业凭什么而存在等企业经营管理最深层次的问题。企业经营理论客观存在，没有它就不会有企业。

按照彼德·德鲁克的理论，企业经营理论主要包括以下三个方面的内容：

1）企业对于所处环境的假设，关于公司结构、市场的假设以及关于顾客和产品科学技术的假设。

2）企业对自身根本目标的假设。

3）企业对能够确保实现预定目标的优势的假设。

企业战略就是企业在对环境的假设、对目标的假设及对优势的假设的基础之上具体的经营思路和安排，是在变化的环境下为求得持续发展的总体性谋划，可以这样说，企业战略就是企业经营理论的理性反映。

企业文化是企业对成长环境、能力、经验的归纳与整合，是企业适应变化环境的能力和让这种能力延续发展的能力，企业文化的最深层次即企业经营理论，企业文化也可以说是企业经营理论的人性化反映。

企业文化通过企业经营理论决定着企业战略的制定和经营模式的选择，而企业战略的实施过程又会促进和影响企业文化的发展和创新，两者之间是相互约束，相互影响和相互促进的关系。

当前的很多企业家有这样一种看法，即企业通过战略实施本身就能够形成一种企业文化，只要战略的质量高，那么由此形成的企业文化也差不到哪里去。其实我国过去的企业变革几乎都是不得已而为之，或者说是被动的变革，这种被动的变革如果是在成熟的市场竞争中，是没有变革机会的，在没有变革或正在变的时候，便已经被竞争对手所淘汰。因此，必须时刻准备主动变革，而主动变革需要一个基于长期持续发展的战略创新环境，这样的环境只有通过企业文化的不断发展才能实现。

也有一部分较前卫的企业家把企业文化提到了空前的高度，他们认为有了好的企业文化就有了一切，于是将企业文化建设作为企业经营的重心，以至于对企业其他经营系统造成了不良影响。其实企业文化主要是企业经营过程的归纳和整合，没有好的经营过程，就没有好的企业文化。

相互协调、相互促进的企业文化和企业战略更能保障企业持续健康发展、良性循环、内涵更丰富，如图9-7所示。

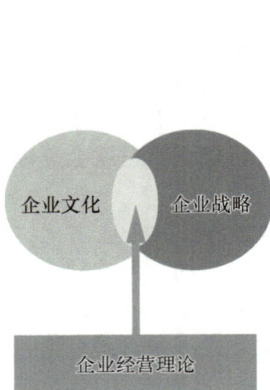

图9-6 企业文化与企业战略的关系

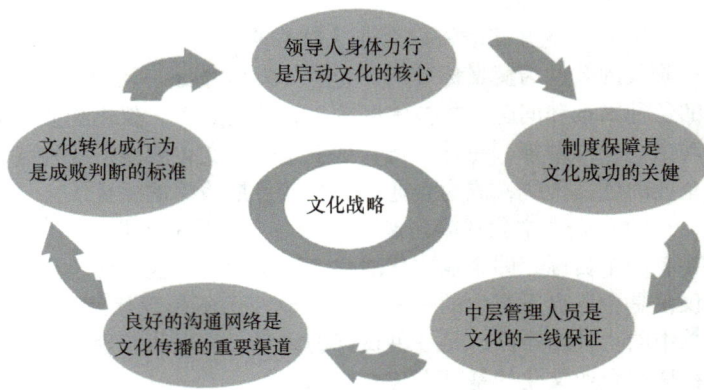

图9-7 企业文化与企业战略的循环发展示意图

第二节　企业文化建设

【案例导入】

沃尔玛的企业文化建设

沃尔玛是一家世界性的连锁企业，是世界上最为知名的零售商之一，曾多次被美国《财富》杂志评为世界 500 强企业。沃尔玛的核心经营理念是"便宜和服务"，沃尔玛的一切工作都是围绕如何将这两方面的工作做得更好来展开的，整个沃尔玛文化也可以说就是"成本控制"文化和服务文化。

那商品如何才能便宜呢？大家都从同样的批发商或产品分销商那里拿货，如果卖得便宜，就会少赚钱，损失利润。所以真正的便宜是降低成本，要降低成本，就唯有绕开批发商或产品分销商，直接向厂家进货。那么批发商或分销商起了什么作用呢？无非是他们有广泛的物流渠道。因此沃尔玛要绕过批发商或分销商，就必须建立自己的物流系统。沃尔玛的中心辐射配送战略既大量节省了仓储成本，又能保障各零售店的及时补货，还由于扩大了卖场，使得商品的种类可以更加丰富。仓储式超市正是沃尔玛制胜的绝招之一。

沃尔玛的第二条核心经营理念就是服务。为了做好服务，沃尔玛对员工有两条著名的要求，那就是："3 米微笑原则"和"太阳落山原则"。"3 米微笑原则"是要求员工无论如何，只要顾客出现在 3 米距离范围内，员工必须面带微笑，看着顾客的眼睛，主动打招呼，同时询问能为他做些什么。而且，对顾客的微笑还有量化标准，微笑要露出"八颗牙齿"，上面四颗，下面四颗。在这位创始人看来，微笑服务，只有达到露出 8 颗牙齿的程度，才可能把热情表现得完美（现在，中国奥运会的礼仪小姐也要求微笑露出 6~8 颗牙齿）。后来因为顾客正在精心挑选商品的时候，如果突然打招呼问候，显得有些突兀，不免会吓顾客一跳，就将主动打招呼改为依照顾客正在关注的商品，微笑着推荐当天的特价商品。"太阳落山原则"是指每个员工必须在太阳落山之前完成自己当天的任务，而且如果顾客提出特殊要求，也必须在太阳落山之前满足顾客。

在沃尔玛的墙上有两条标语，第一条：顾客永远是对的；第二条：如果顾客错了，请参照第一条。沃尔玛强调顾客至上，在沃尔玛，只有顾客才是老板，顾客永远是对的。卓越的顾客服务正是沃尔玛区别于所有其他公司的特色所在，沃尔玛公司不仅把"顾客第一"作为口号，而且把它作为贯彻始终的经营理念，使之成为企业文化的重要组成部分。

案例思考：

如何进行企业文件建设？

一、企业文化建设的原则

1. 以人为本

文化应以人为载体，人是文化生成与承载的第一要素。企业文化中的人不仅仅是指企业家、管理者，也体现于企业的全体职工，更包括外部的所有客户。企业文化建设中要强调关心人、尊重人、理解人和信任人。企业团体意识的形成，首先是企业的全体成员有共同的价值观念，有一致的奋斗目标，才能形成向心力，才能成为一个具有战斗力的整体。

2. 表里一致

企业文化属意识形态的范畴，但它又要通过企业或职工的行为和外部形态表现出来，这就容易形成表里不一致的现象。建设企业文化必须首先从职工的思想观念入手，树立正确的价值观念和哲学思想，在此基础上形成企业精神和企业形象，防止搞形式主义，言行不一。形式主义不仅不能建设好企业文化，而且是对企业文化概念的歪曲。

3. 注重个性

个性是企业文化的一个重要特征。文化本来就是在本身组织发展的历史过程中形成的。每个企业都有自己的历史传统和经营特点，企业文化建设要充分利用这一点，建设具有自己特色的文化。企业有了自己的特色，而且被顾客所公认，才能在企业之林中独树一帜，才有竞争的优势。

4. 重视经济性

企业是一个经济组织，企业文化是一个微观经济组织文化，应具有经济性。经济性是指企业文化必须为企业的经济活动服务，要有利于提高企业生产力和经济效益，有利于企业的生存和发展。前面讨论的关于企业文化的各项内容中，虽然并不涉及"经济"二字，但建设和实施这些内容，最终目的都不会离开企业经济目标的实现和谋求企业的生存和发展。所以，企业文化建设实际是一个企业战略问题，称为文化战略。

5. 继承传统

马克思主义认为："人们自己创造自己的历史，但他们并不是随心所欲地创造，而是在直接碰到的从过去继承下来的条件下创造。"我国传统文化中的民本思想、平等思想、务实思想等都是企业文化建设过程中值得增值开发的内容。增值开发是对传统文化进行借鉴，弃其糟粕，取其精华。中国企业文化建设正是要继承这些优秀的伦理思想，在传统文化的基础上进行增值开发，加深加固企业文化生存发展的基础，只有这样，企业的生命力才会旺盛。

二、企业文化建设的程序

企业文化建设不可能一蹴而就，它是一个系统工程，必须持久地、深入地、全面地开展。企业文化纲要的制定，只是为企业文化建设打下一个良好的基础，而企业文化的实践化，还有待于长期的、大量的艰苦工作。

1. 第一阶段：调研分析

没有调查，就没有发言权，因为企业文化不是一个人的活动，而是一个群体的属性。只有在调研活动中分析总结出群体的共同核心价值观和行为习惯，才能发现最源头、最核心、最基本的因子。

首先，对企业的发展历程进行调查分析。主要是对企业的物质文化发展史和精神发展史进行调查分析，从发展历程中发掘有价值的文化财富，作为企业文化建设的参考点。

其次，企业的发展战略。企业文化的建设应该站在企业战略的高度进行建设。

第三，企业所在的行业背景及所处地域特征。

第四，企业发展环境。这里主要是指企业发展所处的政治、经济和文化环境及社会环境。

2. 第二阶段：规划设计

1）企业文化规划设计需要坚持以下几个原则：

首先，实事求是的原则。企业文化的规划设计要根据企业的客观实际情况，不可凭空想象。规划设计不可高于或低于企业目前的状况，否则，员工将根本无法参与到企业文化建设中来，无法实现企业文化的落地，企业文化本身的"虚"更加一目了然。

其次，全面与重点的原则。根据实际情况对企业文化进行全面规划设计，但在建设过程中要有重点。

第三，计划性与灵活性。规划设计属于方案，在建设过程中，大体的框架不能轻易改变，但根据实际情况可以有所变动。

2）一套完整的企业文化建设方案需要包括企业文化建设的八个方面，即精神文化、物质文化、制度文化、行为文化、管理文化、营销文化、品牌文化及学习型组织。规划设计的基本内容也围绕这八个方面展开，但规划设计的重点是精神文化和学习型组织。

3）研讨论证。实践是检验真理的唯一标准，再高明的策划都必须"落地"，否则就是一句口号或是一纸空文。规划设计的企业文化需要进行论证，主要从两个方面进行论证，即理论论证和实践论证。

① 理论论证主要以座谈会的方式进行。

② 实践论证要结合企业的具体情况开展，可以选区域试行，也可以全面试行；可以对规划设计的部分内容试行，也可以对全部内容试行。

3. 第三阶段：传播推广、贯彻巩固

企业文化一经定格，各种相关的支持系统建设完毕，首先的工作就是对内与对外传播推广，其中对内宣传是重点，使全体员工从思想上达到高度统一，并且由自发的行为快速转变为自觉的行为。

无论是对内还是对外都尽可能利用一切可利用的方式进行宣传传播，如对内可采用讲座、比赛、宣传栏、企业内刊、创立企业文化礼仪、户外拓展训练、多种激励等方式，对外可利用各种媒体进行宣传，尤其是近些年发展迅速的网络媒体。

4. 第四阶段：评估调整

在建设过程中，需要对建设的方案进行不断的微调。评估调整也是阶段性的，可定期评估调整，也可不定期评估调整。再进行优化和固化，在企业里形成统一的价值观和思考与行为方式，有步骤地实现企业的阶段性愿景。

上面即是企业文化建设的基本流程，无论是哪个流程的设计都必须"实事求是"，这样设计出来的企业文化才具有生命力，才能实现企业文化落地，才能实现企业文化的作用。

第三节　企业形象设计

【案例导入】

CIS企业形象设计案例分析——中国移动通信

现今的网络通信市场，已经进入一个买方市场时代。俗话说：酒香不怕巷子深。到了今天这个多元选择的时代，恐怕得改成"酒香也得打广告"。套用到专业领域，就是导入CIS战略。将企业形象广而告之，通过量身定做的CIS战略系统，打造企业的个性与美感，从而使其在市场中占有一席之地。

中国移动通信集团公司的标志是一组回旋线条组成的平面，造型为六面体的网络结构，象征着移动通信的蜂窝网络。线条纵横交错，首尾相连，由字母CMCC

（China Mobile Communications Corporation，中国移动通信集团）变形组合而来，两组线条犹如握在一起的两只手，象征着和谐、友好、沟通。中国移动通信一直致力于通过自己的服务，拉近人与人之间的距离。线条组成的图案整合在圆形（地球）之中，寓意中国移动通信四通八达，无处不在。

全图以沟通为诉求点，流畅的线条上下贯通、左右结合，体现出中国移动作为信息传递与情感交流的沟通纽带是值得信赖的企业，是中国移动"正德厚生、臻于至善"企业核心价值观的集中体现。

中国移动通信CIS企业形象识别系统将企业经营活动以及运作此

经营活动的企业经营理念或经营哲学等企业文化，运用视觉沟通技术，以视觉化、规范化、系统化的形式，通过传播媒介传达给企业的相关者，包括企业员工、社会大众、政府机关等团体和个人，以塑造良好的企业形象，使他们对企业产生一致的认同和价值感，以赢得社会大众及消费群的肯定，从而达成产品销售的目的，为企业带来更好的经营绩效。中国移动企业文化理念体系即CI：中国移动通信企业文化的核心内涵是"责任"和"卓越"，即要以"正身之德"而"厚民之生"，做兼济天下、善尽责任、不断进步的优秀企业公民。

案例思考：
1. 企业形象包括哪些方面？
2. 如何进行企业形象设计？

企业形象（Corporate Image，CI），是指人们通过企业的各种标志（如产品特点、行销策略、人员风格等）而建立起来的对企业的总体印象，是企业文化建设的核心。企业形象是企业精神文化的一种外在表现形式，是社会公众与企业接触交往过程中所感受到的总体印象，这种印象是通过人体的感官传递获得的。

一、企业形象设计要素

企业形象的基本要素包括品牌形象、服务形象、经营管理形象与员工形象、公共关系形象和企业环境形象等。

1. 品牌形象

品牌形象是指企业主导经营（销售或维修）的汽车品牌、档次及质量，以及因此而配备的设备类型、档次及质量。企业的品牌形象将关系到企业的技术能力与信誉，是企业形象中最基本的要素。企业的品牌形象也是企业销售和维修质量、服务形象与工作质量的综合反映。为了能在社会公众心目中创立和留下独特和良好的企业品牌形象，企业名称、企业商标和企业广告必须简明扼要、寓意美好（包括图案和色彩搭配等）、构思精巧，能给人们留下深刻的记忆。显然，企业的品牌形象是企业的无形资产，能给企业带来巨大的利润。

2. 服务形象

服务形象是指企业的服务方式、服务项目、服务态度和服务质量等。通过企业的服务形象，从而给社会公众留下深刻的整体印象，特别是使消费者产生满意度和信赖感。显然，在产品高度趋同的情况下，企业有特色的服务形象是现代企业的竞争焦点。它不仅构成了企业品牌形象的重要方面，而且增加了现代企业的附加值。

3. 经营管理形象与员工形象

现代企业的生产经营管理活动都不是孤立的，当它与外界打交道时，企业的经营管理状况（如企业是否经营有方和管理有序，是否有足够的经济实力和文化实力，是否讲诚信，是否具有独特的企业文化和企业精神等）以及员工的言行都会给社会公众留下或褒或贬的形象。因此，企业经营管理形象与员工形象不仅是企业品牌印象的主题内容，还决定着社会公众对于企业印象的整体褒贬。

企业的生产经营管理形象，包括企业的经营理念、经营作风、经营方式、经营成果、管理组织、管理制度、管理基础工作、企业经营实力以及企业文化氛围等。员工形象包括企业管理者形象和企业员工形象。前者包括企业领导班子及企业内部各层次管理人员的能力、素质、气度、办事效率的工作业绩等；后者包括企业员工的文化素质、技术水平、职业道德和精神风貌等。

4. 公共关系形象

企业在日常的生产经营管理活动中，不断地与外部经营环境谋求协调，并通过各种场合，表现着企业的品牌形象（例如保证产品质量与服务质量，遵纪守法、照章纳税，支持公益事业，承担社会责任，对厂商、对银行、对客户讲求诚信，与社会各界保持着良好的公共关系等）。公共关系形象就是指企业在公共关系活动中给社会公众留下的形象。企业的公共关系形象能够有效地扩大企业影响，并争取社会公众对企业的理解和信任。因此，企业的公共关系形象既是塑造企业形象的重要途径和手段，也是企业形象的一个重要组成部分。

5. 企业环境形象

企业环境形象是指企业通过其生产经营场所、建筑特色、装饰风格、生产设备等反映出来的外观形象。企业的环境形象犹如人的仪表服饰，它反映着企业的经营风格和审美观念，从而给社会公众造成强烈的第一印象。

二、企业形象识别系统（CIS）

1. 企业形象识别系统概述及理解

企业形象识别系统（Corporate Identity System）是指将企业的文化理念通过统一的行为识别、视觉识别设计，予以系统化、规范化、可视化，并借助整合营销传播，在公众中树立良好的组织形象，从而为企业经营提供良好的经营环境的设计工程。

企业形象识别系统包括三个互相关联的子系统，分别是 MI（Mind Identity）理念识别、BI（Behavior Identity）行为识别和 VI（Visual Identity）视觉识别。理念是基础，行为是主导，视觉是桥梁，三者互为因果，不可或缺。

1）MI 是企业的最高思想系统和战略系统。它包括经营宗旨、发展战略、企业特有的精神和信条，以及企业思想、哲学与方针策略等。它对内可以形成凝聚力，对外形成吸引力。MI 是现代企业适应市场经济变革而做出的调整中最困难的部分。在市场竞争中，任何没有独特经营理念的企业，没有优秀文化的企业，都创造不出先进的经营成果，获得不了一流的业绩，也催生不出优秀的管理行为。企业理念必须是可以操作的，同时又要有特色，切忌雷同。一个具有独特个性的优秀理念应该是在借鉴中外著名企业的经营思想和管理经验的基础上，融合本企业的特点，经过长期实践、高度提炼而形成的。

2）BI 是企业运行的所有规章制度和行为规范，是企业实践经营理念的具体行为。它将经营理念渗透到日常工作管理之中，渗透到员工的心中，通过企业各部门的彼此协调、整合，产生整体性的创新活动，塑造企业的完美形象。它包括准则、行为方式、管理方法、营销手段、机构设置、员工的培养方式、公益性与文化性活动等。BI 规范着企业的经营、生产以及一切社会活动。对内是建立完善的组织制度，管理、经营、生产制度，职工的福利制度与行为规范，各种奖惩制度；对外则是通过企业的社会公益文化活动，经营、生产水平，人才质量等产生的一种识别，即人们通过企业的行为特征及其成果去识别、认知这一企业。

3）VI 是通过视觉传播，将企业的经营理念、文化特质、专业特点、规范等抽象语言转化为具体符号概念，以有形的方式展示出来，通过组织化、统一化、标准化、系统化的视觉方案，体现企业的经营理念和精神文化，以形成独特的企业形象。VI 是 CIS 中最快、最外在、最直观的部分，是传递企业整体信息的最佳手段。同时，又可艺术地提升企业形象，其内容包括企业品牌标志、企业旗、企业徽、企业歌、衣着制服、标准字、标准色、公务用品、传播媒介、交通工具、公共指示系统以及富有特色的景点、建筑等，其所形成的独特的视觉识别系统，有助于顾客在众多的企业中把目标企业分辨出来。

企业形象各子系统与企业文化结构之间的关系如图 9-8 所示。

2. 企业形象识别系统的作用

（1）改善企业的"体质"　各企业处在全面变革的时代，企业必须全面反省和调整自己的经营思想、组织行为。CIS 通过周密、严谨、有序的系统工程，对企业的各方面进行全面彻底的检讨，并根据发现的问题，设计出解决问题的程序、模式、标准及方向，以帮助企业转变机制，更新观念，规范行为，重塑形象，使企业具有自我适应、自我调整和自我更新的能力，充分挖掘企业内的各种经营资源，提高生产、销售、服务的水平和档次，从而推动企业的发展。

（2）统一和提升企业的形象　企业形象是一个包容面非常广泛的综合体，它包括企业名称、企业品牌标志等有形要素，也包括信誉、经营思想、生产水平、创新精神、人才质量、行为规范等无形要素。它或者以一个简单的视觉符号，或者以一句高度精练的口号，使人一看到或听到它就能马上识别出各个企业，从而形成对"顾客"的"说服力"和"感染力"。

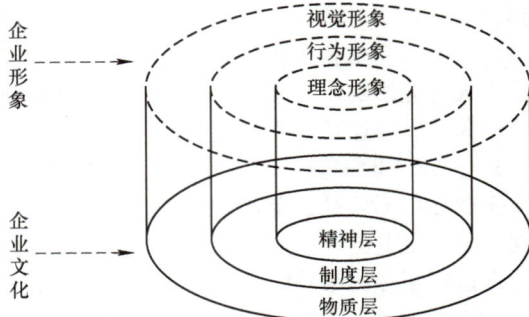

图9-8　企业形象与企业文化关系图解

（3）凝聚功能　CIS能起到增加内部凝聚力的作用，表现为两个方面：其一，通过对员工价值观和行为观的造就与规范，使人们超脱低层次的狭隘眼光，动员其为共同的企业发展理念、发展战略而主动调节个人与集体之间的关系，培养大家的归属意识、群体意识和参与意识，从整体上提升员工的创新精神；其二，标准化、规范化的视觉综合设计，可以达到为企业美容的目的。一句响亮的口号，能给人以耳目一新、朝气蓬勃的感觉，能激发员工的士气。

（4）产生良好的外部经营环境　一个企业良好的形象，犹如一个巨大的磁场，吸引着"顾客"，人才、资金、国内外生产经营合作的伙伴，保持企业持久、旺盛的创新活力和生命活力。卓越的CIS，能吸引人才不断加盟，拓展合作空间，为企业的发展创造良好的外部环境。

（5）推动企业的文化建设　现代企业的文化包括三个方面的内容：精神文化、制度文化和物质文化。

现代企业的CIS工程是其文化建设的重要内容。两者在内容上有着同质的吻合性：MI属于精神文化的范畴；BI属于制度文化的范畴；VI则紧密地与企业的物质文化层面相联系。

现代企业的文化建设着眼于人才培养素质的全面发展、内部管理的科学与规范、科学与技术的创新、社会责任感的建立与提高。而企业形象设计则着眼于企业形象的建立、传播与认同，促进企业的发展。

因此，现代企业文化建设与形象设计相得益彰，企业要塑造良好形象，必须依靠企业文化建设的直接成果；而企业良好形象的树立又必然会推动企业文化整体建设向新的、更高的层次发展，见表9-1。

表9-1　企业文化建设体系方案

企业文化建设方法		企业文化建设内容
CIS	VI	物质文化
	BI	行为文化
	MI	精神文化
制度建设保障法		行为文化
正式培训灌输法		行为文化、精神文化
非正式教化渗透法		精神文化
领导率先示范法		行为文化
员工积极实践法		行为文化

3. 企业形象识别系统实施原则
要想成功地实施CIS战略，应遵循下述几个原则。

（1）**坚持战略性的原则**　既为现代企业形象战略，就必然具有长期性、全局性和策略性的特征。CIS 战略应立足当前，放眼长远。它绝非是 1～2 年或 3～5 年的近期规划，而是企业未来 10 年、20 年甚至更长时间的具体发展步骤和实施策略。

（2）**坚持民族性的原则**　"越是民族的，越是世界的"。CIS 战略是从企业发展方向、经营方向上设计与规划自我，CIS 的创意、策划、设计工作的基础应该立足于我们民族的文化传统、消费心理、审美习惯、艺术品位等，这样才有可能为公众所认同从而获得成功。

（3）**坚持个性化的原则**　CIS 战略是企业为塑造完美的总体形象，而在企业群中实施差别化的策略，重要的一点就是要求企业形象具有鲜明的个性特征和独具一格的特质，不能"千人一面"。IBM 与可口可乐就是个性成功的典范。

（4）**坚持整体性的原则**　从 CIS 的三个方面来看，它们不是相互脱节的，而必须表里一致、协调统一，BI、VI 为 MI 服务，外美内秀，才是值得称道的。

CIS 的效果评价一直是比较困难的，因为其涉及范围广，收效也难以量化度量。日本日经研究所曾设计了一套 CIS 效果调查指标体系，包括市场因素、外观因素和现代因素三类。不同企业在导入 CIS 时，会注重不同的因素。日本日经研究所认为，企业的销售额和广告认知度是评价 CIS 效果的决定性因素。我国学者也对此进行了深入的研究，提出了更为详尽、科学的 CIS 导入效果的量化评价体系，包括 MI、BI 对外活动识别部分，BI 对内活动识别部分，VI 应用要素部分，VI 基本要素部分等 5 类 30 个指标。这套指标较为全面细致地反映了 CIS 的内容，但指标较抽象，实际运用时存在一定的问题。

应该说，CIS 导入是企业追求内在美和外在美和谐统一的过程，而同时企业的 CIS 战略实施是一个不断运动发展的系统工程。它要求企业根据自身各个时期的不同情况加以修正、补充与创新，这样企业才有可能长久保持和发挥 CIS 的强大作用与优势。

4. 汽车服务企业形象识别系统设计程序

（1）**汽车服务企业实态调查阶段**　把握汽车服务企业的概况、外界认知和设计现况，并从中确认汽车服务企业给人的形象认知状况。

（2）**汽车服务企业形象概念确立阶段**　以调查结果为基础，分析汽车服务企业内部、外界认知、市场环境与各种设计系统的问题，来拟定汽车服务企业的定位与应有形象的基本概念，作为 CIS 汽车服务企业设计规划的原则依据。

（3）**设计作业展开阶段**　根据汽车服务企业的基本形象概念，转变成具体可见的信息符号。并经过精致作业与测试调查，确定完整并符合汽车服务企业的识别系统。

（4）**完成与导入阶段**　重点在于排定导入实施项目的优先顺序、策划汽车服务企业的广告活动及筹组 CIS 汽车服务企业形象设计执行小组和管理系统。并将设计规划完成的识别系统制成标准化、规格化的手册或文件。

（5）**监督与评估阶段**　CIS 汽车服务企业形象设计的设计规划仅是前置性的计划，如何落实建立汽车服务企业的形象，必须时常监督评估，以确保符合原来设定的汽车服务企业形象概念，如发现原有设计规划有所缺陷，应提出检讨与修正。

【重要知识点回顾】

1. 企业文化的内涵和基本特征
2. 企业文化的功能
3. 企业文化建设的原则
4. 企业文化与企业战略的关系
5. 企业文化建设的方法与程序

6. 企业形象设计的概念与构成

【能力训练】

任务一　企业文化理解及应用

案例一：

宝马公司（BMW）的企业文化

懂你，源自十年的维护经验；懂你，凭借完善的管理体系；懂你，依靠高效的服务机制，用更为切实的互动式服务，将客户需求把握更准确，了解更透彻。

关心，不仅仅是将你放在心上，而是每时每刻为你着想，为你营造更加便捷周到的服务体验。因为专业，所以更懂你；因为关心，所以更贴心——华晨之家，懂你更会关心你。

宝马公司立足于全球市场，公司以市场为中心开展一切活动，宝马公司的企业文化充分体现了以市场为主导的特点。宝马公司的企业文化具体可概括为以下几个方面。

一、"生产紧随市场"的经营哲学

宝马公司的全球生产网络的构建遵从"生产紧随市场"的经营哲学。公司根据当地市场情况来建立生产网络，同时在生产管理方面紧随市场需求，采取柔性管理。在生产方面，同员工的团队合作一样，在宝马公司内，各厂都在一个共同的生产体系内进行大量协作。同时，公司采取柔性管理方式，各厂都根据不同的生产车型对人员进行灵活调配，并以灵活的工作时间和灵活的物流管理而见长。据此，宝马公司高度协调的生产网络不仅可以高效管理汽车生产中非常复杂的工艺流程，而且可以对某车型的需求变化迅速做出反应。

二、注重人的可持续发展的人事理念

宝马公司把员工的可持续发展视为企业成功的主要因素，同时，也视其为在世界范围内领先的重要保证，并把这一理念融入公司的经营哲学中。由于宝马公司着眼于未来的人事政策，使员工表现得以改善，在缩减人力成本的同时，提高了公司效益。宝马公司人事政策的八条纲领将这一方针具体化并落实在每天的工作中：

1）相互尊重，以积极的态度对待分歧。

2）超越国家和文化边界的思维方式。

3）工作表现是报酬的基础。

4）团队合作的成果高于个人工作之和。

5）保证为忠诚和有责任感的员工提供有吸引力的工作职位。

6）尊重员工的人权不容置疑。

7）以社会标准对待供应商和商业伙伴是做生意的基本准则。

8）优厚的员工利益和强大的社会责任感。

三、社会角色定位

作为一个全球性的企业，其成功与否已经不能仅仅以盈利水平和销售数字来衡量。全球性企业必须切实承担起环境保护、员工福利和其他社会责任，只有这样才能保证持续取得商业上的成功。多年以来，宝马公司始终把可持续发展的原则贯彻到公司的经营活动中，对经济发展、生态保护和社会影响等因素予以同等重视。宝马公司的可持续性发展策略的核心要素是为员工提供高标准的社会待遇、生产环保产品并在生产过程中保护环境，此外还包括完善道路交通管理等。

宝马公司在业务活动中执行可持续性发展策略，这体现在范围广阔的不同方面。

1. 个人交通的未来

为了确保"可持续性交通发展"，宝马公司不懈努力并做出许多开创性贡献，比如，除了为

交通繁忙的城区开发了智能和生态型交通管理系统外，宝马公司还致力于开发可替代动力系统。在这方面，宝马公司的重点是"清洁能源"，即通过电解方式从其他可再生能源中获得液态氢，用做未来驱动汽车的清洁燃料。

2. 环境保护

环境保护是宝马公司可持续发展策略中的重要内容，它贯穿于优化产品和生产过程的所有努力中。在评估产品的环境影响方面，宝马公司优先考虑和关注的要点在于降低汽车的油耗。另外，它还特别强调具有可持续性特点的产品开发，在产品开发之初就充分考虑环保和回收利用等因素。在生产过程方面，宝马公司的每个生产厂都通过了国际环境管理系统 ISO 14001 认证，并在适用地区经过了欧盟环保委员会（EMAS）的审核。因此，BMW 集团是第一家，也是迄今为止唯一一家在全球所有工厂都采用国际标准的环境管理系统，又符合当地环保要求的汽车制造商。

3. 企业公民义务和对社会的承诺

宝马公司信守的格言是承担责任，因此，宝马公司特别关注一系列社会课题，包括交通安全、各国间不同文化的相互理解和学习、公共教育以及对高素质人才的资助等。此外，宝马公司还致力于在各个生产厂所在地区，建立相互理解和彼此信任的社区关系。宝马公司遵循自身的企业文化和企业目标选定了上述内容。这适用于宝马公司的所有子公司，因为一种内部员工赖以生存的企业文化，才可能影响公司外界。

4. 与政界和社会团体的交流

与各种社会公益组织、工商协会和研究机构等建立广泛的合作关系是宝马公司可持续发展战略的组成部分。公司对由前联合国秘书长科菲·安南提出的"小小寰球"计划的支持是这一领域的例证。该项目正是以促进全球范围内工商界、政界和国际社团组织间的合作为目标的。宝马公司还通过支持国际论坛促进对当前经济和政策问题的开放式讨论。

一、训练目的

1）熟悉企业文化的内涵。

2）掌握企业文化构成要素的内容。

3）了解企业文化战略。

二、训练步骤

1）教师指导学生进行分组，每组 5～6 人。

2）各组进行案例内容的分析、讨论。

3）各组结合案例所涉及理论知识点，分析企业文化与企业战略发展之间的关系。

三、训练要求

1）能够准确地找到案例所涉及的理论知识点。

2）能够结合案例内容及知识点内容展开分析讨论。

四、实训涉及内容

1. 企业文化内涵。

2. 企业文化构成要素。

3. 企业文化战略。

任务二　企业薪酬文化理解及应用

案例二：

德国大众的企业文化——薪酬文化

德国大众是当今世界知名的跨国大型汽车工业公司，在美国《财富》杂志按营业额评选的世界 500 强企业中排名前 30 位，其总部设在德国沃尔夫斯堡。

大众企业文化的核心即两个成功。第一个成功是指使每个员工获得成功，人尽其才，个人才能充分发挥；让员工提合理化建议，增强主人翁意识，参与企业管理。第二个成功是指企业的成功，使企业创造出一流的业绩，使企业像雪球一样越滚越大。

两个成功互为前提，相辅相成，在员工实现自身价值的同时，最大限度地保证企业成功。他们认识到员工应当自由支配一生中的工作时间，对每个员工都应有灵活的安排，通过使员工与其所能适应的工作位置相匹配，实现员工的自身价值，最大限度地激发员工的积极性和创造力；防止辞退现象，保证位置的存在，要做到公司不景气时不发生辞退现象，不能遇到困难就辞退职工了事。大众公司强调要建立社会市场经济，企业要承担应有的社会责任。企业要建立动态的薪酬制度，以适应经济状况的变动，使企业成为在市场经济海洋中"有呼吸的企业"。

一、构建动态薪酬体系

所谓动态薪酬体系，一是根据公司生产经营和发展情况，以及其他有关因素变动情况，对薪酬制度及时更新、调整和完善；二是根据调动各方面员工积极性的需要，如调动管理人员、科研开发人员和关键岗位员工积极性的需要，随时调整各种报酬在报酬总额中的比重，适时调整激励对象和激励重点，以增强激励的针对性和效果。这其中包括基本报酬、员工参与性退休金、奖金、时间有价证券、员工持股计划、企业补充养老保险六项。

基本报酬：保持相对稳定，体现劳动力的基本价值，保证员工家庭基本生活。

员工参与性退休金：1996 年建立，员工自费缴纳费用，相当于基本报酬的 2%，滞后纳税，交由基金机构运作，确保增值，属于员工自我补充保险。

奖金：1997 年建立，一为平均奖金，每个员工都能得到，起保底奖励作用；二是绩效奖金，起进一步增强激励力度作用，使员工能分享公司的新增效益和发展成果。

时间有价证券：1998 年建立。

员工持股计划：1999 年建立，体现员工的股东价值。

企业补充养老保险：2001 年建立，设立养老基金。企补充养老保险相当于基本报酬的 5%。

二、实行以岗位工资为主的工资制度

动态薪酬体系中的基本报酬部分，采取了岗位工资制度形式。实行岗位工资制度，首先要建立职位分析和岗位评价制度。其次，建立以职位分析和岗位评价制度为基础的岗位（职位）职务等级工资制，共分 22 级，其中，蓝领工人基本报酬是 1~14 级，白领是 1~22 级。

三、根据员工业绩和企业效益建立奖金制度

按照劳资协定，蓝领工人绩效奖金约占工资总额（基本报酬 + 奖金）的 10%；白领占 30%~40%；高级管理人员占 40%~50%。

四、职位消费

大众公司有一套严格的职位消费管理办法，根据职位高低，管理层人员有金额不等的职位消费权力，既有激励力度，又有约束力度。监事会对董事会成员的职位消费做出决定；董事会对高级管理人员的职位消费做出决定。公司中央人事部对职位消费制定具体实施办法。享有职位消费权力的人员包括高级管理人员 120 人，中层经理 1700 人，基层经理 1180 人。职位消费包括签单权、车旅费报销等。如国外子公司副总经理拥有专机，基层科长有两部车，高层管理人员的签单权有分级标准。其中，二级经理的签单权为一年 5 万马克等。

一、训练目的

1）掌握企业文化的结构。

2）理解企业文化的功能。

二、训练步骤

1）教师指导学生进行分组，每组 5 ~ 6 人。

2）各组进行案例内容的分析、讨论。

3）各组结合案例所涉及理论知识点，分析企业文化与员工激励之间的关系。

三、训练要求

1）能够准确地找到案例所涉及的理论知识点。

2）能够结合案例内容及知识点内容展开分析讨论。

四、实训涉及内容

1）企业文化的结构。

2）企业文化的功能。

第十章

汽车服务企业经营决策与战略管理

目标名称	目标内容
知识目标	1. 了解企业经营决策管理的含义及其重要性
	2. 掌握汽车服务企业经营管理的原则
	3. 掌握汽车服务企业经营计划的特点
	4. 了解企业战略管理的含义及其重要性
	5. 掌握汽车服务企业战略管理的控制方法
技能目标	1. 能够进行企业市场预测
	2. 能够运用正确的方法进行汽车服务企业经营决策管理
	3. 能够针对汽车服务企业各阶段进行战略管理
	4. 企业战略管理中会运用 SWOT 分析模型
情感目标	1. 培养学生经营决策的方法运用能力
	2. 培养学生企业管理中的全局意识

建议学时：4 学时。

名人名言

决策是管理的心脏，管理是由一系列决策组成的，管理就是决策。

——赫伯特·西蒙（美国著名管理学家）

第一节　汽车服务企业经营决策概述

【案例导入】

东方汽车制造公司筹资决策

东方汽车制造公司是一个多种成分并存，具有法人资格的大型企业集团。公司现有 58 个生产厂家，还有物资、销售、进出口、汽车配件 4 个专业公司，一个轻型汽车研究所和一所汽车工业学院。公司现在急需 3 亿元的资金用于"十一五"技术改造项目。为此，总经理赵先生于 2005 年 2 月 10 日召开了由生产副总经理张先生、财务副总经理王先生、销售副总经理李先生、某信托投资公司金融专家周先生、某研究中心经济学家吴教授、某大学财务学者郑教授组成的专家研讨会，讨论该公司筹资问题。下面是他们的发言和有关资料。

总经理赵先生首先发言，他说："十一五"技术发行项目经专家、学者的反复论证已被国务院于 2004 年正式批准。这个项目的投资额预计为 6 亿元，生产能力为 4 万辆汽车。项目改造完成后，公司的两个系列产品的各项性能可达到国际先进水平。现在项目正在积极实施中，但目前资金不足，准备在 2006 年 7 月筹措资金 3 亿元，请大家讨论如何筹措这笔资金。

生产副总经理张先生说：目前筹集的 3 亿元资金，主要用于投资少、效益高的技术改造项目。这些项目在两年内均能完成建设并正式投产，届时，将大大提高公司的生产能力和产品质量，估计这笔投资在投产后 3 年内可完全收回，所以应发行 5 年期的债券来筹资。

财务副总经理王先生提出了不同的意见，他说：目前公司全部资金总额为 10 亿元，其中自有资金为 4 亿元，借入资金为 6 亿元，自有资金比率为 40%，负债比率为 60%。这种负债比率在我国处于中等水平，与世界发达国家相比，负债比率已经比较高了。如果再利用债券筹集 3 亿元资金，负债比率将达到 64%，显然负债比率过高，财务风险太大。所以，不能利用债券筹资，只能依靠发行普通股或优先股股票筹集资金。

但金融专家周先生认为：目前我国金融市场还不完善，股价波动较大，况且受股市规模限制，因此，在目前条件下要发行 3 亿元普通股股票十分困难。发行优先股还可以考虑，但根据目前的利率水平和市场状况，发行时年股息率不能低于 16.5%，否则将无法发行。如果发行债券，因要还本付息，投资者的风险较小，估计以 12% 的年利率就可以顺利发行。

公司的销售副总经理李先生认为：产品销售量没有问题，因为该公司生产的轻型货车和旅行车，几年来销售情况一直很好，畅销全国各大省、市、自治区，市场上较长时间供不应求。2003 年公司的销售状况创历史最高水平，居全国领先地位。在近几年全国汽车行业质量评比中，轻型客车连续夺魁，轻型货车两年获第一名，一年获第二名。

财务副总经理王先生补充说：公司属于国务院批准的高新技术企业，执行特殊政策，所得税税率为 15%，税后资金利润率为 15%，准备上马的技术改造项目，由于采用了先进设备，投产后预计税后资金利润率将达到 18% 左右。所以，这一技术改造项目仍应付诸实施。

来自某大学的财务学者郑教授听了大家的发言后指出：以 16.5% 的股息率发行优先股不可行，因为发行优先股筹集资金所花费的筹资费用较高，把筹资费用加上后，预计利用优先股筹集资金的资金成本将达到 19%，这已高出公司税后资金利润率，所以不可行。但若发行债券，由于利息可在税前支付，实际成本大约在 9% 左右。

财务副总经理王超听了郑教授的分析后，也认为按 16.5% 发行优先股，的确会给公司造成沉重的财务负担。

案例思考：

企业的领导者如何进行经营决策？

一、经营与决策概述

1. 经营的概念

经营指的是企业如何根据自己的内部和外部条件，确定本企业的远、近期目标和发展方向，并拟订实现此目标的各种计划。

例如：企业生产什么产品，生产多少，产品如何生产，产品销售给谁，如何销售，如何合理地利用本企业的人力、物力和财力，组织好供产销的平衡，以最少的消耗取得最大的盈利等。

就一个企业来说，经营能力的高低和经营效果的好坏，主要取决于在企业特定内、外部条件下的正确决策以及企业内部优势的发挥。因此，经营研究的主要是预测、对策和决策问题，企业经营的重点是决策。

2. 决策的概念

决策就是决策者为达到预期的目标，对若干准备的行动方案进行选择并做出决定的过程，是决策者将要见之于客观实践的主观能力。

在决策的实践中，对于同样的决策问题，不同的决策者往往会有截然不同的决定或选择。

这里面就体现了决策者主观能力的差别。就个人决策来说，决策体现了个人的主观能力。而对于集体决策而言，主观能力表现为不同的形式，有领导者的个人能力，领导集团的能力，但绝不是先验思想，不是生来所固有的。

它是人们在过去和现在的实践认识及对未来科学预测的基础上见之于客观行动之前的主观能力，是对客观的认识及其对未来行动的驾驭能力。

（1）经验决策及其局限性　经验决策是指依靠个人的经验、知识、才干及其直观判断所进行的决断。决策者的决策行为只以个人的方式出现，也只体现了以个人经验为基础的主观能力。

经验决策在历史的进步中确实起过相当重要的作用，这是因为决策者个人的智慧及决策行为与当时的历史条件和生产方式是相适应的。但是，经验决策毕竟是以个人的经验为基础的，它的特征表现为人在决策过程中直观的感知性、认识的表面性、观察的局部性、分析的不确定性等。经验决策的局限性是十分明显的，主要是因为：

第一，人的决策总是有限的。决策者不可能万事躬亲，取得经验，再去进行决策。经验往往只对重复的事情进行决策有效，而对新发生的事情、例外的事情，则起不到作用。

第二，人的认识、判断能力是有局限性的。任何人的知识都是有限的，其实践也是有限的。而客观世界的发展变化则是无限的，凭经验决策做出的判断往往是局部的、表面的、主观的，对于客观事物的发展规律很难认识或把握，失败有时也就难以避免。

第三，经验决策总是以个人的行为方式出现的。决策者受个人的主观意识、性格、品质或各种恩怨、利害关系的制约较大，因而容易根据个人的喜怒哀乐或受周围人的各种偏见影响而做出错误的判断，导致决策的失误。

第四，经验决策只着眼于短期的行为目标，只着重眼前的利益，而且与决策者个人的利益相关。决策者往往为了达到目的，不顾及周围环境的变化，也不考虑长远的后果，急功近利，急于求成，结果难免事与愿违，有时还会产生严重的危害。

因此，经验决策即使在小生产方式的社会条件下，也存在着客观的局限性。至于社会发展到今天，它的局限性或危害性就更突出了，决策从经验走向科学也就成了历史的必然。

（2）科学决策　从经验决策发展为科学决策，经历了漫长的历史过程。人类把决策问题作为一门科学进行系统的研究，始于20世纪60年代，它在世界各国已获得了迅速的推广与普及。科学决策之所以会产生并获得迅速发展，这并不是人的主观意志决定的，而是科学进步和社会生产力发展的必然结果。

现代的科学决策活动具备以下主要特点：

1）科学地预测研究。

2）多方案比较。

3）定量分析与定性分析相结合。

4）强调运用现代决策的各种科学方法和技术手段。

5）依靠咨询系统。

6）决策程序科学化。

3. 企业经营决策

企业经营决策是指企业为实现某一特定目标，在获得企业和市场信息的基础上，根据客观条件，拟订几种备选方案，从中选出一个满意的方案，并实施方案、对实施情况进行控制的过程。

二、经营决策的理解

1. 经营活动的组成

企业的经营活动，一般是由下列环节组成的：

　　1）确定经营方针和经营目标，拟订企业的中长期计划。

　　2）确定销售方针，销售渠道和销售方法，制订销售计划。

　　3）制订企业的生产计划和成本计划。

　　4）制订生产和技术准备的工作计划

　　5）制订财务计划。

2. 经营决策的类型

　　按照决策问题的重要性，可以将企业中的决策问题分为战略决策、管理决策和业务决策三大类。

　　按照问题所处的状态，可分为确定型决策、风险性决策和不确定型决策。

　　按照决策者所处的层次，可以分为基层决策、中层决策、高层决策。

　　企业经营决策按照问题发生的重复性和解决问题的经验成熟程度，可分为程序性决策和非程序性决策。程序性决策是指那些经常重复出现的决策，它们有预定的处理程序和处理规则，如库存决策、生产方案决策；非程序性决策是对不重复的或很少重复发生的问题所做出的决策，事先难以确定处理程序和处理规则，如投资决策、市场开发决策等。

　　按照问题的类型，可以分为生产决策、计划决策、产品开发决策、技术引进决策、投资决策、资源开发利用决策、价格决策、成本决策、市场销售决策、财务决策和组织人事决策等。

3. 经营决策的原则

　　经营决策的原则主要包括目标明确性原则、全局性原则、系统性原则、经济性原则、可行性原则、时效性原则、灵活性原则等。

4. 经营决策系统

　　现代企业经营决策系统有完整的结构，这个系统一般由三个子系统组成，即决策核心系统、决策辅助系统、执行和反馈系统。

　　（1）决策核心系统　这一系统是企业决策系统的中枢，由负有决策责任的高层次决策机构所组成，决策系统的核心是拥有决策权的领导集团或领导者个人，如董事会、董事长、总经理、部门经理等。

　　（2）决策辅助系统　决策辅助系统有决策信息系统和决策咨询系统。

　　决策信息系统设立在各级决策系统周围，专门收集、统计、储存、检索、传递、显示有关情报资料信息的组织机构，一般由企业统一的信息机构、参谋咨询系统内部的信息机构、社会情报网组成。

　　决策咨询系统是专门为决策服务的研究咨询系统，是广泛开发智力、协助决策核心系统决策的组织，其主要任务是对将要进行的某项决策加以分析，采用现代运筹与预测的方法，利用信息系统提供的数据资料，对决策问题进行系统研究，从不同角度、不同侧面分析决策的形态、结构、后果及各方面的反应，最终提出高水平的可供决策者选择的比较方案。

　　（3）决策执行和反馈系统　执行系统是执行企业决策核心系统的各项决策指令并付诸实施的系统，如调度室、职能部门等。执行系统是一个由低级到高级保证决策逐步实施的系统，下一级的执行机构除了保证自身实施上一级决策机构正确方案外，还必须为上一级决策机构服务，以保证上一级决策目标的实施。执行系统在执行决策指令的过程中，又将执行情况及新的信息反馈到决策核心系统和其他系统中，再由决策系统进行追踪决策。

　　在企业决策系统中，有一个与各个子系统都密切相关、存在于上述系统中的反馈系统。决策系统只有在反馈系统正常运行的情况下，才能不断地对指令进行滚动式修正，以保证决策正确并顺利执行。

5. 经营决策管理的意义

　　第一，企业作为一个相对独立的经济实体，具有决策权，企业的这种独立性和决策权是搞企业活动，提高企业经济效益所必需的。作为一个相对独立的经济实体，企业必须自觉地研究价值规律的作用，在竞争环境里学会自主经营的本领。作为一个相对独立的决策者，它还必须对经营方向、经营目标、经营战略、经营计划做出符合实际的决策。

第二，企业有了与它对国家承担经济责任相适应的经济利益，这种责任和利益，构成了企业发挥经营积极性的外部压力和内在动力，使企业经营活动成果与其物质利益发生直接关系。这就要求企业千方百计地学会经营，提高企业经济效益。

第三，国家为企业规定的指令性计划与指导性计划，必须建立在对市场需求的精准预测和企业生产能力的精确计算的基础上，每个企业的生产活动都要同市场发生直接关系。目前我国市场竞争激烈，要求企业及时准确地掌握市场动态，根据用户需求提供适当的服务，提高企业的竞争能力。

第四，在社会主义制度下，企业作为一个商品生产者，只有制订正确的经营战略和经营策略，扬长避短，发挥优势，才能立于不败之地，才能对国家做出贡献。这样，经营管理的地位和作用就更重要了。

第二节　经营决策的方法

【案例导入】

袁经理的管理决策

袁经理从 20 世纪 90 年代以来，一直担任 A 农机公司的总裁，这家公司是一家生产和销售农业机械的企业。1995 年产品销售额达到 4000 万元，1996 年达到 4200 万元，1999 年 4450 万元，2003 年预计达到 4600 万元。每当袁先生坐在办公桌旁，翻看这些统计数字和报表时，常常为这些业绩感到颇为自豪。

一天下午，又是办公会议时间，袁先生召集了公司在各地的经销负责人，分析目前和今后销售形势。在会上，有些经销负责人指出：农业机械产品总的看来，尚有一定的市场潜力，但消费者的需求和趋向已经发生了重要的改变，公司应针对用户的需求，增加和改进新的产品，淘汰一些老化的产品，以满足现在用户和潜在用户的新需求。

身为机械工程师出身的袁先生，对新产品的研制、开发工作应当说是行家能手。因此，他听完了各地经销负责人的意见之后，心理很快就做了盘算，新产品的开发首先需要增加研究与投资。之后，又要花钱改造公司现有的自动化生产线，这两项工作大约耗时 3~6 月。增加生产品种的同时意味着必须储备更多的备用零件，并根据需要对工作进行新技术培训，投资还会进一步的增加。

袁先生一直有这样一种看法：从事经销工作的人总是喜欢以自己的业务方便来考虑，不断提出对各种新产品的要求，却不会考虑品种更新以及开发新产品必须投入的成本情况，这些意见不足以作为决策的依据。袁先生还认为，公司目前的这几种产品，经营的效果还不错。经过认真的盘算，他决定暂不考虑新品种开发的建议。目前的市场策略仍然是确保现有产品品种的地位和稳步发展。袁先生认为，只要不断提高现在产品的质量并通过改进产品的成本，开出具有吸引力的价格，不怕用户不走上门来，并坚信质量是提高产品制胜的法宝，他相信用户实际上也是这样考虑的。

案例思考：

1. 你认为该企业的外部环境中有哪些机会与威胁？
2. 如果你是顾问专家，你会对袁先生的决策如何评价？

一、企业经营决策的程序

企业经营决策的程序，即企业经营决策的过程。科学的决策必须遵循一定的工作程序，才能使决策科学化和规范化，才能避免决策的盲目性和主观随意性，取得应有的效果。

企业经营决策的基本程序可分为四个步骤，如图 10-1 所示。

1. 提出问题，确定目标

即进行调查研究，分析问题，找出要解决问题的关键，据此确定决策目标。决策目标可分为必达目标和争取要达到的目标。根据决策实践，决策目标的确立要注意几个问题：一是要分清主次，抓住主要目标；二是要保持各项目标的一致性，相互配合和衔接；三是目标要尽可能明确、具体，力求数量化，以便衡量；四是要明确规范好决策目标的约束条件。只有综合、全面考虑各种因素，目标才有可能实现。

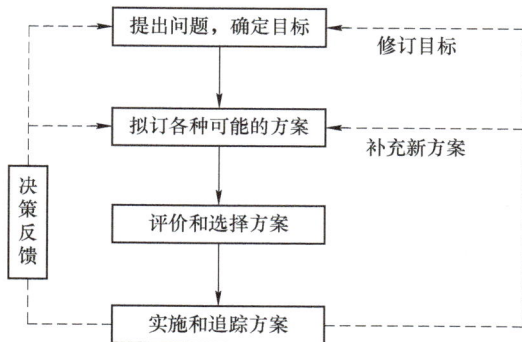

图 10-1 企业经营决策的程序

2. 拟订各种可能方案

即根据决策目标要求，寻求和拟定实现目标的多种方案。拟订方案时必须注意：一是尽可能多地提出各种不同方案，以供分析、比较和选择；二是拟订方案是一个创新过程，既要实事求是、讲求科学，又要勇于突破常规、敢于和善于创新；三是要精心设计，在技术上、经济上有较详细的论证，考虑到每个方案的积极效果和不良影响，摸清潜在的问题。

3. 评价和选择方案，做出决策判断

即从备选方案中选出一个比较令人满意的方案。在方案的评价和选择中，要注意以下几个问题：一是要确定评价标准，凡是能定量化的都要规定出定量标准；难以定量化的，要尽可能选出详细的定性说明；如果利用评分法作为综合评价，就要规定出评分标准和档次等。二是要审查方案的可靠性，即审查所提供的资料、数据是否有科学依据，是否齐全和准确。三是要注意方案之间的可比性和差异性，把不可比因素转化为可比因素，对其差异着重比较与分析。四是要从正、反两方面进行比较，考虑到方案可能带来的不良影响和潜在问题，权衡利弊，做出正确的决断。

4. 实施和追踪方案

方案一经选定，就要组织实施，落实责任到人。在执行过程中，要了解实施状况，采取措施或调整方案，以达到预期决策目标。

二、企业经营决策的方法

1. 定性分析预测法

定性决策方法是在决策中充分发挥人的智慧的一种方法。它直接利用那些在某方面具有丰富经验、知识和能力的专家，根据已知情况和现有资料，提出决策目标和方案，做出相应的评价和选择。这种方法主要适用于那些难以定量的决策问题，同时也可对某些应用定量决策方法做出的决策进行验证。定性决策方法常用的有以下几种：

（1）经验决策法 这是一种最古老的决策方法，由于它简便易行，在现代企业经营决策中仍然经常使用。特别是对那些业务熟悉、工作内容变化不大的专家，往往可以凭经验做出决策，并且能取得良好的效果。

（2）德尔菲法 这种方法是美国著名的咨询机构兰德公司于 20 世纪 50 年代初发明的。它的核心组织形式，是不把专家召集在一起开会讨论，而是发函请一些专家对一定的问题提出看法

和意见，被征询的专家彼此不相知。收到专家们回答的意见后加以整理分析，再分寄给专家们继续征求意见。如此重复多次，直到意见比较集中为止，以据此做出决策。这种方法可以使专家们毫无顾虑，各抒己见，同时又能把较好的意见逐步集中起来。

（3）**头脑风暴法**　这是邀集专家，针对确定的问题，敞开思想、畅所欲言、相互启发、集思广益，寻找新观念，找出新建议。其特点是运用一定的手段，保证大家相互启迪，在头脑中掀起思考的风暴，在比较短的时间内提出大量的有效设想。它一般采取会议讨论的形式，召集5～10名人员参加，会议人员既要求有各方代表，又要求各代表身份、地位基本相同，而且要有一定的独立思考能力。会议由主持人首先提出题目，然后由到会人员充分发表自己的意见，会上对任何成员提出的方案和设想，一般不允许提出肯定或否定意见，也不允许成员之间私人交谈。会议结束后，再由主持人对各种方案进行比较，做出选择。

（4）**集体意见法**　这种方法是把有关人员集中起来以形成一种意见或建议。与会者发表的各种看法，其他人可以参加分析、评价，或提出不同看法，彼此之间相互讨论、相互交流、相互补充、相互完善。会议主持人还可以根据发言者的个人身份、工作性质、意见的权威性大小等因素对各种意见加以综合，然后得出较为满意的方案。

2. 定量分析预测法

定量决策方法是建立在数学分析基础上的一种决策方法。它的基本思想是用数学公式把决策的常量与变量以及变量与目标之间的关系表达出来，即建立数学模型，然后根据决策条件，通过计算求得决策答案。

（1）**确定型决策方法**　确定型决策是指决策的影响因素和结果都是明确的、肯定的。一般根据已知条件，直接计算出各个方案的损益值进行比较，选出比较满意的方案。该思想下，通常采用的是盈亏平衡分析法。盈亏平衡分析法又叫量本利分析法，通过分析产量、成本和利润的关系，以盈亏平衡点为依据来评价选择方案的决策方法，它是确定型决策分析的有力工具。

盈亏平衡点法的基本原理如图 10-2 所示。设固定成本为 F，变动成本为 V，总成本为 T_c，单位产品变动成本为 C_v，销售量为 X，总销售收入为 R，单位产品价格为 P，利润为 E，则

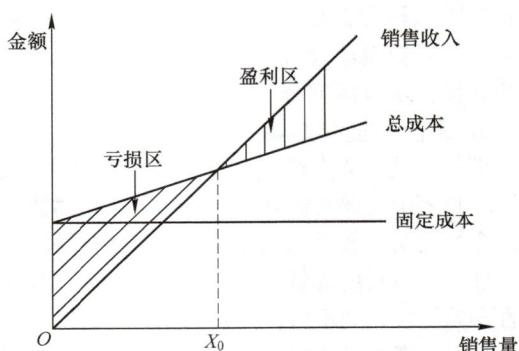

图 10-2　盈亏平衡点法工作原理图

$$E = R - T_c$$

$$R = PX$$

$$T_c = F + V = F + C_v X$$

$$E = R - T_c = PX - (F + C_v X)$$

当利润为零，即 $E = 0$ 时，$PX - (F + C_v X) = 0$，则

$$X = \frac{F}{P - C_v}$$

设此时 X 为 X_0，即盈亏平衡时的销售量，则有

$$X_0 = \frac{F}{P - C_v}$$

当企业的销售量大于 X_0 时，企业盈利；当企业的销售量小于 X_0 时，企业亏损。

（2）**风险型决策方法**　风险型决策方法一般先预计在未来实施过程中可能出现的各种自然状态，如市场销售状况可能有好、中、坏三种，估计这三种状态可能出现的概率。然后根据决策

目的提出各种决策方案，并按每个方案计算出在不同自然状况下的损益值，称为条件损益。最后分别计算出每个方案的损益期望值，进行比较，择优选用。具体方法有以下两种。

1）决策表法。决策表法是利用决策矩阵表计算各方案的损益期望值，进行比较的一种决策方法。

2）决策树法。基本思想：用树形图对方案进行决策。在该方法中，决策者首先完整地思考决策问题的各有关因素，把未来发展的各种可能情况彻底展开，从而形成未来各种不同的比较方案，然后结合未来各种不同情况发生的概率进行期望效益值的计算，以期望效益值大者为优选方案。决策树法是利用树枝状图形列出决策方案，根据自然状态概率及其条件损益，然后计算各个方案的期望损益值，最后进行比较选择。

决策树图形由决策点、方案枝、自然状态点和概率枝组成，其决策步骤如下：

第一步，绘制决策图。首先由决策点开始，由左至右展开，从决策点引出方案枝，有多少方案就有多少分枝。然后在方案枝后面接上自然状态点。从自然状态点联系出可能遇到的自然状态，称为概率枝，把可能出现的概率写在上方。如此顺次进行，直到得到最后的概率枝为止。最后，在最终的概率枝末端写上它的条件损益值。

第二步，计算期望值。从右往左按逆向顺序进行计算，把结果填在自然状态点上。计算时，如果有投资额，则应减去投资额，并将投资额写在方案枝下方。

第三步，比较不同方案的期望值，选出合理决策方案。保留期望值最大的方案，未被选用的方案用两条平行短线截断，称为剪枝。

例如，某公司有两种可行的扩大生产规模的方案：一种方案是新建一个大厂，预计投资 30 万元，销路好时可获利 100 万元，销路不好时将亏损 20 万元；另一种方案是新建一个小厂，需投资 20 万元，销路好时可获利 60 万元，销路不好时仍可获利 30 万元。假设市场预测结果显示，此种产品销路好的概率为 0.7，销路不好的概率为 0.3。请用决策树法选择最佳方案。

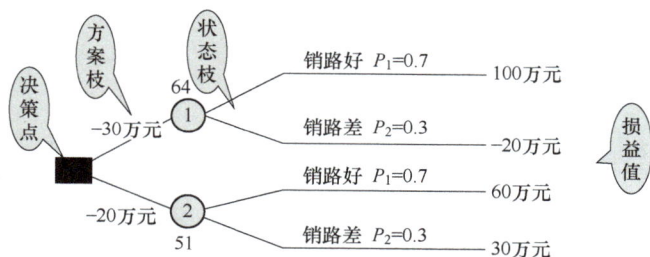

方案 1 的预期净收益：64 - 30 = 34（万元）
方案 2 的预期净收益：51 - 20 = 31（万元）

第三节　企业战略管理

【案例导入】

福特汽车的经营战略控制过程

在战略评价中必须回答的问题是，现在的战略是否取得了预期的结果？福特汽车公司（以下简称福特）对这个问题的回答是：福特汽车公司在 20 世纪 80 年代的战略证明是非常成功的。20 世纪 80 年代早期，福特面临着严峻的挑战：利率上涨、世界范围内严重的经济衰退以及激烈的国外竞争。这家世界上最大的企业之一必须重新塑造自我。在很短的时间内，福特做到了许多人认为不可能的事。福特人使公司恢复了元气，加强了其业务并开始开创一个新的未来。福特在新工具、新技术和一整代新车上投资了数十亿美元。

一、福特的未来战略——加强竞争力

Petersen 和 Poling 对福特汽车公司未来战略描述如下：汽车业务仍将是福特的核心业务。为确保福特能在全球范围内保持竞争能力，福特通过建立与其他制造商和零部件供应商的联系来补充其内部资源。这些双方有利的合作使我们进入原先可能不能进入的市场和消费领域。福特与马自达汽车公司建立了长期稳固的联系，福特拥有马自达 25% 的股份。1989 年为福特与马自达公司建立股权联系十周年；福特在南美与大众汽车公司、在韩国与南契亚公司也有重要的联系；它同样与尼桑汽车有限公司合作过各种各样的项目。另外，福特与其余六家美国公司一起组成了财团在原苏联寻求业务机会，包括福特汽车可能的销售和装配。即使与其他单位的联系正在发展，福特仍将继续加强内部的发展以确保满足公司长期科学技术创新的需要。福特的研究范围包括动力系统、电子和制造系统、材料和设计分析、物理化学科学。在这些研究中，福特实现了一个技术突破——研发了能帮助控制废气排放而减少铅污染的催化剂。

二、持续努力以达到预定目标

福特把其为达到预定目标所做的努力归纳如下：只有最强有力的竞争者才会在这种高度竞争的年代中生存下来，而福特全力投入准备成为其中一员。为达到目标，福特知道必须在竞争的每一个领域中成为最优秀者。福特人人已经确定了在努力中应优先考虑的几个关键问题：①提供高质量的产品和服务来满足顾客的需要，并且要做到物超所值；②继续努力发扬"以人为本"的企业文化；③在推选正在进行的最宏伟的全球投资活动时，制订、实施和优化最有效的成本运营和经营过程；④继续加强福特与分销商和供应商的伙伴关系。在保证顾客满意度、实现个人和集体的成功上，福特与分销商和供应商是伙伴关系。

案例思考：

1. 谈谈你对战略管理的认识。
2. 战略管理对企业的发展有何意义？

一、企业战略管理的含义

企业战略管理是企业对于全局性的发展方向做出决策，并通过组织、领导和控制等职能，保证发展方向得到有力贯彻的一系列管理工作。

1）由企业高层领导人负责，各级管理人员参与，以正确的战略思想为指导。

2）通过企业外部环境分析，寻求环境中存在的机会和可能发生的威胁；通过企业内部条件分析，用优势和劣势评价企业现有的和未来能够具备的能力。

3）选择和确定企业的长远发展方向、战略目标和企业各个层次的战略；制订和选择实现目标的战略计划和行动方案，并加以实施。

4）在战略实施过程中，要认真地分析、评价企业战略的实施情况，进行有效的控制；当企业的环境和企业内部条件发生变化，或者发现原先制订的战略存在不足之处时，企业应及时研究和进行战略变革与战略转移。

在企业的经营活动中，管理者在不同的场合以不同的方式赋予企业战略以不同的内涵。明茨伯格提出企业战略的五种定义，即计谋、计划、定位和观念、模式。

二、企业战略特征

1. 长期性

企业战略应以企业的长期生存和发展为出发点，研究众多战略问题。企业战略的长期性特

征，要求企业把战略的制订和实施的定位放在未来。

2. 全局性

企业战略的突出特征是对全局的把握。以战略的全局性为出发点，企业战略必须根据企业总体发展的需要而制订，其所追求的是企业发展的整体效果，因而是一种总体决策。局部决策和行动是企业总体决策的有机组成部分，企业应谋求短期效率和长期效能的结合。

3. 竞争性

企业在激烈的市场竞争中，必须参与两极对抗或多极对抗，企业战略的竞争性就是非常显著的特征。在双方已经制订了某种战略，尚未开始正式进入竞争的局面时，竞争的胜败可能在那时已经决定了。企业经营者必须时刻关注战略的竞争性特征，以防在对手采用意料之外的奇招或怪招时措手不及。

4. 创新性

企业战略区别于以往多年度计划或长期计划的一个重要方面就是创新性。企业为了生存和发展，必须不断地强调开辟新的经营领域，做新的事业。只有将"创造性的毁灭"贯穿于企业战略管理的全过程，企业才能在激烈的市场竞争中不断地重塑自己的未来。

5. 风险性

企业战略管理必然充满着风险性。企业战略的制订是建立一种能够对风险的程度做出某种判断，并对风险的后果做出评价，然后做出是否参与冒险的决策。

6. 应变性

企业战略是对未来环境做出的一种应对。首先，在战略中设计多种应变对策；其次，企业可能影响未来的环境，甚至以自身的创新在某种程度上引领环境的变化。这也需要在战略制订和实施过程中认真予以考虑。

三、企业战略管理过程

1. 企业战略管理各阶段的内容

企业战略管理过程包括战略制订、实施和评价企业战略的全过程。企业战略管理致力于对市场营销、研究与开发、生产制造、财务会计及计算机信息系统的综合管理，以实现企业的战略目标。企业战略管理由三个阶段构成，即战略制订、战略实施、战略评价和控制。

1）企业战略管理各阶段的主要内容为确定企业任务，分析企业环境中的机会和威胁，分析企业内部条件中的优势和弱势，建立企业战略目标，制订供选择的战略方案，以及进行战略决策。

2）战略实施要求企业建立年度目标、制订政策、配置资源，以便使企业制订的战略能够得到落实，实现预定的战略目标。战略实施需要有一整套保障手段，包括培育支持战略实施的企业文化，建立有效的组织机构，制订预算，建立和使用信息系统，以及建立激励员工的报酬体系。

3）战略评价与控制，是战略管理的最后阶段。战略评价包括考察企业战略的内在基础；将预期结果与实际结果进行比较；采取纠正措施以保证行动与计划的一致。在战略评价的基础上，进行有效的战略控制。首先分析战略是否按照原计划在进行；然后需要分析原定的战略是否取得了预期效果。

战略问题研究判定企业中的战略问题需要有一定的标准，其主要内容是：问题的重要性；问题与战略相关的程度；能否对问题采取行动；问题的紧迫性。企业高层管理人员按照这四条标准确定企业的战略问题，并对其进行管理。

2. 汽车服务企业战略制订

（1）战略制订方式

1）自上而下的方式。自上而下方式是先由汽车服务企业总部的高级管理人员制订企业的总体战略，然后由下属各部门根据自身的实际情况将企业的总体战略具体化，形成系统的战略方案。

自上而下方式的最显著的优点是，企业的高层管理人员能够牢牢把握整个企业的经营方向，并能对下属各部门的各项行动实施有效的控制。这种方式的缺点是，这一方式要求企业的高层管理人员制订战略时必须深思熟虑，战略方案务必完善，并且要为下属各部门提供详尽的指导。但是，这一方式约束了各部门的手脚，难以发挥中下层管理人员的积极性和创造性。

2）自下而上的方式。自下而上的方式是一种先民主后集中的方式。在制订战略时，企业最高管理层对下属部门不做硬性的规定，而是要求各部门积极提交战略方案。企业最高管理层在各部门提交战略方案的基础上，加以协调和平衡，对各部门的战略方案进行必要的修改后加以确认。

自下而上方式的优点是，能够充分发挥各个部门和各级管理人员的积极性和创造性，集思广益。同时，由于制订的战略方案有广泛的群众基础，在战略实施过程中也容易得到贯彻和落实。此方式的不足之处是，各部门的战略方案难以协调，影响了整个战略计划的系统性和完整性。

3）上下结合的方式。上下结合的方式是在战略制订的过程中，企业最高管理层和下属各部门的管理人员共同参与，通过上下各级管理人员的沟通和协商，制订出适宜的战略。

上下结合方式的主要优点是，可以产生较好的协调效果，制订出的战略更加具有操作性。

4）战略小组的方式。战略小组的方式是指企业的负责人与其他的高层管理者组成一个战略制订小组，共同处理汽车服务企业所面临的问题。在战略制订小组中，一般都是由总经理任组长，而其他的人员构成则具有很大的灵活性，由小组的工作内容而定，通常是吸收与所要解决的问题关系最密切的人员参加。

战略小组的方式目的性强，效率高，特别适合制订产品开发战略、市场营销战略等特殊战略。

（2）战略制订程序　汽车服务企业制订战略的一般程序是：

1）识别和鉴定汽车服务企业现行的战略。

2）分析汽车服务企业外部环境。

3）测定和评估汽车服务企业自身素质。

4）准备战略方案。

5）评价和比较战略方案。

6）确定战略方案。

3. 汽车服务企业战略实施

（1）战略实施各阶段　战略实施阶段将人们头脑中的战略转化为汽车服务企业实际的行动，一般包含三个相互联系的阶段。

1）战略发动阶段。战略发动阶段主要是要调动汽车服务企业大多数员工实现新战略的积极性和主动性，这就要求对汽车服务企业管理人员和员工进行培训，向他们灌输新思想、新观念，提出新口号和新概念，消除一些不利于战略实施的旧观念和旧思想，以使大多数人逐步接受一种新的战略。

2）战略计划阶段。战略计划阶段将经营战略分解为几个战略实施阶段，每个战略实施阶段都有分阶段的目标、相应各阶段的政策措施、部门策略以及方针等。

要定出分阶段目标的时间表，对各分阶段目标进行统筹规划、全面安排，并注意各个阶段之间的衔接，对于远期阶段的目标方针可以概括一些，但是对于近期阶段的目标方针则应该尽量详细一些。

3）战略运作阶段。企业战略的实施运作主要与下面六项因素有关，即各级领导人员的素质和价值观念；汽车服务企业的组织机构；汽车服务企业文化；资源结构与分配；信息沟通；控制及激励制度。

（2）战略实施模式　汽车服务企业可以使用以下五种不同的模式实施战略。

1）指挥型模式。企业制订出满意的战略，高层管理人员让下层管理人员去执行战略，而自己并不介入战略实施的问题中。指挥型模式的缺点是不利于调动企业职工的积极性，但在稳定的小企业实施效果较明显。

2）变革型模式。高层管理人员本人或在其他方面的帮助下，进行一系列变革，如建立新的组织结构、新的信息系统等。

3）合作型模式。负责制订战略的高层管理人员启发其他管理人员运用头脑风暴法去考虑战略制订与实施的问题。管理人员仍可以充分发表自己的意见，提出各种不同的方案。这时，高层管理人员的角色是一个协调员，确保其他管理人员提出的所有好的想法都能够得到充分的讨论和调查研究。合作型模式存在缺乏创意、讨论时间过长等缺点。

4）文化型模式。负责战略制订与实施的高层管理人员首先提出自己对企业使命的看法，然后鼓励企业职工根据企业使命去设计自己的工作活动。高层管理人员的角色就是指引总的方向，而在战略执行上则放手让每个人做出自己的决策。

5）增长型模式。为了使企业获得更好的增长，企业高层管理人员鼓励中下层管理人员制订与实施自己的战略。增长型战略集中了来自实践第一线的管理人员的智慧与经验。

（3）战略计划

1）战略计划的作用及特点。

① 是对企业未来经营方向的规划与筹措。

② 注重对企业自身条件的深刻了解。

③ 注重对环境的适应和创新。

④ 包含总体计划和若干子计划。

⑤ 常由少数高层管理人员直接领导制订。

⑥ 结合战略目标和战略重点确定。

⑦ 计划必须明确且可行。

2）战略计划的内容。

① 对汽车服务企业总体战略的说明。它包括3个方面的内容：什么是汽车服务企业总体经营战略，包括总体战略目标和实现总体战略的方针政策；为什么做这些选择；实现此战略将会给汽车服务企业带来什么样的重大发展机遇。

② 汽车服务企业分阶段目标。

③ 汽车服务企业的行动计划和项目。行动计划是组织为实施其战略而进行的一系列重组资源活动的汇总，包括研究、开发及削减等方面的活动。

④ 汽车服务企业的资源配置。资源配置包括所需要的设备、资金、人力资源及其他重要资源。

⑤ 汽车服务企业的组织保证及战略子系统的相互协调。

3）战略计划的制订过程。

① 层层制订过程。先由总公司的最高层制订总的战略与目标，然后层层分解，层层保证，最后将一个总目标分解为一个个具体、易达到的子目标。

② 战略职能区分的制订过程。企业根据战略计划系统的实质内容（也就是具体的职能）来分项制订企业战略。这个过程包括两大部分：战略制订过程和具体规划实施过程。

4. 汽车服务企业战略控制

（1）战略控制的目的和概念　企业战略的实施结果并不一定与预定的战略目标相一致，产生这种偏差的原因很多，主要有以下三个方面的原因。

1）汽车服务企业的内外环境发生了新变化，使原定企业战略与新的环境条件不相配合。

2）汽车服务企业战略本身有重大的缺陷或者比较笼统，使得其在实施过程中难以贯彻。

3）战略实施的过程中受汽车服务企业内部某些主、客观因素变化的影响而偏离了战略计划的预期目标。

(2) 战略控制的内容　对企业经营战略的实施进行控制的主要内容有以下几个方面。

1）设定绩效标准。根据企业战略目标，结合企业内部人力、物力、财力及信息等具体条件，确定企业绩效标准，作为战略控制的参照系。

2）绩效监控与偏差评估。通过一定的测量方式、手段、方法，监测企业的实际绩效，并将企业的实际绩效与标准绩效对比，进行偏差分析与评估。

3）设计并采取纠正偏差的措施。通过设计并采取纠正偏差的措施，可以顺应变化着的条件，保证企业战略的圆满实施。

4）监控外部环境的关键因素。外部环境的关键因素是企业战略赖以存在的基础，这些外部环境关键因素的变化意味着战略前提条件的变动，必须给予充分的注意。

5）激励战略控制的执行主体。通过激励战略控制的执行主体，可以调动其自控制与自评价的积极性，保证企业战略实施的切实有效。

(3) 战略控制的方式　从控制时间来看，企业的战略控制可以分为以下三类。

1）事前控制。在战略实施之前，要设计好正确有效的战略计划，该计划要得到企业高层领导人的批准后才能执行，其中有关重大的经营活动必须通过企业领导人的批准同意才能开始实施，所批准的内容往往也就成为考核经营活动绩效的控制标准。

2）事中控制。事中控制方式是一种对进行中的生产系统进行日常性控制的控制方式。事中控制方式是利用反馈信息实施控制的。通过作业核算和现场观测获取信息，及时对输出量与控制目标进行比较分析，采取纠正偏差的控制措施，不断消除由干扰产生的不良后果，确保计划目标的实现。事中控制活动是经常性的，每时每刻都在进行之中。显然，它的控制重点是当前的生产过程，要把生产活动置于严密的控制之中，保证计划的顺利执行。有人形象地称之为消费管理，意思是对今天所花费的人力物力所做的管理。事中控制可以避免完不成计划的损失，但是频繁的控制活动本身也需要付出代价。

3）事后控制。事后控制方式是在汽车服务企业的经营活动之后，把战略活动结果与控制标准相比较。事后控制方法的具体操作主要有以下两种形式：①联系行为，指将员工战略行为的评价与控制直接同他们的工作行为联系挂钩，使员工能明确战略行动的努力方向，使个人的行动导向和企业经营战略导向接轨；②目标导向，是指让员工参与战略行动目标的制订和工作业绩的评价，既可以看到个人行为对实现战略目标的作用和意义，又可以从工作业绩的评价中看到成绩与不足，从中得到肯定和鼓励。

从控制主体的状态来看，战略控制可以分为如下两类：

1）避免型控制。即采用适当的手段，使不适当的行为没有产生的机会，从而达到不需要控制的目的。

2）开关型控制。开关型控制又称事中控制或行与不行的控制。其原理是在战略实施的过程中，按照既定的标准检查战略行动，确定行与不行，类似于开关的开与止。

开关控制法的具体操作方式有以下几种：①直接领导，指管理者对战略实施进行直接领导和指挥，发现差错及时纠正；②自我调节，指执行者通过非正式的、平等的沟通，按照既定的标准自行调节自己的行为，以便合作者配合默契；③共致愿景，指组织成员对目标、战略宗旨认识一致，在战略行动中表现出一定的方向性、使命感，从而达到殊途同归、和谐一致、实现目标。

从控制的切入点来看，企业的战略控制还可以分为财务控制、生产控制、销售规模控制、质量控制和成本控制五种。

（4）战略控制系统的组成　战略控制系统中有三种基本系统，即战略控制系统、业务控制系统和作业控制系统。

战略控制系统是以汽车服务企业高层领导为主体，它关注的是与外部环境有关的因素和企业内部的绩效。

业务控制系统是指汽车服务企业的主要下属单位，包括战略经营单位和职能部门两个层次，它关注的是汽车服务企业下属单位在实现构成企业战略的各部分策略及中期计划目标的工作绩效，检查是否达到了企业战略为他们规定的目标，业务控制由汽车服务企业总经理和下属单位的负责人进行。

作业控制系统是指对具体负责作业的工作人员的日常活动进行控制，它关注的是员工履行规定的职责和完成作业性目标的绩效，作业控制由各级主管人员进行。

第四节　企业战略分析

【案例导入】

吉利汽车的战略转型策略

在本土品牌价格战、合资品牌渠道探底的双重变局下，李书福于 2007 年在浙江宁波的经销商大会上，发布"宁波宣言"表示：吉利将告别低价取胜战略，向技术领先、品质领先、客户满意、全面领先四大目标转型。这四大目标可以看作吉利战略升级的关键动作：技术领先、品质领先、客户满意、全面领先都是一种服务要求，以有别于吉利以前只打价格战，单纯地追求销量的做法。单纯的价格战只能造就低端的品牌形象，而四大目标的提出，可以使整个品牌形象得到进一步提升。

在吉利的一份《吉利战略转型报告》绿皮书上，明确写着吉利 2007～2015 年的战略构想：第一阶段（2007～2009 年），吉利要变成"有知名度"的品牌；第二阶段（2010～2012 年），吉利要成为"有影响力"的品牌；第三阶段（2013～2015 年），吉利要成为"有竞争力"的品牌。

从这样的战略规划中，可以看出吉利由低到高的整个品牌发展思路，以致前期不怕品牌定位错误，混然定位于"造老百姓买得起的汽车"，因此获得了低端车市场的品牌知名度，由于价格低，受众广，市场驱动快，吉利只用了 10 多年时间就完成了打造"有知名度"品牌的任务。第二阶段的"有影响力"还在努力当中，有影响力的意思，是要成为一定品类层面上有号召力的品牌。吉利为做到这一点，开始做独立子品牌，如英伦汽车，完全抛弃以前母子品牌机构的模式，独立发展。

企业活下来了，产品一定要升级，品牌也要提升。此时的吉利做了两件事，这两件事便是提升其品牌价值的重要战略手段。

其一，并购沃尔沃品牌。沃尔沃在全球豪华车品牌中居前四位，近百年的历史中，它还没有被一个初出市场的小汽车公司掌控过，但吉利做到了。吉利此举，不仅让其品牌知名度提升了高度，更使其品牌影响力达到了前所未有的高度。有了这两个高度，吉利的品牌提升就变得轻松多了，容易多了。

其二，品牌策略的转变。此时的吉利已有了明确的品牌管理意识此前的一系列产品品牌都是随做随丢，没有一个是可持续的，到了"影响力阶段"，吉利采用独立品牌模式；母品牌吉利更多的是公司品牌，似乎与产品品牌无关，新出台的品牌都与"吉利"划清界限，以全新的母品牌格式出现。如"英伦汽车"的格式，并在此格式下，发展更多的车型品牌。

从早期的混乱打法，到如今的正规军做法，吉利完成了一次重要的转型升级。这一次对产品线做了破釜沉舟式的调整，把过去混乱发展的车型产品全部停产，垂直切换"新三样"，即远景、金刚、自由舰；在品牌的升级阶段提出全球鹰、帝豪、英伦三大独立产品品牌，由此形成了5大技术平台、15大产品平台，42款产品储备的集团队形。其中"英伦汽车"承担着品牌提升的重任。

图久远，谋发展。吉利的发展方向越来越清晰，品牌管理的战略构想就一点也不能乱了。最新的管理思想说，商业模式、发展战略、管理模式、品牌战略要平衡发展，吉利在这个时候，再也不能实行单边主义了，而应权衡产业格局，关注产业链的整合式发展。

案例思考：
企业战略的制订要考虑哪些因素？

一、企业内部条件分析

企业内部条件是指企业生存和发展的内部因素。企业从事经济活动的能力，取决于企业内部条件中诸因素之间的联系和比例关系。同时，企业内部条件也是一个动态的概念，决于企业内部条件中诸因素之间的联系和比例关系。

1. 企业资源分析

企业的资源是指贯穿于整个企业经营、技术开发、生产制造、市场营销等各个环境的一切物质与非物质形态的要素。

（1）企业资源分析内容　主要内容分为两类。

1）有形资源。主要是物质形态的资源，如厂房、基础设施、机器设备等固定资产，以及其寿命、运行状态和企业的财务资源，如现金、债权、股权、融资渠道和手段等。

2）无形资源。主要有人力资源、组织资源、技术资源、企业文化和企业形象等。

（2）企业资源分析注意事项

1）企业最重要的资源毫无疑问是人力资源。人才是企业发展的关键，因而把合适的人置于合适的岗位，人才与职位的恰当配置是非常重要的。

2）在现代企业中，任何一种资源只有同其他资源结合在一起，才能发挥其应有的作用。因此　资源的结构平衡问题也就值得企业重视。

3）对企业来讲，有些资源可能是短缺的，甚至处于"瓶颈"状态，因而以"短缺资源"或"瓶颈资源"为资源配置的基点，也是企业必须考虑的。

4）随着新技术的发明、新工艺的应用，以及员工劳动技能的提高，必将改变企业的资源配置结构。因而企业资源的配置必然是动态的，需要不断地加以调整。

2. 企业能力分析

企业能力就是能够把企业的资源加以统筹整合以完成预期的任务和目标的技能。企业能力集中体现为管理能力。

企业能力是多方面的，既有职能领域的能力，包括营销能力、人力资源、研究与开发、制造、管理信息系统；又有跨职能的综合能力，包括学习能力、创新能力、战略性整合能力。企业能力往往首先体现在职能领域。但是，企业应更加注重提升自身的跨职能的综合能力，特别是学习能力、创新能力。

3. 价值链分析

价值链分析是识别和评价企业资源和能力的有效方法。价值链列出了总价值，包括企业创造价值的活动和利润，价值活动则被分为主体活动和支持活动两种。

1）主体活动是指生产经营的实质性活动，是企业的基本增值活动。它一般可以分成原料供应、生产加工、成品储运、市场营销和售后服务五种活动。

2）支持活动是指用以支持主体活动而且内部之间又相互支持的活动，包括企业投入的采购管理、技术开发、人力资源管理和企业基础结构。其中采购管理、技术开发、人力资源管理三种支持活动既支持整个价值链的活动，又分别与每项具体的主体活动有着密切的联系。

二、企业竞争分析

1. 企业核心能力分析

核心能力是组织中的集体学习，特别是关于如何协调不同的生产技能和有机整合多种技术流派的技巧。核心能力的特点：有助于实现用户看重的价值；具独特性、延展性。核心能力的层次：首先开发与获取构成能力的技能与技术；其次整合核心能力；然后扩大核心产品份额。通过这三个层次，就可以扩大最终产品的份额。

培育企业核心能力的方法如下。

（1）演化法　演化法是企业高层管理者选定一个目标，由全体员工在各自工作岗位上一起努力，设法在合理期限内建立特定的核心能力。演化法几乎等同于进行一次大规模的变革方案，其影响将遍及整个企业。如果整合成功，势必改革效果惊人，否则就徒劳无功。同时，运用演化法建立核心能力而获得成功的企业，在改革过程中也要求获得阶段性的成果。

（2）孕育法　孕育法是指企业成立一个专门小组，针对企业选定的目标全力开发，负责在2～3年内培育出一种核心能力。孕育法的优点在于其经过特别设计的环境，工作小组可以专心和安心地进行研究开发。

（3）兼并法　兼并法是通过购并拥有预先确定的目标，然后获得其核心能力的方法。有很多企业为了取得自己未拥有的特殊技能，选择走购并的路子。但统计数字说明，和其他两种方法相比，通过购并建立的核心能力更易招致失败。为了提高成功率，经营者必须了解他们想要寻求的能力种类如何影响购并策略，同时要留意将来会影响结果的结构性因素。是否能找到合适的具有特定能力的企业，当然是购并策略的决定性因素；而究竟是该选择演化法或孕育法，更是一个难题。但经营者必须从这两种策略中选择一个，而不能同时采用。

2. 核心能力的管理

（1）找出现有的核心能力　编写企业的核心能力一览表，并统一大家认识的核心能力的定义和内容。同时，应确定各项核心能力究竟由哪些要素构成。

（2）制订获取核心能力的计划　为了更好地构建企业的核心能力，有必要制订一个获取核心能力的计划，见表10-1。这个计划应根据市场的不同和核心能力的不同，明确认识本企业获取核心能力的主要区域。

表10-1　制订获取核心能力计划表

	现有的市场	新的市场
新的	十年后领先 为了保持并扩大现有市场份额，需要哪些新的核心能力？	大商机 参与未来最诱人的市场，需要培育哪些新核心能力？
现有的	填补空白 通过更好地利用现有的核心能力，提高在现有市场中地位的机会是什么？	空白领域 通过创造性地重新部署或重新组合现有核心能力，能够创造的新产品或新的服务是什么？

（3）培养新的核心能力　企业在培养核心能力方面一定要有充分的预见能力、着眼于行业发展的未来。①企业内部对建立与支持哪些能力应该做到意见基本一致；②负责建立能力的管理班子应保持相对稳定。

（4）**部署核心能力** 为了使一项核心能力在多种业务或者新市场上发挥作用，常常需要在企业内部重新部署这项能力——从一个部门或战略性单位转移到另一个部门或单位。企业应形成一种机制，既可以保证各部门经理会想方设法使关键性人才总是忙于真正具有挑战性的项目，同时，也可以保证最优秀的人才最终能够去捕捉最具潜力的商机。

（5）**保护并保持核心能力的领先地位** 核心能力的领先地位在许多情况下会丧失，例如：资金投入不够，可能造成能力的萎缩；尤其是在没有一位高层主管全权负责管理企业能力时，能力更易丧失；由于疏忽，能力可能被联盟伙伴顺手牵羊带走。企业应定期召开"能力总结会"重点讨论对此能力的投资规模、强化构成能力的技能与技术的计划、内部部署能力的模式，以及联盟与外购对能力的影响，从而保持核心能力的领先地位。

3. 企业竞争优势分析

（1）**因素分析法** 对企业竞争优势的评价可以采用"由表及里"的因素分析方式，即从最表面、最容易感知的属性入手，逐步深入到更为内在的属性和因素。一般来说，越是内在的因素，对企业竞争优势的影响越深刻，也越持久。

（2）**对比差距法** 对企业竞争力的评价，可以采用企业与企业直接比较的方式，但要选好对比指标，并进行综合汇总。

（3）**内涵解析法** 将定性分析与定量分析相结合，并重点研究影响企业竞争优势的内在因素。

三、企业外部优势分析

企业的外部环境是指存在于企业之外、对企业的生存和发展产生决定性影响的各种因素的总和。企业外部环境主要由一般环境因素和行业环境因素构成。企业可以通过对外部环境的分析，寻找自己发展的机遇和空间，从而确定自己的发展战略。

1. 企业一般环境分析

企业一般环境分析也称宏观环境分析，是指那些对企业造成市场机会或环境威胁的主要社会因素，其直接或间接地影响企业的战略管理。主要的影响因素如下。

（1）**科技因素** 科技因素所包含的主要因素有：目前科学技术总水平及其变化趋势；由于新技术的产生，会造成哪些新产品和新服务的出现；技术的突破对企业的影响，以及技术与政治、经济、社会环境之间的相互作用等。

（2）**社会文化因素** 社会文化因素包括一个国家或不同地区的语言、文字、教育水平、宗教信仰、价值观念以及由此引起的社会成员的行为态度。其中，社会价值观念的变化对行业结构和规模有直接影响。

（3）**法律因素** 法律因素主要是指对企业行为产生约束作用的各种法律和法规。例如，反不正当交易法、专利法、环境保护法等。

（4）**政治因素** 这里所说的政治因素主要是指国内政治环境、政治形势和政府的行政性行为等。其中，政府的行政性行为主要包括政府制订的产业政策、政府对某些行业的直接管理以及政府预算等。

（5）**经济因素** 对企业来说，经济环境最终表现为社会和个人购买力，而购买力的高低又取决于社会总体收入水平、物价水平和资金的供应程度等诸多因素。一般来讲，企业较为敏感的是那些对其经营活动有较大影响的经济指标，如利率、汇率、经济增长率和通货膨胀率等。

2. 企业特殊环境分析

企业特殊环境分析也称行业环境分析，是企业的直接环境因素。

行业因素包括行业的发展阶段、规模和趋势、行业的平均产能利用率、有关新产品或替代产品的出现对行业的影响、行业的障碍、行业中供应商的数量和集中程度、行业中消费者的基本特征等。行业生命周期各阶段的特征见表10-2。

表10-2　行业生命周期各阶段的特征

阶段 特征	幼　稚　期	成　长　期	成　熟　期	衰　退　期
市场增长率	较高	高	不高	下降
技术	技术变动大	技术稳定	成熟	—
产品开发	不稳定	容易	困难	—
产品品种	有限	多	多	减少
获利性	不确定	高	不高	下降
竞争者数量	少	多	稳定	减少
进入障碍	低	提高	高	—

行业发展阶段、规模和趋势分析中确定行业发展阶段是行业分析的第一步。从表10-2可看出行业的发展会经历幼稚、成长、成熟和衰退四个阶段。在不同的阶段，有不同的市场竞争特点，企业可根据这些特点来判断自己所处行业的发展阶段。

行业的规模和发展趋势与行业在社会经济中的地位和作用有着密切的联系。行业在社会经济中的地位和作用主要表现在三个方面：

1）行业的销售额占国民生产总值或国内生产总值的份额、利税额和就业量分别在国民生产总值和国内生产总值、财政收入和就业总量中的比重大小。

2）政府的产业政策，以及行业的现状和未来对整个社会经济及其他行业发展的影响程度。

3）行业在国际市场的竞争能力。进入该行业的竞争和合作中，应不断提升竞争力，维持自己的生存和争取更好的发展。

3. 行业竞争结构分析

波特认为：企业最关心的是其所在行业的竞争强度，而竞争强度又取决于五种基本竞争力量。行业中现有企业间的对抗行动所产生的竞争力量是主要的竞争力量，还有潜在的加入者和替代品，生产的威胁，以及购买者、供应者讨价还价能力等四种竞争力量。正是这些力量的状况及综合强度影响并决定了企业在行业中的最终获利潜力。波特将这五种竞争力量制成模型，该模型被称为"波特模型"。

（1）分析新加入者的威胁进入　特别是在其他产业中已建立地位的公司的进入，对产业结构有着明显的影响。公司之所以进入这个产业，是因为他们觉察到增长机会和超出进入成本的获利机会。进入还跟随着特别明显的将来增长的暗示，诸如法规变化、产品创新等。利用波特模型对新进入企业的威胁进行分析的目的是了解所在行业阻止新企业进入的能力和方法，主要有以下几种方法：扩大经济规模；提高初始投资量；控制配售渠道；增加学习效应的作用；实现产品差别化。

（2）分析买方和卖方力量

1）企业作为买方时。在下列情况下，企业作为买方的力量较强：行业中买方的数量较少，供应商数量较多；企业生产成本中材料成本比重较大，企业因而会花大力气与卖方进行讨价还价；供应商提供的是标准化产品等。客户的议价实力在下述各种情况下则较弱：与卖方的销售量相比他们的购买量小；他们缺乏合适的挑选来源；他们在选购、交易或谈判中要付出高的代价；他们缺乏可靠的后向整合的威慑力量；他们转换卖主时的固定成本较高。

2）当企业作为卖方时。当企业作为卖方时，上述关系刚好对调。即供应商较少，买方调换供应商的成本过高时；买方的购买量只占供应商生产量的较小部分时；买方需要的是专用产品时等。此时，买方与卖方讨价还价时的力量就较弱。当企业的力量较弱时，会使企业盈利状况受到较大影响，企业可以采取一些措施来改变力量的对比。

（3）分析替代品的威胁　替代品是指在功能上能部分或全部代替某一产品的产品。当行业中的产品存在替代品时，替代品便对产品的生产企业形成威胁。为了减小替代品对企业的威胁，企业也会设法扩大产品的差别化程度；强调替代品所不能发生作用的方面。

（4）分析行业内的竞争　一般来讲，当行业中存在几个规模和实力相当的竞争对手时，其竞争性行为会加剧该行业的竞争强度。同时市场发展速度也会影响行业的竞争强度。另外，行业中生产一般产品的企业比生产专用产品的企业面临更大的竞争。

4. 行业成功的关键因素分析

行业成功的关键因素，是指企业在行业竞争中获得成功所必须拥有的技能和资产。企业所处的行业不同，成功的关键因素也不尽相同，同时，还要注意随着产品生命周期的演变，成功的关键因素也会随之发生变化，见表 10-3。

表 10-3　产品生命周期各阶段中成功的关键因素

阶段	投入期	成长期	成熟期	衰退期
市场	广告宣传、争取了解、开辟销售渠道	建立商标信誉，开拓新销售渠道	保持现有市场，渗入别人的市场	选择市场区域，改善企业形象
财务	利用金融杠杆	集聚资源以支持生产	加强和客户的关系，降低成本	缩减生产能力，保持价格优势
生产经营	提高生产率，开发产品标准	改进产品质量，增加花色品种	加强和客户的关系，降低成本	缩减生产能力，保持价格优势
研究开发	掌握技术秘诀	提高产品的质量和功能	降低成本，开发新品种	面向新的增长领域
人事	使员工适应新的生产和市场	发展生产和技术能力	提高生产率	面向新的增长领域
成功关键因素	销售、消费者的信任、市场份额	对市场需要的敏感，提高产品质量	生产率和产品功能，新产品开发	回收投资，缩减生产能力

5. 行业内战略群体分析

行业分析的一个重要方面是要确定行业内所有主要竞争对手的战略诸方面的特征，波特用"战略群体"的划分来研究这些特征。战略群体是指行业内执行同样或类似战略，并具有类似战略特性的一组企业。一般情况下，行业中只有数量不多的战略群体。

为了识别战略群体，往往可以看企业在其生产经营活动中的重点。主要的识别方法如下

1）看企业的纵向一体化程度。例如，有的战略群体侧重于后向一体化，自己生产原材料和零部件；有的战略群体侧重于有前向一体化，拥有自己的销售渠道和网络；有的战略群体既有前向一体化，又有后向一体化；还有的战略群体则侧重于产品生产，既不发展前向一体化，也不发展后向一体化。

2）看企业的专业化生产程度。有的战略群体只生产某一种产品；有的则生产多种产品；有的生产多种品种、多种规格的产品；还有的甚至跨行业生产经营。

3）看企业研究开发的重点。有的战略群体为争取产品开发的领先地位，不断投放新产品；有的战略群体为争取产品成本的领先地位，不断降低成本；有的战略群体为争取产品质量的领先地位，不断提高产品的品质。

一般来讲，只要行业内存在两个以上的战略群体，就会导致战略群体之间的竞争。行业内的战略群体越多，相互间的竞争也就越激烈。但是，如果行业内有几个战略群体的市场占有率很

高,处于明显的主导地位,则行业内的竞争也会相对减弱。

四、SWOT 模型

1. SWOT 模型的含义及理解

SWOT 分析,即基于内、外部竞争环境和竞争条件下的态势分析,就是通过调查,将与研究对象密切相关的各种主要内部优势、劣势和外部的机会和威胁等列举出来,并依照矩阵形式排列,然后用系统分析的思想,把各种因素相互匹配起来加以分析,从中得出一系列相应的结论,而结论通常带有一定的决策性。SWOT 含义如图 10-3 所示。

运用这种方法,可以对研究对象所处的情景进行全面、系统、准确的研究,从而根据研究结果制订相应的发展战略、计划以及对策等。

S(strengths)是优势、W(weaknesses)是劣势、O(opportunities)是机会、T(threats)是威胁。按照企业竞争战略的完整概念,战略应是一个企业“能够做的”(即组织的强项和弱项)和“可能做的”(即环境的机会和威胁)之间的有机组合。SWOT 与企业战略示意图如图 10-4 所示。

图 10-3 SWOT 含义图　　　图 10-4 SWOT 与企业战略示意图

2. SWOT 分析

(1) OT 分析 随着经济、社会、科技等诸多方面的迅速发展,特别是世界经济全球化、一体化进程的加快,全球信息网络的建立和消费需求的多样化,企业所处的环境更为开放和动荡。这种变化几乎对所有企业都产生了深刻的影响。正因为如此,环境分析成为一种日益重要的企业职能。

环境发展趋势分为两大类:一类表示环境威胁,另一类表示环境机会。环境威胁指的是环境中一种不利的发展趋势所形成的挑战,如果不采取果断的战略行为,这种不利趋势将导致公司的竞争地位受到削弱。环境机会就是对公司行为富有吸引力的领域,在这一领域中,该公司将拥有竞争优势。

(2) SW 分析 识别环境中有吸引力的机会是一回事,拥有在机会中成功所必需的竞争能力是另一回事。每个企业都要定期检查自己的优势与劣势,这可通过“企业经营管理检核表”的方式进行。企业或企业外的咨询机构都可利用这一格式检查企业的营销、财务、制造和组织能力。每一要素都要按照特强、稍强、中等、稍弱或特弱划分等级。

当两个企业处在同一市场或者说它们都有能力向同一顾客群体提供产品和服务时,如果其中一个企业有更高的盈利率或盈利潜力,那么,就认为这个企业比另外一个企业更具有竞争优势。换句话说,所谓竞争优势是指一个企业超越其竞争对手的能力,这种能力有助于实现企业的主要目标——盈利。

竞争优势可以指消费者眼中一个企业或它的产品有别于其竞争对手的任何优越的东西,它可以是产品线的宽度,产品的大小、质量、可靠性、适用性、风格和形象,以及服务的及时,态度的热情等。虽然竞争优势实际上指的是一个企业比其竞争对手有较强的综合优势,但是明确企业究竟在哪一个方面具有优势更有意义,因为只有这样,才可以扬长避短,或者以实击虚。

由于企业是一个整体,并且由于竞争优势来源的广泛性,所以,在做优劣势分析时必须从整个价值链的每个环节上,将企业与竞争对手做详细的对比。如产品是否新颖,制造工艺是否复杂,销售渠道是否畅通，以及价格是否具有竞争性等。如果一个企业在某一方面或几个方面的优势正是该行业企业应具备的关键成功要素，那么，该企业的综合竞争优势也许就强一些。需要指出的是，衡量一个企业及其产品是否具有竞争优势，只能站在现有潜在用户角度上，而不是站在企业的角度上。

企业在维持竞争优势的过程中，必须深刻认识自身的资源和能力，采取适当的措施。因为一个企业一旦在某一方面具有了竞争优势，势必会吸引到竞争对手的注意。一般地说，企业经过一段时期的努力，建立起某种竞争优势后，就处于维持这种竞争优势的态势，竞争对手开始逐渐做出反应；而后，如果竞争对手直接进攻企业的优势所在，或采取其他更为有力的策略，就会使这种优势受到削弱。

3. SWOT 类型组合

SWOT 分析有四种不同类型的组合：优势-机会（SO）组合；弱点-机会（WO）组合；优势-威胁（ST）组合；弱点-威胁（WT）组合。

优势-机会（SO）战略是一种发展企业内部优势与利用外部机会的战略，是一种理想的战略模式。当企业具有特定方面的优势，而外部环境又为发挥这种优势提供有利机会时，可以采取该战略。例如，良好的产品市场前景、供应商规模扩大和竞争对手有财务危机等外部条件，配以企业市场份额提高等内在优势可成为企业收购竞争对手、扩大生产规模的有利条件。

弱点-机会（WO）战略是利用外部机会来弥补内部弱点，使企业改劣势而获取优势的战略。存在外部机会，但由于企业存在一些内部弱点而妨碍其利用机会时，可采取措施先克服这些弱点。例如，若企业弱点是原材料供应不足和生产能力不够，从成本角度看，前者会导致开工不足、生产能力闲置、单位成本上升，而加班会导致一些附加费用。在产品市场前景看好的前提下，企业可利用供应商扩大规模、新技术设备降价、竞争对手财务危机等机会，实现纵向整合战略，重构企业价值链，以保证原材料供应，同时可考虑购置生产线来克服生产能力不足及设备老化等缺点。通过克服这些弱点，企业可能进一步利用各种外部机会，降低成本，取得成本优势，最终赢得竞争优势。

优势-威胁（ST）战略是指企业利用自身优势，回避或减轻外部威胁所造成的影响。如竞争对手利用新技术大幅度降低成本，给企业带来很大成本压力；同时材料供应紧张，其价格可能上涨；消费者要求大幅度提高产品质量；企业还要支付高额环保成本等。这些都会导致企业成本状况进一步恶化，使之在竞争中处于非常不利的地位，但若企业拥有充足的现金、熟练的技术工人和较强的产品开发能力，便可利用这些优势开发新工艺，简化生产工艺过程，提高原材料利用率，从而降低材料消耗和生产成本。另外，开发新技术产品也是企业可选择的战略。新技术、新材料和新工艺的开发与应用是最具潜力的降低成本措施，同时它可提高产品质量，从而回避外部威胁的影响。

弱点-威胁（WT）战略是一种旨在减少内部弱点，回避外部环境威胁的防御性技术。当企业存在内忧外患时，往往面临生存危机，降低成本也许成为改变劣势的主要措施。当企业成本状况恶化，原材料供应不足，生产能力不够，无法实现规模效益，且设备老化，使企业在成本方面难以有大作为时，将迫使企业采取目标聚集战略或差异化战略，以回避成本方面的劣势，并回避成本原因带来的威胁。SWOT 分析模型见表 10-4。

表 10-4　SWOT 分析模型

内部分析 / 外部分析	优势 S 列出优势	劣势 W 列出劣势
机会 O 列出机会	SO 战略 发出优势 利用机会	WO 战略 克服劣势 利用机会
威胁 T 列出威胁	ST 战略 利用优势 回避威胁	WT 战略 减少劣势 回避威胁

✔【重要知识点回顾】

1. 经营决策的程序
2. 经营决策的方法
3. 企业战略管理的含义及其特征
4. 企业战略管理过程
5. SWOT 分析模型

🔄【能力训练】

任务一　汽车企业经营决策过程分析与战略管理

在告别 20 世纪 80 年代后，梅赛德斯-奔驰面临着重重压力。1993 年，梅赛德斯-奔驰亏损 8 亿美元，占销售量绝大部分的 E 级和 C 级车型都是 8～10 年的老车型了，且产量很难突破 50 万辆大关。公司机构设置臃肿，从销售中心到董事会，要经过 6 级经理批准。梅赛德斯-奔驰终于推出了自己的新领袖，他就是赫尔米特·沃纳。就在接任首席执行官之职几天后，沃纳就彻底摒弃了传统的工程师定价策略。梅赛德斯-奔驰的传统模式是由工程师们主宰一切，即制造最好的轿车而不管花费，最后在高得惊人的成本上再加上一定的利润，形成售价。

沃纳说，将来梅赛德斯-奔驰将根据市场情况确定目标售价，然后根据目标售价安排生产。客轿车主管解释说："我们必须打破这样一种思想框框，即每种新型轿车必须比前一种更重，技术含量更高，价格更贵。"在 1990 年，国际技术研究院机动车开发项目组以及麦肯锡公司为梅赛德斯-奔驰所做的内部报告显示，梅赛德斯-奔驰与丰田这样的日本汽车制造商相比，生产率相差 35%，这一数字触目惊心。丰田公司 1989 年雷克萨斯 LS400 车型的面世和宝马公司的东山再起，一夜之间便改变了游戏规则。

在日本人和宝马的压力下，沃纳要求他的工程师们彻底简化制造工序。结果，在接下来的两年里，生产率提高了 30%。单单从供应商那里采购组装配件一项就节约了 23 亿美元。另外，重大收益来自对主要车型的改造。沃纳允许对主要车型进行全面重新设计，并大幅削减制造成本。比如说，C 级车型组装时间被压缩到 35h，节省了 10h，同时又由于对分体组装时间进行了不同程度的压缩，这又节省了大量的时间和成本。无线电装置是由供应商随时提供的，如仪表板、车门内侧各部件，以前都是一点一点地装上去，而现在则通过生产线一次安装完毕。

梅赛德斯-奔驰 C 级车型在美国的标价只有 49900 美元，比雷克萨斯同档次车型的 ES300 还便宜 700 美元。而在 5 年前，梅赛德斯-奔驰 190 车型的售价比雷克萨斯最初投入市场的 ES250 车型的售价要高 9800 美元。后来，当非常畅销的 E 级车型刚刚进入竞争尤为激烈的美国市场时，其中最贵的 FA20 车型标价为 49900 美元，比简化生产工序前生产出来的车的售价低 9.7%。在削减生产成本的同时，沃纳要求经理们为各自所支配的资金的收益率负责。工厂经理们有责任控制他们工厂日益膨胀的资金预算。这下他们一改过去那种把预算做得越大越好的行为方式。小型客车分部主管说，梅赛德斯-奔驰几年来一直在做着各种努力要削减这部分预算。沃纳的大胆整顿立见成效。

1993 年，轿车经营部固定资产方面的资金投入从 1992 年的 18 亿美元降到 8.5 亿美元，削减了一半以上。1995 年，虽然新产品方面的花费很大，但总的支出也不过 12 亿美元。沃纳终于找到了把成本控制在预算以内的办法，这在沃纳之前绝无可能。同时，沃纳修改了梅赛德斯奔驰过分地依赖 S 级轿车那样的大型超豪华轿车的经营战略。这种车型虽然获利丰厚，但毕竟有它的局限性。就整个市场来看，对豪华轿车的需求增长缓慢。即便把在新兴市场的销售增长考虑进去，也是如此。在成熟市场上，豪华车买主的年龄大多是50多岁以上的人。如果梅赛德斯-奔驰一如既往地热衷于豪华轿车，那么它就有可能如通用汽车公司的卡迪拉克分部那样，背上"你父母开的车"这种单一的形象。虽然梅赛德斯-奔驰已经从丰田公司的雷克萨斯轿车在美国市场上对它形成的初步打击中恢复过来，但沃纳明白，日本人正在不遗余力地追求着造价更低、车内更加豪华的轿车。而许多第二次世界大战后出生的那代人都购买了一辆日本公司制造的豪华轿车。

与日本人竞争，与宝马竞争，将目标对准40岁左右的富裕消费者的SLK型轿车，是沃纳想接近年轻买主的突破性计划中的一部分。现在，消费者都在渴求能得到购买SLK型轿车的机会。新SLK型轿车售价在4万美元左右，这种敞篷轿车，有一个可以收缩的钢制顶篷，它能收起来并叠放在车尾行李箱内。

按梅赛德斯-奔驰的标准来说，真可谓价廉物美。这种车型于1996年秋天投入市场，但购买前必须事先得到购车证。现在，1998年之前出厂的第一批3.5万辆车已经售完。在美国，对梅赛德斯-奔驰的所有新车型设计来说，都是关键的考验。1983年，梅赛德斯-奔驰北美营销部主任迈克尔·杰克逊不停地催促他的德国老板们重振梅赛德斯在美国的形象。他说："我们需要接近第二次世界大战后出生的一代人。我们需要让人们自己说梅赛德斯-奔驰是最适合他们的轿车。"这就意味着要降低售价，以吸引40岁以上的买主。但这同时也意味着要适应美国市场的风云变幻。杰克逊在大胆改革广告形式方面得到了沃纳的支持。杰克逊一改以往把重心放在工程技术上的既正式又诚实的广告模式，而改为采用一些幽默的方式来吸引第二次世界大战后出生的买主。Loawe SMS广告代理公司现在为梅赛德斯制作的促销广告，一则是一辆梅赛德斯轿车驶过一群犀牛；另一则是借用贾尼斯·乔普林在20世纪60年代所说的那句："主啊，怎么还不给我买辆梅赛德斯-奔驰车"，结果是当年梅赛德斯-奔驰轿车在美国市场上的销售额上升了17%。其中最贵的E级轿车则一举获得了"漂亮的收放式轿车冠军"的头衔。沃纳的这些新车型和营销定价策略被证明是成功的。1996年上半年轿车销售额创历史最高纪录，达315000辆，比1995年同期增长7.2%，收入为150亿美元，比1995年同期增长5.3%。

沃纳上任几年来，不仅弥补了1993年的巨额亏损，还使梅赛德斯-奔驰公司重新焕发了青春。但是，就是这样一位豁达的乐观者也非常清楚，他面前的道路仍然布满荆棘。

一、训练目的
1）熟练掌握汽车企业经营决策的过程。
2）理解汽车企业战略管理的工作要点。

二、训练步骤
1）教师指导学生进行分组，每组5~6人。
2）以组为单位，进行分析讨论。
3）各组概括发言，最后由教师进行总结。

三、训练要求
1）能够准确分析案例中汽车企业的经营决策过程。
2）能够准确分析案例中汽车企业的战略管理过程。

四、实训涉及内容
1. 企业经营决策过程。

2. 企业战略管理的过程。

3. 企业战略管理的方法。

任务二　汽车配件采购数量确定方法的应用

1. 某汽车零配件生产企业想建一条生产线生产一种零配件，年固定成本 10 万元，单位产品变动成本 40 元，产品单价估计 80 元。该配件市场需求量很大。如果该生产线设计成年产 2000 台，问该方案是否可行？为什么？

2. 某汽车企业生产某零件，年固定费用为 20 万元，单位产品变动费用为 30 元，单位产品价格为 50 元，企业要实现年利润 5 万元。试决策该企业生产该零件的产量。

一、训练目的
熟练掌握盈亏平衡点法的计算方法与过程。

二、训练步骤
1）教师组织学生进行例题分析。
2）学生完成各个例题答案的求解。

三、训练要求
能够准确按照方法的计算步骤，完成该例题的求解。

四、实训涉及内容
1. 盈亏平衡点法的工作原理。

2. 企业经营决策的方法有哪些？

参 考 文 献

[1] 魏云暖，詹芸. 汽车服务企业管理［M］. 2 版. 北京：电子工业出版社，2016.

[2] 李美丽. 汽车服务企业管理（理实一体化教程）［M］. 上海：上海交通大学出版社，2012.

[3] 栾琪文. 现代企业维修企业管理实务［M］. 3 版. 北京：机械工业出版，2014.

[4] 骆孟波，钱淑丽. 汽车维修企业管理［M］. 北京：清华大学出版社，2011.

[5] 周洁如，庄晖. 现代客户关系管理［M］. 2 版. 上海：上海交通大学出版社，2009.